Mößner · Wissen aus dem Zeugnis anderer

Nicola Mößner

Wissen aus dem Zeugnis anderer

Der Sonderfall medialer Berichterstattung

mentis
PADERBORN

Das Buch wurde gedruckt mit freundlicher Unterstützung der RWTH Aachen.

Bibliografische Information der Deutschen Nationalbibliothek

Die Deutsche Nationalbibliothek verzeichnet diese Publikation in der Deutschen
Nationalbibliografie; detaillierte bibliografische Daten sind im Internet
über http://dnb.d-nb.de abrufbar.

Gedruckt auf umweltfreundlichem, chlorfrei gebleichtem
und alterungsbeständigem Papier ISO 9706

Printed in Germany
Einbandgestaltung: Anne Nitsche, Dülmen (www.junit-netzwerk.de)
Druck: AZ Druck und Datentechnik GmbH, Kempten

ISBN 978-3-89785-716-2

Danksagung

Das vorliegende Buch „Wissen aus dem Zeugnis anderer – der Sonderfall medialer Berichterstattung" geht auf meine unter demselben Titel an der Philosophischen Fakultät der Westfälischen Wilhelms-Universität Münster im September 2009 angenommene Dissertationsschrift zurück. Die Entstehung der Dissertation und ihre Überarbeitung für die Publikation haben eine Reihe von Personen unterstützend begleitet, denen ich an dieser Stelle meinen Dank aussprechen möchte.

An erster Stelle möchte ich den beiden Gutachtern der Dissertation danken: Herrn Oliver R. Scholz, der mich während des gesamten Entstehungsprozesses der Arbeit mit vielen hilfreichen inhaltlichen Anmerkungen und wertvollen Literaturhinweisen unterstützt hat, sowie Herrn Ulrich Gähde, dessen Ermunterung und Unterstützung mir den Beginn dieser Arbeit ermöglicht haben, und der mir stets die Möglichkeit zu einer kritischen Diskussion meiner Thesen gegeben hat.

Des Weiteren möchte ich Martin Hoffmann danken für die vielen kritischen Diskussionen, die er mit mir über meine Arbeit geführt hat, und die inhaltlichen Anregungen, die in jedem Fall eine Bereicherung dargestellt haben.

Und ich möchte Alexander Wagner danken für seine Unterstützung bei der Vorbereitung der Publikation meiner Arbeit, für das Korrekturlesen, die Ermunterung und das Zur-Seite-Stehen!

Markus Seidel und Christian Weidemann sowie den Teilnehmern des Kolloquiums zur Theoretischen Philosophie in Münster und des Kolloquiums von Ulrich Gähde in Hamburg möchte ich für viele hilfreiche Anmerkungen und Kommentare zu einzelnen Kapiteln der Arbeit danken.

Auch gilt mein Dank Reinold Schmücker und Maria Reicher-Marek für ihre Unterstützung bei der Publikation meiner Arbeit.

Bei Michael Kienecker vom mentis Verlag bedanke ich mich für die zuvorkommende und freundliche Unterstützung bei der Vorbereitung der Publikation meiner Arbeit.

Schließlich danke ich der Deutschen Forschungsgemeinschaft (DFG), die meine Arbeit an diesem Thema im Rahmen eines Forschungsprojekts unter der Leitung von Oliver R. Scholz ermöglicht hat.

Inhaltsverzeichnis

1 Einleitung

Im Mittelpunkt der klassischen Erkenntnistheorie steht das *erkennende Subjekt* bzw. der *autonome Wissende*. Interessanterweise wird dabei kaum das Alltagsverständnis vom sozialen Charakter des Wissens beachtet. „Vieles von dem, was wir glauben und wissen, haben wir jedoch dem entnommen, was andere gesagt, geschrieben oder mithilfe anderer Symbole (etwa mit Hilfe von Bildern, Karten, Diagrammen etc.) ausgedrückt haben. Weite Bereiche unserer Meinungssysteme gehen auf mündliche, schriftliche oder anders kodifizierte Zeugnisse dieser Art zurück."[1] Diesem Phänomen des Wissens aus dem Zeugnis anderer tragen klassische epistemologische Positionen bisher kaum Rechnung. Erst mit der relativ jungen *Debatte um das Wissen aus dem Zeugnis anderer*[2], welche die besondere Bedeutung des sozialen Charakters bestimmter Erkenntnisprozesse hervorhebt, rückt das Zeugnis anderer als epistemische Quelle in den Fokus der erkenntnistheoretischen Untersuchung. Betrachten wir zur Veranschaulichung einige Beispiele:

a) Wenn mich jemand fragte, woher ich weiß, dass der Vorname meiner Patentante Eleonore lautet, würde ich antworten, dass meine Eltern mir dies gesagt haben.

b) Wenn mich jemand fragte, woher ich den Satz des Pythagoras kenne, würde ich antworten, dass ich ihn in der Schule von meinem Mathematiklehrer gelernt habe.

c) Wenn mich jemand fragte, woher ich weiß, dass die Erkenntnistheorie einen Teilbereich der Theoretischen Philosophie darstellt, würde ich antworten, dass ich es im Rahmen meines Studiums von einem Dozenten gelernt habe.

---

[1] Scholz, O. R. (1999), S. 7.

[2] Die deutsche Übersetzung für *Testimony* lautet *Zeugnis*. Allerdings ist die übliche Verwendung dieses deutschen Begriffes relativ eng gefasst. Sein Gebrauch wird von den Sprechern eher auf juristische und andere offizielle Kontexte beschränkt, z. B. zur Bezeichnung offizieller Dokumente wie des Zeugnisses im Ausbildungssektor. Viele Punkte in der zugehörigen erkenntnistheoretischen Debatte betreffen jedoch informelle Akte des Berichtens, des Weiterreichens von Informationen von Sprecher zu Sprecher. Im Folgenden wird aus sprachökonomischen Gründen auch der von Oliver R. Scholz eingeführte Terminus technicus *testimoniale Erkenntnis* für das Wissen aus dem Zeugnis anderer sowie *testimonialer Akt* für das Ablegen und Nutzen eines Zeugnisses im erkenntnistheoretischen Sinne verwendet.

d) Wenn mich jemand fragte, woher ich weiß, dass die Buslinie 15 in Münster am Ludgeriplatz hält, würde ich antworten, dass ich es durch die Konsultierung des Busfahrplans erfahren habe.

e) Wenn mich jemand fragte, woher ich weiß, dass ich eben am Ludgeriplatz
   aus dem Bus gestiegen bin, würde ich antworten, dass diese Haltestelle
   an der elektronischen Anzeigetafel im Bus angekündigt worden sei und
   außerdem auch am Bushäuschen an der Haltestelle der Schriftzug „Ludgeriplatz" gestanden habe.

f) Wenn mich jemand fragte, woher ich weiß, dass Barack Obama der neue
   Präsident der USA geworden ist, würde ich antworten, dass ich es kürzlich in der Zeitung gelesen habe.

g) Wenn mich jemand fragte, woher ich weiß, dass es keinen Warnstreik
   der Deutschen Bundesbahn geben wird, würde ich antworten, dass ich es
   kürzlich in den Nachrichten im Radio gehört habe.

h) Wenn mich jemand fragte, woher ich weiß, dass das Grabmal des ersten Kaisers von China von einer Armee von Terrakottasoldaten bewacht
   wird, würde ich sagen, dass ich es kürzlich in einem Bericht im Fernsehen
   gesehen habe.

In allen Fällen von (a) bis (h) hat das epistemische Subjekt das fragliche
Wissen aus der direkten oder indirekten Mitteilung einer anderen Person er-
worben. Die Beispiele zeigen ferner, dass Zeugnisse im epistemologischen
Sinne von ganz unterschiedlichen Personen abgelegt werden können. Nahe
Verwandte des epistemischen Subjekts zählen ebenso dazu wie Lehrer und
Dozenten oder auch ganz fremde Personen wie Verfasser von Busfahrplänen
und Journalisten. In der erkenntnistheoretischen Diskussion spielt die Be-
trachtung *medialer Berichte* als *Zeugnisakte* bisher jedoch nur eine geringe
Rolle.

Diese Vernachlässigung medialer Quellen erstaunt, wenn man in Betracht
zieht, dass in den westlichen Gesellschaften der Gegenwart die Vermittlung
von Informationen durch die Massenmedien eine zentrale Rolle für den Erkenntnisprozess der Individuen spielt. Insbesondere im Falle der Fernsehberichterstattung, z. B. im Format von Live-Berichten in den Nachrichten,
entsteht für den Einzelnen leicht der Eindruck, selbst Zeuge der vermittelten Ereignisse zu sein. Informationen, welche aus den audiovisuellen Berichten gezogen werden, und damit auch das hierauf rekurrierende Wissen
von der Welt, scheinen ihre Rechtfertigung aus der eigenen, tatsächlich aber
nur mittelbaren Augenzeugenschaft des Zuschauers zu beziehen. Vernachlässigt wird bei dieser üblichen, aber irreführenden Betrachtungsweise, dass

die Medien keineswegs nur technisches Übertragungsinstrument visueller und auditiver Eindrücke sind. Vielmehr muss in ihnen ein interessengeleiteter Produktionsapparat gesehen werden, welcher – mitbestimmt durch wirtschaftliche Kalkulationen – Informationen selektiert, aufbereitet, kommentiert und in bestimmten Formaten sowie Kontexten sendet. Die Frage, die sich in diesem Kontext stellt, lautet: Kann der Erwerb von Informationen vermittels der Medien als ein Fall des *Wissens aus dem Zeugnis anderer* angesehen werden? Können wir also Wissen in derselben Art und Weise aus den Berichten der Medien gewinnen wie z. B. aus den Mitteilungen naher Verwandter oder Lehrer?

In einer ersten intuitiven Annäherung an eine Antwort auf diese Frage scheint die Betrachtung medialer Berichte als Zeugnisse im erkenntnistheoretischen Sinne nicht abwegig zu sein. Analog zum Bericht eines Ereignisses oder Sachverhalts durch die direkte Erzählung einer anderen Person erhält der Medienrezipient Informationen durch die Mitteilungen anderer. Und ebenso wie im Falle einer direkten Kommunikationssituation wird der Rezipient vor die unter epistemologischen Gesichtspunkten nicht unproblematische Entscheidung gestellt, dem Berichtenden – in diesem Falle den Medienproduzenten – zu glauben oder nicht, also die übermittelten Informationen für wahr zu halten oder nicht.

Vor dem Hintergrund der einleitenden Überlegungen wird im Rahmen der vorliegenden Untersuchung eine doppelte Zielsetzung verfolgt. Zum einen wird der Versuch unternommen, einen systematischen Überblick über die bisherige Debatte zur Testimonialerkenntnis zu geben. Zum anderen wird anhand eines konkreten Anwendungsfalls untersucht, inwiefern mediale Berichte tatsächlich als ein Sonderfall des Zeugnisses anderer betrachtet werden können. Der Aufbau der vorliegenden Untersuchung folgt diesen beiden Zielsetzungen in zwei Hauptteilen:

Der erste Hauptteil ist der Analyse der Debatte um das Wissen aus dem Zeugnis anderer gewidmet. In einem ersten Schritt soll zunächst geklärt werden, was in einem erkenntnistheoretischen Sinne überhaupt unter dem *Begriff* des *Zeugnisses* verstanden wird. Zu diesem Zweck werden verschiedene Konzepte zur Definition dieses Begriffs vorgestellt und kritisch betrachtet. Auf der Basis der einleitenden Analyse wird dann eine eigene Begriffsexplikation im Anschluss an den Definitionsvorschlag von Jennifer Lackey vorgestellt, welche es ermöglicht, diejenigen Anforderungen angemessen zu berücksichtigen, die einerseits an den Sprecher als auch andererseits an den Hörer bei der Formulierung und Verwendung von Zeugnissen gestellt werden. Vor diesem Hintergrund wird für den paradigmatischen Fall testimonialer Akte für einen dualen Zeugnisbegriff argumentiert. Ferner wird im Rahmen der Untersuchung die These vertreten, dass man den verschiedenen epistemischen Phänomenen, die unter der Kategorie des Zeugnisses behandelt werden, nur gerecht werden kann, wenn man davon ausgeht, dass es nicht einen einheitlichen Zeugnisbegriff für alle diese Phänomene geben kann, sondern unterschiedliche Konzepte, die in einer Spezialisierungsrelation zu den für den paradigmatischen Fall der direkten Kommunikationssituation explizierten Begriffen stehen.

In einem zweiten Schritt wird dann auf den Kern der Debatte bezüglich des Zeugnisses anderer eingegangen, nämlich die Frage nach dessen *epistemischen Status*. In einer komparativen Vorgehensweise wird unter diesem Punkt diskutiert, ob das Zeugnis anderer in epistemischer Hinsicht auf derselben Stufe steht wie die individuellen Quellen menschlicher Erkenntnis, also Wahrnehmung, Introspektion, Erinnerung und Vernunft. In diesem Abschnitt werden die verschiedenen dazu bisher vertretenen Positionen der erkenntnistheoretischen Debatte vorgestellt und kritisch betrachtet. Unter Zuhilfenahme von Theoriewahlkriterien, welche in der Wissenschaftstheorie diskutiert werden, wird abschließend dafür argumentiert, eine Position zu vertreten, die dem Zeugnis anderer einen gleichrangigen Status im Vergleich zu den anderen Erkenntnisquellen zuschreibt.

Danach wird in einem dritten Schritt auf die klassischen *Glaubwürdigkeitskriterien* der Aufrichtigkeit und Kompetenz des Zeugen genauer eingegangen. Thematisiert wird die Frage nach der Art und dem Status der Gründe, die einen Hörer in der Akzeptanz eines Zeugnisses berechtigen. Eine besondere Rolle kommt in diesem Kontext den Hintergrundüberzeugungen des Zeugnisempfängers zu. Es soll gezeigt werden, dass der Verweis auf Gründe dieser Art in der Analyse der Rechtfertigungsstruktur testimonialer Überzeugungen keinen Beleg für die These bieten, dem Zeugnis anderer im Vergleich zu den individuellen epistemischen Quellen einen untergeordneten Status zuzusprechen.

Im zweiten Hauptteil wird dann eine Gegenüberstellung der klassischen *Testimony*-Debatte mit dem *Sonderfall medialer Berichterstattung* derart vorgenommen, dass die Ergebnisse des ersten Teils der Arbeit fallstudienartig auf ein konkretes Beispiel – die Berichterstattung der TAGESSCHAU– angewendet werden. Im Rahmen der bisherigen Diskussion bezüglich testimonialer Erkenntnis wird der Begriff des *Zeugnisses* recht weit gefasst. So werden nicht allein direkte mündliche Berichte als *Zeugnis* bezeichnet, sondern auch verschiedenste andere Formen von Informationsquellen, wie z. B. Verkehrs- und Hinweisschilder, Graphiken, aber auch Bücher, Zeitschriften oder Fernsehsendungen.

Anhand des Beispiels der Berichterstattung der TAGESSCHAU wird untersucht, inwiefern Gemeinsamkeiten, aber auch Unterschiede zwischen telemedialen Berichten und dem klassischen paradigmatischen Fall der Face-to-Face-Kommunikation testimonialer Akte bestehen. Zu diesem Zweck werden zum einen die Produktionsbedingungen, die Gestaltungskriterien und die Kommunikationsbedingungen dieser Fernsehnachrichtensendung genauer betrachtet. Es wird sich erweisen, dass diese unmittelbaren Einfluss auf den Zeugnischarakter der telemedialen Berichterstattung haben. Zum anderen wird danach gefragt werden, welche Gründe ein Rezipient anführen könnte, die Berichterstattung der TAGESSCHAU für glaubwürdig zu halten. Diese Gründe werden dann jeweils im Hinblick darauf einer kritischen Analyse unterzogen, ob sie für den Rezipienten tatsächlich in epistemologischer Hinsicht *gute* Gründe für die Rechtfertigung seiner Annahme der Glaubwürdigkeit darstellen oder nicht. Schließlich wird mit der Diskussion des Konzepts der Medienkompetenz ein Vorschlag unterbreitet, auf welche Weise ein Rezipient auf angemessene Art die Berichterstattung der TAGESSCHAU als Zeugnis im erkenntnistheoretischen Sinne verwenden kann.

Der zweite Teil der Arbeit stellt damit eine erste Annäherung an das komplexe Feld der verschiedenen epistemischen Phänomene dar, welche neben dem paradigmatischen Fall normaler Gesprächssituationen zwischen einem Sprecher und einem Hörer in der Erkenntnistheorie dem Zeugnis anderer zugerechnet werden.

Zu Beginn der Auseinandersetzung mit dem Phänomen testimonialer Erkenntnis erscheint es notwendig, zunächst den erkenntnistheoretischen Rahmen aufzuzeigen, innerhalb dessen die Diskussion zum Wissen aus dem Zeugnis anderer geführt wird. Klassischerweise zählen zu den Analysebereichen der Epistemologie die Fragen nach dem Ursprung, den Bedingungen und den Grenzen menschlichen Wissens. Wendet man sich dem Zeugnis anderer als Untersuchungsgegenstand der (sozialen) Erkenntnistheorie zu, fragt man nach dem *Ursprung* unserer Überzeugungen. Durch die Mitteilungen anderer können wir unter den richtigen Bedingungen zu wahren, gerechtfertigten Meinungen über die Welt gelangen. Das Zeugnis anderer wird daher als eine von mehreren dem Menschen zur Verfügung stehenden Erkenntnisquellen angesehen. Was ist aber unter dem Begriff der *Erkenntnisquelle* genau zu verstehen?

1.1 Quellen der Erkenntnis

In der vorliegenden Untersuchung wird von der klassischen Auffassung ausgegangen, dass Wissen als wahre, gerechtfertigte Überzeugung definiert werden kann. „Berechtigung ist dabei dasjenige, was eine wahre Meinung in Wissen verwandelt. Dieser Teil der Definition wird nämlich auch bei der Frage nach den Quellen des Wissens relevant. Denn die Quelle[3] soll Hinweise darauf geben, ob es sich bei seinen Produkten um berechtigte Meinung oder bloße Meinung handelt, ob es sich um Wissen oder um Meinung handelt."[4] Der Zusammenhang zwischen Wissen und den Quellen der Erkenntnis wird deutlich, wenn man sich einige beispielhafte Antworten auf die Frage, »Woher weißt du, dass *p*?«, vor Augen führt. Normalerweise wird ein epistemisches Subjekt auf diese Frage reagieren, indem es erläutert, auf welcher Basis es zu der fraglichen Überzeugung gekommen ist. Klassische Antworten wären in diesem Sinne: »Weil ich gesehen habe, dass *p*« oder »Weil ich mich erinnere, dass *p*« usw.[5]

Die Rechtfertigung einer Überzeugung erfolgt in diesen Fällen durch die Benennung der Quelle, aus welcher das epistemische Subjekt seine Meinung gewonnen hat. „Sofern wir Wissen als wahre, berechtigte Meinung explizieren, kann man sagen, daß die Quellen sowohl Auskunft über die Genese als auch über die Berechtigung der Meinung geben. Die Berechtigung ergibt sich allgemein daraus, daß die Quellen in der Mehrheit der Fälle wahre Meinungen produzieren."[6] Haben wir erst einmal den Zusammenhang zwischen Erkenntnisquellen und Wissen festgestellt, kann in einem nächsten Schritt auch die epistemische Qualität verschiedener Quellen genauer beurteilt werden. Schließlich kann ein epistemisches Subjekt auf ganz unterschiedliche Art und Weise zu einer spezifischen Meinung gelangen. Beispielsweise könnte ein Rezipient einerseits durch die Konsultation eines Wahrsagers zu der Überzeugung gelangen, dass der öffentliche Personennahverkehr in Münster gerade bestreikt wird. Andererseits könnte die Person aber auch unmittelbarer Augenzeuge des Streiks sein und so durch eigene Beobachtung zu der entsprechenden Meinung gelangen. In diesem Sinne hält Elizabeth Fricker fest: „Moreover, that different ways in which beliefs are acquired can be sorted into those which are and are not capable of providing knowledge, only the former being not just belief-producing causal processes, but *epistemic links* between subject and world."[7] Während wir dem epistemischen Subjekt im Falle der Meinungsbildung auf Grund der

---

[3]   Elizabeth Fricker spricht hier auch von einem „epistemic link". Vg. Fricker, E. (1987), S. 6
[4]   von Maltzahn, H. (2006), S. 2
[5]   Vgl. auch die einleitend genannten Beispiele.
[6]   von Maltzahn, H. (2006), S. 4.
[7]   Fricker, E. (1987), S. 62.

Wahrsagung kein Wissen zuschreiben würden, stände einer entsprechenden Zuschreibung im Falle der eigenen Beobachtung nichts im Wege.

Der Grund hierfür klingt in dem obigen Zitat von Maltzahns an: Um eine Quelle als Basis für die Rechtfertigung einer Überzeugung nutzen zu können, muss diese *in den meisten Fällen in zuverlässiger Weise zu wahren Überzeugungen* führen. Im Falle des Wahrsagers würden wir sagen, dass das epistemische Subjekt, das sich auf dessen Aussagen verlässt, über keine guten Gründe für seine Überzeugung verfügt. *Wahrsagen* führt nach der Erfahrung in den meisten Fällen nicht zu stabilen, wahren Überzeugungen. Bestenfalls könnte es passieren, dass sich die Aussage des Wahrsagers zufällig als wahr erweist. Demgegenüber erhalten wir durch unsere Wahrnehmung normalerweise regelmäßig wahre Meinungen über die Welt. Dies können wir anhand unserer eigenen Erfahrung überprüfen. *Wahrnehmung* kann damit als Quelle des Wissens anerkannt werden.

Allerdings ist es wichtig festzustellen, dass eine zu große Verallgemeinerung bezüglich der epistemischen Leistungsfähigkeit bei den zuverlässigen Erkenntnisquellen ebenfalls nicht angebracht ist. Sie sind *kein Garant für Wissen* bzw. für die generelle Wahrheit der durch sie erworbenen Überzeugungen. Sie führen nicht mit Gewissheit zu wahren Überzeugungen über die Welt. Vielmehr muss davon ausgegangen werden, dass alle unsere Meinungen über die Welt grundsätzlich als fallibel betrachtet werden müssen.[8] Der Grund hierfür besteht darin, dass im Prozess der Erkenntnis einige Schwierigkeiten auftreten können. Nehmen wir z. B. die Wahrnehmung: Auch wenn wir in den meisten Fällen durch sie zu wahren Meinungen über die Welt gelangen, ist dies nicht mit Gewissheit in allen Fällen zutreffend. Beispielsweise könnte das epistemische Subjekt zum Zeitpunkt der (vermeintlichen) Beobachtung des Streiks in Münster unter dem Einfluss halluzinogener Drogen stehen, oder es könnte vom Ort des Geschehens zu weit entfernt sein und die Geschehnisse nicht zweifelsfrei beobachten können (z. B. wenn es die Protesttransparente nicht klar entziffern und die Megaphondurchsagen nicht deutlich verstehen kann). In solchen Fällen wären wir skeptisch, ob das epistemische Subjekt tatsächlich Wissen durch seine Wahrnehmung erworben hat oder nicht. „Diese Quelle bildet also nur ein revidierbares Fundament [unserer Erkenntnis, NM], d. h. sie bildet nicht das zweifelsfreie, endgültige Fundament für alle unsere Wissensansprüche. Die Meinungen, die sich auf sie stützen, sind nur *prima facie* gerechtfertigt, d. h. wenn es die Umstände erfordern, können sie entweder angezweifelt werden oder müssen noch

---

[8] Vgl. Audi, R. (2003), S. 8.

durch weitere Gründe gestützt werden."[9] Erkenntnisquellen liefern also nur eine prima facie-Rechtfertigung unserer Überzeugungen.

Auch wenn im Vorwege bereits einige Zugangsmethoden zur Welt als unseriös ausgesondert werden können, ist doch leicht einzusehen, dass dem epistemischen Subjekt trotzdem eine ganze Reihe unterschiedlicher Quellen zur Verfügung steht, die es regelmäßig mit wahren Meinungen über die Welt versorgen. Klassischerweise werden zu den zuverlässigen Wissensquellen die folgenden fünf gezählt: Wahrnehmung, Erinnerung, Verstand (verschiedene Formen rationalen Schließens), Introspektion und das Zeugnis anderer. Diese Zusammenstellung menschlicher Erkenntnisquellen bedeutet allerdings noch nicht, dass von allen Philosophen gleichermaßen anerkannt wird, dass es sich bei diesen fünf tatsächlich um die *basalen Quellen* der Erkenntnis handelt. Welche Quellen in der jeweiligen Theorie als epistemisch ausgezeichnet angesehen werden, hängt entscheidend davon ab, welchen Ansatz zur epistemischen Rechtfertigung man im Allgemeinen vertritt. Auf diesen Punkt macht Peter J. Graham aufmerksam.[10] Er untersucht, welche epistemischen Prinzipien (die korreliert sind mit den verschiedenen Erkenntnisquellen) ein Vertreter einer fundamentalistischen Rechtfertigungstheorie für wahr halten und aus welchen Gründen er dies tun könnte. Je nachdem, wie die Antworten auf diese Fragen im weiteren Kontext einer Theorie epistemischer Rechtfertigung gegeben würden, werde damit auch festgelegt, welche Erkenntnisquellen ein Vertreter der jeweiligen Richtung als epistemisch ausgezeichnet betrachten wird.

Es lässt sich also im Bereich der zuverlässigen Erkenntnisquellen noch genauer untersuchen, welcher *epistemische Status* einer Quelle zugesprochen wird. „[...] epistemic links may be divided in *primary* and *secondary* ones: those such that the operation of the link itself puts the subject in a position to know all the premises of an adequate link-recapitulating justification; and those where, while the exercise of the link puts the subject in a position to know some of the needed premises, additional collateral information is also required."[11]

Betrachten wir auf der Basis dieses Zitats von Fricker einmal genauer die Bedingungen, die gegeben sein müssen, damit wir berechtigterweise von einer *genuinen* oder *basalen Quelle* menschlicher Erkenntnis sprechen können:

---

[9]   von Maltzahn, H. (2006), S. 5.
[10] Vgl. Graham, P. J. (2006b), S. 94-97.
[11] Fricker, E. (1987), S. 66.

EQ_g[12]: Eine Erkenntnisquelle ist dann als *genuin* zu bezeichnen, wenn gilt, dass

a) das epistemische Subjekt durch diese Quelle Meinungen über die Welt erhält;

b) die gewonnen Meinungen im Regelfall auch wahr sind;

c) das epistemische Subjekt auf Grund von (b) die erworbenen Meinungen rechtfertigen kann und

d) es auf Grund von (c) nicht erforderlich ist, für die Rechtfertigung der gewonnenen Meinungen auf weitere Hilfsannahmen und Prämissen aus anderen Erkenntnisquellen zurückzugreifen.

Nicht jede Quelle des Wissens weist aber diesen basalen Status auf. So kann eine Erkenntnisquelle auch bloß *derivativen Charakter* besitzen. In diesem Falle wäre die Erkenntnisquelle insbesondere für die Genese der aus ihr gewonnenen Überzeugungen verantwortlich, würde aber nichts (oder nur wenig) zu deren Rechtfertigung beitragen. Man würde eher sagen, dass eine solche Quelle zwar die *Ursache* für eine konkrete Überzeugung, nicht aber der *Grund* ist, warum wir diese für wahr halten. Beispielsweise könnte mich die Aussage des Wahrsagers bezüglich des Streiks in Münster darüber in Zweifel geraten lassen, ob nicht vielleicht doch tatsächlich gerade der öffentliche Personennahverkehr bestreikt wird. Als Folge davon würde ich mich auf die Suche nach weiteren Informationen begeben, z. B. durch die Konsultation der Website der Stadtwerke in Münster, die normalerweise zuverlässig über solche Ereignisse informiert. Finde ich in diesem Online-Angebot tatsächlich einen Hinweis auf einen aktuellen Streik, wäre dies dann für mich der Grund, meine ursprünglich noch eher unsichere Meinung über dieses Ereignis, die ich auf Grund der Wahrsagung gebildet habe, zu festigen. Gefragt nach meinen Gründen für diese Meinung, lautete meine Antwort dann auch: »Ich weiß, dass gestreikt wird, weil ich es auf der Website der Stadtwerke gelesen habe.«

In der Erkenntnistheorie gibt es eine anhaltende Debatte darüber, welche der genannten Erkenntnisquellen nun als genuin und welche als derivativ anzusehen sind. Von besonderer historischer Relevanz ist in diesem Zusammenhang sicherlich die Auseinandersetzung zwischen Empiristen und Rationalisten. Empiristen vertreten die Auffassung, dass nur der Wahrnehmung das epistemische Primat zugesprochen werden könne, während Rationalisten für den Verstand als ausgezeichnete Erkenntnisquelle plädieren[13].

---

[12] EQ_g: genuine Erkenntnisquelle
[13]   Vgl. Popper, K. (2002), S. 4/5.

Einen ganz anderen Standpunkt vertritt in diesem Kontext Karl Popper. Er ist der Ansicht, dass es zwar eine Reihe von Erkenntnisquellen gebe, dass aber keiner dieser Quellen ein basaler Status zugeschrieben werden könne. Er schreibt: „There are no ultimate sources of knowledge. Every source, every suggestion, is welcome; and every source, every suggestion, is open to critical examination."[14] Den Hintergrund für diese Feststellung bildet seine These, dass die Epistemologen bei der Formulierung ihrer Fragestellung, „>Woher weißt du, dass p?«, von der falschen Annahme ausgingen, dass für die Rechtfertigung einer Überzeugung, die Zuverlässigkeit der Quelle selbst überprüft werden müsse. Popper meint dagegen, dass es nicht um die Überprüfung der Quelle, sondern um jene des Gehalts ginge, den die Nutzung einer Quelle hervorbringe. Es liege damit letztlich eine Verwechslung von Entstehungs- und Rechtfertigungskontext vor.[15]

Wendet man sich unter der Fragestellung nach den basalen Quellen unserer Erkenntnis der Debatte um das Wissen aus dem Zeugnis anderer zu, kann festgehalten werden, dass häufig eine Tendenz ausgemacht werden kann, der Wahrnehmung den Vorzug vor testimonialen Akten zu geben[16]. Insbesondere das im Zeitalter der Aufklärung geprägte individualistische Ideal[17] des autonomen Wissenden – also eines epistemischen Subjekts, das unabhängig von anderen Personen sein Wissen erwirbt und dem sämtliche für die Rechtfertigung seiner Überzeugungen notwendigen Gründe selbst und wiederum unabhängig von anderen zugänglich sind, – steht auch heute noch oft im Hintergrund einer solchen Annahme. Stimmt man dem individualistischen Ideal zu, so kommen als Rechtfertigungsbasis unserer Überzeugungen nur solche Erkenntnisquellen in Frage, welche dem epistemischen Subjekt die erwähnte Unabhängigkeit ermöglichen. Dies sind die individuellen Erkenntnisquellen der Wahrnehmung, der Erinnerung, des Verstandes und der Introspektion. Der sozialen Quelle des Zeugnisses anderer muss unter einer solchen Vorannahme ein epistemologisch ausgezeichneter Status aber scheinbar verwehrt werden.

In diesem Sinne wird innerhalb der erkenntnistheoretischen Debatte immer wieder der Versuch unternommen, Unterschiede[18] bzw. Gemeinsam-

---

[14]   Ebd. S. 36
[15]   Vgl. ebd., S. 32.
[16]   Auf diesen Punkt geht z. B. Graham kritisch ein. Vgl. Graham, P. J. (2006b), S. 110/111.
[17]   Für detailliertere Ausführungen zur individualistischen Strömung in der Erkenntnistheorie und ihren Auswirkungen vgl. Kap. 3.1. dieser Arbeit.
[18]   Vgl. z. B. die Ausführung von Robert Audi. Vgl. Audi, R. (2006), S. 38-45.

keiten[19] zwischen dem Zeugnis anderer und den anderen Erkenntnisquellen auszumachen – je nachdem, ob man ein Verfechter genuiner testimonialer Erkenntnis ist oder nicht. Selbst Vertreter neuerer Ansätze, die sich mit ihren Vorhaben eigentlich von den klassischen Antworten auf die Frage nach dem epistemischen Status des Zeugnisses anderer distanzieren wollen, enthalten sich nicht einer solchen komparativen Vorgehensweise. Beispielsweise führt Jennifer Lackey an, dass man drei wesentliche Unterschiede zwischen dem Zeugnis anderer und der Wahrnehmung (bzw. den anderen Erkenntnisquellen) ausmachen könne.[20] Insbesondere an den für das dritte Differenzierungsmerkmal konstruierten Beispielen wird auch eine grundsätzliche, häufig übersehene Schwierigkeit innerhalb der Debatte anschaulich.

Laut Lackey handelt es sich beim Zeugnis anderer um eine viel heterogenere epistemische Quelle als bei den anderen Erkenntnisquellen. Zur Veranschaulichung dieser Feststellung führt Lackey zwei Beispiele ein: Im ersten Fall wird angenommen, dass eine Person (Olivia) auf Grund eines Unfalls bezüglich ihrer perzeptuellen Fähigkeiten eine Amnesie erleidet, d. h. sie hat sowohl vollständig vergessen, wie diese Fähigkeiten funktionieren, als auch alle ihre früheren Wahrnehmungsüberzeugungen. Nachdem Olivia aus dem Krankenhaus entlassen wird, macht sie eine Reihe neuer Erfahrungen, zu denen z. B. die Wahrnehmung einiger Obst- und Gemüsesorten in einem lokalen Supermarkt, das Zusammentreffen mit einer früheren Bekannten und die Rezipierung einer Seifenoper im Fernsehen gehören. Im zweiten Beispiel besteht dieselbe Ausgangslage, nur dass die Person (Edna) in diesem Fall alle ihre kognitiven Fähigkeiten bezüglich des Zeugnisses anderer sowie alle ihre bisherigen testimonialen Überzeugungen vergessen hat. Lackey versucht nun, anhand dieser beiden Beispiele zu zeigen, dass sich Olivia im Vergleich zu Edna in einer besseren epistemischen Situation befinde. Im Hintergrund steht dabei die Auffassung, dass die Wahrnehmung voraussetzungslos zu neuen wahren Überzeugungen über die Welt führen könne, während dies für das Zeugnis anderer nicht gelte. So würde Edna z. B. die Aussagen der Schauspieler der Seifenoper für wahr halten, während Olivia die Sendung als das sehen könne, was sie ist, nämlich eine fiktive Geschichte.[21] „Thus, testimony is quite unlike other sources of belief precisely because it is so wildly *heterogeneous* epistemically – there is, for instance, all the difference

---

[19] Vgl. z. B. die Ausführungen von Frederick F. Schmitt. Vgl. Schmitt, F. F. (2006), S. 209-218.

[20] Vgl. Lackey, J. (2006b), S. 176-178 sowie die Ausführungen dazu in Kap. 3.2.4 dieser Arbeit.

[21] Vgl. ebd., S. 177/178.

in the world between reading the *National Enquirer* and reading the *New York Times*. Moreover, this heterogeneity requires subjects to be much more discriminating when accepting testimony than when trusting, say, sense perception."[22]

Die erwähnte Schwierigkeit besteht nun darin, dass in den beiden Beispielen davon ausgegangen wird, dass man die verschiedenen Erkenntnisquellen, derer sich ein Mensch bedient, ganz leicht voneinander trennen und jeweils in Isolation von den Einflüssen der anderen Quellen betrachten könne.[23] Nur wenn man dies voraussetzt, machen Lackeys Beispiele Sinn. Allerdings ist diese Sichtweise wenig realistisch. Oliver R. Scholz macht darauf aufmerksam, dass man vielmehr davon ausgehen müsse, dass es eine starke wechselseitige Durchdringung der Erkenntnisquellen gebe.[24] Dies wird schon daran ersichtlich, dass die Revidierung einer bestehenden Überzeugung sowohl durch eine korrigierende Wahrnehmung erfolgen kann, als auch durch das Zeugnis anderer. Wenn ich den Streik in Münster beobachte, aber zu weit vom Ort des Geschehens entfernt bin, um zweifelsfrei festzustellen, dass es sich um einen Streik des Bediensteten des Personennahverkehrs handelt und nicht um einen Streik der Studierenden, kann ich meinen ersten unsicheren Eindruck sowohl dadurch festigen, dass ich näher an das Geschehen herantrete, um die Transparente der Protestierenden lesen zu können, als auch dadurch, dass ich jemanden frage, von dem ich glaube, dass er weiß, welche Art von Streik gerade den Domplatz mit Demonstrierenden füllt. „Justified beliefs are often supported by experiences and beliefs from a number of different sources. They all work together. Testimony-based beliefs support perceptual beliefs; perceptual beliefs support memory beliefs; memory beliefs support testimony-based beliefs, and so on."[25] In diesem Sinne sind die obigen Beispiele von Lackey als hochgradig artifiziell zu betrachten und es ist mehr als fraglich, ob sie tatsächlich das zeigen können, was Lackey aus ihnen folgern möchte.

Nichtsdestotrotz spielt die Unterscheidung zwischen genuinen und derivativen Erkenntnisquellen eine zentrale Rolle in der Debatte um das Wissen aus dem Zeugnis anderer. Im Kern epistemologischer Analysen dieser Erkenntnisquelle steht nach wie vor die Frage, welcher Status dieser sozialen Wissensquelle zugeschrieben werden kann und sollte.[26] Zunächst soll jedoch

---

22   Vgl. ebd., S. 178.
23   Vgl. Scholz, O. R. (2001), S. 369.
24   Vgl. ebd.
25   Graham, P. J. (2006b), S. 112.
26   Vgl. Kap. 3. dieser Arbeit.

genauer erläutert werden, was unter einem Zeugnis im epistemologischen Sinne genau zu verstehen ist. Untersucht wird damit die genaue Explikation des Zeugnisbegriffs.

2 Der Zeugnisbegriff – Eine Definition

Dem Alltagsverständnis nach besteht kaum Uneinigkeit darüber, dass wir einen Großteil unseres Wissens nicht nur im wissenschaftlichen Kontext, sondern grundsätzlich in allen Lebensbereichen sozusagen nur aus zweiter Hand gewinnen – also aus mündlichen Berichten sowie durch Medien aller Art. So sind uns viele grundsätzliche Daten des eigenen Lebens, wie z. B. Ort und Datum der eigenen Geburt, unser eigener Name, der Name der Eltern etc., nur durch Berichte anderer zugänglich. Diese wichtige Quelle menschlicher Erkenntnis wird in philosophischen Debatten als das *Zeugnis anderer* (engl. testimony)[1] bezeichnet. Was genau ist hierunter jedoch zu verstehen?

Testimoniale Akte werden von den meisten Autoren, die sich mit diesem Thema auseinander setzen, als eine Form von Sprechakten aufgefasst.[2] Unter dieser Betrachtungsweise lässt sich schon aus den wenigen angeführten alltagssprachlichen Beispielen die illokutionäre Rolle testimonialer Akte ablesen: Es handelt sich im weitesten Sinne um Berichte mit unterschiedlichstem Gehalt und in verschiedenster Form. Austin fasst diese Form der Sprechakte unter dem Oberbegriff *expositive Äußerungen*[3]. Ihre Funktion besteht darin, Argumente, Begründungen und Mitteilungen zu erläutern. Noch deutlicher wird diese Art von Sprechakt in den Ausführungen von Searle expliziert, welcher sie unter dem Stichwort „Assertive"[4] behandelt. Ihr illokutionärer

---

[1] Im Folgenden wird hierfür auch der Terminus technicus *testimoniale Erkenntnis* bzw. *testimonialer Akt* verwendet. Der Ausdruck *testimonialer Akt* legt nahe, dass mit ihm ein aktives Verhalten gemeint ist. Diese Betrachtungsweise wirft allerdings die Frage auf, wer Subjekt dieser vermeintlichen Handlung sein soll. In den genannten Beispielen wird deutlich, dass im Rahmen paradigmatischer Fälle wenigstens zwei Personen – Sprecher und Hörer – als Kandidaten für die Ausfüllung dieser Handlungsrolle zur Verfügung stehen: Der Sprecher bietet mit seiner Äußerung ein Zeugnis an, während der Hörer eine Äußerung des Sprechers als Zeugnis nutzt. Nur wenige bisher erschienene Untersuchungen zum Zeugnis anderer thematisieren diese Unterscheidung. Der Terminus *testimonialer Akt* als Übertragung des englischen Wortes *testimony* changiert daher in der Darstellung zwischen diesen beiden Perspektiven. Ziel dieser Untersuchung ist es, hier eine genauere Terminologie zu erarbeiten, welche die erwähnte Differenzierung einfängt und präziser darzustellen hilft.

[2] Vgl. z. B. Coady, C. A. J. (1992), S. 25.

[3] Vgl. Austin, J. L. (1962), S. 160 ff.

[4] Vgl. Searle, J. R. (1982), S. 31/32.

Witz besteht seiner Auffassung nach darin, den Sprecher auf die Wahrheit der geäußerten Proposition *p* festzulegen.

Diese Betrachtung testimonialer Akte in der Form von Sprechakten hat sich weitestgehend unstrittig in der philosophischen Debatte zu diesem Thema etabliert. Zusammengenommen mit Beispielen aus den verschiedensten lebensweltlichen Kontexten epistemischer Subjekte genügt diese knappe Explizierung des Zeugnisbegriffs vielen Autoren bereits als Ausgangspunkt für ihre eigenen Ausführungen in diesem Themenbereich. Diese Vorgehensweise führt jedoch auf Grund der Unterbestimmtheit des so verwendeten Zeugnisbegriffs zu Problemen hinsichtlich der Festlegung eines genauen Anwendungsbereichs dieses Begriffs. So werden in der bisherigen Debatte neben dem Informationsaustausch zwischen Sprecher und Hörer in klassischen direkten Kommunikationssituationen auch die verschiedensten Formen der Mediennutzung zur Informationsgewinnung von vielen Autoren als testimoniale Akte behandelt. Dazu schreibt z. B. Martin Kusch: „Our teachers, parents and friends, as well as the media of mass communication teach us close to everything we know about history, and much about the social and natural worlds we live in."[5] Auf Grund der Unterbestimmtheit des Zeugnisbegriffs scheint diese Einordnung zunächst einmal möglich, die Frage, ob sie auch berechtigt ist, bleibt allerdings offen.[6] Erst eine klarere Konzeption des Zeugnisbegriffs kann bei der Feststellung helfen, welche Bedingungen erfüllt sein müssen, damit die Nutzung einer Informationsquelle als Anwendungsfall des Begriffs betrachtet werden kann.

Verbunden mit dieser Schwierigkeit einer klaren Festlegung der Begriffsextension ist auch die Klärung des epistemischen Status testimonialer Erkenntnis.[7] Je größer der Anwendungsbereich des Zeugnisbegriffs gefasst wird, desto leichter entsteht das Problem, dass für ganz unterschiedliche epistemische Phänomene die Gültigkeit derselben Prämissen und Schlussfolgerungen gefordert wird, wie sie auch für andere, genuine Erkenntnisquellen (z. B. Wahrnehmung) gelten sollen.

---

[5]   Kusch, M. (2002), S. 338.

[6]   Martin Kusch und Peter Lipton werfen in diesem Zusammenhang die weiterführende Frage auf, inwiefern das Lernen von Instrumenten (insb. von Computern), also von technisch bereitgestellten Informationsangeboten, mit dem Lernen von anderen (menschlichen) Personen vergleichbar sei. Kann hier eine hierarchische Ordnung angenommen werden, in welcher ein Fall dem anderen unterzuordnen ist (wobei die beiden Autoren zunächst offen lassen, welche Kategorie vorrangig sein sollte)? Vgl. Kusch, M. und Lipton, P. (2002), S. 211.

[7]   Dieser Punkt wird ausführlich in Kap. 3 dieser Arbeit erörtert.

Im Folgenden soll daher der Versuch unternommen werden, zu einer genaueren Definition des Zeugnisbegriffs beizutragen, um klarere Aussagen zur Extension dieses Begriffs zu ermöglichen. Die in diesem Kontext entwickelten Überlegungen werden dann im weiteren Verlauf dieser Untersuchung dazu dienen festzustellen, ob die Nutzung von Medienberichten – insbesondere solcher, die im Format von Nachrichtensendungen über audiovisuelle Massenmedien verbreitet werden, – tatsächlich als ein Anwendungsfall des Begriffs *testimonialer Akt* betrachtet werden kann oder nicht.

Zum Zweck einer genaueren Klärung des Zeugnisbegriffs werden im Anschluss an einige begriffsgeschichtliche und philosophiehistorische Überlegungen zum Zeugnis anderer verschiedene weiterführende Definitionsvorschläge aus der Debatte zur Testimonialerkenntnis dargestellt und kritisch untersucht. Daran anschließend werden einige Erläuterungen zur bisherigen Festlegung des Anwendungsbereiches des Zeugnisbegriffs gegeben. Auf der Basis der bestehenden Definitionsvorschläge werden dann Probleme und offene Fragen bezüglich des Zeugnisbegriffs innerhalb der bisherigen Debatte als Ausgangsbasis für den Versuch genommen, einen Zeugnisbegriff zu entwickeln, welcher diesen Schwierigkeiten Rechnung trägt.

2.1 Begriffsgeschichtliche und philosophiehistorische Anmerkungen

Der Begriff des Zeugnisses ist umgangssprachlich v. a. aus dem juristischen (*einen Sachverhalt bezeugen, gerichtliche Zeugenaussage, Vereidigung des Zeugen, Zeugenstand, Zeugenschutz* etc.) oder auch aus dem religiösen Kontext (*ein Zeugnis vor Gott ablegen, ein göttliches Zeugnis, Du sollst nicht falsch Zeugnis reden wider deinen Nächsten* etc.) bekannt.[8] Verbreitet ist das Wort *Zeugnis* ferner im formellen Umfeld zur Bezeichnung von Leistungsnachweisen etc. (*Schul- / Arbeits- / Führungszeugnis*). Auch die zugehörigen verbalen Ausdrücke wie *bezeugen, ein Zeugnis ablegen, ein Zeugnis geben, ein Zeugnis sein für* oder *zeugen von/für* haben einen eher formalen Anklang bzw. weisen auf einen gehobenen Sprachstil hin. Weniger offensichtlich steckt auch im Ausdruck *Überzeugung* und im zugehörigen Verb *überzeugen* dieselbe begriffliche Wurzel: *Über Zeugen (Zeugnisse)* – hier verstanden als Beweise – wird eine Person zu einer bestimmten Meinung gebracht.[9]

---

[8]   Vgl. Scholz, O. R. (2004), S. 1318.
[9]   Vgl. Drosdowski, G. (Hrsg.) (1989), S. 829.

In der Philosophie hat sich darüber hinaus das *Zeugnis anderer* als Terminus technicus zur Bezeichnung einer Erkenntnisquelle etabliert. „Ausgangspunkt der Bestimmung des Zeugnisbegriffs ist in der Regel eine Betrachtung der menschlichen Erkenntnisquellen. Bei allen Unterschieden der Benennung und Gewichtung stehen dabei Vernunft und Erfahrung im Zentrum. Da wir nicht alles selbst erfahren können, sind wir auf fremde Erfahrung angewiesen."[10] Diese wird uns dann durch das Zeugnis anderer vermittelt.

Eine Auseinandersetzung mit dem Zeugnis anderer im epistemologischen Sinne findet sich bereits in den Schriften Platons und Aristoteles'.[11] Beide sprechen dem Zeugnis anderer keinen positiven epistemischen Wert zu. Platon diskutiert im *Theaitetos* beispielhaft den Fall einer Gerichtsverhandlung: Während er in diesem Kontext dem Augenzeugen Wissen zuspricht, vertritt er die Ansicht, dass ein Richter, der dieselben Informationen lediglich durch die Worte eines Anwalts erfahren habe, nicht über Wissen verfüge. Platon versucht, eine strikte Trennung zwischen *Wissen* (des Augenzeugen) und *bloß wahrer Meinung* (des Richters) zu etablieren.[12] Die Unterscheidung ergibt sich aus der Frage nach den legitimen Gründen für eine Überzeugung. Platons Ausführungen zielen darauf ab, dass man durch die eigene Wahrnehmung in einer Überzeugung gerechtfertigt werden kann, nicht jedoch durch das Zeugnis anderer.[13]

Diese kritische Haltung gegenüber testimonialen Akten als epistemischer Quelle hat sich philosophiehistorisch in den folgenden Debatten über einen langen Zeitraum hinweg gehalten und verfestigt.[14] Seit dem Mittelalter spielte die Klärung des epistemischen Status von Zeugnissen insbesondere im Zusammenhang mit der Diskussion von Glaubensfragen eine wichtige Rolle. „Ein besonderer Kristallisationspunkt der theologischen und erkenntnistheoretischen Auseinandersetzungen [mit dem Zeugnisbegriff, NM] ist die große Debatte über die Glaubwürdigkeit von Berichten über Wunder (s.d.), an der sich das gesamte gelehrte Europa beteiligt."[15] Seit dem Spätwerk von Augustinus wird dem Zeugnis anderer dann auch ein positiver epistemischer Wert zugesprochen. Testimoniale Akte können nach dieser Auffassung genauso zur Genese und zur Rechtfertigung von Wissen beitragen wie andere Erkenntnisquellen auch.[16]

---

[10] Scholz, O. R. (2004), S. 1319.
[11] Vgl. ebd.
[12] Vgl. ebd.
[13] Vgl. Coady, C. A. J. (1992), S. 4/5.
[14] Vgl. ebd., S. 6.
[15] Vgl. Scholz, O. R. (2004), S. 1319.
[16] Vgl. ebd. und Coady, C. A. J. (1992), S. 18-21.

Eine entscheidende Schwäche des philosophischen Zeugnisbegriffs besteht allerdings darin, dass er wenig Anbindung an die Umgangssprache hat. Damit steht das Zeugnis anderer in dieser Hinsicht im Gegensatz zu den anderen Erkenntnisquellen – Wahrnehmung, Erinnerung, Introspektion und Verstand –, bei denen für die zugehörigen Ausdrücke eine enge und gut verständliche Rückbindung an den Alltagssprachgebrauch besteht. Während auch jedem philosophischen Laien sofort klar ist, was gemeint ist, wenn es heißt: Er weiß, dass *p*, weil er *gesehen hat*, dass *p*, oder weil er *sich erinnert*, dass *p*, ruft der Begriff des Zeugnisses häufig zunächst Unverständnis hervor, da er den oben dargestellten formalen Anklang aufweist. Alltagssprachlich wird das epistemische Phänomen, das mit diesem Begriff eingefangen werden soll, eher in Wendungen der folgenden Art ausgedrückt: A weiß, dass *p*, weil B ihm *berichtet / erzählt / mitgeteilt / gesagt* etc. hat, dass *p*. Gemeinsam ist all diesen Ereignissen die Informationsübermittlung in einer Kommunikationssituation.

Der Zeugnisbegriff ist jedoch nicht allein wegen dieser mangelnden Verbindung zwischen Fach- und Alltagssprache problematisch. Auch in der Debatte zur Testimonialerkenntnis selbst ist nicht immer klar, was genau unter diesem Begriff von den verschiedenen Autoren verstanden wird. Im Folgenden werden verschiedene Definitionen des Zeugnisbegriffs vorgestellt und kritisch betrachtet. Es wird sich zeigen, dass verschiedene Schwierigkeiten mit dem Versuch behaftet sind, einen einheitlichen Begriff für die unterschiedlichen epistemischen Phänomene festzulegen, die üblicherweise zu dessen Anwendungsbereich gezählt werden.

2.2 Drei Definitionsvorschläge zum Zeugnisbegriff

In diesem Abschnitt werden drei innerhalb der Debatte bezüglich der Testimonialerkenntnis vorgeschlagene Definitionen des Zeugnisbegriffs näher untersucht. Den Ausgangspunkt bildet die von C. A. J. Coady durchgeführte Begriffsanalyse. Coadys Ansatz kann als Leitlinie für die Diskussion dieses Punktes bei vielen Autoren betrachtet werden. So werden die von ihm vorgeschlagenen Bedingungen für natürliche Zeugnisse auch von Peter J. Graham und von Jennifer Lackey als Ausgangsbasis für die Entwicklung ihrer eigenen Positionen zu diesem Thema genutzt. Beide Ansätze werden im weiteren Verlauf dieser Analyse vorgestellt und kritisch betrachtet.

2.2.1 Kontextorientierte Definition

Seinen Ausführungen zum Zeugnisbegriff schickt Coady die Anmerkung vorweg, dass er mit seinem Definitionsvorschlag nicht implizieren wolle, dass es lediglich einen Begriff des Zeugnisses gebe. Stattdessen solle sein Vorschlag als Vergleichs- und Abgrenzungsoption zu möglichen anderen Konzepten in diesem Bereich betrachtet werden.[17]

Zur Klärung der Bedeutung des Zeugnisbegriffs führt Coady neben Beispielen der eingangs genannten Art und sprechakttheoretischen Überlegungen eine Unterscheidung zwischen *formellen* und *natürlichen Zeugnissen* ein.[18] Er beginnt seine Untersuchung mit dem Fall formeller Zeugnisse.[19]

Seiner Auffassung nach sei dieser Bereich testimonialer Erkenntnis auf Grund des im juristischen Umfeld institutionalisierten Umgangs mit Zeugenaussagen gut dazu geeignet, einen sinnvollen Ausgangspunkt für seine Theorie zu bilden, weil bestimmte Merkmale der formellen Zeugnisart die philosophische Debatte zur Testimonialerkenntnis in einem nicht unerheblichen Maße beeinflusst hätten. Diese Vorgehensweise bedeutet jedoch nicht, dass Coady dieser Zeugnisart einen Vorrang zuspricht gegenüber den natürlichen Zeugnissen. Tatsächlich ist er der Ansicht, dass vom umgekehrten Falle ausgegangen werden könne. Trotzdem biete der Beginn der Untersuchungen mit der Analyse formeller Zeugnisse Vorteile, da in diesem Umfeld bestimmte Regeln zum Umgang mit Zeugenaussagen als Belegen etabliert seien, welche nicht nur zur genaueren Bestimmung formeller Zeugnisse, sondern auch als Vergleichsmomente für natürliche Zeugnisse genutzt werden könnten.[20]

Der Bereich der formellen Zeugnisse umfasst insbesondere jene aus dem juristischen Kontext, in welchem Zeugenaussagen eine zentrale Rolle spielen.[21] Insgesamt lässt sich festhalten, dass Coady den Begriff *formeller Zeugnisse* in Rückbindung an das formelle Umfeld, in dem sie zu finden sind, strikter fasst als jenen der *natürlichen Zeugnisse*. Folgende Bedingungen führt Coady für die formellen Zeugnisse an:

    (a) It is a form of evidence.

---

[17]　Allerdings führt er diese Alternativkonzeptionen nicht weiter aus. Vgl. Coady, C. A. J. (1992), S. 25.

[18]　Vgl. ebd., S. 26 ff.

[19]　Da ich mich an anderer Stelle bereits mit den Definitionen von Coady genauer auseinander gesetzt habe, möchte ich diese hier nur kurz nennen, um dann genauer auf die Kritik an diesen Definitionen einzugehen. Vgl. Mößner, N. (2010).

[20]　Vgl. Coady, C. A. J. (1992), S. 27.

[21]　Coadys Analyse stützt sich dabei auf das englische Rechtssystem und die dort vorliegenden Gegebenheiten.

(b) It is constituted by persons A offering their remarks *as* evidence so that we are invited to accept *p* because A says that *p*.

(c) The person offering the remarks is in a position to do so, i.e. he has the relevant authority, competence, or credentials.

(d) The testifier has been given a certain status in the inquiry by being formally acknowledged as a witness and by giving his evidence with due ceremony.

(e) As a specification of *(c)* within English law and proceedings influenced by it, the testimony is normally required to be firsthand (i.e. not hearsay).

(f) As a corollary of *(a)* the testifier's remarks should be relevant to a disputed or unresolved question and should be directed to those who are in need of evidence on the matter.[22]

Demgegenüber steht Coadys Definition *natürlicher Zeugnisse*. Natürliche Zeugnisse bestimmen unseren Alltag in der Form unterschiedlichster Sprechhandlungen: Die Mitteilung, der Bericht oder im relevanten Kontext auch nur eine schlichte Äußerung, dass *p*, fallen hierunter. In diesem Sinne sind Zeugnisse aller Art ein wesentliches Moment alltäglicher Erkenntnisprozesse und durchdringen umfassend die epistemische Situation eines jeden Subjekts. Sie stellen damit gegenüber den formellen Zeugnissen den allgemeineren Fall dar. Ein Beispiel für den klassischen Fall eines Zeugnisses in diesem Sinne wäre folgende Begebenheit:

> (B-1) Bericht: Zwei Freunde – nennen wir sie der Einfachheit halber Peter und Paul – unterhalten sich. Paul erzählt Peter, der seinen Freund für ein paar Tage in dessen Heimatstadt Münster besucht, bei einem Spaziergang etwas über die Münsteraner Stadtgeschichte. Konkret geht es um einige historische Fakten zum Münsteraner Dom. Unter anderem erzählt Paul, dass der Dom nach dem Zweiten Weltkrieg originalgetreu wiederaufgebaut wurde.

Dies ist der klassische Fall: Paul legt in Form einer sprachlichen Informationshandlung ein Zeugnis über ein historisches Faktum des Münsteraner Doms ab. Peter weiß nachfolgend auf Grund des Zeugnisses seines Freundes, dass der Münsteraner Dom nach dem Zweiten Weltkrieg originalgetreu wiederaufgebaut wurde. Für eine genauere Identifikation dieser Akte führt Coady die folgenden drei Bedingungen an:

A speaker S testifies by making some statement *p* if and only if:

---

[22] Coady, C. A. J. (1992), S. 32/33.

1. His stating that p is evidence that p and is offered as evidence that p.
2. S has the relevant competence, authority, or credentials to state truly that p.
3. S's statement that p is relevant to some disputed or unresolved question (which may, or may not be, p?) and is directed to those who are in need of evidence on the matter.[23]

Die Belegkraft[24] der Behauptung, die Glaubwürdigkeit des Sprechers sowie die Relevanz der Mitteilung bilden nach Coady die notwendigen und hinreichenden Bedingungen für natürliche Zeugnisse. Allerdings muss beachtet werden, dass der von Coady verwendete Belegbegriff nicht im starken Sinne eines Wahrheitsgaranten in Form eines Beweises, wie er z. B. im mathematischen Umfeld auftritt, gemeint ist. Coady lehnt sich vielmehr an die differenzierte Betrachtungsweise dieses Begriffs bei Peter Achinstein an, welcher drei Arten des Belegs unterscheidet: den potentiellen, den wahrheitsgetreuen und den subjektiven Beleg.[25] Coady macht sich den Begriff des *potentiellen Belegs* für seine Definition zueigen. Für das Vorliegen eines potentiellen Belegs wird nicht gefordert, dass die Hypothese h, für die der Beleg erbracht wird, wahr sein muss. Für den Beleg e selbst muss dies dagegen schon angenommen werden. Darüber hinaus ist es unerheblich, ob überhaupt jemand der Überzeugungen ist, dass e, oder, dass h, oder, dass eine mögliche Verbindung zwischen beiden bestehe. Dieser Begriff lässt demnach eine Irrtumsmöglichkeit für den Zeugen zu, d. h. der bezeugte Sachverhalt muss nicht der Wahrheit entsprechen. Damit die belegende Aussage allerdings wahr sein kann, muss der Zeuge selbst, der Überzeugung sein, dass er eine wahre Mitteilung macht. Er muss also aufrichtig sein, kann sich aber irren. Mittels der Betonung der Aufrichtigkeitsforderung ist der Fall einer Lüge in Coadys Definition ausgeschlossen.

Coadys Ausführungen zu den Bedingungen für natürliche Zeugnisse sind in der Debatte zur Testimonialerkenntnis jedoch nicht unwidersprochen geblieben. Im Folgenden werden einige Kritikpunkte, die sowohl Coadys Ansatz zur Definition natürlicher Zeugnisse als auch seine nach einem formellen und einem alltagssprachlichen Kontext differenzierte Behandlung des Zeugnisbegriffs betreffen, thematisiert.

---

[23] Coady, C. A. J. (1992), S. 42.

[24] Mit dem Ausdruck Beleg wird in dieser Untersuchung der in der englischsprachigen Debatte verwendete Terminus *evidence* übersetzt.

[25] Vgl. Achinstein, P. (1978), S. 23-26.

2.2.1.1 Kritik an Coadys Definitionen

Eine wiederholte Kritik an Coadys Definitionsvorschlag natürlicher Zeugnisse besteht darin, dass sein Konzept formeller Zeugnisse für ersteren unbewusst Pate gestanden habe. Michael Welbourne erhebt beispielsweise diesen Vorwurf einer Übertragung des Konzepts formeller Zeugnisse auf vergleichbare Sprechhandlungen der Alltagssprache (trotz der entsprechenden Anpassung). Zwei Konsequenzen aus einem solchen Vorhaben erscheinen ihm dabei besonders kritikwürdig: Zum einen werde der Untersuchungsgegenstand *unnatürlich formal* gefasst. Diese Kritik bezieht sich sowohl auf die Wortwahl in Coadys Definiendum natürlicher Zeugnisse als auch auf die ausgearbeitete Definition als ganzes. Welbourne merkt damit die Unüblichkeit des Ausdrucks *ein Zeugnis ablegen* für alltagssprachliche Kontexte an. Neben dieser rein sprachlichen Kritik führt Welbourne aber auch an, dass Coadys Definition insgesamt „[...] seems fitted for utterances much nearer to the witness-box than to the coffee-shop or street."[26] Zum anderen betrachtet Welbourne die von Coady angeführten Bedingungen natürlicher Zeugnisse auch als defizitär in dem Sinne, dass durch sie nicht erklärt werde, welche Mechanismen genau bei testimonialen Akten eine Rolle spielten.[27] Von besonderer Relevanz erscheint Welbourne dabei die Klärung der Frage, was es heiße, einem Sprecher / Zeugen zu glauben.

Eine vergleichbare Art von Kritik in Bezug auf Coadys kontextorientierte Definitionen wurde in ausführlicherer Form, ohne allerdings Bezug auf Welbourne zu nehmen, von Peter J. Graham vorgebracht. Den Ausgangspunkt für Grahams Problematisierung des Zeugnisbegriffs bei Coady bildet dabei die Feststellung, dass mit Coadys Ansatz ein sehr hoher epistemischer Standard dafür etabliert werde, wann eine Äußerung als Beleg für etwas angesehen werden könne. Dies widerspreche jedoch der Alltagserfahrung, dass zum einen Zeugnisse weit verbreitet seien und zum anderen viele als Zeugnis intendierte Sprechhandlungen von den Rezipienten nicht immer akzeptiert würden und damit in epistemischer Hinsicht nicht grundsätzlich als wirksam bewertet werden könnten. Den Grund für diese Diskrepanz sieht Graham darin begründet, dass Coady sich bei der Entwicklung seines Begriffs natürlicher Zeugnisse zu stark am Konzept formeller Zeugnisse orientiert habe.[28] Die im juristischen Umfeld gültigen strengen Bedingungen an eine Sprech-

---

[26]   Welbourne, M. (1994), S. 121.

[27]   Ein solches rein deskriptives Verfahren zur Darstellung testimonialer Akte verfolgt z. B. Paul Thagard (2005). Es wird in dieser Arbeit im Kap. 4.2.1 diskutiert.

[28]   Vgl. Graham, P. J. (1997), S. 231.

handlung, um als Zeugnis gelten zu können, gälten jedoch nicht im gleichen Maße für vergleichbare Handlungen im alltagssprachlichen Kontext. Coadys Definition würde demnach viele sprachliche Informationshandlungen vom Anwendungsbereich des Zeugnisbegriffs ausschließen, obwohl sie dem Alltagsverständnis nach durchaus testimoniale Akte darstellten.

Die von Graham selbst vorgebrachten Modifikationen der drei Bedingungen für natürliche Zeugnisse vermeiden diese Schwierigkeit eines zu hohen epistemischen Standards. Seine Reformulierung lautet wie folgt:

G1. S's stating that p is offered as evidence that p

G2. S intends that his audience believe that he has the relevant competence, authority or credentials to state truly that p

G3. S's statement that p is believed by S to be relevant to some question that he believes is disputed or unresolved (which may or may not be p) and is directed at those whom he believes to be in need of evidence on the matter.[29]

Die Abschwächung gegenüber den von Coady genannten Bedingungen ist deutlich. Sie betrifft insbesondere eine subjektive Fokussierung des Zeugnisbegriffs. D. h. die Beurteilung der Erfüllung der drei Bedingungen unterliegt ausschließlich dem Zeugen selbst. Diese subjektive Aufweichung ermöglicht es, dass nun auch Mitteilungen als Zeugnisse behandelt werden können, die alltagssprachlich zwar in diesen Bereich zu fallen scheinen, aber von Coadys Definition aus dem Anwendungsbereich ausgeschlossen wurden. Folgendes Beispiel veranschaulicht diesen Punkt:

> (B-2) Paul erzählt seinem auswärtigen Freund Peter im Rahmen einer Stadtführung, dass der Dom in Münster im Zweiten Weltkrieg nicht vollständig zerstört wurde. Da Paul gebürtiger Münsteraner ist und sich auch mit der Geschichte der Stadt befasst hat, hält er sich selbst für kompetent, wahre Aussagen bezüglich der Geschichte des Münsteraner Doms treffen zu können. Dies führt ihn auch zu der Ansicht, dass sein Freund ihn als kompetente Auskunftsquelle betrachten wird. Außerdem geht er davon aus, dass Peter Interesse an den historischen Fakten der Stadt hat und diese im Rahmen seines Besuchs gerne in Erfahrung bringen möchte. Pauls Aussage über den Münsteraner Dom soll ferner für Peter als Beleg bezüglich der mitgeteilten Informationen dienen.

In diesem Beispiel sind alle drei von Graham angeführten Bedingungen erfüllt. Alltagssprachlich ist man geneigt, Pauls Äußerung als einen Fall des

---

[29]   Ebd., S. 227.

Zeugnisses anderer anzusehen, auch wenn Coadys Kriterien dagegensprechen. Ergänzt man das Beispiel jedoch um zwei Punkte, entsteht eine entscheidende Schwierigkeit für Grahams Konzeption des Zeugnisbegriffs.

> (B-3) In der Tat besitzt Paul ein umfangreiches geschichtliches Wissen bezüglich der Münsteraner Stadtgeschichte, allerdings irrt er sich nun gerade im Hinblick auf die mitgeteilte Proposition. Der Münsteraner Dom wurde doch im Zweiten Weltkrieg vollständig zerstört. Ferner irrt Paul sich auch in der Meinung, sein Freund Peter wolle etwas über die Historie Münsters erfahren.

Mit dieser Modifikation des Beispiels sind zwar weiterhin alle drei Bedingungen von Grahams Konzeption erfüllt, aber liegt tatsächlich noch der Fall eines Zeugnisses vor? Bevor diese Frage beantwortet werden kann, soll zunächst eine weitere Modifikation des Beispiels betrachtet werden.

> (B-4) Wiederum erzählt Paul seinem Freund Peter das genannte historische Datum bezüglich des Münsteraner Doms. Diesmal ist seine Auskunft tatsächlich auch das Resultat einer Frage seines Freundes. Allerdings entspricht sie wiederum nicht der Wahrheit. Zwar weiß Paul, dass der Dom tatsächlich vollständig zerstört wurde, möchte den Freund, der ein großes Interesse an historischen Bauwerken hat, jedoch gerne in dem Glauben lassen, der Dom befände sich nach wie vor in seinem ursprünglichen Zustand. Infolgedessen belügt Paul seinen Freund bewusst. Er intendiert dabei, dass Peter ihn sowohl für kompetent als auch für aufrichtig hält.

Auch diese Reformulierung erfüllt alle drei Kriterien der Grahamschen Definition. Wie verhält es sich aber mit dem Zeugnisbegriff in diesem Falle? (B-4) macht deutlich, dass Grahams Bedingungen zusammengenommen nicht hinreichend sind, um den Zeugnisbegriff zu definieren. Seine Bedingungen lassen auch den offensichtlichen Täuschungsversuch des Sprechers zu. Geht man davon aus, dass Zeugnisse eine Erkenntnisquelle sein sollen, sollte ein solcher Fall jedoch nicht durch die Definition des Zeugnisbegriffs zugelassen werden. Grahams Konzeption kann somit verworfen werden.

Auch wenn Grahams Konzeption fehlschlägt, ist seine Kritik an Coadys Ansatz nicht unbegründet. Deutlich wird dies im Beispiel (B-3). Die Beurteilung dieses Falles erscheint weniger einfach. Offensichtlich intendiert Paul hier tatsächlich, ein wahres Zeugnis zu abzulegen. Allerdings irrt er sich in Bezug auf die mitgeteilte Proposition. Weder dem Zeugen noch dem Rezipienten ist somit bewusst, dass eine falsche Mitteilung gemacht wurde. Wollte der Rezipient – in diesem Fall der Freund Peter – seine neu gewonnene Überzeugung vor einer dritten Person rechtfertigen, könnte er sich auf das Zeugnis von Paul berufen. Wissen hat er hieraus jedoch nicht erhalten, da die Mitteilung offensichtlich falsch war. Soll dieser Fall jedoch als Zeugnis betrachtet werden?

Coadys Bedingungen würden (B-3) ausschließen, weil erschwerend hinzukommt, dass Peter gar nichts über den Münsteraner Dom wissen wollte, also gar kein Beleg gefordert war. Pauls Aussage trägt somit nicht zur Klärung einer offenen Frage bei. Allerdings könnte man einwenden, dass vieles, was wir aus dem Zeugnis anderer wissen, nicht unmittelbar als Resultat einer direkten Frage erworben wurde. Erinnert sei an das Wissen, welches in der Schulzeit vermittelt wurde. Offensichtlich wurden in diesem Fall die Fragen, auf welche die Zeugnisse der Lehrer eine Antwort geben sollen, nicht von den Rezipienten – also den Schülern – gestellt.[30] Vielmehr legen Lehrpläne fest, welches Wissen den Schülern vermittelt werden soll. Fälle dieser Art scheinen einerseits klar zum Anwendungsbereich des Zeugnisbegriffs zu gehören. Andererseits soll dieser Begriff aber auch so gefasst werden, dass er Fälle ausschließt, in denen ein Sprecher wahllos Äußerungen von sich gibt, ohne dass sie für einen möglichen Rezipienten von irgendeiner Bedeutung wären oder überhaupt an einen Zuhörer gerichtet sind. Zur Vermeidung dieser Schwierigkeit muss die dritte Bedingung als Relevanzkriterium für den gebotenen Beleg in der Konzeption (allerdings in modifizierter Form) aufrechterhalten werden. Die notwendige Reformulierung dieser Bedingung betrifft die genannte Tatsache, dass die Fragestellung, auf die das Zeugnis eine Antwort geben soll, nicht nur vom Hörer sondern gleichermaßen vom Sprecher selbst gestellt werden kann. Da das Konzept des Zeugnisses anderer insbesondere auch dazu gedacht ist, solche Situationen des Lernens zu umfassen, müssen die Bedingungen des Zeugnisbegriffs auch entsprechend formuliert werden.

Die Perspektivenabhängigkeit (d. h. eine Fokussierung auf den Sprecher) in Coadys Begriffsanalyse stellt jedoch nicht nur für die Formulierung der dritten Bedingung eine Schwierigkeit dar, sondern bietet Anlass zu einer grundsätzlichen Kritik. Offenbar hängt die Feststellung, wann eine Äußerung als Zeugnis betrachtet werden kann, nicht allein von der Perspektive des Sprechers ab – wie sie in den oben erörterten Definitionsvorschlägen eingenommen wird –, sondern ebenso von der Perspektive des Hörers. Zur Veranschaulichung dieser Problematik betrachten wir erneut unser Beispiel (B-3), gehen aber davon aus, dass Peter auch tatsächlich Interesse an der mitgeteilten Proposition hat:

(B-5) Leider entspricht Pauls Bericht über die Geschichte des Münsteraner Doms, wie beschrieben, nicht der Wahrheit. Dies ist aber weder dem Sprecher noch dem Rezipienten zum Zeitpunkt des Zeugnisaktes bewusst. Aus beider Perspektive kann damit

---

[30]   Ausgenommen sind hier natürlich gezielte (Rück-)Fragen der Schüler zu bestimmten Themen.

Pauls Mitteilung als Zeugnis betrachtet werden. Nun erfährt Peter aber zu einem späteren Zeitpunkt von einem anderen Bekannten, dass Pauls Bericht nicht wahrheitsgemäß war. Auf der Basis dieser neuen Information wird Peter Pauls Mitteilung nicht mehr als Zeugnis bezüglich der Geschichte des Münsteraner Doms bewerten. Pauls Aussage kann Peter nun höchstens noch als Beleg dafür dienen, dass Paul nicht über das relevante Wissen verfügte. Paul – in Unkenntnis der neuen Information – wird dagegen weiterhin davon überzeugt sein, ein wahres Zeugnis abgelegt zu haben.

(B-6) Nehmen wir weiter an, dass Paul seinem Freund Peter tatsächlich etwas Wahres über den Münsteraner Dom mitgeteilt hat: nämlich dass dieser im Zweiten Weltkrieg vollständig zerstört und danach originalgetreu wiederaufgebaut wurde. Allerdings hat Peter auch weiterhin kein Interesse an der Mitteilung seines Freundes. Aus Pauls Sprecherperspektive wurde ein Zeugnis über die genannte wahre Proposition abgelegt. Aus Peters Hörerperspektive stellt sich die Situation jedoch anders dar: Peter mag die Äußerung seines Freundes als bloße Wichtigtuerei abtun und ihr keine weitere Beachtung schenken. Unter dieser Prämisse wird Peter Pauls Bericht nicht als Zeugnis werten.

Eine letzte Variation des Beispiels soll diese Illustration der Abhängigkeit der Zuschreibung des Zeugnisstatus zu einer Äußerung abschließen:

(B-7) Angenommen Paul erzählt seinem Freund, den er lange nicht gesehen hat und in Ermangelung interessanter gemeinsamer Themen, aus reiner Verlegenheit etwas Wahres über den Münsteraner Dom. Sowohl Sprecher als auch Hörer sind in dieser Situation nicht unmittelbar an der mitgeteilten Proposition interessiert. Die Mitteilung dient vielmehr dazu, einen unangenehmen schweigsamen Moment zwischen den Freunden zu vermeiden. Weder Paul noch Peter werden hier (t_1) Pauls Äußerung als Zeugnis werten. Zu einem späteren Zeitpunkt (t_2) wird Peter nun aber von einem anderen Bekannten genau nach dieser Information über den Münsteraner Dom gefragt. Peter erinnert sich an Pauls Äußerung und berichtet wahrheitsgemäß. Zu diesem späteren Zeitpunkt betrachtet Peter damit Pauls Mitteilung sehr wohl als Zeugnis.

An diesem letzten Beispiel wird deutlich, dass es offensichtlich zwei unterschiedliche Perspektiven in diesem Sprachspiel gibt. Die Beurteilung, ob eine konkrete Sprechhandlung als Zeugnis betrachtet werden kann, unterliegt Sprecher und Hörer gleichermaßen. Und die Bewertung muss dabei keinesfalls übereinstimmend ausfallen. Im letzten geschilderten Fall wird Paul (der Sprecher) die ganze Zeit davon ausgehen, dass er ein wahres Zeugnis über den Münsteraner Dom abgelegt hat. Peter (der Hörer) hält die Aussage zu t_1 jedoch nicht für ein Zeugnis, zum Zeitpunkt t_2 allerdings schon. Offensichtlich ist es nicht immer damit getan, allein auf die Intention des Sprechers, seine Glaubwürdigkeit und die Relevanz der Mitteilung abzuheben, um festzustellen, wann der Fall des Zeugnisses anderer vorliegt.

Die mit diesen Beispielen aufgezeigte Problematik der Perspektivenabhängigkeit des Zeugnisbegriffs greift Jennifer Lackey in einem neueren Ansatz zur Klärung dieses Begriffs auf.

2.2.2 Akteursorientierte Definition des Zeugnisbegriffs

Zur Entwicklung ihres eigenen Konzepts des Zeugnisbegriffs untersucht Jennifer Lackey zunächst verschiedene bestehende Begriffsdefinitionen. Ihren Ausgangspunkt bildet dabei der Ansatz von Coady, dessen Vorschlag zur Definition natürlicher Zeugnisse sie als eine *enge Sichtweise* auf den Zeugnisbegriff bezeichnet. Da sie seinen Definitionsvorschlag jedoch für inadäquat hält, befasst sie sich darüber hinaus auch mit dem oben thematisierten Ansatz von Graham sowie mit einem Vorhaben, das sie als eine *weite Sichtweise* auf den Zeugnisbegriff bezeichnet. Keiner dieser drei Vorschläge führt in ihren Augen jedoch zu einem zufriedenstellenden Ergebnis. Im Folgenden wird ihre Kritik an diesen Ansätzen ausführlich dargestellt und auf ihre Schlüssigkeit hin untersucht.

2.2.2.1 Lackeys Kritik an den Bedingungen natürlicher Zeugnisse und an alternativen Begriffsdefinitionen

Da die von Lackey erörterten Schwierigkeiten der verschiedenen Definitionen des Zeugnisbegriffs auch in den genannten Beispielen auftreten, werden sie im Weiteren im Zusammenhang mit diesen diskutiert. Drei grundsätzliche Probleme veranlassen sie dazu, Coadys Definition des Zeugnisbegriffs abzulehnen:

1) In Beispiel (B-5) erzählt Paul seinem Freund Peter mangels besseren Wissens etwas Falsches über den Münsteraner Dom. Sowohl Paul als auch Peter gehen zum Zeitpunkt t_1 davon aus, dass es sich um eine wahre Mitteilung, also um ein Zeugnis handelt. Peter erfährt jedoch zu einem späteren Zeitpunkt von einer dritten Person, dass Pauls Mitteilung falsch war. Zu t_2 geht Peter also nicht mehr davon aus, dass ein testimonialer Akt vorlag, während Paul dies auch weiterhin glaubt. Lackey hält hierzu fest, dass jemand auch dann ein Zeugnis ablegen könne, wenn er nicht über die entsprechende Kompetenz dazu verfüge. Die Anwendung von Coadys Bedingungen auf das Beispiel würde, Lackey zufolge, zu der Schlussfolgerung führen, dass weder zu t_1 noch zu t_2 ein testimonialer Akt vorlag. Zu keinem dieser Zeitpunkte verfügte Paul über die notwendige Kompetenz, um eine wahre Aussage über den Münsteraner Dom zu machen. (B-5) legt aber nahe, dass zum Zeitpunkt t_1 sowohl Sprecher als auch Hörer davon ausgehen und zum Zeitpunkt t_2 zumindest noch der Sprecher auf Grund mangelnder Kenntnis seiner Inkompetenz annimmt, dass ein Zeugnis gegeben wurde. Für den auftretenden Widerspruch zwischen der intuitiven Beurteilung von (B-5) und dessen Bewer-

tung mit Hilfe von Coadys Bedingungen sieht Lackey zwei eng miteinander zusammenhängende Gründe vorliegen:

a) Den ersten Grund macht Lackey in einer Verwechslung der Metaphysik[31] und der Epistemologie testimonialer Akte bei Coady aus.[32] Lackey vertritt die These, dass Coady der Ansicht sei, testimoniale Akte seien *per se eine zuverlässige Quelle* wahrer Überzeugungen. In diesem Sinne reiche es aus zu fragen, ob ein Akt dem Fall des Ablegens eines Zeugnisses entspreche. Wenn ja, liefere er auch notwendigerweise wahre Aussagen. Die Frage nach epistemisch guten oder schlechten Zeugnissen stelle sich bei Coady gar nicht mehr. Lackeys Vorwurf besteht darin, dass Coady eine rein metaphysische Analyse testimonialer Akte nicht liefere, sondern mit der Anführung seiner notwendigen und hinreichenden Bedingungen allein auf die epistemologische Ebene abziele (also einen epistemisch funktionalen Begriff definieren wolle). Der Fall, dass ein Äußerungsakt in metaphysischer Hinsicht als Zeugnis charakterisiert, von der Sprechergemeinschaft aber in epistemischer Hinsicht nicht als solches akzeptiert werde, könne bei Coady demnach nicht auftreten. Coadys Ansatz setzt jedoch keineswegs eine generelle Zuverlässigkeit von Zeugnissen voraus. Lackeys Auffassung bezüglich Coadys Bedingungen basiert auf der falschen Prämisse, dass dessen *Belegbegriff* eine direkte Verbindung zur Wahrheit der geäußerten Proposition herstelle. In Anlehnung an die Ausführungen von Achinstein zu diesem Thema betrachtet Coady jedoch den in seiner ersten Bedingung verwendeten Begriff nur als eine Art von *potentiellem Beleg.* Nach Achinstein bedeutet dies: „[...] e can be potential evidence that h even if h is false."[33] Coadys Konzeption setzt demnach nicht voraus, dass im Falle des Vorliegens eines Zeugnisses, der Gehalt des Zeugnisses auch tatsächlich wahr ist.[34] Eine Verwechslung zwischen Metaphysik und Epistemologie testimonialer Akte kann ihm zumindest in Rekurs auf den von ihm verwendeten Begriff des Belegs nicht vorgeworfen werden.

b) Lackey nennt aber noch einen weiteren Grund für die intuitiv unstimmige Analyse von (B-5) mit Hilfe von Coadys Ansatz: „For a speaker

---

31 Unter dem Punkt des *metaphysischen Aspekts* behandelt Lackey die Frage, was in einem nichtepistemischen Sinne unter testimonialen Akten verstanden werden soll, d. h. die Frage nach den Bedingungen, die erfüllt sein müssen, um einen Sprechakt zu definieren, mit welchem testimoniale Akte vollzogen werden. Vgl. Lackey, J. (2006a), S. 179.

32 Vgl. ebd., S. 179/180.

33 Achinstein, P. (1978), S. 23.

34 Vgl. Coady, C. A. J. (1992), S. 44.

who states that p in the absence of the relevant competence, authority, or credentials to state truly that p may not be a *reliable* testifier and her testimony may not be an *epistemically good source of belief*. But surely such a speaker is a testifier nonetheless."[35] Mangelnde Kompetenz des Sprechers, wie sie im Beispiel vorliegt, spräche demnach nicht gegen die Zuschreibung des Status eines Zeugnisses zur Aussage des Sprechers. Auch in diesem Fall sieht Lackey eine Verwechslung von Metaphysik und Epistemologie bei Coady vorliegen. Ihrer Ansicht nach sollte die Forderung nach einer ausreichenden Kompetenz, Autorität oder anderen Beglaubigungen des Sprechers nicht zu den Bedingungen der Definition des Zeugnisbegriffs gezählt, sondern nur zur späteren Bewertung eines Zeugnisses als epistemisch guter oder schlechter Informationsquelle genutzt werden. Was hieße es aber, wenn man diese Bedingung tatsächlich streichen würde? Könnte man Sprechhandlungen, welche die verbleibenden Punkte erfüllen, noch als Zeugnisse bezeichnen? Nehmen wir also an, dass Paul in unserem Beispiel weder über die notwendige Kompetenz, Autorität noch andere Beglaubigungen verfügt, eine wahre Aussage über den Münsteraner Dom zu machen. Sollten diese Bedingungen in der Tat keine Rolle in der Bewertung seiner Äußerung als Zeugnis spielen, müsste jede Aussage, die er zu diesem Thema macht und welche die verbliebenen beiden Punkte erfüllt, als Zeugnis gewertet werden. Die Erläuterung des von Coady verwendeten Belegbegriffs hat gezeigt, dass dieser keine Verbindung zwischen der Äußerung, dass p, und der Tatsache, dass p, herstellt. Allein die von Coady angeführte zweite Bedingung ermöglicht diese Einschränkung. Würde diese aufgegeben, stände es Paul in unserem Beispiel z. B. frei zu behaupten, der Münsteraner Dom sei von Außerirdischen erbaut worden. Wenn der Sprecher nicht über eine hinreichende Berechtigung zur Äußerung, dass p, verfügt, könnte auch jede Form von mitgeteiltem Aberglauben, Gerüchten, Vorurteilen oder auch von klaren Lügen als Zeugnis gewertet werden. Dem Hörer stände kein Kriterium mehr zur Verfügung, anhand dessen er aus einer Menge von Sprechern einen Zeugen im epistemologischen Sinne auswählen könnte. Angenommen, kurz nachdem Paul die Mitteilung über den Münsteraner Dom gemacht hat, erzählt ein Passant, augenscheinlich ein noch sehr junger, japanischer Tourist, Peter kichernd und augenzwinkernd, dass der Münsteraner Dom erst vor zwei Wochen erbaut wurde. Welchem von beiden Sprechern soll Peter nun Glauben schenken? Ohne die zweite Bedin-

---

[35]   Lackey, J. (2006a), S. 180.

gung wären beide Aussagen als gleichwertig zu betrachten. Erst mit Verweis auf eine notwendige Kompetenz etc. des Zeugen kann die relevante von der irrelevanten Aussage getrennt werden. So wird Peter seinem Freund Paul als Einheimischem, der darüber hinaus seine Äußerung auch in einem normalen Kommunikationsverhalten vorgebracht hat, eine höhere Kompetenz und Glaubwürdigkeit zuschreiben, als dem japanischen Touristen. In diesem Sinne irrt Lackey auch in diesem Punkt, wenn sie die Ansicht vertritt, dass eine Verwechslung von Metaphysik und Epistemologie vorliege.[36]

2) Eine weitere Schwierigkeit, die Lackey an Coadys Ansatz ausmacht, besteht darin, dass der Hörer eine Aussage eines Sprechers auch dann als Zeugnis werten könne, wenn es nicht der Intention des Sprechers entspricht, ein solches ablegen zu wollen.[37] Diese Feststellung widerspricht jeweils dem zweiten Konjunkt der ersten und der dritten Bedingung in Coadys Definition. Der Sprecher bietet seine Äußerung, dass *p*, also weder als (potentiellen) Beleg für die Tatsache, dass *p*, an, noch richtet er sich mit seiner Äußerung an einen Rezipienten, welcher diesen Beleg benötigen würde. Dieser Fall entspricht unserem Beispiel (B-7), in welchem Paul aus reiner Verlegenheit seinem Freund Peter etwas über den Münsteraner Dom erzählt, um ein unangenehmes Schweigen zu vermeiden. Weder Paul noch Peter haben ein unmittelbares Interesse an dem Mitgeteilten. Allerdings wird Pauls Bericht für Peter zu einem späteren Zeitpunkt relevant. Er erinnert sich an diesen und nutzt ihn nachträglich als Zeugnis bezüglich der entsprechenden Proposition. Dieser zweite Einwand von Lackey gegenüber Coadys Konzeption erscheint intuitiv stimmig zu sein.

3) Eine letzte entscheidende Schwierigkeit sieht Lackey schließlich darin, dass ein Sprecher auch ein Zeugnis ablegen könne, ohne dass ein Hörer danach verlange,[38] ebenfalls eine Variante, die von Coadys Definition ausgeschlossen wird. Die genannte Kritik entspricht unserem Beispiel (B-3), welches in dem Sinne ergänzt wurde, dass Peter gar kein Interesse an Pauls

---

[36] Als besondere Schwierigkeit im oben diskutierten Beispiel (B5) erweist sich allerdings die Tatsache, dass Pauls mangelnde Kompetenz weder dem Sprecher noch dem Hörer bewusst ist. Paul geht vielmehr irrtümlich davon aus, dass er über die entsprechende Kompetenz verfüge. Sein Verhalten lässt somit auch für Peter nicht den Schluss zu, dass sein Freund nicht ausreichend kompetent hinsichtlich der fraglichen Äußerung sein könnte. Beide scheinen in diesem Sinne dazu berechtigt zu sein, davon auszugehen, dass der Fall eines Zeugnisses vorliege.

[37] Vgl. Lackey, J. (2006a), S. 180/181.

[38] Vgl. ebd., S. 181.

Mitteilung bezüglich des Münsteraner Doms hat. Aus Pauls Sicht wurde demnach ein Zeugnis abgelegt, während Peter die Äußerung seines Freundes als reine Wichtigtuerei abtun mag. Auch hier scheint die offensichtliche Schwierigkeit in der einseitigen Perspektive Coadys auf den Zeugnisbegriff zu bestehen. Daher soll Lackey dieser Kritikpunkt als gültiger Einwand gegen Coadys Definition des natürlichen Zeugnisses zugesprochen werden. Seine Klärung wird zusammen mit jener ihres zweiten Einwandes im Zuge der Erläuterung von Lackeys eigenem Ansatz erfolgen.

Zwar hat sich der erste von Lackey diskutierte Kritikpunkt nicht als stichhaltig herausgestellt, doch verweist sie mit den beiden anderen Punkten auf eine entscheidende Schwäche in Coadys Konzeption. Seinem Definitionsvorschlag ist eine unstimmige Perspektivenabhängigkeit des Zeugnisbegriffs in dem Sinne inhärent, dass die Definition stark sprecherzentriert vorgenommen, die Hörerperspektive aber vernachlässigt wurde. Es findet keine klare Trennung zwischen beiden Perspektiven an relevanten Stellen statt. Zur Erarbeitung eines Konzepts, welches diese Schwierigkeit vermeiden helfen könnte, zieht Lackey noch zwei weitere Definitionen des Zeugnisbegriffs in Erwägung: Zum einen diskutiert sie in Anlehnung an die Arbeiten von Elizabeth Fricker, Robert Audi und Ernest Sosa einen Vorschlag für eine *weite Sichtweise* auf den Zeugnisbegriff. Zum anderen untersucht sie als eine *moderate Sichtweise* den Definitionsvorschlag von Peter J. Graham. Da letzterer bereits im vorangegangenen Kapitel ausführlich betrachtet und als nicht schlüssig erwiesen wurde, werden abschließend Lackeys Ausführungen zu einer weiten Sichtweise auf den Zeugnisbegriff erläutert. Ihrer Ansicht nach kann dieser Ansatz folgendermaßen formuliert werden:

BVT[39]: S testifies that *p* if and only if S's statement that *p* is an expression of S's thought that *p*.[40]

Im Sinne dieser Definition gilt jede Äußerung von S, in welcher er einen entsprechenden Gedanken mitteilt, als Zeugnis bezüglich dieses Gedankens. Dass dieser Ansatz zu Problemen für eine klare Eingrenzung des Anwendungsbereichs des Zeugnisbegriffs führt, ist offensichtlich. „The upshot of these considerations is that if we embrace the BVT, then *any* expression of thought, from conversational fillers and polite responses to encouraging cheers and the reciting of acting lines, turns out to be an instance of testimony. This is clearly an unacceptable result."[41] Es kann also nicht mehr

---

[39]   BVT: broad view of testimony.
[40]   Lackey, J. (2006a), S. 182.
[41]   Ebd., S. 184.

zwischen völlig informationslosen Äußerungen von Überzeugungen etc. und Zeugnissen unterschieden werden.[42] Der Alternativvorschlag ist zu weit angelegt, d. h. er lässt zu viele Fälle als Zeugnisse zu, die mit der alltagssprachlichen Bedeutung des Begriffs testimonialer Akte wenig gemeinsam haben. Wie sieht nun, basierend auf diesen Ausgangsüberlegungen, Lackeys eigener Definitionsvorschlag zum Zeugnisbegriff aus?

2.2.2.2 Der Zeugnisbegriff: sprecher- und hörerbasiert

Lackey schließt ihre Analyse bisheriger Definitionsvorschläge des Zeugnisbegriffs mit der Feststellung ab, dass ihrer Ansicht nach die Inadäquatheit dieser Ansätze im Wesentlichen dem Umstand geschuldet sei, dass die Unterscheidung zwischen testimonialen Akten als einer intentionalen Handlung auf Seiten des Sprechers und testimonialen Akten als einer Erkenntnisquelle für den Hörer nicht beachtet werde.[43] Die Entwicklung des neuen Definitionsvorschlags soll dieser Problematik dadurch gerecht werden, dass nun sowohl die Sprecher- als auch die Hörerperspektive entsprechend berücksichtigt wird.

Ausgangsbasis für Lackeys Vorhaben sind Coadys und Grahams Überlegungen zum Zeugnisbegriff sowie der BVT-Ansatz. Im Gegensatz zu diesen will sie jedoch Zeugnisse nicht mit dem Begriff des *Belegs* in Verbindung bringen, sondern die Informationsvermittlung in den Vordergrund stellen.[44] Neben diesem zentralen Ansatz sollen noch vier weitere Aspekte des Zeugnisbegriffs mit ihrem Vorschlag eingefangen werden:

a) Eine wesentliche Modifikation nimmt Lackey in dem Sinne vor, dass sie ihren Zeugnisbegriff nicht mehr auf rein verbale Äußerungen festgelegt wissen will. Im Fokus ihrer Definition stehen daher Kommunikationsakte im weiteren Sinne, die Informationen übermitteln. Hierdurch wird es auch möglich, mimisches oder gestisches Verhalten des Sprechers als Zeugnis zu betrachten. Beispielhaft könnte so ein bloßes Kopfnicken von Paul auf Peters Frage, ob dies der Münsteraner Dom sei, als Zeugnis gewertet werden.

b) Darüber hinaus sollen in dem neuen Konzept auch solche Akte als Zeugnisse beurteilt werden, in welchen der Sprecher zwar eine Mitteilung macht, diese aber nicht explizit an einen Rezipientenkreis richtet. Zu diesem Zweck will Lackey den Begriff der *Kommunikation* in einem wei-

---

[42] Vgl. ebd., S. 183.
[43] Vgl. ebd., S. 187.
[44] Vgl. ebd., S. 190.

ten Sinne verwenden, „[...] so that it does not require that the speaker *intend[s] to communicate to others*; instead, it requires merely that the speaker *intend[s] to express communicable content.*"[45] Diese breiter gefasste Bedingung würde dann z. B. auch von Tagebucheintragungen erfüllt werden.

c) Ferner sollen auch solche Fälle als Zeugnisse gewertet werden können, in denen der Hörer eine Äußerung eines Sprechers als Zeugnis betrachtet, ohne dass vom Sprecher intendiert war, ein solches abzulegen (Fall B-7).

d) Schließlich modifiziert sie ihren Zeugnisbegriff derart, dass keine unmittelbare Übereinstimmung zwischen dem ausgedrückten Gehalt des Kommunikationsakts und der Proposition, bezüglich der ein Zeugnis abgelegt werden soll, vorliegen muss.[46] Einschränkend ergänzt sie, dass trotzdem eine verständliche und offensichtliche Verbindung zwischen beiden bestehen müsse. Durch diese Modifikation wird es möglich, auch indirekte Aussagen bzw. Antworten des Sprechers als Zeugnisse zu behandeln. So könnte Paul auf Peters Frage, ob der Münsteraner Dom nach dem Zweiten Weltkrieg wiederaufgebaut worden sei, auch antworten, dass die gesamte Münsteraner Innenstadt zum fraglichen Zeitpunkt originalgetreu wiederaufgebaut worden sei. Aus dieser Äußerung (und dem Wissen, dass der Dom in der Innenstadt von Münster steht) kann Peter schließen, dass dies auch für den Münsteraner Dom gilt. Zwischen dem genauen verbalen Gehalt von Pauls Äußerung und der Proposition, bezüglich derer ein Zeugnis abgelegt wird, besteht keine Übereinstimmung, aber (das entsprechende Hintergrundwissen vorausgesetzt) eine verständliche, offensichtliche Verbindung. In diesem Sinne gelten solche Fälle nach Lackeys Ansicht ebenfalls als Zeugnisse.

Nachdem somit die Ziele des zu entwickelnden neuen Konzepts des Zeugnisbegriffs benannt wurden, soll im Folgenden Lackeys eigener Ansatz kritisch betrachtet werden. Ihre Definition eines sowohl sprecher- als auch hörerorientierten Zeugnisbegriffs lautet:

> T: S testifies that *p* by making an act of communication *a* if and only if (in part) in virtue of *a*'s communicable content, (1) S reasonably intends to convey the information that *p*, or (2) *a* is reasonably taken as conveying the information that *p*.[47]

---

[45]   Ebd., S. 187.
[46]   Vgl. ebd., S. 189.
[47]   Ebd., S. 193.

Im positiven Sinne kann zunächst festgehalten werden, dass durch die Integration der Perspektiven beider Akteure (also Sprecher und Hörer) in einer Definition die thematisierten Schwierigkeiten, die sich aus einer fragwürdigen Einseitigkeit bisheriger Begriffsdefinitionen ergaben, behoben werden können. Die von Lackey formulierten Ziele werden demnach von der Begriffsdefinition erfüllt. Doch liegt auch ein schlüssiger Ansatz vor?

2.2.2.3 Kritik an Lackeys Neubestimmung des Zeugnisbegriffs

Offensichtlich ist zunächst, dass mit Lackeys Ansatz die sprechakttheoretischen Überlegungen zur Einordnung testimonialer Akte hinfällig werden. Der Grund hierfür ist darin zu sehen, dass Lackeys Definitionsvorschlag ein sehr breites Spektrum sprachlicher und nicht-sprachlicher Informationshandlungen als Zeugnisse zulässt. Der von ihr vorgeschlagene Ansatz, die Informationsvermittlung als primäres Kriterium des Zeugnisbegriffs aufzufassen, rückt Zeugnisse in die Nähe der von Eckard Rolf untersuchten Klasse (sprachlicher) Informationshandlungen. Rolf definiert *Informationshandlung* als „[...] einen Kommunikationsversuch, mit dem eine Person S einer Person H zu verstehen geben will, daß etwas Bestimmtes der Fall ist."[48] Dies entspricht ziemlich genau Lackeys Auffassung vom Hauptkriterium testimonialer Akte. Was auf den ersten Blick als eine sinnvolle Korrelation erscheinen mag, erweist sich jedoch bei genauerer Untersuchung als Ausgangspunkt verschiedener Schwierigkeiten.

Zunächst ist festzuhalten, dass Rolf seine Untersuchung – im Gegensatz zu Lackey – auf rein *sprachliche* Informationshandlungen beschränkt. Seine Analyse umfasst damit Akte, die mittels einer Sprache formuliert und ausgedrückt werden. Trotz dieser Einschränkung beinhaltet seine Analyse insgesamt zwölf unterschiedliche Gruppen von Sprechhandlungen, die alle zu der übergeordneten Kategorie *sprachlicher Informationshandlungen* gezählt werden.[49] Auch wenn all diesen Sprechakttypen das Ziel gemeinsam ist, dass der Sprecher beim Hörer eine propositionale Einstellung bezüglich des Gehalts der Mitteilung hervorzurufen beabsichtigt[50] und damit auch Einfluss auf H's Überzeugungssystem nehmen möchte[51], unterscheiden sie sich

---

[48] Rolf, E. (1983), S. 32.
[49] Rolf lehnt sich bei seiner Analyse an die Arbeit von Searle an. Im Unterschied zu diesem betrachtet er die so genannten *Assertive* jedoch nur als eine der zwölf Untergruppen und nicht als die Hauptkategorie sprachlicher Informationshandlungen. Vgl. Rolf, E. (1983), S. 29.
[50] Vgl. ebd., S. 38.
[51] Vgl. ebd., S. 64 ff.

bezüglich ihrer *kommunikativen Voraussetzungen*, bezüglich des *generellen* und ihres *speziellen Handlungssinns* sowie hinsichtlich verschiedener Glaubensannahmen des Sprechers bezüglich des *Handlungskontextes* (z. B. Annahmen bezüglich des Kenntnisstands des Hörers etc.).[52] Betrachten wir einmal genauer, was mit diesen Differenzierungsmerkmalen bei Rolf gemeint ist.

Die Analyse der kommunikativen Voraussetzungen – Rolf spricht auch von „Handlungsvalenz" – betrifft die Frage, ob der gegenwärtige Sprechakt den Vollzug eines anderen Sprechaktes voraussetzt (z. B. im Falle von *Widersprechen*) oder nicht (z. B. *Behaupten*) oder ob er bereits einen dritten Zug im Sprachspiel darstellt (z. B. im Falle von *Beteuern*). Setzt ein Sprechakt den Vollzug eines anderen Aktes voraus, kann ferner der generelle Handlungssinn bestimmt werden. Geklärt wird dann, ob der Sprecher – allgemein formuliert – eine positive, negative oder problematisierende Haltung gegenüber dem vorherigen Sprechakt zum Ausdruck bringen will. Unabhängig von der Frage der kommunikativen Voraussetzungen kann jeweils auch der spezielle Handlungssinn der verschiedenen Sprechakte unterschieden werden. Beispielsweise kann dem Sprechakt *Behaupten* ein assertiver Handlungssinn zugesprochen werden, während *Bestätigen* über einen konfirmativen Handlungssinn verfügt. Ohne nun weiter auf die genauen Details der verschiedenen Sprechakttypen einzugehen[53], kann festgehalten werden, dass die von Rolf vorgenommene Analyse anhand der genannten drei Kriterien nahelegt, dass nicht alle sprachlichen Informationshandlungen unter den Zeugnisbegriff fallen können. Immerhin zählen hierzu so unterschiedliche Akte wie *Behaupten*, *Prophezeien*, *Zugeben*, *Bestreiten*, *Verneinen*, *Beweisen* und *Widerrufen* – um nur einige zu nennen. Lackeys Ansatz zufolge würden aber nicht bloß diese unterschiedlichen sprachlichen Handlungen als Zeugnisse gewertet werden, sondern darüber hinaus auch noch vergleichbare nonverbale Handlungen. So schlägt sie anhand eines Beispiels u. a. vor, auch ein bloßes Kopfnicken als Bestätigung auf eine Frage hin als Zeugnis zu betrachten.[54] Was ist dann jedoch der Gehalt dieser Zeugnisse? Und was qualifiziert sie als Wissensquelle?

Unbenommen der Tatsache, dass mimisches und gestisches Verhalten zum kommunikativen Repertoire des Menschen zählen, hängt der von solchen Akten vermittelte Gehalt doch wesentlich vom Kommunikationskontext und

---

[52]   Vgl. ebd., S. 81 ff.
[53]   Eine detaillierte Auflistung der verschiedenen Merkmale mit ausführlichen Beispielen findet sich bei Rolf, E. (1983), S. 130 ff.
[54]   Vgl. Lackey, J. (2006a), S. 186.

somit von der Deutung des Rezipienten ab. Auch wenn es bis zu einem gewissen Grad konventionelle Regeln für den Gebrauch mimischer und gestischer Ausdrücke gibt, die ein Verständnis derselben ohne Kontext ermöglichen mögen (z. B. das Winken mit der Hand als Gruß zu verstehen), sind doch insbesondere jene Formen, an welche Lackey zu denken scheint (Kopfnicken oder Hinweisgesten), ohne den relevanten Kontext gehaltlos. Der Grund hierfür liegt darin, dass sie selbst nicht Träger der relevanten Informationen sind, sondern nur auf diese verweisen bzw. man mit ihrer Hilfe auf diese reagiert (als Geste der Zustimmung oder Ablehnung etc.). In diesem Sinne werden sie der von Lackey selbst aufgestellten Bedingung, nämlich dass der Sprecher mit Hilfe von Mimik und Gestik eine bestimmte Proposition p verständlich mitteilen will, nicht gerecht. Den Gehalt der Mitteilung kann der Rezipient nur aus dem Kontext und seinem Hintergrundwissen erschließen. Wissen kann also nur durch Beobachtung des Verhaltens des Sprechers und entsprechende Schlussfolgerungen gewonnen werden. Beides zusammengenommen bildet dann die Wissensquelle für den Rezipienten und nicht ein vom Sprecher mitgeteilter Gehalt. Sollen testimoniale Akte so verstanden werden, dass sie unabhängig von diesen weiteren epistemischen Quellen zur Erkenntnis führen können, müssen mimisches und gestisches Verhalten als Fall testimonialer Akte ausgeschlossen werden.

Die bisherigen Ausführungen – insbesondere zu den von Rolf durchgeführten Untersuchungen sprachlicher Informationshandlungen – weisen darauf hin, dass Lackeys Ansatz zur Definition des Zeugnisbegriffs (auf Seiten des Sprechers) zu weit gefasst ist. Ihre Definition ermöglicht es nicht, Zeugnisse von anderen sprachlichen Informationshandlungen, welche ebenfalls das Ziel der Informationsvermittlung verfolgen, zu unterscheiden. Die Angabe weiterer Bedingungen erscheint daher unumgänglich.

Neben dieser allgemeinen Kritik an Lackeys Ansatz ergeben sich auch eine Reihe von Schwierigkeiten aus den von ihr verwendeten Begriffen des *Kommunikationsakts* und des *kommunizierbaren Inhalts*. Zur Vermeidung einiger der Probleme bezüglich der Perspektivenabhängigkeit testimonialer Akte, welche in den im vorangegangenen Kapitel angeführten Beispielen deutlich geworden sind, nimmt Lackey in ihrer Konzeption des Zeugnisbegriffs Abstand von der Belegfunktion testimonialer Akte und führt stattdessen eine Definition mittels kommunikativer Akte ein, die eine bestimmte Information verständlich vermitteln bzw. vom Hörer als eine solche Vermittlung aufgefasst werden sollen. Den Begriff des *Kommunikationsakts* verwendet sie dabei in einem sehr weiten Sinne.

Lackeys nur kurze Ausführungen zu diesem Aspekt legen nahe, dass ihr

Verständnis einer kommunikativen Handlung von der üblichen Weise der Betrachtung abweicht. Normalerweise wird *Kommunikation* als eine relationale (sprachliche) Handlung zwischen Hörer und Sprecher aufgefasst. Auch wenn nicht unbedingt von einer direkten Interaktion zwischen beiden ausgegangen werden muss, so muss der Sprecher doch zumindest den Rezipienten als einen solchen adressieren. Wayne A. Davis formuliert diesen Punkt folgendermaßen: „We cannot communicate, unless we communicate something to someone."[55] Ein weiteres Charakteristikum des Kommunikationsbegriffs besteht darin, dass er grundsätzlich sehr weit gefasst werden kann. Paul Watzlawick et al. vertreten so die These, dass jede Form des menschlichen Verhaltens in zwischenmenschlichen Situationen als Kommunikationsakt gedeutet werden müsse, denn auch Schweigen oder das Abwenden vom Gesprächspartner könne als informatives Verhalten interpretiert werden (z. B. dafür, dass der Rezipient, indem er sich vom Sprecher abwendet, kein Gespräch wünscht). Diese These führen Watzlawick et al. in dem Sinne weiter, dass Menschen sich nicht *nicht* verhalten können, was bedeutet, dass letztlich jede Form von Verhalten in einem sozialen Kontext in kommunikativer Hinsicht interpretiert werden könne.[56] Deutlich wird damit, dass durch die Einbindung des Begriffs eines Kommunikationsaktes als eine entscheidende Bedingung für das Vorliegen eines Zeugnisses zweierlei Schwierigkeiten für Lackeys Definitionsvorschlag entstehen:

a) Auch wenn es Lackeys Absicht entspricht, den Zeugnisbegriff so zu fassen, dass auch nonverbales Verhalten unter diesem Begriff verstanden werden kann, haben doch bereits die Ausführungen weiter oben gezeigt, dass diese Subsumierung nicht zutreffend ist. Das Verständnis mimischen und gestischen Verhaltens ist stark vom jeweiligen Kontext abhängig, da es im Gegensatz zu sprachlichen Zeichen und insbesondere zu satzförmigen Aussagen keinen oder nur geringen (konventionell) festgelegten Gehalt aufweist.[57] In solchen Fällen sollte die Erkenntnisquelle des Rezipienten nicht als *Zeugnis* beschrieben werden, sondern als *Wahrnehmungen*

---

[55]   Davis, W. A. (2003), S. 86.
[56]   Vgl. Watzlawick, P./Beavin, J. H./Jackson, D. D. (1974), S. 51.
[57]   Watzlawick et al. weisen im Zusammenhang mit nonverbalen Mitteilungsakten (er bezeichnet diese als „analoge Kommunikation") darauf hin, dass diese über eine „Doppelbedeutung" verfügen. Zum Beispiel kann eine geballte Faust sowohl eine drohende Gebärde als auch ein Zeichen der Ermunterung darstellen. „Analogiekommunikationen enthalten keine Hinweise darauf, welche von zwei widersprüchlichen Bedeutungen gemeint ist, noch irgendwelche andere Hinweise, die eine klare Unterscheidung zwischen Vergangenheit, Gegenwart und Zukunft erlaubten. Diese Unterscheidungen müssen vom Kommunikationsempfänger mehr oder weniger intuitiv beigesteuert werden,

mit entsprechenden Schlüssen. In diesem Sinne ist der von Lackey verwendete Begriff des Kommunikationsaktes zu weit, um einen sinnvollen Beitrag zur Klärung des Zeugnisbegriffs beizusteuern. Diese Feststellung wird durch die Anmerkungen zum Kommunikationsbegriff von Watzlawick et al. gestützt. Auch wenn jede Form menschlichen Verhaltens in sozialen Kontexten als Kommunikation betrachtet werden kann, trifft dies jedoch nicht auf den Zeugnisbegriff zu. Nicht jedes menschliches Verhalten (in einem sozialen Kontext) kann auch als Zeugnis gewertet werden. Lackey versucht, diese offensichtlich zu weite Definition mittels zweier Zusatzbestimmungen wieder einzuengen: Sie hält dazu fest, dass es, auch wenn es keine direkte Übereinstimmung zwischen dem Gehalt der Mitteilung und dem Sachverhalt, zu dem ein Zeugnis abgelegt werden soll, geben muss, doch vernünftigerweise eine *Verbindung* zwischen beiden geben müsse. Diese Verbindung solle zumindest teilweise mittels des *kommunizierbaren Gehalts* des Kommunikationsaktes hergestellt werden.[58] Allerdings sind ihre Ausführungen zu diesen Punkten – insbesondere unter Berücksichtigung der von ihr angeführten Beispielfälle von Zeugnissen – alles andere als klar. Zunächst stellt sich die Frage, was *vernünftigerweise* als eine Verbindung gelten solle? Lackey hält hierzu fest: „Roughly, the connection between the proffered act of communication *a* and the information that *p* must be such that a normal speaker who offered *a* in similar circumstances would intend to convey the information that *p* (in part) in virtue of *a*'s communicable content."[59] Auf den ersten Blick scheint von Lackey die Forderung nach der Verwendung von (sprachlichen) Zeichen gemäß ihrer konventionellen Regeln intendiert zu sein. Dies würde zumindest die adäquate Wiederholbarkeit einer Äußerung in vergleichbaren Situationen sicherstellen.

Besonders schwierig wird die Deutung von Lackeys Forderung für den Fall der von ihr ebenfalls als Zeugnisse gewerteten mimischen und gestischen Akte. Was stellt bei diesen die geforderte Verbindung dar? Selbst der Aspekt der Wiederholbarkeit ist in diesen Fällen offensichtlich nicht gegeben. So kann Sprecher A auf eine an ihn gerichtete Frage (z. B. »Bist du hungrig?«) mit einem Kopfnicken antworten, während Sprecher B in einer vergleichbaren Situation auf dieselbe Frage mit einem Kopfschüt-

---

während sie in digitaler Kommunikation [sprachliche Kommunikation, NM] direkt enthalten sind." Watzlawick, P./Beavin, J. H./Jackson, D. D. (1974), S. 66/67.

[58] Vgl. Lackey, J. (2006a), S. 189.

[59] Ebd.

teln reagiert. Auch wenn der Kontext derselbe ist, muss die Art der Re-
aktion nicht durch diesen vorbestimmt sein.

Mit dem Verweis auf die Rolle des kommunizierbaren Gehalts möchte
Lackey Fälle ausschließen, in welchen zwar eine Äußerung vom Sprecher getätigt wird, die Erkenntnisquelle für den Hörer jedoch die Wahrnehmung und nicht das Zeugnis ist. Beispielsweise wenn ein Sprecher
in einer Sopranstimme sagt, dass er eine Sopranstimme habe, mit der
Absicht, dies durch die Wahrnehmung für den anderen zu vermitteln.[60]
Unklar bleibt allerdings, inwiefern Lackey diese Fälle von den zuvor diskutierten mimischen und gestischen Verhaltensformen abgrenzen kann,
denen sie ja Zeugnischarakter zuschreiben möchte. Was wäre bei diesen
der kommunizierbare Gehalt, welcher über den wahrnehmbaren Gehalt
hinausreichte? Und weist die Verwendung von Mimik und Gestik nicht
bereits darauf hin, dass der Sprecher seine Meinung dem Rezipienten vermittels der Wahrnehmung deutlich machen möchte – anstatt dies sprachlich zu tun?

b) Die zweite Problematik, welche sich aus der Verwendung des Kommunikationsbegriffs zur Bestimmung von Zeugnissen bei Lackey ergibt, betrifft den Punkt, dass die von ihr angestrebte Trennung zwischen einer
Perspektive des Sprechers und einer des Hörers nicht aufrechterhalten
werden kann. Es wurde darauf hingewiesen, dass *Kommunikation* üblicherweise nicht allein unter einem inhaltlichen Aspekt verstanden wird,
sondern insbesondere auch als eine (sprachliche) Informationshandlung,
welche *an jemanden* gerichtet ist. Watzlawick et al. sprechen in diesem Zusammenhang davon, dass Kommunikation dadurch gekennzeichnet sei, dass sie einen Inhalts- und einen Beziehungsaspekt aufweise.[61]
„Der Inhaltsaspekt vermittelt die »Daten«, der Beziehungsaspekt weist
an, wie diese Daten aufzufassen sind.“[62] Die völlige Ausblendung eines
Kommunikationspartners, wie Lackey es in ihrem Ansatz zumindest für
einige Fälle intendiert (z. B. für die Wertung von posthum veröffentlich-
ten Tagebüchern als Zeugnissen), ist demzufolge mit Hilfe des Kommunikationsbegriffs nicht einzufangen. Der Begriff setzt vielmehr voraus,
dass die geäußerte Mitteilung an einen Adressaten gerichtet ist.

Neben diesen allgemeinen Kritikpunkten, welche sich aus der Verwendung
des Begriffs der Kommunikation in Lackeys Ansatz ergeben, sei abschlie-

---

[60]   Vgl. ebd.
[61]   Vgl. Watzlawick, P./Beavin, J. H./Jackson, D. D. (1974), S. 53 ff.
[62]   Ebd., S. 55.

ßend noch auf eine letzte Schwierigkeit ihres Vorhabens verwiesen. Hierbei handelt es sich darum, dass ihr Ansatz explizit auch falsche Aussagen als Zeugnisse zulässt. „Moreover, a further virtue of the account of testimony found in T[63] is that it properly leaves the distinction between good and bad testimony for epistemology to delineate. For a speaker can surely reasonably intend to convey the information that *p* through offering an epistemically inadequate act of communication and, accordingly, a hearer can undoubtedly reasonably take an epistemically unacceptable act of communication as conveying the information that *p*."[64] Die Loslösung des Zeugnisbegriffs vom Aspekt einer Belegfunktion und von den Kriterien zur Beurteilung der Glaubwürdigkeit des Zeugen, wie Lackey es anstrebt, führt letztlich zu der Konsequenz, dass auch absichtliche Lügen des Sprechers als Zeugnisse gewertet werden müssen. Wenn folglich keine weiteren qualitativen Bestimmungen des Zeugnisbegriffs gefordert werden, kann letztlich jede Äußerung als Zeugnis gewertet werden. Verbunden mit den Schwierigkeiten, welche sich durch die Verwendung des Kommunikationsbegriffs ergeben, wird der Zeugnisbegriff bei Lackey damit zu einer leeren Hülse für unterschiedlichste Sprechhandlungen, welche mit der Rolle einer Erkenntnisquelle wenig gemein haben.

Zusammenfassend kann festgehalten werden, dass es sicherlich richtig ist, dass testimoniale Akte im Rahmen kommunikativer Handlungen vollzogen werden und damit auch als Kommunikationsakte betrachtet werden können. Dies *allein* reicht jedoch nicht zu ihrer hinreichenden Bestimmung aus. Denn auch eine ganze Reihe anderer Informationshandlungen fallen unter diesen Aspekt, die mit Zeugnissen wenig gemein haben.

Im Folgenden werden nun einige Auswirkungen untersucht, welche diese bisherigen Definitionsvorschläge für den Anwendungsbereich des Zeugnisbegriffes haben. Bereits einleitend wurde darauf hingewiesen, dass die Unterbestimmtheit des Zeugnisbegriffs zu einer relativen Vagheit der Extension testimonialer Akte führt. Was genau ist hierunter nun zu verstehen?

2.3 Anwendungsbereich des Zeugnisbegriffs

Der Anwendungsbereich des Begriffs testimonialer Akte erscheint aus der Perspektive der untersuchten Definitionsvorschläge sehr weit. Bisherige Ansätze innerhalb der Debatte bezüglich dieser Erkenntnisquelle subsumieren

---

[63] Zu Lackeys Definition vgl. Kap. 2.2.2.2 dieser Arbeit.
[64] Lackey, J. (2006a), S. 193.

hierunter nicht allein klassische Berichtssituationen in direkten Kommunikationssituationen, in denen also Sprecher und Rezipient sich in einem direkten Austausch miteinander befinden (so genannte *Face-to-Face-Kommunikation*), sondern fassen ebenfalls die Nutzung unterschiedlichster Medien durch einen Rezipienten als testimoniale Akte auf.

Martin Kusch vertritt bezüglich der Problematik der Festlegung des Anwendungsbereichs testimonialer Akte die Ansicht, dass die verschiedenen Autoren der Debatte mit drei unterschiedlich weit gefassten Begriffen operierten, die sie jedoch alle unter dem Terminus *testimoniale Erkenntnis* zusammenfassten: So fielen derzeit a) formelle Zeugnisse (wie sie von Coady definiert wurden), b) Wissen, das durch gegenwärtige oder vergangene indikative Aussagen anderer, dass sich etwas so und so verhalte, gewonnen wird,[65] und c) epistemische Interdependenzen[66] in den Anwendungsbereich des Zeugnisbegriffs. Dessen Anwendungsbereich verbreitere sich entsprechend auf Grund der Zusammenführung dieser unterschiedlichen epistemischen Phänomene in einem Begriff. Darüber hinaus ließen sich Überschneidungen zwischen diesen drei Typen feststellen. Einerseits schließe der weiter gefasste Bereich die epistemischen Besonderheiten des enger gefassten mit ein[67], andererseits würden aber auch einige Philosophen vom umgekehrten Fall ausgehen. Diese versuchten folglich, mit Hilfe des engeren Begriffs formeller Zeugnisse auch epistemische Eigenarten der weiteren Formen zu erklären.[68] Im Zusammenhang damit kritisiert Kusch die Dominanz des formellen Zeugnisbegriffs in der bisherigen Debatte.[69] Er bezeichnet den Fall

---

[65]　Auch wenn Kusch nicht näher spezifiziert, welche Art von Äußerungen er genau im Blick hat, kann doch vermutet werden, dass er sich hier an Coadys Konzept *natürlicher Zeugnisse* anlehnt.

[66]　Leider führt Kusch nicht weiter aus, was genau er unter diesem Begriff versteht. Zur Erläuterung heißt es lediglich: „[...] that is, for the fact that, as knowers, we are dependent upon others in a plethora of ways." Kusch, M. (2004), S. 14. Eine genauere Darstellung solcher weitreichender epistemischer Interdependenzen finden sich in den wissenschaftstheoretischen Schriften von Ludwik Fleck und Thomas S. Kuhn. Insbesondere ihre Überlegungen zum Denkstil und Denkkollektiv (Fleck) sowie zum Paradigmabegriff (Kuhn) machen deutlich, inwiefern in epistemischer Hinsicht Abhängigkeiten zwischen Individuen und der jeweiligen wissenschaftlichen Gemeinschaft bestehen können, die über rein testimoniales Wissen hinausgehen. Vgl. Fleck, L. (1980), Kap. 4.3 sowie Fleck, L. (1936) und Kuhn, T.S. (1976), Kap. 2 und 3 sowie S. 193-203.

[67]　Zeugnisse sind auch ein Fall epistemischer Interdependenzen, aber eben nur eine Unterkategorie von mehreren.

[68]　Vgl. Kusch, M. (2004), S. 14.

[69]　Vgl. hierzu auch die in Kap. 2.2.1.3 dieser Arbeit angeführte Kritik von Welbourne und Graham an Coadys Konzeption des Zeugnisbegriffs.

formeller Zeugnisse als unbewusste „'intuition-pump'"[70]: Durch ihre paradigmatische Rolle innerhalb der Debatte würden die Besonderheiten dieser
Zeugnisform auch zur Beurteilung der anderen unter dem Terminus *testimonialer Akte* gefassten epistemischen Phänomene herangezogen, was diesen
jedoch nicht entspräche. Auf diese Weise sei auch die fälschliche Annahme
verschiedener Autoren entstanden, testimoniale Akte seien lediglich als eine Form des *Transfers von Wissen* und nicht als genuine Erkenntnisquelle
zu betrachten. Diese Sichtweise entspräche zwar den üblichen Charakteristika formeller Zeugnisse, nicht jedoch jenen der anderen hierunter gefassten
Quellen.[71]

Noch größere Bedeutung erhält die Frage nach der konkreten Extension
des Zeugnisbegriffs, wenn man berücksichtigt, dass die Kette der Übermittlung des Wissens aus dem Zeugnis anderer im Prinzip beliebig lang werden
kann.[72] Orale, literale als auch in den letzten Jahrzehnten verstärkt audiovisuelle Vermittlungsformen machen Wissen durch die Jahrhunderte hinweg
zugänglich. Schlagwörter wie „kollektives" oder auch „kulturelles Gedächtnis" wurden für dieses Phänomen in den letzten Jahren insbesondere im Zusammenhang in der intensiven Auseinandersetzung mit den modernen Massenmedien geprägt. Diese Feststellung, dass dem Rezipienten sowohl belebte
als auch unbelebte Informationsquellen zur Verfügung stehen, wird für die
weitere Argumentation eine wichtige Rolle spielen.[73] Zeugnisse unbelebter
Quellen lassen sich dabei nach dem Grad der Auskunftsfähigkeit unterscheiden: Zu den einfacheren Quellen wären z. B. Straßen-, Verkehrs- und andere
Hinweisschilder zu zählen. Informationsreichere Quellen bestehen in Medi-
en unterschiedlichster Art wie Büchern, Zeitschriften, aber auch Graphiken,
Abbildungen und Fernsehsendungen.

Eine wichtige Kritik an dem Konzept testimonialer Ketten wurde von John

---

[70] Kusch, M. (2004), S. 16.
[71] Vgl. ebd., S. 16/17.
[72] Vgl. Scholz, O. R. (2001), S. 357.
[73] Coady differenziert genauer zwischen *dokumentarischen* und *institutionellen* Zeugnisse.
Unter ersteren fasst er insbesondere schriftliche Quellen der unterschiedlichsten Form,
wie sie z. B. von Historikern ausgewertet werden. Letztere betreffen dagegen den großen
Bereich institutioneller Zeichen z. B. Hinweisschilder etc., also konventionell festgeleg-
ter Zeichen, welche dem Rezipienten bestimmte Informationen zur Verfügung stellen,
die ihm im weitesten Sinne zur Orientierung dienen. Coady spricht in diesem Zusammenhang auch von „frozen speech acts" als möglicher Paraphrasierung einiger dieser
Zeugnisformen. Vgl. dazu Coady, C. A. J. (1992), S. 49 ff. Allerdings trifft diese Charakterisierung wohl eher auf beide Arten von Zeugnissen zu und kann nicht als ein Differenzierungskriterium betrachtet werden.

Locke vorgebracht.[74] Er wendet sich gegen die Auffassung, dass die Zuverlässigkeit einer Mitteilung vermittels der Wiederholung derselben durch eine große Anzahl von Zeugen erhöht werden könne. Seiner Auffassung nach nimmt im Gegenteil der Grad der Zuverlässigkeit mit zunehmender Entfernung vom genuinen Zeugnisakt ab.[75] Der Grund hierfür besteht darin, dass neben der Wiederholung von Fehlern, welche der erste Zeuge bereits gemacht haben mag, die Möglichkeit des Auftretens weiterer Fehler in jedem neuen nachfolgenden Zeugnisakt besteht. „Leidenschaft, Eigennutz, Unachtsamkeit, Mißverständnisse der Meinung und tausend seltsame Gründe oder Einfälle, die den menschlichen Geist beeinflussen – sich aber unmöglich feststellen lassen –, können dazu führen, daß jemand die Worte oder die Meinung eines anderen falsch wiedergibt."[76]

Coady wendet dagegen ein, dass es durchaus möglich sei, dass eine Person, die zu einem späteren Zeitpunkt in einer Zeugniskette die relevante Proposition, dass p, mitgeteilt bekommt, in einer epistemisch besseren Position sein könne als der genuine Zeuge, welcher den bezeugten Sachverhalt z. B. selbst beobachtet hat. Diese Annahme ergibt sich für Coady aus dem Umstand, dass Zeugnisketten in den seltensten Fällen von jener eindimensionalen Art seien, wie Locke sie sich vorzustellen scheint.[77] Üblicherweise erweisen sich testimoniale Ketten dagegen als weiter verzweigt. D. h. der bezeugte Sachverhalt, dass p, wird von verschiedenen Personen beobachtet. Es gibt demnach mehr als nur einen genuinen Zeugen. Jeder von diesen teilt seine Beobachtung nun einer anderen Person mit und so weiter, bis die mitgeteilte Information schließlich bei einem letzten Rezipienten anlangt. Zur Veranschaulichung dieser komplexen Situation betrachten wir folgenden Beispielfall:

(B-8) Nach Beendigung ihres kleinen lehrreichen Spaziergangs durch die Münsteraner Innenstadt machen sich Paul und Peter auf den Heimweg. Ihr Weg führt sie auch über

---

[74]   Seine Kritik bezieht sich dabei hauptsächlich auf eine rein mündliche Vermittlungsgeschichte. Die Fixierung von bezeugten Sachverhalten in schriftlichen Quellen vermindert natürlich das Fehlerpotential im Zuge der Übermittlung. Allerdings merkt Locke ebenfalls zu Recht an, dass auch schriftliche Quellen ein gewisses Maß an Unsicherheit bezüglich der bezeugten Sachverhalte bergen. Dies gilt insbesondere dann, wenn im Zuge der Übermittlungsgeschichte die Originalquelle verlorengegangen ist und dem Rezipient als Informationsquelle lediglich Zitate von Zitaten zugänglich sind. Vgl. Locke, J. (2000), S. 358.

[75]   Vgl. ebd., S. 356/357.

[76]   Ebd., S. 358.

[77]   Gemeint ist hiermit eine Form der Zeugniskette, in welcher jeder neue Sprecher wiederum bezeugt, dass p, ohne auf die anderen Sprecher in der Kette und ihre Aussagen Bezug zu nehmen.

eine belebte Straße. Hier werden sie nun von zwei Bekannten Pauls – Rainer und Martin – zufällig aus einiger Entfernung gesehen. Rainer befindet sich zu diesem Zeitpunkt an einer Bushaltestelle und nimmt die beiden flüchtig auf der anderen Straßenseite wahr, während er in seinen Bus einsteigt. Martin sitzt zu dem Zeitpunkt in einem Café und sieht die beiden ebenfalls nur flüchtig zusammen mit einer Menge von Menschen vorbeigehen. Rainer und Martin sind sich beide auf Grund des nur flüchtigen Eindrucks nicht ganz sicher, ob es tatsächlich Paul und Peter waren, die sie in der Stadt gesehen haben. Jedenfalls erzählt Rainer zu einem späteren Zeitpunkt Brigitte, dass wohl Peter mal wieder seinen Freund Paul in Münster besucht habe. Auf alle Fälle meine er, beide neulich in der Stadt gesehen zu haben. Brigitte wundert sich, warum Peter bei dieser Gelegenheit nicht auch mal bei ihr auf einen Plausch vorbeigekommen ist. Allerdings möchte sie nicht vorschnell urteilen und Peter eventuell unnötige Vorwürfe machen. Am nächsten Tag erzählt ihr allerdings nun auch Martin, dass er meint, Paul zusammen mit Peter in der Stadt gesehen zu haben. Nun hat Brigitte in der Tat gute Gründe, sauer auf Peter zu sein.

Das Beispiel zeigt, dass es durchaus möglich ist, dass eine Person, welche in einer testimonialen Kette dem genuinen Zeugen nachgeordnet ist, in einer epistemisch besseren Situation sein kann, als der anfängliche Beobachter. Nimmt man ein höheres Maß an Interaktion zwischen den einzelnen Zeugen an, als Locke dies tat, lässt sich das Fehlerpotential innerhalb testimonialer Ketten zumindest reduzieren. Auch können unsichere Zeugnisse unter Berücksichtigung der Glaubwürdigkeit der einzelnen Sprecher und der Unabhängigkeit der Berichte voneinander sowie der Art der Vermittlungsgeschichte eine zusätzliche Bestätigung erfahren.

Testimoniale Akte können aber nicht grundsätzlich als eine Form einer *Berechtigungskette*, wie sie sich aus der Lockeschen eindimensionalen Sichtweise darstellen, betrachtet werden. Eine solche Konzeption sähe vor, dass der erste Zeuge durch einen unmittelbaren Zugangs zum bezeugten Sachverhalt (mittels seiner Wahrnehmung) in seiner Äußerung gerechtfertigt ist. Die nachfolgenden Sprecher in der testimonialen Kette erhielten die Berechtigung für ihre eigenen Äußerungen nun jeweils aus dieser ersten genuinen Rechtfertigung der Behauptung. Coady führt dagegen drei Fälle an, bei denen eine solche Rückführung klarerweise nicht möglich ist.[78] Die ersten beiden Fälle rekurrieren dabei auf Situationen, in welchen eine direkte Beobachtung des bezeugten Sachverhalts auch durch den ersten Zeugen nicht möglich ist:[79]

---

[78] Vgl. Coady, C. A. J. (1992), S. 41/42.

[79] Auf diese Unterscheidung weist bereits Locke in seiner Beschreibung der verschiedenen Sachverhalte hin, bezüglich derer ein Zeugnis abgelegt werden kann. Von den beobachtbaren Entitäten unterscheidet er drei Arten des Unbeobachtbaren nämlich a) „Existenz, Natur und Wirkungen endlicher, nichtmaterieller Wesen außer uns" (z. B. Geister), mate-

a) Zum einen können testimoniale Akte bezüglich psychischer Zustände, mathematischer Entitäten etc. vollzogen werden. In diesen Fällen gibt es zwar einen genuinen Zeugnisakt, allerdings ist der bezeugte Sachverhalt derart, dass eine unmittelbare (sinnliche) Beobachtung desselben auch durch den ersten Zeugen ausgeschlossen ist.

b) Zum anderen sind Fälle vorstellbar, in denen Zeugenaussagen bezüglich Beobachtungen nur im übertragenen Sinne verwendet werden. Diese Situation tritt ein, wenn die erforderliche Beobachtungsleistung nicht von einem epistemischen Subjekt alleine durchgeführt werden kann. Beispielsweise nennt Coady hier die Ermittlung der Zuschauerzahlen in einem Stadion.[80] Auch wenn abschließend eine bestimmte Besucheranzahl bekannt gegeben wird, hat doch keine Einzelperson diese Zahl via Beobachtung allein ermittelt. Vielmehr wurden Einzelergebnisse, die von verschiedenen Beobachtern ermittelt wurden, nachträglich zusammengezählt. Ein ähnlicher Fall liegt z. B. auch bei der Ermittlung von Wahlergebnissen vor. Auch hier hat nicht eine Einzelperson die Stimmabgabe jedes einzelnen Wahlberechtigten überprüft. Der Wahlausgang ergibt sich vielmehr aus der Summation der Ergebnisse einzelner Wahlkreise.

---

rielle Wesen, die auf Grund ihrer geringen Größe bzw. ihrer Entfernung zum Beobachter nicht direkt wahrgenommen werden können, sowie „die Art des Wirkens in den meisten Erzeugnissen der Natur", b) Wunder und c) göttliche Offenbarungen. Gründe für die Akzeptanz von Zeugnissen bezüglich der ersten Klasse sieht er in der Übereinstimmung mit der bisherigen Erfahrung (mit Wissen und eigenen Beobachtungen) des Rezipienten sowie Analogieschlüssen auf derselben Basis. Im Falle der Wunder spiele die Erfahrung dagegen keine Rolle. Auch die göttliche Offenbarung bedarf nicht dieses Hilfsmittels. Der Grund hierfür liegt in der Annahme, dass Gott selbst weder eine Täuschungsabsicht verfolge noch selbst getäuscht werden könne. Problematisch sei allerdings festzustellen, ob tatsächlich eine göttliche Offenbarung vorliege oder nicht. Vgl. Locke, J. (2000), S. 358-362.

[80] Einschränkend muss angemerkt werden, dass in vielen Fällen eine entsprechende Beobachtung durch ein einzelnes Subjekt prinzipiell möglich ist, aber aus praktischen Gründen nicht durchgeführt wird. Dies betrifft auch das nachfolgend geschilderte Beispiel von Coady selbst. Natürlich hätte eine einzelne Person die Besucherzahl ermitteln können, allerdings wäre eine solche Methode extrem zeitaufwendig und damit ineffektiv gewesen. Allerdings gibt es auch Beispiele, bei denen tatsächlich die Beobachtungsleistung eines einzelnen Subjekts nicht ausreichend für einen gerechtfertigten testimonialen Akt ist. So hätte Edmond Halley, den nach ihm benannten Kometen nicht entdecken können, hätte er nicht aus verschiedenen schriftlichen Aufzeichnungen vorheriger Beobachtungen auf die regelmäßige Wiederkehr des Himmelskörpers schließen können. In der Tat war es ihm nicht einmal vergönnt, zu seinen Lebzeiten (1656-1743) den Kometen ein zweites Mal zu beobachten. Zwar berechnete er dessen Erscheinen für das Jahr 1758 voraus, die Überprüfung seiner Prognose blieb allerdings seinen Nachfolgern vorbehalten.

Darüber hinaus führt Coady noch einen weiteren Fall an, der von den eben beschriebenen Situationen abweicht, mit ihnen aber dieselbe Schwierigkeit teilt:

c) In dieser letzten Situation kann zwar die Beobachtung eines Sachverhalts durch eine einzelne Person vorliegen, allerdings ist bei der Formulierung der darauf basierenden Zeugenaussage weiteres testimoniales Wissen erforderlich, dessen Quelle nicht auf eine Beobachtung zurückgeführt werden kann. Auch hierfür ein Beispiel:

> (B-9) Nachdem Peter die erste Neuigkeit über den Dom von seinem Freund erfahren hat, ist sein Interesse geweckt und die beiden beschließen, eine Besichtigung des sakralen Bauwerks zu machen. Im Dom erläutert Paul nun die verschiedenen Sehenswürdigkeiten. Unter anderem zeigt er seinem Freund auch die berühmte astronomische Uhr. Dass es sich bei dem präsentierten Gegenstand allerdings um selbige handelt, weiß Paul selbst nur aus einem Stadtführer, den er vor längerer Zeit gelesen hat.

Man kann also nicht immer eine Kette testimonialer Akte bis auf einen ursprünglichen *Augenzeugen* zurückverfolgen. Fassen wir kurz die bisherigen Überlegungen zusammen: Der Extensionsbereich des Begriffs testimonialer Akte ist gemäß der bisherigen Definitionsvorschläge des Zeugnisbegriffs ziemlich groß und wenig klar umrissen. Die Informationsübermittlung in zwischenmenschlichen Kommunikationssituationen der unterschiedlichsten Art sowie die Nutzung verschiedenartigster Medien werden bisher hierunter subsumiert. Hinzu treten die Schwierigkeiten, welche sich auf Grund einer Unbestimmtheit der zeitlichen und räumlichen Ausdehnung von testimonialen Akten in der Form von Zeugnisketten ergeben. Das Problem eines wachsenden Fehlerpotentials mit zunehmendem Abstand vom genuinen Zeugnisakt steht dem Vorzug der Möglichkeit einer wechselseitigen Bestätigung und damit der Erhöhung der Glaubwürdigkeit verschiedener Quellen gegenüber. Da es darüber hinaus möglich ist, Zeugnisse über im originären Sinne nicht-beobachtbare Entitäten (z. B. mentale Zustände) abzulegen, können testimoniale Akte auch nicht als eine Berechtigungskette, ausgehend vom ersten Zeugen, betrachtet werden.

Gesteht man zu, dass verschiedenste Formen der Mediennutzung ebenfalls in den Bereich des Zeugnisbegriffs fallen sollten, ergibt sich aus dieser Auffassung eine weitere Schwierigkeit.[81] Klassischerweise werden einzelne

---

[81] Eine genaue Auseinandersetzung mit den Fragestellungen, die sich durch die Anwendung des Zeugnisbegriffs auf die Medien ergeben, erfolgt in Kap. 5 dieser Arbeit.

Gesprächssequenzen zwischen Sprecher und Hörer als paradigmatische Fälle des Zeugnisses anderer betrachtet. Dieses Konzept wird dann übertragen auf die verschiedensten Formen der Mediennutzung. Während jedoch in den betrachteten zwischenmenschlichen Kommunikationssituationen der Gehalt einzelner Mitteilungen eher begrenzt ist[82], ist es für den Fall der Mediennutzung nicht unbedingt klar, was genau der Gehalt eines einzelnen Zeugnisses ist. Betrachten wir hierzu folgendes Beispiel:

> (B-10) Lektüre eines Stadtführers: Wieder befinden wir uns zusammen mit Peter auf seinem Weg durch die Münsteraner Innenstadt. Allerdings hatte sein Freund Paul diesmal keine Zeit, ihm die Sehenswürdigkeiten selbst zu zeigen. Stattdessen hat er seinem Freund einen schriftlichen Stadtführer mit auf den Weg gegeben. Peter liest diesen nun interessiert durch. Zunächst erfährt er auf diese Weise die Bezeichnungen der einzelnen Gebäude in der Stadt. Am Münsteraner Dom verweilt Peter etwas länger und liest aufmerksam die Informationen zu diesem Bauwerk durch. Er lernt auf diese Weise einiges über die Geschichte des Doms, die Bauart und die architektonischen Besonderheiten. Darüber hinaus liest er auch einiges Interessante über die astronomische Uhr im Dom, die Orgel, die Glocken und das Triumphkreuz.

Bei diesem Beispiel stellt sich die Frage, für welche Tatsache der Stadtführer für Peter als Zeugnis diente. Offenbar konnte er eine Vielzahl unterschiedlichster Informationen zu verschiedenen Sachverhalten aus dem Buch erhalten. Haben wir es demnach mit einem oder mit mehreren testimonialen Akten eines Zeugen, respektive eines Mediums, zu tun? Oder ist das komplette Werk als ein Zeugnis anzusehen? Die Schwierigkeit der Festlegung des genauen Gehalts ergibt sich bei solchen Fällen der Mediennutzung offenbar aus dem Umstand, dass unterschiedlichste Informationen in einem Medium präsentiert werden (können). Die Nutzung (zumindest in der Form, wie sie im Beispiel geschildert wurde) erfolgt allerdings in einem einmaligen Akt. Eine Gesprächssituation zwischen Hörer und Sprecher könnte dagegen einfacher in verschiedene Sequenzen aufgeteilt werden. Hierdurch kann eindeutiger festgestellt werden, wann ein Informationsakt endet und wann ein neuer beginnt. Grundsätzlich kann festgehalten werden, dass je komplexer

---

[82]   Allerdings lassen sich auch bei den paradigmatischen Fällen durchaus Fragen nach den genauen Grenzen des Gehalts einzelner Zeugnisse stellen. Insbesondere die Analyse umfangreicherer Berichte von Ereignissen etc. wirft dieses Problem auf. Aus diesem Grund differenziert Eckard Rolf in diesem Zusammenhang zwischen *Berichten* und *sprachlichen Informationshandlungen*. Erstere seien ihrer Struktur nach komplexer als letztere. Sprachliche Informationshandlungen thematisieren nur eine Proposition, während es bei Berichten, Erzählungen etc. um ein ganzes Bündel an Propositionen gehe. Vgl. Rolf, E. (1983), S. 55.

ein Informationsmedium aufgebaut ist[83], desto schwieriger sich die Individuierung einzelner Akte gestaltet.

Nun mag eingewendet werden, dass wir Wissen grundsätzlich immer in der Form ganzer Bündel von Propositionen erwerben und nicht als einzelne Instanzen. So würde Peter, wenn er den Münsteraner Dom in der Stadt betrachtet, auch sehen, dass der Dom auf einem großen Platz steht, dass dieser Platz mit Kopfsteinpflaster bedeckt ist, dass bestimmte Personen den Dom betreten und wieder verlassen etc. Keine dieser Beobachtungen würde ihn allerdings in der Überzeugungsbildung beeinflussen, dass der Dom zwei Haupttürme hat. Ja, höchstwahrscheinlich würden Peter diese weiteren Beobachtungen noch nicht einmal wirklich bewusst werden, wenn es ihm in seiner Betrachtung allein um die äußeren Merkmale des Doms als Bauwerk geht. Offensichtlich spielt die Ausrichtung der Aufmerksamkeit als Folge einer bestimmten Fragestellung des Rezipienten hier eine wichtige Rolle für die Auswahl des Wahrnehmungsgegenstandes. Dies scheint nun vergleichbar mit der Art und Weise der Nutzung medialer Informationsangebote zu epistemischen Zwecken. Auch in diesem Fall spielt die Ausrichtung der Aufmerksamkeit des Rezipienten eine wesentliche Rolle dafür, welche Art von Information aus einer bestimmten Angebotsmenge eines Mediums – z. B. eines Buches oder einer Zeitschrift – ausgewählt wird. Deutlich wird so, dass zwar von Seiten des Medienproduzenten – also des Autors oder der Redaktion – ein gewisses Informationsspektrum vorgegeben, allerdings nicht festgelegt werden kann, zu welchem epistemischen Zweck der Rezipient das Medium nutzen und damit als Zeugnis bezüglich welches Gehalts betrachten wird. So mag Peter den erwähnten Stadtführer dazu nutzen, möglichst viele Informationen über den Münsteraner Dom zu gewinnen, während Brigitte denselben Stadtführer aufschlägt, um herauszufinden, wann eigentlich der Wochenmarkt auf dem Domplatz stattfindet.

Schließlich stellt sich im Zusammenhang mit der Frage nach einer Unterscheidung testimonialer Akte von anderen kommunikativen Akten noch die Frage, ob der Zeugnisbegriff voraussetzt, dass Akte, die in seinen Anwendungsbereich fallen, immer sprachlich verfasst sein, insbesondere die Form von Aussagen aufweisen müssen. Oliver R. Scholz hält hierzu fest, dass es

---

[83] Gemeint ist hiermit die informative Dichte des Mediums. Man denke an den Unterschied zwischen einem Lexikonartikel und einer kohärent erzählten Geschichte. Während bei ersterem die Thematisierung eines konkreten Sachverhalts – z. B. die Geschichte des Münsteraner Doms – im Vordergrund steht, kann bei letzterer nicht immer klar gesagt werden, was genau Gegenstand der Erzählung ist – wenn z. B. die Geschichte des Münsteraner Doms im Zusammenhang mit der gesamten Stadtgeschichte erzählt wird.

sinnvoll erscheine, den Begriff des Zeugnisses auch für „verschiedenartige Fälle nonverbaler Übermittlung von Meinungen" zuzulassen.[84] Als weitere Instanzen dieser Erkenntnisquelle nennt Scholz Bilder, Piktogramme, Fotografien und Filmaufzeichnungen.[85]

In der Kritik der einzelnen Definitionsvorhaben ist bereits angeklungen, dass die vielen Facetten der verschiedenen epistemischen Phänomene sich nicht ohne Weiteres und widerspruchslos unter einem einheitlichen Zeugnisbegriff zusammenfassen lassen. Je weiter der Anwendungsbereich des Zeugnisbegriffs gezogen wird, desto vager wird auch der Begriff testimonialer Akte. Dies macht es schwer, ihn überhaupt noch sinnvoll von einem allgemeinen Kommunikationsbegriff zu unterscheiden. Ein Grund für diese Schwierigkeit kann darin gesehen werden, dass philosophiehistorisch lediglich von fünf Erkenntnisquellen ausgegangen wird, nämlich Wahrnehmung, Erinnerung, Introspektion, Vernunft und dem Zeugnis anderer. Diese klassische Aufteilung führt dazu, dass jeglicher Form der Überzeugungsbildung vermittels sozialer Interaktion unter dem Begriff des Zeugnisses anderer behandelt wird.

Im Folgenden soll nun der Versuch unternommen werden, in der bereits von Lackey angeregten Art und Weise eine feinere Differenzierung der Kategorie des Zeugnisses vorzunehmen. Denn offenbar können die ausgewiesenen Probleme des Zeugnisbegriffs nur dadurch behoben werden, dass dieser genauer und damit auch sein Anwendungsbereich klarer abgrenzbar zu anderen Phänomenen sozialer Überzeugungsbildung gefasst wird.

2.4 Testimoniale Akte neu definiert

Als Ergebnis der bisherigen Betrachtungen kann zunächst festgehalten werden, dass es keinem der diskutierten Vorhaben gelingt, den Zeugnisbegriff in einer Art und Weise abzubilden, dass er sowohl unseren alltagssprachlichen Intuitionen entspricht als auch den stärkeren Anforderungen an eine epistemische Quelle gerecht wird. Auf der einen Seite findet sich mit Coadys Definition ein relativ enger Begriff testimonialer Akte, welcher stark an die Erfordernisse an einen solchen Begriff im juristischen Kontext angelehnt ist. Hierdurch werden jedoch verschiedene Fälle aus dem Anwendungsbereich des Zeugnisses von Anfang an ausgeschlossen, auch wenn sie alltagssprach-

---

[84]   Scholz, O. R. (2000a), S. 46.

[85]   Auf konkrete Problemstellungen, die sich für die Ausweitung des Zeugnisbegriffs auf mediale Quellen – insbesondere visuell orientierte Massenmedien – ergeben, wird im Kapitel 5.1 eingegangen.

lich durchaus in diesen Bereich zu fallen scheinen. Auf der anderen Seite finden sich verschiedene Ansätze – z. B. von Graham und Lackey –, den Zeugnisbegriff entsprechend auszuweiten. Allerdings erweisen sich diese Vorhaben als eher unbefriedigend, da nun das umgekehrte Problem entsteht, dass zu viele verschiedene Phänomene unter ein und denselben Begriff gefasst werden sollen. Der Zeugnisbegriff verliert damit entscheidend an Schärfe. Eine wesentliche Schwierigkeit, welche sich durch diese Aufweichung des Zeugnisbegriffs ergibt und die im Zusammenhang mit der Auseinandersetzung mit der Position von Jennifer Lackey angeklungen ist, besteht darin, dass zwar eine enge Korrelation zwischen Zeugnis- und Kommunikationsbegriff besteht, aber nicht jede Form von Kommunikation auch als testimonialer Akt fungieren kann. Es gilt demnach zu klären, wie diese beiden Begriffe sinnvoll voneinander abgegrenzt werden können.

An diesem Punkt kristallisiert sich eine grundlegende Fragestellung für jedes weitere Definitionsvorhaben heraus: Sollte im Konzept des *Zeugnisses* bereits dessen Status als Erkenntnisquelle integriert werden oder nicht? Unterschieden werden muss zwischen der Bestimmung eines *neutralen* und eines *(epistemisch) funktionalen* Begriffs. Offensichtlich besteht unter den Autoren der Debatte bisher kein Konsens darüber, welcher Weg einzuschlagen ist. Einerseits folgen viele durch eine Anlehnung an die von Coady vorgeschlagene Definition dessen Intention, eine Begriffsbestimmung vorzulegen, welche über rein deskriptive Aspekte kommunikativer Handlungen hinausreicht. „Asserting, testifying, objecting, and arguing all have the same or similar illocutionary points – roughly, to inform an audience that something is the case – but they differ in other illocutionary respects. In the case of testifying, of either the formal or informal variety, the way of achieving the point is through the speaker's status as one having a particular kind of authority to speak to the matter in question, a matter where evidence is required."[86]

Problematisch muss ein solches Vorhaben andererseits all jenen erscheinen, die Zweifel an einem epistemisch gleichwertigen Status des Zeugnisses anderer zu den individuellen Wissensquellen hegen. Auch wenn viele Autoren innerhalb der *Testimony*-Debatte zugestehen, dass testimoniale Akte für die *Genese* unseres Wissens eine wesentliche Rolle spielen, sehen einige aber noch keinen Grund dafür vorliegen, dass dem Zeugnis anderer eine ähnlich bedeutsame Funktion auch für die *Rechtfertigung* unserer Überzeugungen zukommen soll. Von dieser Position aus betrachtet, erscheint daher der Versuch sinnvoll, Zeugnisse nicht bereits in einem epistemisch relevan-

---

[86] Coady, C. A. J. (1992), S. 43.

ten Sinne zu definieren. Eine Kritik in dieser Hinsicht wurde so z. B. von Jan M. Böhm formuliert. Er greift die Definition von Coady an, indem er die These vertritt, dass Coadys erste Bedingung[87] bereits auf den epistemischen Wert des Zeugnisses abziele. Nur unter dieser Lesart könne man annehmen, dass eine bloße Äußerung, dass p, bereits als Beleg für die Tatsache, dass *p*, dienen könne. Dies impliziere dann allerdings eine Vorwegnahme der Entscheidung, ob Zeugnisse tatsächlich eine Erkenntnisquelle darstellen oder nicht. Wird dies bezweifelt, bliebe die Definitionsmenge von Coadys Begriffsbestimmung leer. Als Ausweg biete sich daher an, eine Definition zu wählen, welche eine solche Vorentscheidung vermeide.[88]

Will man eine solche Unterscheidung zwischen einem neutralen Begriff des Zeugnisses und seiner funktionalen Verwendung tatsächlich aufrechterhalten, stellt sich die Frage, inwieweit die Forderung nach einer solchen Differenzierung auch für die anderen Quellen menschlicher Erkenntnis vertreten wurde. Letztlich ist doch die Feststellung, welche Prozesse im Rahmen z. B. von Erinnerungen oder Wahrnehmungen ablaufen, ein empirisches Vorhaben und keine philosophische Betrachtung derselben. Im Fokus der Untersuchung sollte stehen, ob und in welcher Hinsicht diese Quellen unter epistemischen Gesichtspunkten als adäquat betrachtet werden können. So gilt uns z. B. auch die Wahrnehmung nur dann als Wissensquelle, wenn sie uns mit wahren Meinungen über die Welt versorgt. Zwar kann auch die Wahrnehmung trügerisch sein, beispielsweise im Falle einer Fata Morgana, dann würden wir aber auch nicht davon sprechen, dass der Rezipient in einem solchen Fall Wissen erworben hat. Offensichtlich spielen auch in diesem Falle Kriterien für den Wissenserwerb eine Rolle bei der Bestimmung der epistemischen Quelle. Die genauen physischen Prozesse, welche dabei im Rezipienten selbst ablaufen, erscheinen dagegen eher sekundär zu sein.[89] Unter dieser Voraussetzung erscheint es unfair, andere Anforderungen an testimoniale Akte zu stellen als an die anderen Quellen unserer Erkenntnis. Zumal auch bei diesen durchaus in Frage gestellt werden kann, ob sie tatsächlich in

---

[87]   „His stating that *p* is evidence that *p* and is offered as evidence that *p*." Coady, C. A. J. (1992), S. 42.

[88]   Vgl. Böhm, J. M. (2006), S. 20/21.

[89]   Sicherlich spielen sie in Diskussionen wie z. B. jener bezüglich der Theoriebeladenheit der Beobachtung auch eine Rolle. Bei der Untersuchung dieser Thematik ginge es dann um die Frage, ob Wahrnehmungen auch unabhängig von einer eventuell bestehenden Alltagstheorie bzw. von einem begrifflichen Erfassen der Welt möglich sind oder nicht. Für eine solche Beurteilung müssten dann auch die empirisch feststellbaren Funktionsweisen der Sinneseindrücke berücksichtigt werden.

dem postulierten uneingeschränkten Maß als Ausgangspunkt unseres Wissens dienen können.[90]

Die Frage, ob der Zeugnisbegriff epistemisch funktional oder metaphysisch neutral definiert werden sollte, erlangt jedoch nur für denjenigen ihre volle Tragweite, der die Ansicht bestreitet, dass Zeugnisse überhaupt als epistemische Quelle fungieren können. Unter einer solchen Voraussetzung würde es natürlich keinen Sinn machen, den Versuch zu unternehmen, das Zeugnis anderer als Erkenntnisquelle zu definieren. Auch wenn es einen kleinen Vorgriff hinsichtlich der vorliegenden Argumentation bedeutet,[91] muss doch beachtet werden, dass diese Position eines so genannten *Zeugnisnihilismus* kaum sinnvoll vertreten werden kann. Würde man tatsächlich all diejenigen Propositionen aus unserem Überzeugungssystem ausschließen, welche wir durch das Zeugnis anderer erfahren haben, bliebe wenig bestehen. In diesem Sinne dreht sich die Diskussion bezüglich des epistemischen Status testimonialer Erkenntnis auch weniger um die Frage, ob Zeugnisse *überhaupt* eine Wissensquelle bilden können, sondern vielmehr darum, ob sie eine *genuine* oder nur eine *derivative Art* einer solchen Quelle darstellen.[92] In diesem Sinne relativiert sich die Tragweite der zu fällenden Vorabentscheidung, da der Fall einer Ablehnung von Zeugnissen als Erkenntnisquelle nicht sinnvoll in Betracht gezogen werden kann.

Dementsprechend wird im Rahmen dieser Untersuchung für die Definition des epistemisch funktionalen Begriffs des Zeugnisses anderer plädiert. Die Konstruktion eines in dieser Hinsicht neutralen Begriffs würde wohl verschiedene (non)verbale Äußerungsakte umfassen, sagte aber noch nichts darüber aus, ob auch ein Zeugnis vorliegt, aus dem gerechtfertigterweise Gehalte für den Überzeugungsbildungsprozess gewonnen werden können. Zeugnisse werden in dieser Untersuchung somit als eine Form einer Erkenntnisquelle aufgefasst.

Ausgehend von dieser Vorüberlegung wird ferner dafür plädiert, eine Unterscheidung zwischen dem epistemologischen Begriff und dem juristischen Begriff des Zeugen aufrechtzuerhalten. Zwar wird letzterer mit ersterem zusammenhängen, allerdings können die strikten Bedingungen, die im juristischen Kontext Gültigkeit beanspruchen, nicht unverändert auf die weitere

---

[90] Vgl. hierzu auch die Ausführungen in Kap. 4.2.2 dieser Arbeit.

[91] Für eine Darstellung der innerhalb der Debatte vertretenen Positionen zum epistemischen Status testimonialer Akte vgl. Kap. 3.2 dieser Arbeit.

[92] Differenziert wird hier nach der Frage, ob Zeugnisse über ihren Beitrag zur Wissensgenese hinaus auch zur Rechtfertigung unserer Überzeugungen beitragen können oder nicht.

Kategorie angewendet werden. Zu den sich aus dem juristischen Sprachgebrauch ergebenden Beschränkungen zählt z. B. die Forderung nach einer unmittelbaren Augenzeugenschaft. Die Bedeutungsfestsetzung für das *Zeugnis* als epistemisch funktionalem Begriff geht jedoch über dieses Umfeld und seine begrifflichen Beschränkungen hinaus.

Weiterhin wird für eine Ausdifferenzierung des Zeugnisbegriffs argumentiert, wie sie in dem Vorhaben von Jennifer Lackey angelegt ist. Dies ermöglicht es, die verschiedenen Facetten des Begriffs, die sich insbesondere aus den unterschiedlichen Perspektiven von Sprecher und Hörer ergeben, einzufangen. Die Zusammenfassung der Aspekte von Sprecher- und Hörerperspektive in den Bedingungen eines Begriffs erscheint dagegen nicht sinnvoll. Erreicht werden könnte dies nur durch eine entsprechende Aufweichung des Zeugnisbegriffs, wie er in der Darstellung von Lackeys Ansatz kritisiert wurde.

Die vorgeschlagene Ausdifferenzierung ergibt sich unmittelbar aus der Tatsache, dass zum einen ein Sprecher zwar ein Zeugnis ablegen kann, ohne dass der Hörer dieses aber als ein solches ansieht bzw. verwendet. Zum anderen ist auch der umgekehrte Fall möglich, nach dem ein Hörer etwas als ein Zeugnis betrachtet, ohne dass es vom Sprecher als ein solches intendiert war. Mit der Differenzierung wird der Unterschied markiert, der zwischen der Forderung nach dem faktischen Vorliegen bestimmter Bedingungen (S-Zeugnis, Sprecherperspektive) und jener nach der bloßen Möglichkeit der Zuschreibung des Vorliegens derselben (H-Zeugnis, Hörerperspektive) für einen Zeugnisakt besteht.[93] Optimalerweise sollten Sprecher- und Hörerzeugnis zusammenfallen, d. h. wenn ein Sprecher ein Zeugnis ablegt, sollte der Hörer, an den dieses gerichtet ist, es auch als ein solches akzeptieren und verwenden. Wie die beiden eben genannten Fälle jedoch zeigen, muss dies nicht immer der Fall sein. Folgende Aspekte erscheinen für den Zeugnisbegriff in der ausdifferenzierten Form grundlegend zu sein:

a) Intention: S-Zeugnisse setzen voraus, dass der Sprecher für das Vollziehen eines testimonialen Akts eine intentionale Handlung durchführt. Diese besteht in der Verfolgung der allgemeinen Zielsetzung, Einfluss auf das

---

[93]   Bei dieser Differenzierung handelt es sich *nicht* um die im Zusammenhang mit Lackeys Kritik an Coadys Definitionsvorschlag angesprochene Unterscheidung zwischen metaphysischen und epistemischen Aspekten des Zeugnisbegriffs. Beide Definitionen (des S-Zeugnisses und des H-Zeugnisses) gehen von der Vorüberlegung aus, dass es um die Klärung der Bedingungen einer Erkenntnisquelle gehen soll, d. h. der epistemische Aspekt steht klar im Vordergrund (eine Irrtumsmöglichkeit des Zeugen ist bei beiden Vorkommnissen natürlich nicht ausgeschlossen).

Überzeugungssystem des Rezipienten nehmen zu wollen. H-Zeugnisse setzen dagegen normalerweise voraus, dass der Hörer dem Sprecher eine Intention mit einem entsprechenden Gehalt zuschreibt.

b) Individuierbarer eigenständiger Gehalt: Aus der allgemeinen Zielsetzung testimonialer Akte ergibt sich auch die Forderung nach einem klar individuierbaren eigenständigen Gehalt. Einfluss auf ein Überzeugungssystem kann nur in dem Fall genommen werden, wenn der Sprecher dem Hörer eine Proposition anbietet – also etwas vorliegt, über das berichtet werden kann. Bei der mitgeteilten Proposition kann es sich entweder um eine neue Information oder eine bereits bekannte handeln. Im letzteren Falle übernimmt das Zeugnis dann eine bestätigende Funktion für den Rezipienten. Es kann auch der Fall vorliegen, dass es sich um die Revidierung einer bereits bestehenden Überzeugung handelt – d. h. der Hörer glaubt, dass *p*, und der Sprecher überzeugt ihn, dass tatsächlich aber *non-p* der Fall ist. Außerdem kann die Mitteilung des Sprechers auch zur Aufgabe einer bestehenden Überzeugung auf Seiten des Hörers führen. Es wird zugestanden, dass darüber hinaus weitere Möglichkeiten der Einflussnahme auf das Überzeugungssystem des Hörers bestehen mögen. Für S-Zeugnisse gilt demnach: S will mit seiner Äußerung, dass *p*, Einfluss auf das Überzeugungssystem von H nehmen in dem Sinne, dass H glauben soll, dass *p* der Fall ist. Für H-Zeugnisse muss eine Äußerung von S entsprechend von H interpretiert werden. Diese Forderung führt zu einem Ausschluss von Mimik und Gestik als testimonialen Akten. Zwar kann eine Person auch durch ihr Verhalten – z. B. durch Hinweisgesten – versuchen, Einfluss auf das Überzeugungssystem einer anderen Person zu nehmen, allerdings scheint in diesem Fall die Kategorie der Wahrnehmung in Verbindung mit Schlüssen die entscheidende Rolle als Wissensquelle zu spielen und nicht die Mitteilung einer konkreten Proposition.

c) Belegfunktion: In der Betrachtungsweise von Zeugnissen als Erkenntnisquelle soll auch am Belegbegriff als funktional bestimmendem Merkmal testimonialer Akte festgehalten werden. Wiederum muss allerdings unterschieden werden zwischen dem faktischen Angebot einer Äußerung als Beleg für eine Tatsache, dass *p*, und der bloßen Zuschreibung eines solchen durch den Hörer. Darüber hinaus müssen noch zwei weitere Aspekte zum Belegbegriff beachtet werden: Zum einen soll in Anlehnung an Achinstein von einem bloß *potentiellen Beleg* ausgegangen werden – es wird damit dieselbe Verwendungsweise wie bei Coady gewählt. Dies erlaubt die Anwendung des Zeugnisbegriffs auch für solche Fälle, in welchen sich der Sprecher über das tatsächliche Vorliegen der behaupteten

Tatsache *p* irrt. Hiermit wird dem Umstand Rechnung getragen, dass Erkenntnisquellen keine Garanten für Wissen darstellen können. Zum anderen schließt die Betonung der Belegfunktion testimonialer Akte in diesem Sinne aus, dass offene Täuschungsversuche durch S in den Anwendungsbereich dieses Begriffs fallen. Zwar mag ein Sprecher auch versuchen, Einfluss auf das Überzeugungssystem einer anderen Person zu nehmen, indem er absichtlich falsche Propositionen mitteilt. Doch in diesem Fall intendiert der Sprecher auch nicht, ein Zeugnis abzulegen, sondern äußert vielmehr eine Lüge.[94] Die Täuschungsabsicht ist in diesem Fall dann die handlungsanleitende Intention des Sprechers.

d) Kommunikative Handlung: Schließlich soll als Charakteristikum testimonialer Akte gelten, dass S-Zeugnisse kommunikativ vollzogen und H-Zeugnisse als in dieser Form verfasst betrachtet werden. Dass testimoniale Akte kommunikative Handlungen sind, steht ganz außer Zweifel. Immerhin geht es darum, dass zwei Personen intentional (bzw. in zugeschriebener Weise intentional) miteinander interagieren in dem Sinne, dass S versucht, Einfluss auf das Überzeugungssystem von H mittels einer Äußerung eines spezifischen Gehalts zu nehmen.[95] Allerdings sei im

---

[94] In Zusammenhang mit diesem Punkt sind einige recht komplexe Fälle denkbar, die man als Gegenbeispiele anzuführen versuchen könnte: Zum einen könnte ein Sprecher intendieren eine Lüge zu äußern, aber zufälligerweise doch die Wahrheit sagen. In diesem Falle gilt aber weiterhin auf Seiten des Sprechers die ursprüngliche Intention. Es sollte kein Zeugnis abgelegt, sondern eine Lüge vorgebracht werden. Die Aufrichtigkeitsbedingung wurde auf jeden Fall durch den Sprecher verletzt. Weniger klar ist die Situation dagegen auf Seiten des Hörers. Liegen ihm keine hinreichenden Anzeichen für die Unehrlichkeit des Sprechers vor, ist er durchaus berechtigt, auch eine von diesem geäußerte Lüge als Zeugnis zu werten. Aus dieser Perspektive können also auch Lügen Zeugnisse sein, allerdings ist dem Hörer dann nicht bewusst, dass der Sprecher unaufrichtig war. Dieser letzte Punkt zeigt an, dass weitere Fälle konstruierbar sind: Was ist z. B. wenn a) der Hörer weiß, dass der Sprecher beabsichtigt, ihn anzulügen? Und was passiert, wenn b) der Sprecher davon ausgeht, dass der Hörer denkt, er würde lügen, und aus diesem Grund tatsächlich das Gegenteil von dem behauptet, was er eigentlich sagen wollte – also lügt, um etwas Wahres mitzuteilen? Im Falle a) wird der Hörer dann die Äußerung des Sprechers nicht als Zeugnis werten, auch wenn dieser zufällig doch die Wahrheit sagt. Im Falle b) handelt der Sprecher aufrichtig, weil er dem Hörer etwas Wahres mitteilen will. Er legt demnach ein Zeugnis ab, auch wenn er dies nur über den Umweg der Lüge leisten kann. Was hier zählt, ist, seine Intention, eine wahre Mitteilung zu machen. Der Hörer wird in diesem Fall, die Äußerung des Sprechers als Lüge betrachten und ggf. auf die gegenteilige Proposition schließen. Fälle dieser Art bilden aber sicherlich eher die Ausnahme als die Regel in der Betrachtung testimonialer Akte.

[95] Dies gilt ebenfalls im Falle schriftlich fixierter Zeugnisse wie Arbeitszeugnisse oder polizeilicher Führungszeugnisse. Auch in diesen Fällen wird eine wahre Aussage (in schriftlicher Form) getätigt, die den Leser über den entsprechenden Sachverhalt infor-

Hinblick auf die in dieser Untersuchung bereits geübte Kritik an einer Forcierung des Kommunikationsbegriffs darauf hingewiesen, dass dieser im Kontext der Begriffsbestimmung des Zeugnisses in der eigenen Bedeutungsweite durch die weiteren Kriterien testimonialer Akte eingeschränkt und genauer bestimmt werden muss. An der sprechakttheoretischen Betrachtungsweise wird im Folgenden festgehalten, da sie es ermöglicht, von vornehein verschiedene kommunikative Akte als Kandidaten für testimoniale Akte auszuschließen.

Aus den angeführten Punkten ergibt sich damit folgende erste grobe Charakterisierung:

Ein Zeugnis stellt ein kommunikativ verfasstes, aufrichtiges Informationsangebot mit belegender Funktion eines intentional handelnden Wesens mit dem Ziel der Einflussnahme auf das Überzeugungssystem eines Rezipienten dar, wobei der Akt entweder faktisch vorliegt oder durch einen Rezipienten einem Sprecher als ein Akt mit entsprechenden Merkmalen zugeschrieben wird.

Für eine weitergehende Analyse des Zeugnisbegriffs wird nun der Vorschlag von Lackey aufgegriffen, den Zeugnisbegriff nicht isoliert zu betrachten, sondern ihn gemäß seiner im Kontext als Erkenntnisquelle relevanten Verwendungsweisen in zwei größeren semantischen Zusammenhängen zu untersuchen. Die Differenzierung orientiert sich dabei an der Unterscheidung zwischen Sprecher- und Hörerperspektive. Entsprechend handelt es sich bei den angesprochenen sprachlichen Zusammenhängen um die Konstruktionen *ein Zeugnis ablegen* und *etwas als ein Zeugnis verwenden*. Begonnen werden soll die Analyse im Folgenden mit der Sprecherperspektive.

2.4.1 Ein Zeugnis ablegen (S-Zeugnis)

Ein Zeugnis abzulegen bedeutet, eine Informationshandlung mit der primären Zielsetzung zu verfolgen, Einfluss auf das Überzeugungssystem des Rezipienten nehmen zu wollen (Erfolgserwartung). Als Ausgangsformulierung kann hierfür das von Georg Meggle in Anlehnung an Paul Grice formulierte Grundmodell der folgenden Art angesehen werden:

S versucht mit f-Tun H anzuzeigen, daß p gdw.

(1') S beabsichtigt mit seinem f-Tun zu erreichen, daß H glaubt, daß p

---

mieren soll. Es erfolgt eine Form mittelbarer Kommunikation zwischen Verfasser und Leser.

(2') S beabsichtigt mit seinem f-Tun zu erreichen, daß H erkennt, daß (1')

(3') S glaubt, daß H aufgrund der Erkenntnis von (1') glauben wird, daß p.[96]

Betrachten wir zur Veranschaulichung das Beispiel (B-1), in welchem Paul seinem Freund Peter etwas über die Geschichte des Münsteraner Doms erzählt. Dem oben genannten Modell zufolge beabsichtigt Paul mit seiner Mitteilung, dass der Münsteraner Dom nach dem Zweiten Weltkrieg originalgetreu wiederaufgebaut wurde (kurz: p), dass Peter glaubt, dass p. Ferner beabsichtigt Paul mit seiner Mitteilung, dass p, dass Peter erkennt, dass er möchte, dass Peter ihm diese Mitteilung glaubt. Und schließlich glaubt Paul, dass Peter auf Grund dieser Erkenntnis glauben wird, dass p.

Der Sprecher wird ferner das Ziel verfolgen, von H verstanden zu werden (Verstehenserwartung). Denn nur unter dieser Voraussetzung kann er auch erwarten, seine primäre Zielsetzung mittels des vollzogenen kommunikativen Akts zu erreichen. Aus diesem Grund soll als weitere Forderung gelten, dass S sich auch an das Gricesche Kooperationsprinzip[97] und die von ihm formulierten vier Konversationsmaximen hält. Das Kooperationsprinzip zielt auf eine zweckdienliche Gestaltung der Sprechermitteilung in einer Kommunikationssituation ab. Dieses Prinzip dient der Verständlichkeit des kommunikativen Beitrags und soll mittels der Aufrechterhaltung der Kommunikationssituation zu deren Erfolg beitragen. Das Prinzip lautet: „Make your conversational contribution such as is required, at the stage at which it occurs, by the accepted purpose or direction of the talk exchange in which you are engaged."[98]

Ergänzend dazu führt Grice vier Konversationsmaximen ein, welche die *Quantität*, die *Qualität*, die *Relation* sowie die *Art und Weise* des Gesprächsbeitrags betreffen. Um es kurz zu sagen, mit diesen vier Maximen meint Grice, dass eine Mitteilung informativ, wahr, relevant und verständlich formuliert sein sollte. Der Sprecher sollte demnach seine Mitteilung diesen Anforderungen entsprechend gestalten (jeweils im Hinblick auf die Kommunikationssituation, in welcher sich der Sprecher gerade befindet).

Einschränkend muss festgehalten werden, dass die Befolgung der Griceschen Konversationsmaximen eine *Ausrichtung am Ideal* bedeuten. D. h. der Sprecher *sollte versuchen*, diese Maximen nach seinen besten Möglichkeiten

---

[96] Meggle, G. (1981), S. 22.
[97] Vgl. Grice, P. (1989), S. 26/27.
[98] Ebd., S. 26.

zu befolgen. Schließlich strebt er mit seiner Mitteilung an, dass sein Rezipient aus der Mitteilung etwas lernen können soll. Kann der Hörer ihn jedoch nicht verstehen oder findet er die Mitteilung des Sprechers nicht informativ oder relevant, wird der Sprecher diese Zielsetzung nicht erfüllen können. Allerdings setzt diese normative Forderung auch ein entsprechendes Können auf Seiten des Sprechers voraus. Und neben der Fähigkeit, diese Forderung angemessen zu erfüllen, besteht für den Sprecher darüber hinaus auch das Problem, dass die Adäquatheit seines kommunikativen Beitrags an den kognitiven und epistemischen Bedürfnissen seines Rezipienten gemessen werden muss. D. h. der Sprecher muss seine Mitteilung so formulieren, dass sie für einen konkreten Adressaten verständlich, relevant und informativ ist. Das setzt allerdings eine gewisse Kenntnis des Rezipienten voraus, z. B. bezüglich dessen Hintergrundwissens. Im Normalfall kann davon ausgegangen werden, dass der Sprecher im paradigmatischen Fall des Zeugnisses anderer auch über ein entsprechendes Wissen bezüglich seines Kommunikationspartners verfügen wird. Es mag jedoch der Fall eintreten, dass ein Sprecher nicht in der Lage ist, seine Mitteilung hinreichend verständlich zu formulieren, da er z. B. fälschlicherweise davon ausgeht, dass sein Rezipient über denselben Fachwortschatz verfügt wie er selbst, beispielsweise wenn ein Experte auf einem bestimmten Gebiet ein Zeugnis über einen Sachverhalt seines Forschungsbereichs gegenüber einem Laien ablegt. Trotzdem würden wir aber sagen wollen, dass dieser Experte ein Zeugnis abgelegt hat. Vor dem Hintergrund dieser Überlegungen kann hinsichtlich der Verstehenserwartung des Sprechers nur gefordert werden, dass der Zeuge seinen eigenen Gesprächsbeitrag im Griceschen Sinne für den Kontext seiner Äußerung für angemessen hält. Ferner wurde insbesondere mit Hinblick auf den Wahrheitsgehalt der Äußerung bereits betont, dass für eine realistische Darstellung dem Sprecher eine Irrtumsoption vorbehalten bleiben muss. D. h. es kann nicht im strikten Griceschen Sinne gefordert werden, dass der mitgeteilte Gehalt wahr sein muss, sondern nur, dass der Sprecher ihn für wahr hält.

Auf Grund der konstatierten Zielsetzungen testimonialer Akte wird ebenfalls eine Adressierung der Mitteilung vorausgesetzt. Allerdings muss dies nicht heißen, dass S seinen Adressaten auch tatsächlich kennt. Er muss seine Mitteilung lediglich an ein Publikum richten, was Selbstgespräche vom Anwendungsbereich des S-Zeugnisses ausschließt. Darüber hinaus mag S sich mit seinem Akt ferner an mehr als nur eine Person wenden.

Wie soll aber der Fall behandelt werden, in welchem S ein Zeugnis ablegt, ohne dass der Gehalt des testimonialen Aktes mit dem bezeugten Sachverhalt identisch ist? Hier wird ein bereits von Lackey vorgebrachter Punkt aufgegriffen: „However, it is not uncommon for one to state one's belief that p as conveying the information that p and, e.g. that q and r and so on."[99] Dass dieser Fall berücksichtigt werden muss, ergibt sich schon aus der einfachen Tatsache, dass S sich z. B. einer metaphorischen Redeweise bedienen könnte. Allerdings muss einschränkend gefordert werden, worauf Lackey ebenfalls hingewiesen hat, dass zwischen dem Gehalt der Äußerung und dem bezeugten Sachverhalt für H eine verständliche Verbindung bestehen muss. Diese Verbindung kann von recht unterschiedlicher Art sein. Neben allgemein verständlichen Verbindungen, die sich z. B. durch logische Implikationen oder konventionell geregelte Redefiguren (wie Metaphorik, Analogie etc.) ergeben, wird für S das Repertoire möglicher uneigentlicher Ausdrucksweisen in dem Maße zunehmen, wie der Bekanntheitsgrad zwischen Hörer und Sprecher wächst. Beide teilen im Falle langfristiger Bekanntschaft ein sehr viel größeres System an gemeinsamem Hintergrundwissen. Und zu einem solchen können dann auch Kenntnisse bezüglich der Redegewohnheiten des jeweils anderen gehören. Zur Veranschaulichung dieser These betrachten wir folgendes Beispiel:

> (B-11) Im Zuge einer längeren Unterhaltung über den Münsteraner Dom äußert Peter, dass *die Nordlichter* ja nicht so sehr dazu geneigt hätten, solche sakralen Prunkbauten zu errichten. Paul, der seinen Freund gut kennt, weiß, dass Peter mit den *Nordlichtern* Bezug auf die Bewohner seiner Heimatstadt – nämlich Hamburg – nimmt. Insofern ist die Äußerung seines Freundes für Paul ein Zeugnis bezüglich der geringen Neigung der Hamburger Bevölkerung, Kirchen einer bestimmten Bauart zu errichten.

Das Beispiel zeigt, dass wir im Normalfall davon ausgehen, dass S ein Zeugnis bezüglich einer Proposition ablegen kann, welche nicht mit dem geäußerten Gehalt identisch ist. Damit H aus einer solchen Äußerung von S Wissen gewinnen kann, wird er üblicherweise auf sein Hintergrundwissen bezüglich S zurückgreifen und entsprechende Schlussfolgerungen durchführen.[100] Somit erlangt H seine Erkenntnis nicht allein aus dem Zeugnis, son-

---

[99]   Lackey, J. (2006a), S. 186.

[100]   Im Zusammenhang mit indirekten Sprechakten hält Searle zu diesem Punkt fest: „[...] braucht man zumindest folgendes, um das Indirekte an indirekten Sprechakten zu erklären: eine Sprechakttheorie, gewisse allgemeine Prinzipien kooperativer Konversation (einige sind von Grice [1975] erörtert worden), außersprachliche Hintergrundinformationen, über die Sprecher und Hörer gemeinsam verfügen, und die Fähigkeit des Hörers, Schlüsse zu ziehen." Searle, J. R. (1982), S. 53. Diese Schlussverfahren sind im normalen Gespräch üblicherweise jedoch unbewusster Art. Vgl. ebd., S. 67. In diesem Sinne müsste man im vorliegenden Fall festhalten, dass es sich bei solchen testimonialen Akten um keine genuine Wissensquelle handelt, da das Ziehen von Schlüssen notwendige Voraussetzung zum Wissenserwerb ist.

dern nutzt ferner die Quelle der Vernunft, um zu der fraglichen Überzeugung zu gelangen und diese als Wissen zu rechtfertigen. Wollte man testimoniale Akte völlig isoliert von dieser zusätzlichen Erkenntnisquelle betrachten – also als *autarke Quelle* des Wissens –, müsste man die Möglichkeit der Verwendung eines uneigentlichen Sprachgebrauchs beim Ablegen eines Zeugnisses allerdings zurückweisen.[101]

Welche Haltung muss S gegenüber der von ihm mitgeteilten Proposition *p* einnehmen? Es wurde gesagt, dass die primäre Zielsetzung von S darin besteht, Einfluss auf das Überzeugungssystem von H in dem Sinne auszuüben, dass H auf Grund von S's Äußerung, dass p, glauben soll, dass *p* der Fall ist. Außerdem wurde angeführt, dass S's Äußerung einen (potentiellen) Beleg für H für die Tatsache, dass *p*, darstellen soll. Damit zusammenhängend wird die weitergehende Forderung aufgestellt, dass S *aufrichtig* handeln soll: Wenn S im Zuge eines testimonialen Akts äußert, dass *p*, muss er selbst der Überzeugung, dass *p*, sein (unabhängig davon, ob *p* tatsächlich auch der Fall ist). Nun sind hier zwei Varianten denkbar, die als mögliche Einwände gegen diese Forderung ins Feld geführt werden könnten: a) Zum einen könnte behauptet werden, dass S auch dann Einfluss auf das Überzeugungssystem von H nehmen will, wenn S ihm eine Lüge erzählt – also, dass *p*, mitteilt, selbst aber glaubt, dass *non-p* der Fall ist. b) Zum anderen könnte dieselbe Zielsetzung auch für den Fall angenommen werden, in dem S sich bezüglich seiner Äußerung, dass *p*, selbst nicht ganz sicher ist und trotzdem will, dass H *p* glaubt.

Im Falle der Variante (a) handelt es sich eindeutig nicht um ein bloß fehlgeschlagenes Zeugnis. Ein solches läge vor, wenn S sich in Bezug auf *p* geirrt hätte (dies gestattet der verwendete Begriff des potentiellen Belegs). Um zu entscheiden, inwiefern ein Zusammenhang zwischen Variante (a) und dem bisher erarbeiteten Konzept des Ablegens eines Zeugnisses besteht, bietet sich an dieser Stelle eine genauere Analyse der involvierten Sprechakttypen an. Nach Searle zählen testimoniale Akte zu den Assertiven. Ihr illokutionärer Witz besteht darin, den Sprecher auf die Wahrheit der geäußerten Proposition, dass *p*, festzulegen. Für ihren Vollzug gilt als Bedingung die Aufrichtigkeit des Sprechers. Zur weiteren Spezifizierung wurde in den obi-

---

[101] An diesem Punkt wird deutlich, dass die erkenntnistheoretische Betrachtung der Quellen des Wissens in einem gewissen Sinne artifiziell vorgeht, da in der Diskussion meist von der Möglichkeit einer klaren Trennung zwischen den verschiedenen Erkenntnisquellen ausgegangen wird. Tatsächlich besteht aber stets eine enge wechselseitige Durchdringung dieser Quellen im Prozess des Wissenserwerbs. Vgl. auch Scholz, O. R. (2001), S. 369.

gen Ausführungen dann das primäre Kommunikationsziel aufgeführt, dass ein Sprecher nur dann ein Zeugnis ablegt, wenn er mit seiner Äußerung versucht, Einfluss auf das Überzeugungssystem des Hörers in dem Sinne zu nehmen, dass H glauben soll, dass p der Fall ist. Das Problem, welches sich aus der Betrachtung der Variante (a) nun ergibt, besteht darin, dass hier scheinbar dasselbe primäre Kommunikationsziel verfolgt wird.[102] Die genauere Bestimmung der Bedingungen für das Ablegen eines Zeugnisses soll Fälle der Variante (a), also solche in welchen eine klare Täuschungsabsicht des Sprechers vorliegt, aus dem Anwendungsbereich ausschließen helfen. Hierzu zählt die Aufrichtigkeitsforderung, wie sie von Searle für die assertiven Akte aufgestellt wurde. Auch wenn Lügen, wie sie in der Variante (a) dargestellt wurden, nach Meggle durchaus als Kommunikationsversuche betrachtet werden müssen[103], sind sie von testimonialen Akten demnach in zweierlei Hinsicht zu unterscheiden: Zum einen erfüllt der Sprecher nicht die Aufrichtigkeitsbedingung. Zum anderen verfolgt er mit diesem kommunikativen Akt neben der Intention der Einflussnahme auf H's Überzeugungssystem auch noch die zusätzliche primäre Absicht, H in Bezug auf die Tatsache, dass p, zu täuschen. S intendiert dagegen nicht, ein Zeugnis bezüglich p abzulegen. Dies würde S im Zuge einer ehrlichen Antwort auf die Frage bezüglich seiner Kommunikationsabsicht stets einräumen müssen. In diesem Sinne ist der Ausdruck *falsches Zeugnis ablegen* als eine Wendung aufzufassen, die H gegenüber S gebrauchen wird, wenn er erkennt, dass S ihn belogen hat. S wird jedoch bestreiten, dass er weder p noch *non-p* bezeugen wollte. Ein falsches Zeugnis ist daher nicht etwas, das S ablegen kann, sondern nur etwas, das H ihm zuschreiben kann, weil er fälschlicherweise angenommen hat, dass S die Absicht hatte, p zu bezeugen. Auch vor diesem Hintergrund erscheint die differenzierte Betrachtung des Zeugnisbegriffs sinnvoll.

Die angeführte Variante (b) stellt dagegen die Frage nach der Kompetenz des Sprechers. Wenn die Forderung gilt, dass S p nur dann äußern soll, wenn er p für wahr hält, kann er dies nur dann in aufrichtiger Weise tun, wenn er auch selbst weiß bzw. zu wissen glaubt, dass p der Fall ist. Andernfalls könnte seine Mitteilung allenfalls zufällig wahr sein, was zur Verfolgung der primären Zielsetzung jedoch zu schwach wäre. Allerdings geht es bei diesem

---

[102]   Dieser Punkt wird auch von Rolf im Zusammenhang mit seiner Analyse des Sprechakts des Behauptens thematisiert. Allerdings geht er von der schwächeren Annahme aus, dass der Akt des Behauptens nicht impliziere, dass der Sprecher vom faktischen Bestehen des behaupteten Sachverhalts überzeugt ist. Daher sind in Rolfs Konzept sowohl Irrtum als auch Täuschungsabsicht möglich. Vgl. Rolf, E. (1983), S. 44.

[103]   Vgl. Meggle, G. (1981), S. 203/204.

Konzept zunächst allein darum, *was S von sich selbst glaubt* – also um die Frage, ob S sich selbst für kompetent hält, eine entsprechende Äußerung zu tätigen.

Schwierigkeiten ergeben sich allerdings, wenn man aus einer der verschiedenen bestehenden Taxonomien der Sprechakttypen *ausschließlich eine* Kategorie auswählen sollte, deren verschiedene sprachlichen Vorkommnisse mit dem Akt des Ablegens eines Zeugnisses durchgängig kompatibel sein sollen. Da ich an anderer Stelle auf diesen Punkt bereits genauer eingegangen bin[104], sei hier nur beispielhaft auf einige Aspekte verwiesen. So können wir uns z. B. nicht problemlos der von Searle beschriebenen Kategorie der Assertive anschließen, zu welcher er u. a. die Sprechakte *Behaupten*, *Feststellen* und *Bestätigen* zählt[105], denn es ist leicht ersichtlich, dass man auch Sachverhalte behaupten kann, ohne selbst von ihnen überzeugt zu sein.

Andererseits kann man sich auch nicht problemlos der detaillierten Analyse von Rolf anschließen, der im Kontext sprachlicher Informationshandlungen noch genauer zwischen Assertiven und Transmissiven differenziert. Zu ersteren zählt er so unterschiedliche Handlungen wie *Behaupten*, *Konstatieren*, *Prognostizieren*, *Prophezeien* und *Konjizieren*. Mit diesen verfolge der Sprecher das Ziel, zu verstehen zu geben, dass die Herleitung der Proposition *p* möglich sei.[106] Im Unterschied dazu will der Sprecher mit transmissiven Äußerungen (zu denen z. B. *Mitteilen*, *Hinweisen*, *Benachrichtigen*, *Bekanntgeben*, *Erinnern*, *Melden*, *Verraten*, *Aussagen* und *Ankündigen* gehören) zu verstehen geben, dass der Sachverhalt *p* bestehe. Der Hörer soll demnach glauben, dass *p* der Fall ist.[107]

Beide Kategorien beinhalten allerdings Sprechakttypen, welche für den Vollzug testimonialer Akte ungeeignet erscheinen, so z. B. das *Prophezeien* und *Prognostizieren* der ersten Klasse, denn es ist fraglich, ob über zukünftige Ereignisse überhaupt Zeugnisse abgelegt werden können. Ein Zeugnis kann man nur über eine Proposition ablegen, die man weiß bzw. mindes-

---

[104]   Vgl. Mößner, N. (2010).

[105]   Vgl. Searle, J. R. (1983), S. 100/101.

[106]   Vgl. Rolf, E. (1983), S. 97. Leider führt Rolf nicht weiter aus, was er unter der „Herleitung einer Proposition" in diesem Kontext genau versteht. Es kann aber angenommen werden, dass es darum gehen soll, dass das Bestehen der Proposition *p* im Falle der assertiven Sprechakte für den Hörer wahrscheinlich, aber weniger sicher ist als im Falle der transmissiven Sprechakte. Die von Rolf vorgeschlagene Unterscheidung mag damit dem intuitiven Sprachgefühl entgegenkommen, allerdings umgeht sie nicht die Schwierigkeit, dass auch transmissive Sprechakte auf falschen Tatsachen basieren mögen. Ebenso wie man z. B. etwas Falsches *behaupten* kann, kann man auch etwas Falsches *bekannt geben*.

[107]   Vgl. ebd., S. 99.

tens zu wissen glaubt. Dem Alltagsverständnis nach kann man aber über zukünftige Ereignisse nichts wissen, da sie noch nicht eingetreten sind.[108] Man könnte höchstens Aussagen darüber machen, für wie wahrscheinlich man das Eintreten bestimmter Ereignisse hält. In diesem Sinne kann man ein Zeugnis bezüglich einer solchen Einschätzung ablegen. Der Gehalt eines solchen testimonialen Akts wäre dann aber nicht eine Aussage über das zukünftige Ereignis, sondern lediglich eine Aussage über den subjektiven Wahrscheinlichkeitsgrad, der dem Ereignis vom Sprecher zugeschrieben wird. Darüber hinaus ist für zukünftige Ereignisse natürlich auch nicht die gängige Verwendung von Zeugnissen im Sinne von Augenzeugen-Berichten möglich, da das epistemische Subjekt die entsprechende zu bezeugende Erfahrung eben noch nicht gemacht hat.

Schwierigkeiten für unsere Definition testimonialer Akte treten ferner auf, wenn die Analyse von Davis, der zwischen *Erzählen* und *Informieren* unterscheidet, beachtet werden soll.[109] Von Relevanz ist v. a. seine Forderung, dass *Informieren* ein entsprechendes tatsächliches Wissen auf Seiten des Sprechers voraussetze. Nun soll *Informieren* in der Tat als ein Fall des Zeugnisablegens angesehen werden, denn es würde unseren Intuitionen zuwiderlaufen, diesen Fall vom Zeugnisbegriff auszuschließen. Allerdings stellt die Forderung nach tatsächlich bestehendem Wissen im Falle des Informierens eine weitergehende Bedingung für den Sprecher dar als jene nach einem bloßen Glauben, dass p tatsächlich vorliegt, im Falle testimonialer Akte. Aus dieser Zusammenstellung lässt sich eine doppelte Konsequenz für die Entwicklung des Konzepts des Zeugnisablegens herauskristallisieren:

a) Zunächst einmal erscheint es nicht möglich, testimoniale Akte als Vollzugsform nur *einer* bestimmten Kategorie einer bestehenden Taxonomie von Sprechakttypen aufzufassen. Die bisherige Analyse hat gezeigt, dass unterschiedliche Handlungstypen mögliche Kandidaten für das Ablegen eines Zeugnisses darstellen können. Die wichtigsten scheinen folgende zu sein: *Mitteilen*, *Behaupten* (mit der Einschränkung, dass eine vom Sprecher für wahr gehaltene Proposition behauptet werden muss), *Berichten*, *Feststellen* oder *Aussagen, dass p*.

b) Als weitere Konsequenz ergibt sich aus der bisherigen Analyse – insbesondere aus Davis' Untersuchungen zum Unterschied zwischen *Erzählen* und *Informieren* –, dass Bedingungen erarbeitet wurden, welche notwen-

---

[108] Allerdings ist gerade im Hinblick auf Expertenmeinungen festzuhalten, dass Prognosen und Vorhersagen dieser Personengruppe (auf der Basis einer für wahr gehaltenen Theorie) häufig wie Zeugnisse behandelt werden.

[109] vgl. Davis, W. (2003), S. 92/93.

digerweise erfüllt sein müssen, wenn ein Sprecher ein Zeugnis ablegen will. Es ist aber durchaus möglich, dass für einzelne Akttypen stärkere Bedingungen bestehen. Denn zweifelsohne kann ein Sprecher ein Zeugnis ablegen, wenn er jemanden über die Tatsache, dass *p*, informieren will. Für die Forderung, die in diesem Fall gilt, nämlich dass S bezüglich *p* tatsächlich über Wissen verfügen muss, kann dagegen keine Allgemeingültigkeit für alle testimonialen Akte erhoben werden. Im Normalfall ist es für die Erfüllung der Aufrichtigkeitsbedingung ausreichend, dass *S glaubt, dass p der Fall ist.*

Fassen wir somit die Bedingungen für das Ablegen eines Zeugnisses nachfolgend in der Übersicht zusammen:

S legt ein Zeugnis für die Tatsache, dass *p*, durch den Vollzug eines kommunikativen Akts, dass *p*, ab, wenn gilt, dass

1. S die Absicht verfolgt, Einfluss auf das Überzeugungssystem von H zu nehmen;

2. S mit seiner Äußerung, dass *p*, H einen (potentiellen) Beleg für *p* liefert;

3. S in aufrichtiger Weise handelt;

4. S sich selbst für kompetent hält, eine wahre Aussage bezüglich *p* treffen zu können;

5. S aus seiner Sicht das Gricesche Kooperationsprinzip und dessen vier Konversationsmaximen in angemessener Weise befolgt, also insbesondere bemüht ist, seine Mitteilung verständlich zu formulieren.

Schließlich gilt es noch festzuhalten, dass *formelle Zeugnisse*, wie sie von Coady expliziert wurden, mittels einer Spezialisierungsrelation mit dem oben dargestellten allgemeinen Fall des Ablegens eines Zeugnisses zusammenhängen. Es wurde darauf hingewiesen, dass die strikten Anforderungen, die an Zeugnisse im formellen Umfeld – insbesondere im juristischen – gestellt werden, keine Gültigkeit für Zeugnisse im alltagssprachlichen Kontext besitzen.

2.4.2 Etwas als Zeugnis verwenden (H-Zeugnis)

In einem zweiten Schritt soll es nun darum gehen zu klären, was die Bedingungen dafür sind, dass ein Rezipient *etwas als Zeugnis verwendet*. Zunächst einmal kann festgehalten werden, dass der Anwendungsbereich von

H-Zeugnissen und S-Zeugnissen nicht vollständig deckungsgleich ist: Dies hängt damit zusammen, dass der Begriff der H-Zeugnisse in bestimmter Hinsicht *weiter* und in anderer Hinsicht *enger* gefasst werden kann. Der erste Fall ist in solchen Situationen möglich, in welchen ein Hörer etwas als Zeugnis bewertet und verwendet, was vom Sprecher nicht als ein solches intendiert war. Hierzu ein kurzes Beispiel:

> (B-12) Tagebucheintragung: Paul hält seine Erfahrungen über sein Leben in Münster in einem Tagebuch fest. Diese Aufzeichnungen sind nicht an andere Leser adressiert, sondern dienen allein Pauls persönlicher Auseinandersetzung mit der Welt. Nach Pauls Tod findet Peter bei dessen Sachen nun auch dieses Tagebuch und liest es. Verschiedene Episoden aus Pauls Erlebnissen in Münster waren ihm dabei bisher gänzlich unbekannt. Von diesen erfährt er erst durch Pauls Tagebuchaufzeichnungen.

In diesem Fall verwendet Peter also Pauls Tagebuch als Zeugnis bezüglich der erwähnten Informationen über dessen Leben. Allerdings intendierte Paul mit diesen Aufzeichnungen nicht, ein Zeugnis abzulegen. Es lag nicht in seiner Absicht, mit diesen Aufzeichnungen in irgendeiner Form Einfluss auf das Überzeugungssystem einer anderen Person zu nehmen. Die Tatsache, dass Peter das Tagebuch trotzdem als testimonialen Akt verwendet, zeigt, dass der Begriff des H-Zeugnisses hier weiter gefasst ist als jener des S-Zeugnisses.

Der Begriff des H-Zeugnisses kann aber auch *enger* gefasst sein als jener des S-Zeugnisses – nämlich wenn der Fall eintritt, dass der Hörer eine Äußerung eines Sprechers nicht als Zeugnis betrachtet, obwohl letzterer sie mit der Intention vorgebracht hat, ein solches abzulegen (z. B. wenn der Hörer dem Sprecher keinen Glauben schenkt).[110]

Darüber hinaus gilt es zu beachten, dass für das Konzept *etwas als Zeugnis verwenden* eine Reihe unterschiedlicher Kontexte mit je eigenen Anforderungen – v. a. auch hinsichtlich der Beurteilung der epistemischen Güte eines Zeugnisses – und auch mit einer je eigenen Umgangsform mit Zeugnissen bestehen. Ohne Anspruch auf Vollständigkeit erheben zu wollen, sei nachfolgend ein kurzer Überblick über mögliche alternative Kontexte und einige mit diesen verbundene Auswirkungen auf den H-Zeugnisbegriff aufgeführt:

a) Wissenschaftlicher vs. alltagssprachlicher Kontext: In der wissenschaftlichen Gemeinschaft fallen die Kriterien zur Beurteilung der Güte v. a. von schriftlich fixierten Äußerungsakten als Wissensquelle wesentlich

---

[110]   Allerdings kann natürlich auch der Fall eintreten, dass der Hörer einen Irrtum begeht, indem er eine Äußerung nicht als Zeugnis betrachtet, obwohl tatsächlich ein S-Zeugnis vorliegt.

strenger aus als im alltagssprachlichen Umfeld. Die Beachtung der korrekten wissenschaftlichen Arbeitsweise (Zitierpraxis, Quellenverzeichnis etc.) stellt im wissenschaftlichen Umfeld eine entscheidende Anforderung an alle Beteiligten dar. Informationsangebote, die diesen Standards nicht genügen, können im wissenschaftlichen Bereich nur unter Vorbehalten als epistemische Quellen genutzt werden. Ein aktuelles Beispiel findet sich im Umgang mit Materialien, die über das Internet veröffentlicht und verbreitet werden. Bei diesen entsteht häufig das Problem, dass diesen Texten kein genuiner Autor zugeordnet werden kann bzw. nicht klar ist, auf der Basis welchen Ausgangsmaterials in diesen Hypertexten Argumente und Wissensangebote erarbeitet und vorgestellt werden. Schwierigkeiten dieser Art machen eine Verwendung solcher Quellen im wissenschaftlichen Kontext problematisch, da sie eine Überprüfung der Zuverlässigkeit solcher Online-Angebote erschweren, wenn nicht ganz unmöglich machen.

b) Kontexte verschiedener wissenschaftlicher Disziplinen: Insbesondere in den verschiedenen geisteswissenschaftlichen Disziplinen ist im Laufe der Zeit ein teilweise recht umfangreiches jeweils spezifisches methodisches Repertoire für den Umgang mit den verschiedenen Forschungsgegenständen entwickelt worden. Die hierbei verwendeten Standards orientieren sich zwar alle an den Kriterien der guten wissenschaftlichen Arbeitsweise, allerdings differieren sie teilweise stark bezüglich einzelwissenschaftlicher Methoden. Beispielsweise hat die Geschichtswissenschaft ein umfangreiches Instrumentarium für den Umgang mit verschiedenen Quellenarten und -gattungen entwickelt.[111] Zur Rekonstruktion der historischen Hintergründe werden je nach Epoche auch verstärkt Texte aus dem Alltagsleben – wie z. B. Kirchenregister oder Urkunden bezüglich Landverkäufen etc. – als Wissensquellen genutzt. In der Literaturwissenschaft stehen dagegen im Wesentlichen fiktionale Texte als Grundlage der Interpretation im Vordergrund der Betrachtung. Unter Verwendung unterschiedlicher hermeneutischer Methoden wird z. B. nach der Intention des Autors und der Aussage des künstlerischen Werks gefragt. Als eine Metadisziplin kann in diesem Sinne die Wissenschaftstheorie mit ih-

---

[111] Zum Umgang mit historischen Quellen und der Quellenkritik vgl. z. B. Feder, A. (1924). Hier findet sich auch ein gesonderter Abschnitt zur Beurteilung der Glaubwürdigkeit historischer Quellen. Feder unterscheidet dabei zwischen einer äußeren (z. B. im Hinblick auf den Ursprung und die Unversehrtheit der Quellen) und einer inneren Kritik (in diesem Zusammenhang bespricht Feder z. B. Gründe für mangelnde Glaubwürdigkeit) der Quellen. Vgl. ebd., 2. Hauptteil.

rer Frage nach der Möglichkeit und den Grenzen wissenschaftlicher Erkenntnis betrachtet werden. Einen Teil ihres Untersuchungsgebiets bildet die Auseinandersetzung mit den verschiedenen methodologischen Vorgehensweisen in den Einzelwissenschaften. Für eine weitergehende Analyse des Begriffs des Hörerzeugnisses in den verschiedenen wissenschaftlichen Disziplinen böte sich daher als erster Schritt eine Betrachtung der in diesem Bereich bereits erzielten wissenschaftstheoretischen Forschungsergebnisse an.

c) Juristisches Umfeld: Besondere Beachtung muss auch die Verwendung von Zeugnissen und Zeugenaussagen im juristischen Kontext finden. In Gerichtsverhandlungen und in damit verbundenen Untersuchungen bestehen genaue rechtliche Vorgaben für die Verwendung von Zeugnissen sowie für die Zuschreibung des Zeugenstatus zu einer Person.[112] Hierzu gehören z. B. die rechtliche Belehrung des Zeugen, seine Vereidigung (was auch die Strafbarkeit des Ablegens von Meineiden beinhaltet)[113], die in bestimmten gesetzlichen Rahmen geforderte Augenzeugenschaft und damit der Ausschluss von Zeugnissen aus dem bloßen Hörensagen sowie die Differenzierung zwischen Zeugen und Sachverständigen.[114] Eine Unterscheidung zwischen natürlichen und formellen Kontexten, wie Coady sie angeregt hat, erscheint in diesem Zusammenhang wesentlich zu sein, denn die thematisierten rechtlichen Anforderungen spielen im alltagssprachlichen Kontext keine oder nur eine sehr geringe Rolle.

Deutlich wird mit dieser kurzen Darstellung einiger der denkbaren Kontexte, in welchen die Verwendung von Zeugnissen eine Rolle spielt, zum einen, dass zum Teil sehr unterschiedliche (und v. a. auch unterschiedlich starke) Anforderungen an kommunikative Akte gestellt werden, um von den Rezipienten als Zeugnisse verwendet werden zu können. Zum anderen zeigt sich, dass die schriftliche Fixierung solcher Äußerungsakte eine wesentlich detailliertere Analyse ermöglicht und damit auch die Entwicklung genauer

---

[112] Zum Umgang mit Zeugen und Zeugenaussagen vor Gericht vgl. z. B. Panhuysen, U. (1964). Hier findet sich auch eine Erläuterung dazu, welche Charakteristika einen Zeugen im juristischen Kontext auszeichnen und welche Verpflichtungen ihm im Rahmen einer Gerichtsverhandlung obliegen. Vgl. ebd., S. 2 ff.

[113] Vgl. ebd., S. 6 ff. „Sinn der Vereidigung ist es also, daß der glaubwürdig erscheinende und um die Bedeutung des Eides wissende Zeuge nun durch die Tat, nämlich durch den Eid, „beweisen" soll, daß er es mit seiner Aussage ernst meint. So gewinnt der Richter eine gewisse Sicherheit in der Frage der Glaubwürdigkeit des Zeugen und der Glaubhaftigkeit seiner Aussage." Ebd., S. 8.

[114] Vgl. ebd., S. 22 ff.

Kriterien (v. a. im wissenschaftlichen Kontext) für den Umgang mit solchen Zeugnissen voranbringt.[115]

Bevor es jedoch um die Entwicklung spezieller Konzepte für die Verwendung von Zeugnissen in diesen und anderen besonderen Analysekontexten gehen kann[116], ist es an dieser Stelle zunächst erforderlich, einen *allgemeinen Begriff* der H-Zeugnisse für den paradigmatischen Fall testimonialer Akte zu formulieren (welcher zu einem späteren Zeitpunkt dann als Vorlage und Abgrenzungsobjekt für speziellere Kontexte genutzt werden kann). Im Folgenden soll dementsprechend lediglich nach den Bedingungen für die Verwendung von etwas als Zeugnis im alltagssprachlichen Kontext gefragt werden.[117]

Deutlicher noch als im Falle von S-Zeugnissen steht in diesem Fall die Relevanz der getroffenen Vorentscheidung im Vordergrund, die *Definition einer Erkenntnisquelle* vorzunehmen. Eine gute Möglichkeit, den hierfür relevanten Bedingungen auf die Spur zu kommen, besteht in der Frage danach, was alles erfüllt sein muss, damit ein Rezipient aus dem kommunikativen Akt eines anderen etwas *lernen* kann. Der Aspekt des Lernens deckt die zuvor bei der Betrachtung von S-Zeugnissen angeführte Erfolgserwartung des Sprechers ab. D. h. der Hörer ermöglicht die Erfüllung der primären Zielsetzung in dem Sinne, dass S Einfluss auf H's Überzeugungssystem nehmen kann – H integriert also auf der Basis von S's Äußerung, dass p, p in sein Überzeugungssystem. Allerdings tritt hinzu, dass der Hörer dem Sprecher eine entsprechende Intention (in Form der angeführten primären Zielsetzung) auch bloß zuschreiben kann und dies normalerweise auch tun wird, ohne dass letzterer diese tatsächlich verfolgen muss (z. B. im Falle von Tagebuchaufzeichnungen oder belauschter Selbstgespräche).

Diese übliche Unterstellung der genannten Intention des Sprechers durch H stellt dessen Erfüllung der angenommenen Verstehenserwartung des Sprechers dar, die Rolf wie folgt formuliert: „H versteht einen mit f-Tun von S an ihn (H) gerichteten Kommunikationsversuch des Inhalts, daß er (H) glauben

---

[115] Allerdings gilt es in diesem Zusammenhang festzuhalten, dass mit dem wachsenden Einzug technischer Medien in (wissenschaftlichen) Analysekontexten auch bisher eher flüchtige kommunikative Akte normaler Gesprächsbeiträge einer genaueren Betrachtung zugänglich werden (z. B. durch den Einsatz von Aufnahme- und Wiedergabemedien im Rahmen von Gesprächsanalysen in der Linguistik).

[116] Im Rahmen dieser Untersuchung soll im Weiteren lediglich der Sonderfall der Medienberichterstattung betrachtet werden.

[117] Von der weiteren Untersuchung sollen an dieser Stelle solche Fälle ausgeschlossen werden, in welchen der Zeugnisbegriff lediglich über eine metaphorische Redeweise ins Spiel kommt. Beispielsweise wenn im Zusammenhang mit Wahrnehmungen vom *Zeugnis der Sinne* gesprochen wird. Einen solch weiten Zeugnisbegriff verwendet z. B. Erik J. Olsson. Er spricht auch in Bezug auf Wahrnehmungen und Erinnerungen von Zeugnissen. Vgl. Olsson, E. J. (2005), S. 9.

soll, daß p, genau dann, wenn H weiß, daß f-Tun von S ein an ihn (H) gerichteter Kommunikationsversuch des nämlichen Inhalts ist. In diesem Fall weiß H, mit welcher kommunikativen (Gesamt-)Absicht S f getan hat."[118]

H-Zeugnisse setzen somit im Normalfall voraus, dass der Hörer dem Sprecher die Absicht unterstellt, mittels einer vollzogenen Äußerung ihn glauben zu lassen, dass *p*, und dass H *p* glauben wird, wenn er diese Absicht von S erkennt. Die Frage, die sich nun stellt, lautet, welche zusätzlichen Bedingungen erfüllt sein müssen, damit H tatsächlich auf Grund der Erkenntnis der (vermeintlich) von S verfolgten Absicht *p* glauben wird. Daher soll an diesem Punkt genauer auf mögliche Gründe für das Vertrauen von H in S's Äußerung eingegangen werden. Die wesentlichen Forderungen bestehen in der Aufrichtigkeit und der Kompetenz des Sprechers. Allerdings handelt es sich dabei um eine abgeschwächte Form, nach der H den Sprecher *sowohl für aufrichtig als auch für kompetent hält*. Der Hörer nimmt also an, dass S mit seiner Äußerung dann aufrichtig handelt, wenn S selbst der Überzeugung ist, dass *p* der Fall ist. Ebenso verhält es sich mit der Zuschreibung der Kompetenz: H ist der Auffassung, dass S in hinreichendem Umfang kompetent ist, die jeweilige Äußerung zu tätigen. Beide Male ist jedoch nichts darüber gesagt, ob S tatsächlich auch aufrichtig und kompetent gehandelt hat. Offensichtlich spielt demnach der Begriff des Vertrauens für die Verwendung von etwas als Zeugnis eine wesentliche Rolle. Diesen Punkt habe ich bereits an anderer Stelle thematisiert[119] und möchte daher hier nur zusammenfassend festhalten, dass Vertrauen eine Leistung des Rezipienten gegenüber dem Zeugen darstellt, die auf der Zuschreibung von Aufrichtigkeit und Kompetenz beruht. Wie dies im Einzelfall erfolgt, kann jedoch nicht durch die Auflistung allgemeiner Kriterien spezifiziert werden.

Zum Schluss sei noch etwas über den Umfang des Gehalts von Hörerzeugnissen gesagt. Weiter oben[120] wurde bereits die Frage angesprochen, wie genau man den Gehalt eines einzelnen testimonialen Akts festlegen kann. Die Betrachtung des Begriffs aus den beiden involvierten Perspektiven von Sprecher und Hörer ermöglicht es nun festzuhalten, dass diese genaue Differenzierung – im Falle eines längeren mündlichen oder schriftlichen Berichts – dem Hörer obliegt. Was genau er als Gehalt des Zeugnisses betrachtet, sprich, was er aus einem Akt zu lernen glaubt, und wann ein Akt endet und ein neuer beginnt, hängt von dem Interesse des Rezipienten an einer speziellen Proposition ab. Damit unterliegt ihm auch die Individuierung des Gehalts testimonialer Akte. Ein H-Zeugnis erstreckt sich über den Gehalt (in einem

---

[118] Rolf, E. (1983), S. 15.
[119] Vgl. Mößner, N. (2010).
[120] Vgl. Kap. 2.3 dieser Arbeit.

Äußerungskontext), den der Rezipient als einen zusammenhängenden Akt betrachtet. Halten wir abschließend fest, welche Bedingungen sich für das Konzept *etwas als ein Zeugnis verwenden* ergeben haben:

> H verwendet eine sprachliche Handlung der Form, dass *p*, von S als Zeugnis, dass *p*, gdw.
>
> 1. S's Äußerung für H einen Beleg darstellt, dass *p* der Fall ist;
> 2. H S für kompetent hält, eine wahre Aussage bezüglich *p* treffen zu können;
> 3. H S für aufrichtig bezüglich der Äußerung, dass *p*, hält.

H wird S also dann vertrauen und seine Äußerung als Zeugnis akzeptieren, wenn für H keine Anzeichen vorliegen, dass S die Bedingungen (2) und (3) nicht erfüllt. Peter wird Pauls Mitteilung über den Münsteraner Dom also nicht als Zeugnis akzeptieren, wenn Paul den Eindruck erweckt zu schwindeln, z. B. weil er viel zu stark betont, dass er als Einheimischer ja wohl Bescheid wissen müsse über die Münsteraner Stadtgeschichte.

In der Definition wird festgelegt, dass H lediglich aus einer direkten Mitteilung, dass *p*, auch *p* aus diesem Zeugnis als Wissen gewinnen kann. Diese Restriktion mag auf den ersten Blick unnötig streng erscheinen, schließlich scheint es nicht unüblich zu sein, dass man auch aus indirekten Mitteilungen Wissen gewinnen kann, z. B. wenn die Äußerung, dass *q*, *p* impliziert.[121] Allerdings würde in einem solchen Prozess der Wissensgenese auf mehr als nur auf eine Erkenntnisquelle zurückgriffen werden. Peter würde nicht nur das Zeugnis seines Freundes nutzen, sondern darüber hinaus auch Schlussfolgerungen in Rückgriff auf sein Überzeugungssystem vornehmen. Will man H-Zeugnisse dagegen in einer Weise definieren, welche eine Wissensgenese aus einer isolierten Quelle ermöglicht, muss ein solcher Fall aus der Definition ausgeschlossen werden.[122]

Üblicherweise wird der Hörer dem Sprecher ferner die Absicht unterstellen, mittels eines kommunikativen Akts in dem Sinne Einfluss auf H's Überzeugungssystem nehmen zu wollen, dass H glauben soll, dass *p*. Dem Beispiel (B-1) folgend, hieße das, dass Peter auch der Meinung ist, dass Paul

---

[121] Vgl. hierzu Beispiel (B-11) in Kap. 2.4.1 dieser Arbeit.

[122] Dieses Vorgehen ist sicherlich in einer bestimmten Hinsicht als artifiziell zu bezeichnen, da üblicherweise eine enge Wechselwirkung zwischen unseren Erkenntnisquellen besteht. Allerdings erscheint diese Handhabung vor dem Hintergrund der Testimony-Debatte geboten zu sein, da nur auf diese Weise der eigenständige epistemische Status des Zeugnisses anderer im Vergleich zu den individuellen Quellen geklärt werden kann.

mit seiner Mitteilung über den Münsteraner Dom das Ziel verfolgt, dass Peter ihm diese Information glauben und er aus Pauls Worten etwas lernen soll. Dies ist jedoch keine notwendige Bedingung, wie das Beispiel der Verwendung von Tagebucheintragungen als Zeugnissen zeigt.

Eine weitere Bedingung, die im Normalfall, aber nicht notwendigerweise für den Fall eines H-Zeugnisses vorliegen wird, besteht schließlich darin, dass H insbesondere dann eine Mitteilung, dass p, als Zeugnis verwenden wird, wenn p für H relevant ist (bzw. zu einem späteren Zeitpunkt relevant wird). Dies erklärt sich durch das alltagspsychologische Faktum, dass die Aufmerksamkeit und damit die Erinnerungsleistung von H gegenüber einer Mitteilung von S größer ist, wenn der mitgeteilte Gehalt für H von Interesse bzw. Relevanz ist. Beispielsweise wird ein Rezipient sich eher die aktuellen Staumeldungen merken, welche die Strecke seines tatsächlichen Arbeitswegs betreffen, als entsprechende Meldungen bezüglich anderer Straßen. Es ist allerdings nicht ausgeschlossen, dass wir aus testimonialen Akten auch uninteressantes bzw. irrelevantes Wissen erwerben, weshalb es sich bei diesem Punkt ebenfalls um keine notwendige Bedingung der H-Zeugnisse handelt.

2.5 Zusammenfassung

Eine detaillierte Analyse bestehender Definitionsvorschläge zum Zeugnisbegriff hat ergeben, dass es bisher keinem der alternativen Ansätze gelungen ist, den Zeugnisbegriff in all seinen Facetten vollständig und angemessen darzustellen.

Coadys Ansatz einer differenzierten Betrachtung nach formellen und natürlichen Kontexten – unter Einbezug eines sprechakttheoretischen Hintergrunds – erwies sich als ein zu enges Konzept. Auf Grund seiner Orientierung am formellen Zeugnisbegriff schließt seine Definition natürlicher testimonialer Akte verschiedene Fälle aus dem Anwendungsbereich aus, die alltagssprachlich durchaus in diesen Bereich zu fallen scheinen.

Eine Kritik in diesem Sinne wurde von Graham dazu genutzt, eine abgeschwächte Variante von Coadys Definition zu entwickeln. Allerdings zeigte sich hier, dass dieser neue Ansatz auch Fälle als Zeugnisse zulässt, bei denen klarerweise eine Täuschungsabsicht des Sprechers vorliegt.

Auch das Vorhaben von Lackey basiert auf einer kritischen Auseinandersetzung mit der Position von Coady. Ihr Definitionsvorschlag stellt einen weitreichenden Neuerungsvorschlag in der philosophischen Debatte dar. Einerseits führt sie eine Differenzierung zwischen Sprecher- und Hörerperspektive für die Bestimmung der gesuchten Bedingungen des Begriffs ein. Andererseits stellt sie den Begriff der Informationsvermittlung durch kommunikative Akte in den Vordergrund der Betrachtung und ersetzt damit die bisher vertretene Bedingung der Belegfunktion testimonialer Akte. Allerdings entstehen auch für ihren Definitionsvorschlag eine Reihe von Schwierigkeiten, welche diesen letztlich als ungeeignet erscheinen lassen. Insbesondere tritt mit ihrer weichen Konzeption des Zeugnisbegriffs das Problem einer Abgrenzung zum allgemeinen Kommunikationsbegriff auf.

Als Grundproblem der *Testimony*-Debatte erweist sich somit die Unterbestimmtheit des Zeugnisbegriffs selbst. Verbunden damit ist die Schwierigkeit, die genaue Extension dieses Begriffs festzulegen. Zum derzeitigen Stand der Debatte werden, wie Kusch festgestellt hat, von den verschiedenen Autoren sehr viele unterschiedliche epistemische Phänomene unter diesem Begriff gefasst. Diese Praktik führt jedoch bei einer entsprechenden Berücksichtigung ihrer epistemischen Besonderheiten zu einer weiteren Aufweichung des zu definierenden Begriffs. Der Grund für das Auftreten dieser Problematik besteht darin, dass klassischerweise nur fünf Arten von Erkenntnisquellen unterschieden werden – Wahrnehmung, Erinnerung, Introspektion, Vernunft und das Zeugnis anderer. Diese Aufteilung hat zur Konsequenz, dass jede Form der Überzeugungsbildung in sozialer Interaktion – insbesondere mittels Kommunikation – unter dem Zeugnisbegriff gefasst werden muss. Allerdings besteht in der Debatte keine Einigkeit darüber, ob Zeugnisse eine genuine oder eine bloß derivative Erkenntnisquelle darstellen. Auf der Basis dieser Überlegung wird von einigen Autoren (z. B. Lackey) die Ansicht vertreten, der Zeugnisbegriff müsse unabhängig von seiner epistemischen Funktion definiert werden, um eine Vorentscheidung bezüglich seines epistemischen Status zu vermeiden. Gefordert wird demnach eine Unterscheidung zwischen einem neutralen und epistemisch funktionalen Begriff.

Im Zuge der obigen Untersuchung wurde jedoch dafür plädiert, testimoniale Akte nicht unabhängig von ihrer Funktion im epistemischen Kontext zu definieren, da ansonsten nicht klar ist, wie dieser Begriff von anderen sprachlichen Informationshandlungen abgegrenzt werden kann.

Unter Berücksichtigung dieser Vorentscheidung wurde dann dafür votiert den Begriff im weiteren Kontext eines sprachlichen Gefüges sowohl für die Seite des Sprechers als auch für die Seite des Hörers zu bestimmen. Dieses Vorgehen ermöglicht es, die verschiedenen Aspekte des Begriffs abzubilden, ohne einen entweder zu starken oder einen zu schwachen Begriff des Zeugnisses formulieren zu müssen. Die differenzierte Betrachtung des epistemisch funktionalen Zeugnisbegriffs im semantischen Zusammenhang ermöglicht es, zum einen die Erfordernisse an einen Sprecher zu formulieren, die erfüllt seinen müssen, um ein Zeugnis abzulegen (S-Zeugnisse). Zum anderen können die Bedingungen aufgeführt werden, die aus Hörerperspektive vorliegen müssen, damit der Rezipient etwas als Zeugnis verwenden kann (H-Zeugnisse). Die zweigeteilte Analyse trägt dabei dem Umstand Rechnung, dass diese beiden Mengen relevanter Bedingungen nicht in jedem Falle deckungsgleich sind, auch wenn im optimalen Falle Sprecher- und Hörerzeugnis zusammenfallen sollten.[123]

---

[123] Abschließend sei darauf hingewiesen, dass in den nachfolgenden Kapiteln drei und vier, in welchen es um die Darstellung der vertretenen Grundpositionen zum epistemischen Status von Zeugnissen innerhalb der Debatte sowie um die Erörterung der Rolle der Glaubwürdigkeitsbedingungen und des Hintergrundwissens gehen wird, die oben erarbeitete Begriffsbestimmung der S- und H-Zeugnisse noch nicht zum Tragen kommen wird, da diese Definition zum gegenwärtigen Zeitpunkt noch nicht in die allgemeine Debatte um das Wissen aus dem Zeugnis anderer eingeführt ist. Von Relevanz wird der vorgestellte Definitionsvorschlag insbesondere bei der Frage nach dem Status von Medienberichten im fünften Kapitel dieser Untersuchung.

3 Der epistemische Status testimonialer Erkenntnis

Bereits einleitend wurde darauf verwiesen, dass Zeugnisse im Rahmen epistemologischer Debatten zu den Quellen menschlicher Erkenntnis gezählt werden. Zweifelsohne gewinnen wir einen großen Teil unseres Wissens über die Welt aus den Berichten anderer. So wird in der gegenwärtigen Diskussion zur Testimonialerkenntnis auch nicht in Frage gestellt, dass testimoniale Akte zur *Genese* unseres Wissens beitragen. Umstritten ist dagegen, ob die Anführung des Ursprungs testimonialer Überzeugungen auch zu deren *Rechtfertigung* in hinreichendem Maße beiträgt. Während eine solche Rechtfertigungsstruktur bei den individuellen Quellen üblicherweise zugelassen wird[1], ist der Fall bei testimonialen Akten weniger eindeutig. Während also normalerweise auf die Frage, »Woher weißt du, dass p?«, die Antwort, »Weil ich gesehen habe, dass p«, hinreichend ist[2], sehen einige Philosophen eine entsprechende Möglichkeit nicht in ebenso uneingeschränkter Weise im Falle des Zeugnisses anderer vorliegen.

Im Zusammenhang mit der Frage nach der Rechtfertigungsstruktur testimonialer Überzeugung wird der *epistemische Status* des Zeugnisses anderer von vielen Philosophen kritisch thematisiert. Es wird die Frage aufgeworfen, ob es sich bei einem Zeugnis um eine *genuine* oder bloß um eine *derivative* Quelle menschlicher Erkenntnis handelt. Der genuine Status käme den testimonialen Akten dann zu, wenn es im Rechtfertigungsprozess hinreichend wäre, diese Quelle als Ursprung der gewonnenen Überzeugung anzuführen.

---

[1] Ausnahmen bestätigen natürlich auch hier die Regel: So wird beispielsweise in der wissenschaftstheoretischen Debatte bezüglich der Theoriebeladenheit der Beobachtung in Frage gestellt, ob eine theorieunabhängige Beobachtung überhaupt möglich bzw. ob nicht vielmehr jede Wahrnehmung bereits durch vorhandene Hintergrundtheorien und -überzeugungen vorwegbestimmt ist. Das Wissen bezüglich dieser Theorien erhielte das epistemische Subjekt dann v. a. aus dem Zeugnis anderer. In diesem Falle müsste davon ausgegangen werden, dass die Nutzung der Wahrnehmung als Erkenntnisquelle nicht ohne die Nutzung testimonialer Akte möglich wäre. Einen guten Überblick über die damit einhergehenden Probleme und Fragestellungen gibt z. B. Carrier, M. (2006), S. 55-94.

[2] Von Maltzahn führt an, dass die Rechtfertigung, die aus der Anführung der Erkenntnisquelle, aus der die Überzeugung gewonnen wurde, lediglich einen prima facie-Charakter aufweist. Vgl. von Maltzahn, H. (2006), S. 4/5.

Einen derivativen Status besäßen Zeugnisse dagegen dann, wenn zur Rechtfertigung einer Überzeugung, die aus einem testimonialen Akt gewonnen wurde, die Hauptlast der Rechtfertigung einer anderen, dem Zeugnis übergeordneten Quelle zugesprochen werden müsste. Die rechtfertigende Kraft käme in diesem Falle nicht dem Zeugnis anderer zu, sondern dieser anderen epistemischen Quelle (z. B. der Wahrnehmung). Zwei kurze Beispiele können zur Veranschaulichung dienen:

> (B-13) Genuiner Status: Während Peter Paul in Münster besucht, werden die beiden von zwei Bekannten – Rainer und Martin – zufällig in der Stadt gesehen. Sowohl Rainer als auch Martin berichten später Brigitte darüber, dass Peter wohl mal wieder seinen Freund Paul in Münster besucht habe. Brigitte erzählt diese Neuigkeit wenig später einer gemeinsamen Bekannten weiter. Auf die Frage, woher sie denn wisse, dass Peter den Paul gerade in Münster besuche, antwortet sie, dass Rainer und Martin ihr dies erzählt hätten.

> (B-14) Derivativer Status: Es gilt dieselbe Ausgangssituation, allerdings antwortet Brigitte hier auf die Nachfrage ihrer Freundin in anderer Art und Weise. Zwar führt sie auch dieses Mal an, dass sie ihr Wissen aus der Mitteilung von Rainer und Martin erworben habe, ergänzt dies aber noch um Folgendes: Sie wisse genau, dass die Mitteilung von Rainer und Martin bezüglich Peters Besuch bei Paul in Münster stimme, weil sie aus Erfahrung wisse, dass Rainer und Martin zuverlässig in ihren Berichten seien. Sie hätte schließlich schon oft beobachtet, dass das, was die beiden sagten, auch mit den Tatsachen übereinstimme. Aus diesem Grund halte sie Rainer und Martin für glaubwürdig.

Natürlich geben diese beiden Beispiele so noch keine klare Antwort darauf, warum Brigitte jeweils in ihrer Überzeugung, dass Peter in Münster weilt, gerechtfertigt ist oder nicht. Die hiermit verbundenen epistemologischen Detailfragen werden im weiteren Verlauf dieses Kapitels erneut aufgegriffen und erläutert werden.

In der nach wie vor lebhaft geführten Debatte zu diesem Thema haben sich in den letzten Jahren neben den bereits länger bestehenden und in den Beispielen angedeuteten zwei Hauptströmungen einige Vorschläge für Zwischenpositionen und auch ganz neue Ansatzpunkte herausgebildet. Im Folgenden sollen diese verschiedenen Positionen zum epistemischen Status des Zeugnisses anderer exemplarisch anhand einzelner Vertreter der jeweiligen Ansätze vorgestellt und kritisch betrachtet werden. Im Anschluss daran wird der Versuch unternommen, in Rückbezug auf das im vorangegangenen Kapitel entwickelte duale Konzept des Zeugnisbegriffs, eine Antwort darauf zu geben, welche Art von Theorieansatz aus welchen Gründen für die Klärung des epistemischen Status des Zeugnisses anderer zum gegenwärtigen Stand der *Testimony*-Debatte am geeignetsten erscheint. Bevor jedoch eine solche

Antwort thematisiert werden kann, wird zunächst kurz dargestellt, weshalb das Zeugnis anderer lange Zeit in den erkenntnistheoretischen Debatten eher stiefmütterlich behandelt wurde.

Ein wesentlicher Grund hierfür kann in der vorherrschenden individualistischen Strömung in der Epistemologie gesehen werden. Es muss dazu gesagt werden, dass diese philosophische Richtung von einigen Vertretern der *Testimony*-Debatte eher holzschnittartig und in stark vereinfachter Art und Weise wiedergegeben wird.[3] Der solchermaßen skizzierte Individualismus erweist sich damit eher als ein Strohmann für die eigene argumentative Abgrenzung, denn als eine konkrete Wiedergabe einer tatsächlichen philosophischen Position. Die nachfolgende Darstellung bezieht sich daher stärker auf die in der *Testimony*-Debatte nachgezeichnete Beschreibung des Individualismus und bildet damit im Wesentlichen eine Diagnose dieser Kontrast-Position und keine detaillierte Schilderung der entsprechenden philosophiehistorischen Epoche, welche im Rahmen dieser Arbeit nicht zu leisten wäre.

3.1 Individualistische Tendenzen klassischer epistemologischer Positionen

In seinem 1992 erschienenen Werk „Testimony. A Philosophical Study" bringt Coady die Tatsache, dass das Zeugnis anderer sozusagen einen blinden Fleck in der Epistemologie bildet, folgendermaßen auf den Punkt: „Subsequent thinking about knowledge, at both the casual and the philosophical level, has been for the most part remarkably consistent with this intuition [Platons Ansicht, dass das Zeugnis anderer keine eigenständige Wissensquelle, sondern gegenüber der Wahrnehmung untergeordnet sei, NM]; either it has ignored testimony altogether or it has been cursory and dismissive. Modern epistemologists tirelessly pursue the nature und role of memory, perception, inductive and deductive reasoning but devote no analysis and argument to testimony although prima facie it belongs on this list."[4]

In der gegenwärtigen philosophischen Diskussion ist dieser Feststellung sicherlich nicht mehr zuzustimmen, da die Publikation von Coadys Monographie eine lebhafte Debatte zum Thema *Wissen aus dem Zeugnis anderer* ausgelöst hat. Und auch in Bezug auf die Zeit vor dieser Publikation ist seine Formulierung um einiges zu stark gewählt. So zeigt z. B. Scholz, wie mit dem erkenntnistheoretischen Problem testimonialer Erkenntnis in den

---

[3]   Vgl. z. B. von Maltzahn, H. (2006), Kap. 2.
[4]   Coady, C. A. J. (1992), S. 6.

verschiedenen historischen Epochen umgegangen wurde.[5] So war die Auseinandersetzung mit dem Zeugnis anderer nicht nur in Bezug auf die Entwicklung der Rechtssysteme von zentraler Bedeutung, sondern auch im Zusammenhang mit religiösen Fragen (hierzu zählt insbesondere auch die von David Hume angestoßene Debatte zur rationalen Analyse des verbreiteten Wunderglaubens) und im Kontext der Textinterpretation, welche spätestens mit dem Aufkommen des Buchdrucks entscheidend an Relevanz gewann. In der Neuzeit schlossen Untersuchungen zum Zeugnis anderer so häufig unmittelbar an solche zur Textkritik und zur Hermeneutik im Rahmen von Logikbüchern an.[6]

Auch wenn festgehalten werden muss, dass die Testimonialerkenntnis philosophiehistorisch über einen langen Zeitraum hinweg immer schon ein Thema philosophischer Debatten war, kann aber zugestanden werden, dass Coadys Feststellung in dem Sinne richtig ist, dass eine *systematische* Auseinandersetzung mit der Möglichkeit und den Bedingungen testimonialen Wissens als eigenständige Thematik im Rahmen der Erkenntnistheorie erst in jüngster Zeit erfolgt. Insbesondere die Debatte um den epistemischen Status testimonialer Erkenntnis, also der Frage nach dem Status dieser Erkenntnisquelle im Vergleich zu den individuellen Quellen menschlichen Wissens, hat in jüngster Zeit bedeutend an Umfang und Schärfe zugenommen.[7] Die lange Zeit vorherrschende Überzeugung, beim Zeugnis anderer handele es sich lediglich um eine derivative Erkenntnisquelle, wird zunehmend mit alternativen Theorieentwürfen konfrontiert, welche die Rolle testimonialer Akte als Erkenntnisquelle auf verschiedene Weise gegenüber dem ursprünglichen Konzept stärken. Aus welchem Grund aber wurde das Zeugnis anderer als Wissensquelle lange Zeit eher kritisch betrachtet, wenn doch aus vielen Alltagsbeispielen leicht ersichtlich ist, welch große Relevanz testimonialen Akten beim Aufbau unseres Überzeugungssystems zukommt?

Philosophiehistorisch lässt sich diese Entwicklung mit der Stärkung der Rolle des Individuums in der Epoche der Aufklärung erklären. In dieser Zeit wurde das erkenntnistheoretische Ideal des *autonomen Wissenden* geprägt. Ausschlaggebend hierfür war ein tiefes Misstrauen gegenüber Traditionen und Autoritäten. Scholz führt am Beispiel der Lehren Immanuel Kants die Leitmaximen dieser Zeit, wie folgt, genauer aus: „Aufklärung ist wesentlich Kampf gegen Vorurteile, Aberglauben und Schwärmerei.“[8] Wesentliche Vor-

---

[5]   Vgl. Scholz, O. R. (2005), S. 1319-1323.
[6]   Vgl. ebd., S. 1320.
[7]   Vgl. ebd., S. 1322.
[8]   Scholz, O. R. (2006), S. 160.

aussetzung für das Entstehen dieser Haltungen ist die Auffassung, dass zuvor oftmals eine Adaption von und ein Festhalten an fremden Meinungen vorherrschend waren, bei denen nicht immer klar war, ob es sich tatsächlich um Wissen im Sinne von wahrer, gerechtfertigter Überzeugung handelte. Demgegenüber wird im Zeitalter der Aufklärung die Notwendigkeit der eigenen kritischen Überzeugungsbildung betont.

Die Relevanz der Forderung nach der Herausbildung einer eigenen kritischen Haltung des epistemischen Subjekts kann am oben angeführten Beispiel (B-13) veranschaulicht werden: Brigitte schenkt ihren beiden Bekannten – Rainer und Martin – ihr uneingeschränktes Vertrauen im Hinblick auf deren Äußerung bezüglich Peters Anwesenheit in Münster. Nehmen wir nun aber an, dass Rainer und Martin sich abgesprochen und gar nicht die Wahrheit gesagt haben. Sie beabsichtigen mit ihrer Lüge vielmehr, Peter bei Brigitte in einem schlechten Licht erscheinen zu lassen, weil er, angeblich in Münster weilend, sie nicht besucht hat. Wäre Brigitte da nicht von vornherein besser beraten gewesen, sich gar nicht erst auf das Wort von Rainer und Martin zu verlassen, sondern nur zu glauben, was sie selbst mit eigenen Augen gesehen hat?

Allerdings hat die Betonung dieser Forderung nach einer kritischen Haltung des epistemischen Subjekts bei einigen Vertretern der Debatte auch dazu geführt, das Zeitalter der Aufklärung in epistemologischer Hinsicht eher klischeehaft zu behandeln. Dies wird z. B. in folgendem Zitat Henrik von Maltzahns deutlich: „Leitend ist dabei der Begriff der Autonomie. Wenn jemand Wissen erwerben will, dann sollte er dieses Wissen alleine und unabhängig erwerben. Die Übernahme von Zeugnissen anderer führt dagegen zu einer unkritischen Haltung, zur Leichtgläubigkeit und Fremdbestimmung. Das Übernehmen der Zeugnisse anderer widerspricht dem Leitspruch der Aufklärung, selber zu denken und sich seines eigenen Verstandes zu bedienen."[9] Von Maltzahn setzt die Prädikate *selber denken* und *selbst alle Erkenntnisse erwerben* gleich und schließt damit aus, dass sich ein Subjekt auch selbstbestimmt auf der Basis von Zeugnissen eine Meinung bilden bzw. im Zweifelsfalle sich einer eigenen Meinungen enthalten kann. Ein solches Vorgehen läuft allerdings auf eine überzogene Forderung an das epistemische Subjekt hinaus, welche nicht als These der Aufklärung verallgemeinert werden sollte. Es geht nicht darum, dass das epistemische Subjekt alle Erkenntnisarbeit allein leisten soll, sondern vielmehr um die kritische Haltung, welche es bei der Überzeugungsbildung einnehmen soll.[10] Zugestandener-

---

[9]   von Maltzahn, H. (2006), S. 13.
[10]   Zu diesem Punkt merkt Coady an: „Nonetheless, the independent thinker is not someone

maßen wird eine solche Haltung natürlich häufiger mit Individuen assoziiert, welche sich nicht auf das Wort anderer verlassen, sondern sich bemühen, selbst so viel wie möglich zu überprüfen und zu erfahren (z. B. durch eigene Beobachtungen, Experimente etc.). Es wäre jedoch absurd anzunehmen, dass sich hieraus im Zeitalter der Aufklärung eine allgemeine Forderung nach der grundsätzlichen Ablehnung des Zeugnisses anderer als Erkenntnisquelle ableiten ließe.

Darüber hinaus muss auch beachtet werden, dass in der betrachteten Epoche ein anderer Wissensbegriff vorausgesetzt wurde, als er in den verschiedenen Konzepten der gegenwärtigen Erkenntnistheorie vertreten wird. Der wesentliche Unterschied besteht dabei darin, dass Wissen mit *Gewissheit* gleichgesetzt wurde. Jede andere Erkenntnis, die nicht diesen Grad der Sicherheit erreichte, verblieb daher im Bereich der puren *Doxa* – der bloßen Meinung. Vor diesem Hintergrund wird verständlich, warum angenommen wurde, dass das Zeugnis anderer als fallible Erkenntnisquelle nicht zu Wissen in diesem starken Sinne führen konnte.[11]

Festgehalten werden kann jedenfalls, dass im Zeitalter der Aufklärung eine epistemische Abwertung des Zeugnisses anderer erfolgte.[12] Diese Entwicklung vollzog sich dabei keineswegs unmotiviert. Sie stand vielmehr in engem Zusammenhang mit dem Wandel naturwissenschaftlicher Auffassungen und Methoden. Anschaulich schildert Ernst Cassirer diese Korrelation in seinen Ausführungen zur Philosophie der Aufklärung. Cassirer konstatiert in diesem Zusammenhang, dass im Zeitalter der Aufklärung die Auffassung Verbreitung fand, dass eine Erklärung naturwissenschaftlicher Phänomene und Vorgänge nicht allein durch eine bloße Beschreibung derselben möglich sei, sondern erst durch die genaue Analyse ihrer Bedingungen und Ursachen möglich werde.[13] Das Moment der *Analyse* wird in dieser Zeit konstitutiv im Kontext der Naturwissenschaften und, durch die Orientierung der Philosophie an den Methoden in diesem Bereich, ebenfalls bestimmendes Merkmal für die philosophische Tätigkeit.[14]

---

who works everything out for herself, even in principle, but one who exercises a controlling intelligence over the input she receives from the normal sources of information whether their basis be individual or communal." Coady, C. A. J. (1994), S. 248.

[11] Coady diskutiert diesen Punkt im Zusammenhang mit der These Ian Hackings, dass das Aufkommen der Wahrscheinlichkeitstheorie einen weiteren Grund für die Abwertung des Zeugnisses anderer darstellte. Vgl. Coady, C. A. J. (1992), S. 14/15.

[12] Vgl. von Maltzahn, H. (2006), S. 15/16.

[13] Vgl. Cassirer, E. (1932), S. 11/12, in seiner Wiedergabe der Galileischen Position.

[14] Vgl. ebd., S. 14.

In engem Zusammenhang stand damit ebenfalls die Herausbildung eines neuen Begriffs der Vernunft und damit auch der angeführten erkenntnistheoretischen Ideale. Die Bedeutungsbestimmung der Vernunft erfolgte nun nicht mehr durch den Gehalt der Überzeugungen, sondern durch den Akt des Verstehens selbst. „Was sie [die Vernunft, NM] ist und was sie vermag, das läßt sich niemals vollständig an ihren Resultaten, sondern nur an ihrer Funktion ermessen. Und ihre wichtigste Funktion besteht in ihrer Kraft zu binden und zu lösen."[15] Cassirer spricht auch von einer *zweifachen geistigen Bewegung* – jener der Auflösung und jener der Neukonstitution. Gemeint ist damit, dass für das wirkliche Verständnis eines Sachverhalts dieser zunächst von der Vernunft in seine Bestandteile zerlegt und anschließend wieder in der nun verstandenen Struktur zusammengesetzt werden müsse. Aus diesem Grund kann das Zeugnis anderer auch nicht einfach als genuine Berechtigungsquelle bestehen bleiben, da in diesem Falle das Erfassen des Gehalts mittels der eigenen Vernunft nach der beschriebenen doppelten Methodik nicht erfolgt. Das Individuum muss selbst zu den Gründen für seine Überzeugung vordringen, diese erkennen und verstehen, und kann erst vor diesem Hintergrund die neugewonnene Überzeugung für sich selbst rechtfertigen. Das bedeutet aber nicht, dass das epistemische Subjekt die mitgeteilte Proposition in jedem Fall selbst überprüfen muss. Die kritische Haltung bleibt auch dann bestehen, wenn das Individuum sich bewusst macht, warum es einem Zeugen glaubt, warum es diesen also für glaubwürdig hält.

Eng verbunden mit der Orientierung an der Methodik der Naturwissenschaften ist auch eine Neubewertung des Status der verschiedenen dem Menschen zur Verfügung stehenden Erkenntnisquellen. Primäre Bedeutung erlangt im Zeitalter der Aufklärung die eigene Beobachtung. Cassirer weist darauf hin, dass es sich bei dieser Neubewertung jedoch nicht um eine plötzliche Änderung, sondern vielmehr um einen *Prozess der Verschiebung des Wertakzentes* handele.[16] Ausgehend von den *Prinzipien*, welche durch die bloße Ratio gewonnen werden können – jener Wissensquelle also, der Descartes noch das Primat der Erkenntnistätigkeit zugesprochen hatte – sind es nun die *Phänomene*, denen die wesentliche Bedeutung im erkenntnistheoretischen Prozess zugeschrieben wird. Sie sind der Gegenstand unserer Wahrnehmungen und stellen den Anreiz und die Basis jeder Erfahrung dar.

Möglich wird diese Verschiebung durch eine geänderte Auffassung bezüglich des menschlichen Zugangs zur Wahrheit, welcher nun durch die Betrachtung der Natur als Gottes Schöpfung, an welcher Gott damit auch Anteil

---

[15]   Ebd., S. 16.
[16]   Vgl. ebd., S. 28/29.

hat, entsteht. Viele Aufklärer gehen davon aus, dass Wahrheit nicht mehr in der tradierten Offenbarung liege, sondern unmittelbar in der Natur zugänglich werde. „Diese Wahrheit ist uns nicht im Wort Gottes, sondern in seinem Werk gegeben; sie beruht nicht auf dem Zeugnis der Schrift oder der Tradition, sondern sie liegt uns jederzeit gegenwärtig vor Augen."[17] Geht man von dieser Prämisse aus, wird deutlich, warum die Wahrnehmung für die Vertreter dieser Position in so entscheidendem Maße an Bedeutung für den Erkenntnisprozess gewinnt. Die reine Beobachtung führt uns zu wahrem Wissen über die Welt. Die Natur als Gegenstand der Wahrnehmung trügt nicht, da sie Gottes Werk ist. Aus der Beobachtung der einzelnen Phänomene kann in legitimer Weise auf die dahinterstehenden Prinzipien geschlossen werden.[18]

John Locke kann als ein klassischer Vertreter dieser Richtung betrachtet werden. „Für Locke ist der Gedanke leitend, daß sich jeder seines eigenen Verstandes bedienen sollte und jeder nur so viel Wissen besitzt, wie er auch durch eigene Untersuchungen erworben hat."[19] Er bedient sich der Begriffe der *Sensation* (der Wahrnehmung) und der *Reflexion* (der Introspektion) zur Benennung der epistemischen Quellen des Subjekts bezüglich der Wahrnehmung seiner Außenwelt und seiner eigenpsychischen Innenwelt. In der weiteren Entwicklung wird das Lockesche Konzept dann, wie folgt, vereinfacht: „*Berkeley* und *Hume* fassen »Sensation« und »Reflexion« in den einen Ausdruck der »Perzeption« zusammen – und sie suchen zu zeigen, wie dieser Ausdruck all das erschöpft, was uns in innerer oder äußerer Erfahrung, was uns als Objekt der Natur oder als Inhalt des eigenen Ich gegeben ist."[20] Die eigene *Wahrnehmung* wird in den Arbeiten beider Philosophen damit vor allen anderen Quellen menschlichen Wissens erkenntnistheoretisch ausgezeichnet. An diesem Punkt findet sich nun schon eher jene individualistische Haltung, welche Vertretern der *Testimony*-Debatte als klassisches Abgrenzungskriterium dient: die klare Favorisierung der eigenen Wahrnehmung vor der sozialen Quelle des Zeugnisses anderer als Erkenntnisquelle.[21]

---

[17]   Ebd., S. 56.
[18]   Vgl. ebd., S. 70.
[19]   von Maltzahn, H. (2006), S. 30.
[20]   Cassirer, E. (1932), S. 21.
[21]   Zu dieser stärkeren Auffassung, dass nur jene Überzeugungen als Wissen betrachtet werden dürfen, die auf der Basis der eigenen Erfahrung (Beobachtung) gerechtfertigt werden können, hat John Leslie Mackie eine detaillierte Untersuchung vorgelegt. Vgl. Mackie, J. L. (1970). Mackies Position wird daher auch häufig von Vertretern der Testimony-Debatte als Verteidigung des individualistischen Modells angeführt und kritisch behandelt. Vgl. z. B. Coady, C. A. J. (1994), S. 225 ff.

Doch wie schlüssig ist es, eine solche Position zu vertreten? Im Folgenden werden einige Aspekte des individualistischen erkenntnistheoretischen Konzepts thematisiert, die im Rahmen der *Testimony*-Debatte kritisch diskutiert werden.

3.1.1 Kritische Betrachtung des individualistischen Ideals

Eine kritische Auseinandersetzung mit dem individualistischen Ideal erfolgt im Rahmen der Debatte um das Wissen aus dem Zeugnis anderer häufig in Bezug auf die plakativ verallgemeinerte These, dass der Individualismus so verstanden werden müsse, dass er die Forderung beinhalte, das epistemische Subjekt dürfe nur glauben, was es selbst erfahren oder wofür es zumindest die Gründe seiner Überzeugung überprüft habe. Die Zurückweisung dieser Position ist durch das Anführen von Alltagsbeispielen leicht möglich, wie die nachfolgende Argumentation zeigt.

Auch wenn das so verstandene individualistische Ideal mit seiner Forcierung der Rolle des autonomen Einzelindividuums im Erkenntnisprozess, mit seiner Forderung nach der Aufwertung der Rolle der Wahrnehmung des jeweiligen epistemischen Subjekts als Erkenntnisquelle sowie mit seiner Abwendung von Autoritäten und überkommenen traditionellen Meinungen als Wissensquellen gerade im wissenschaftlichen Kontext mit den hier bestehenden Maximen wissenschaftlicher Arbeitsweise gut vereinbar erscheinen mag, erweist es sich letztlich doch als unrealistisch. Sowohl im wissenschaftlichen Umfeld als auch im Alltagsleben verfügten wir nur über ein sehr begrenztes Wissen, wollten wir diesem Ideal tatsächlich Folge leisten. Jeder Forscher müsste gleichsam immer wieder bei den Grundlagen seiner Disziplin beginnen und sich diese selbst erarbeiten, bevor er sich spezielleren Problemstellungen zuwenden könnte. Eine solche Ausgangslage würde aber zu einem offensichtlichen Ressourcenproblem führen: „Diese Form der Autonomie legt nahe, daß wir als Forscher unbeschränkt in unseren Forschungen sind. Jede Person hat selbst alle Ressourcen, um die für sie wichtigen Gebiete zu erforschen. In den Möglichkeiten zur Erkenntnis ist jede Person potentiell unbeschränkt. Anders wäre das Gebot für eine epistemisch verantwortliche Person, alles selber herauszufinden, nicht einzuhalten."[22]

Dürfte der Forscher sich auf keine Überlieferungen verlassen, auf keine Aufzeichnungen von Arbeitskollegen etc., wäre er nur auf das Wissen angewiesen, das er sich selbst unmittelbar durch die eigene Beobachtung der Phänomene erarbeitet hat, wäre ein wissenschaftlicher Fortschritt in nen-

---

[22] von Maltzahn, H. (2006), S. 45.

nenswertem Umfang ausgeschlossen. Thomas Bartelborth hält zu Recht für die wissenschaftlichen Disziplinen fest: „Aber selbst ein heutiger Physiker, der sich guten Gewissens auf seine Kenntnisse der Mechanik bei der Erklärung der Bewegung der Sonne, Erde und Mond stützen kann, hat damit direkten kognitiven Zugang nur zu einem recht kleinen Teil der gesellschaftlich verfügbaren Daten. Er kann unmöglich die vielen Meßdaten über die Umlaufbahnen im Gedächtnis haben. Ohne die enorme Zahl von Daten sind die mechanischen Theorien allein aber noch keine gute Begründung unserer Annahmen."[23] Auch Coady erläutert diese epistemischen Interdependenzen anhand einer ganzen Reihe von Beispielen sowohl aus geistes- und sozialwissenschaftlichen als auch aus naturwissenschaftlichen Bereichen.[24]

Ebenso wie im praktischen Leben – z. B. bei der Entwicklung und Herstellung von Produkten aller Art – ist es das Phänomen der *Arbeitsteilung*, das ein Überschreiten individueller Grenzen und die Nutzung von Ressourcen möglich macht, die dem Einzelsubjekt weder inhärent sind noch sein können. Die Gründe für diese Feststellung sind unmittelbar einsichtig und von Jonathan Adler pointiert formuliert worden: „Were an ideal agent construed as a perfectly autonomous agent, one whose beliefs did not depend upon testimonial transmission, he would know very little. Any realistic epistemology must be naturalistic at least to this extent: it must admit that individuals are tightly constrained in inquiry by limits on time and resources. The individualism-autonomy ideal only appears plausible if we ignore our limitations and our need to economize. If we do not ignore it, it will appear irrational, since unfeasible, for us not to exploit a *division of epistemic labour*."[25]

Neben diesem Aspekt der begrenzten Ressourcen des Einzelindividuums nennt Coady noch einen weiteren Grund für die Relevanz testimonialer Erkenntnis im wissenschaftlichen Umfeld: Das Zeugnis anderer dient auch der Bestärkung bzw. Bestätigung eigener Forschungsergebnisse.[26] Er verweist auf die enge Verknüpfung der Notwendigkeit, das Zeugnis anderer zu nutzen, mit der Objektivitätsforderung in den Wissenschaften. Erst die intersubjektive Überprüfbarkeit von Theorien anhand wiederholbarer Experimente kann wissenschaftlichen Ergebnissen einen gesicherten Status verleihen. Unab-

---

[23]   Bartelborth, Th. (1996), S. 71.
[24]   Vgl. Coady, C. A. J. (1992), S. 8-11.
[25]   Adler, J. (2008), Abschnitt 9.
[26]   Vgl. Coady, C. A. J. (1992), S. 12. Ergänzend sollte man hinzufügen, dass es nicht allein um Bestärkung bzw. Bestätigung gehen kann, sondern ebenso um die Falsifikation und Korrektur von Theorien und Forschungsergebnissen.

dingbar hierfür ist, dass man sich auf das Wort anderer Forscher verlässt. Anders wäre ein intersubjektiver Austausch schwerlich möglich.

Konnte so gezeigt werden, dass dem Zeugnis anderer im kritischen Umfeld wissenschaftlicher Meinungsbildung eine wichtige Funktion zukommt, lässt sich schnell verdeutlichen, dass die Relevanz testimonialer Erkenntnis im Alltagsbereich nicht geringer ist. Bereits einleitend wurden einige gängige Beispiele genannt, die zeigen, wie tiefgreifend wir im Aufbau unseres Überzeugungssystems von testimonialen Akten abhängig sind. Das starke individualistische Ideal kann diesem epistemologischen Faktum nicht gerecht werden. Wie sollte ich z. B. durch eigene Beobachtung überprüfen, wann ich geboren wurde? Auch würde es bedeuten, dass unser gesamtes Schul- und Ausbildungssystem fehlginge, könnte doch kein Lernender jemals auf diesem Wege Wissen erwerben, solange er nicht alle Informationen selbstständig überprüft. Aber wie sollte er historische Daten, geografische Informationen und abstrakte Theorien – z. B. zur Quantenmechanik etc. – selbst in allen Einzelheiten nachprüfen?

Nachdem mit diesen wenigen Anmerkungen bereits plausibel gemacht werden konnte, dass dem Zeugnis anderer ein wesentlicher Status im Erkenntnisprozess zugesprochen und das individualistische Ideal in der beschriebenen Lesart als unrealistisch betrachtet werden sollte, werden im Folgenden die verschiedenen Varianten vorgestellt, welche innerhalb der *Testimony*-Debatte bezüglich des epistemischen Status des Zeugnisses anderer vertreten werden. Denn auch, wenn man zugesteht, dass testimoniale Akte eine wichtige Rolle im Überzeugungsbildungsprozess der epistemischen Subjekte spielen, kann immer noch gefragt werden, worin genau die rechtfertigende Kraft dieser epistemischen Quelle besteht. Diese Fragestellung kann unzweifelhaft als der Kern der Debatte um das Wissen aus dem Zeugnis anderer betrachtet werden, da der wesentliche Teil der Auseinandersetzung mit testimonialen Akten sich nach wie vor um die Klärung ihres epistemischen Status dreht, d. h. um die Frage nach der Quelle ihrer rechtfertigenden Kraft.

3.2 Grundpositionen der Testimony-Debatte

Erst mit der relativ jungen Debatte zur testimonialen Erkenntnis, welche die besondere Bedeutung des sozialen Charakters des Überzeugungsbildungsprozesses hervorhebt, rückt das Zeugnis anderer als epistemische Quelle in den Fokus philosophischer Betrachtungen. Doch auch wenn hier Zeugnisakte als ein wichtiger Ausgangspunkt neben anderen für die *Wissensgenese* anerkannt werden, Zeugnisse mithin als ein klarer Fall einer sozialen Quelle der Erkenntnis neben den individuellen Quellen angesehen werden, besteht nach wie vor Uneinigkeit darüber, ob diese Erkenntnisquelle auch zur *Rechtfertigung* von Überzeugungen herangezogen werden kann, testimoniale Akte somit als eine genuine Erkenntnisquelle angesehen werden können. Eine umfassende Diskussion hat sich zu diesem Themenkomplex entwickelt, in welcher lange Zeit eine klare Dichotomie zwischen *reduktionistischen* und *anti-reduktionistischen Auffassungen* ausgemacht werden konnte.

Reduktionistische Positionen zeichnen sich dadurch aus, dass sie zwar im Zeugnis anderer einen Ursprung unserer Überzeugungen sehen, die Anführung dieser Quelle jedoch nicht zur Rechtfertigung der gewonnenen Überzeugungen ausreiche. Vertreter dieser Richtung fordern vielmehr, dass das epistemische Subjekt selbst eine Überprüfung durchführe, womit die Berechtigungsbasis auf die individuellen Quellen menschlicher Erkenntnis zurückgeführt (reduziert) wird. „Here [in den reduktionistischen Positionen, NM] it is accepted that we may know in cases where we rely upon testimony but our dependence upon testimony is itself justified in terms of other supposedly more fundamental forms of evidence, namely, the individual's own observations and his inferences from them."[27]

Vertreter *anti-reduktionistischer Programme* argumentieren dagegen für einen gleichwertigen epistemischen Status des Zeugnisses anderer mit den individuellen Wissensquellen. Ihrer Auffassung nach ist das epistemische Subjekt durchaus berechtigt, unter im Verlauf dieses Kapitels noch näher zu erläuternden Präsumtionen Zeugnisakte als Rechtfertigungsbasis für daraus gewonnene Überzeugungen zu nutzen.

Im Rahmen der durch Coadys Werk angeregten neueren Debatten bezüglich des epistemischen Status testimonialer Akte ist es ferner zur Entwicklung weiterer Positionen gekommen, die mit der traditionellen apodiktischen Auffassung – d. h. das Zeugnis anderer wird entweder als genuine Erkenntnisquelle betrachtet oder nicht – brechen. Hierzu zählen insbesondere die erstmals von Elizabeth Fricker entwickelte Position eines *lokalen Reduktionismus* und die erst vor kurzem von Jennifer Lackey vorgeschlagene Variante eines *Dualismus*, welcher mit ihrer Auffassung der Notwendigkeit der Bestimmung des Zeugnisbegriffs sowohl aus Sprecher- als auch aus Hörerperspektive korrespondiert.

Bei der Frage nach dem genauen epistemischen Status testimonialer Akte handelt es sich um den Kern der bisherigen Testimony-Debatte. Viele Autoren legen in ihrer Auseinandersetzung mit dem Zeugnis anderer ihr Haupt-

---

27   Coady, C. A. J. (1992), S. 22.

augenmerk auf diese epistemologische Fragestellung. Im Gegensatz dazu ist die vorliegende Arbeit im Wesentlichen auf eine anwendungsbezogene Analyse im Hinblick auf die Korrelation zwischen dem Zeugnisbegriff des paradigmatischen Falls und der medialen Berichterstattung ausgelegt. Aus diesem Grund sollen die genannten Positionen hier nur überblicksartig vorgestellt sowie einige kritische Aspekte der einzelnen Varianten näher beleuchtet werden. Ein besonderer Schwerpunkt wird dabei auf die neueren Vorschläge von und Lackey gelegt, da bereits auf eine umfangreiche Forschungsliteratur zur Auseinandersetzung zwischen Reduktionisten und Anti-Reduktionisten verwiesen werden kann.[28]

3.2.1 Reduktionismus

Eine Auseinandersetzung mit reduktionistischen Positionen wirft zunächst die grundsätzliche Frage auf, was genau in diesem Kontext eigentlich mit dem Terminus *Reduktion* bezeichnet wird. In der Wissenschaftstheorie wird dieser Ausdruck beispielsweise im Kontext der Reduktion von Theorien verwendet. Im Zusammenhang mit der Frage nach dem epistemischen Status des Zeugnisses anderer ist jedoch eine andere Form des Reduktionismus gemeint. Der erstmals von Coady in diesem Zusammenhang eingeführte Ausdruck verweist auf das oben angesprochene Problem, dass verschiedene Philosophen im Zeugnis anderer zwar eine Art Informationsquelle, aber keine Rechtfertigungsbasis der auf diese Weise erworbenen Überzeugungen sehen. Hier kommt das eingangs erläuterte Ideal des Individualismus erneut zum Tragen, das die Autonomie des epistemischen Subjekts bezüglich seiner Rechtfertigungsgründe fordert. In diesem Sinne wird vom Zeugnisempfänger erwartet, dass er sich selbst Zugang zu Gründen erarbeitet, die ihn – unabhängig vom konkreten Zeugnis – dazu berechtigen, den bezeugten Sachverhalt für wahr zu halten.[29] Solche unabhängigen Gründe können ihm dabei

---

[28] Vgl. z. B. Coady, C. A. J. (1992), Matilal, B. K. / Chakrabarti, A. (Hrsg.) (1994), Lackey, J. / Sosa, E. (Hrsg.) (2006), Scholz, O. R. (2000a), Scholz, O. R. (2001) und von Maltzahn, H. (2006).

[29] Klarerweise kommt dem internalistischen Rechtfertigungskonzept eine wesentliche Rolle bei der Verteidigung einer reduktionistischen Position bezüglich des epistemischen Status des Zeugnisses anderer zu. Hier wird gefordert, dass dem epistemischen Subjekt die Rechtfertigungsgründe seiner Überzeugung nach eigener Überprüfung selbst zugänglich seien. Allerdings muss dies noch nicht im Umkehrschluss heißen, dass eine anti-reduktionistische Position auf einen externalistischen Rechtfertigungsbegriff festgelegt ist. Auf die Frage, ob die Rechtfertigung testimonialer Erkenntnis auf eine internalistische oder eine externalistische Art und Weise vorgenommen werden muss, soll an dieser Stelle jedoch nicht genauer eingegangen werden. Die Diskussion dieses Punk-

insbesondere durch die Quelle der Wahrnehmung oder durch den Verstand (also verschiedene Schlussverfahren) zugänglich sein. Von Maltzahn formuliert das Vorgehen des Reduktionisten für den Fall der Wahrnehmung, welches grundsätzlich aber ebenso gut für den Fall der Schlussverfahren gelten kann: „Da die Berechtigung des Zeugnisses anderer auf eine andere Quelle, nämlich die Erfahrung zurückgeführt wird, wird dieses Vorgehen in der Literatur als Reduktionismus bezeichnet."[30]

Die Position des Reduktionismus lässt verschiedene Varianten einer solchen Rückführung testimonialer Erkenntnis nicht nur in Bezug auf unterschiedliche epistemische Quellen, sondern auch in Bezug auf den durch den Rezipienten zu betrachtenden Untersuchungsgegenstand zu. Unterscheiden lässt sich auf dieser Ebene die Forderung nach der Überprüfung der mitgeteilten Proposition (also des Gehalts des Zeugnisses) von einer Überprüfung der Glaubwürdigkeit des Zeugen (also zusätzlichen Gründen für die Rechtfertigung). Es handelt sich demnach um eine Differenzierung zwischen einer stärkeren und einer schwächeren Reduktionsforderung. Gemeint ist dagegen nicht, dass eine Rückführung auf einen *ersten Beobachter* möglich sein muss.[31]

In der stärksten Ausprägung laufen reduktionistische Positionen auf einen *Zeugnis-Nihilismus* hinaus. Als wichtigster Vertreter einer solchen Richtung kann John Locke angesehen werden.[32] In schwächeren Formen gestehen Reduktionisten zwar zu, dass testimoniale Akte für die Genese von Überzeugungen relevant sein können, nicht jedoch für deren Rechtfertigung. Vertreter solcher reduktionistischer Positionen sehen in testimonialen Akten v. a. einen Prozess der Wissensübermittlung – eines Transfers von Wissen, welches aus anderen Quellen gewonnen wurde. Testimoniale Akte gelten ihnen damit nicht als primäre Quelle menschlicher Erkenntnis. Zwei Varianten dieses klassischen Reduktionismus sollen im Folgenden genauer anhand entsprechender Vertreter – David Hume und Robert Audi – vorgestellt und kritisch betrachtet werden.

---

tes wird an den relevanten Stellen dieses Kapitels entsprechend wieder mit aufgegriffen werden.

[30] von Maltzahn, H. (2006), S. 75.

[31] Vgl. die Ausführungen in Kap. 2.3 dieser Arbeit.

[32] Eine ausführliche Auseinandersetzung mit der Lockeschen Position findet sich bei von Maltzahn, H. (2006), S. 28-42.

3.2.1.1 Globaler Reduktionismus[33]

David Hume hat das Phänomen testimonialer Erkenntnis im Kapitel „Über Wunder" in seiner Schrift „Eine Untersuchung über den menschlichen Verstand" analysiert. Ausgangspunkt für Humes Untersuchung des Zeugnisses anderer ist die Frage, ob Berichte über Wunder tatsächlich Belege für die Existenz und Allmacht Gottes liefern können. Hume kritisiert in diesem Zusammenhang die Wundergläubigkeit der Menschen, deren Ursache er v. a. in einer verbreiteten Leichtgläubigkeit und Sensationslust sieht.[34] Bezüglich der Rolle testimonialer Erkenntnis für die Rechtfertigung religiöser Überzeugungen kommt Hume zu dem Schluss, dass ein Bericht über ein Wunder nur dann einen Beleg für die Wahrhaftigkeit des Wunders darstellen könne, wenn es noch „wunderbarer" wäre, wenn das Zeugnis falsch wäre, als wenn das Wunder sich tatsächlich ereignet habe.[35] Das Zeugnis müsste demnach von solch hoher Glaubwürdigkeit sein, dass sein Vorliegen die Unwahrscheinlichkeit des Wunders wieder aufwiegt. Möglich wäre dies z. B. dann, wenn verschiedene Personen unabhängig voneinander über ein bestimmtes Ereignis berichten, und die Möglichkeit einer Absprache zwischen den Zeugen ausgeschlossen werden kann. Allerdings relativiert sich die Relevanz von Zeugenaussagen als Beleggründe für Wunder in dem Sinne wieder, dass Humes Ansicht zufolge rationale Gründe, wie sie z. B. durch die Untersuchung der rechtfertigenden Kraft des Zeugnisses anderer erreicht werden könnten, keine wesentliche Rolle für die Religion spielen, denn: „Unsere allerheiligste Religion gründet sich auf *Glauben*, nicht auf Vernunft."[36]

Im Zusammenhang mit dieser religionsphilosophischen Thematisierung[37] des Zeugnisses anderer stellt Hume sich auch die Frage, welcher Stellenwert Überzeugungen im Allgemeinen, die durch Mitteilungen anderer gewonnen wurden, in unserem Überzeugungssystem zukommen solle. Im Gegensatz zu Locke gesteht Hume zu, dass Augenzeugenberichte und andere Zeugnisse für die menschliche Gemeinschaft und den Einzelnen in ihr eine große Bedeutung haben können. „[...] so machen wir wohl die Beobachtung, daß es keine so allgemeine, so nützliche und selbst unserem Leben so notwendige

---

[33] Die Bezeichnung *globaler Reduktionismus* für Humes Position wurde von Elizabeth Fricker eingeführt. Sie dient ihr zur Abgrenzung ihres eigenen Ansatzes von dem Vorhaben Humes. Frickers Ansatz wird in Kap. 3.2.3 dieser Arbeit weiter erläutert.

[34] Vgl. Hume, D. (1993), S. 136/137.

[35] Vgl. ebd., S. 135.

[36] Ebd., S. 154.

[37] Eine gute Auseinandersetzung mit diesem Aspekt von Humes Untersuchung findet sich bei Mackie, J. L. (1985), Kap. 1 „Wunder und Zeugnis", S. 27-51.

Art der Vernunfttätigkeit gibt, wie die, welche von dem menschlichen Zeugnis und den Berichten von Augenzeugen und Zuschauern ausgeht."[38] Allerdings betrachtet er testimoniale Akte eher als Übermittlungsinstanz ohne eigenen epistemischen Wert, soll heißen, die Rechtfertigungsbasis für Überzeugungen, die durch testimoniale Akte gewonnen werden, liegen nicht im Zeugnis selbst begründet. Wie genau müssen wir uns also Humes Konzeption der Rolle testimonialer Akte im Überzeugungsbildungsprozess vorstellen?

Hume sieht als einzige sichere Basis unserer Überzeugungsbildung bezüglich Tatsachen unsere Erfahrung an.[39] Er gesteht jedoch zu, dass es auf Grund von Irrtümern etc. verschiedene Grade der Gewissheit durch unterschiedliche erfahrungsbasierte *Evidenzen* geben kann. Wissen bezüglich Tatsachen, die das epistemische Subjekt nicht selbst direkt beobachten kann, weil sie in zeitlicher oder räumlicher Hinsicht zu weit vom Standpunkt des Subjekts entfernt liegen, sind uns dagegen nur durch das Zeugnis anderer zugänglich. Obwohl die eigene Erfahrung in diesen Fällen somit nicht den Ursprung der neuen Überzeugungen bildet, behält sie doch, Hume zufolge, die für die Rechtfertigung derselben wesentliche Rolle. In diesem Sinne konzipiert er eine Rückbindung des Zeugnisses anderer an die Erfahrung auf der Rechtfertigungsebene unserer Überzeugungen. „Es genügt die Bemerkung, daß unsere Sicherheit irgend einer derartigen Begründung gegenüber aus keinem anderen Prinzip stammt, als aus unserer Beobachtung der Wahrhaftigkeit menschlichen Zeugnisses und der gewöhnlichen Übereinstimmung der Tatsachen mit den Berichten der Zeugen."[40] Hume fordert demnach, um Überzeugungen aus dem Zeugnis anderer zu rechtfertigen, eine Überprüfung der Glaubwürdigkeit des Zeugen durch den Rezipienten. Diese Überprüfung basiert auf der Beobachtung (einer hohen Übereinstimmungsrate der Zeugenaussagen mit den Tatsachen) und damit auf der Erfahrung des Rezipienten. Die Resultate induktiver Schlüsse auf der Basis dieser Erfahrung berechtigen den Rezipienten dann, auch zukünftig Vertrauen in das Wort eines Zeugen in dem Maße zu setzen, wie sich der Zeuge in der Vergangenheit als glaubwürdig erwiesen hat.[41] Der Maßstab unserer Bewertung des Zeugen als zuverlässiger Quelle „stammt immer aus der Erfahrung und der Beobachtung."[42] Die Glaubwürdigkeit des Zeugen wird also

---

[38]   Hume, D. (1993), S. 130.
[39]   Vgl. ebd., S. 129.
[40]   Ebd., S. 130/131.
[41]   Vgl. ebd., S. 131.
[42]   Ebd.

nur gerechtfertigt in einer Form des induktiven Schließens auf der Basis der Erfahrung. Der testimoniale Akt stellt lediglich die Quelle der neuen Überzeugung, aber nicht die Rechtfertigungsbasis derselben dar. In diesem Sinne ist das Zeugnis anderer für Hume nur eine derivative Erkenntnisquelle.[43] Sie selbst hat keine rechtfertigende Kraft. „Der Grund, aus dem wir Zeugen oder Geschichtsschreibern überhaupt Vertrauen schenken, stammt nicht aus irgend einer *Verknüpfung*, die wir *a priori* zwischen Zeugnis und Wirklichkeit auffassen, sondern aus der Gewohnheit, eine Einstimmigkeit zwischen ihnen anzutreffen."[44] Zur Veranschaulichung dieser Vorgehensweise kann folgendes Beispiel dienen:

> (B-15) Reduktionistische Rechtfertigung: Während Peter Paul in Münster besucht, werden die beiden von einem Bekannten, Rainer, zufällig in der Stadt gesehen. Wenig später erzählt Rainer diese Neuigkeit Brigitte. Brigitte schenkt Rainers Worten Glauben, weil sie weiß, dass er in seinen Berichten stets zuverlässig ist. Dieses Wissen gründet sich darauf, dass sie selbst schon oft eine genaue Übereinstimmung zwischen Rainers Berichten und den Tatsachen, von denen er ihr erzählt hat, durch eigene Beobachtung festgestellt hat.

Das Beispiel macht deutlich, dass zwar der Ursprung für Brigittes Wissen von Peters Besuch in Münster auf Rainers Zeugnis beruht, der Grund für ihr Vertrauen in Rainers Mitteilung und damit der Grund für ihre gerechtfertigte Meinung bezüglich Peters Aufenthalt beruht jedoch auf ihrer Erfahrung bezüglich Rainers Zuverlässigkeit als Berichterstatter. Die Rechtfertigung für die neue Information liegt damit in einem Schluss begründet, den Brigitte auf der Basis ihrer Erfahrung mit Rainers Status als zuverlässigem Zeugen vollzieht. Allerdings treten hier auch schon die Schwierigkeiten zu Tage, die mit dem Ansatz Humes verbunden sind. So kann man z. B. fragen, wie viele von Rainers Berichten Brigitte selbst überprüft haben muss, damit sie ihn als

---

[43]   Eine andere Ansicht vertritt Michael Welbourne (2002). Er ist der Meinung, dass Hume zu Unrecht als Reduktionist bezeichnet wird. Hume betrachte das Zeugnis anderer tatsächlich als eine *Erkenntnisquelle sui generis* und nicht als derivative Form einer solchen. Welbournes Position bildet dabei aber sicherlich eine Ausnahme in der Debatte um den epistemischen Status testimonialer Erkenntnis. Die überwiegende Zahl der Autoren behandelt Hume als klassischen Vertreter eines Reduktionismus. Es ist auch schwer nachvollziehbar, dass Hume keine Theorie testimonialer Erkenntnis entwickelt habe, da er sich nicht mit dem Sprechakt des Zeugnisablegens befasst habe, wie Welbourne in seinem Artikel behauptet. Vgl. Welbourne, M. (2002), S. 416. Denn auch wenn eine sprechakttheoretische Betrachtung bei Hume fehlt – was nicht verwunderlich ist, wurde dies doch erst im 20. Jh. entwickelt – heißt dies nicht, dass er nicht eine andere Form von Analyse testimonialer Akte und ihrer Rechtfertigungsfunktion durchgeführt hat, wie die Ausführungen in diesem Kapitel zeigen.

[44]   Hume, D. (1993), S. 132.

einen glaubwürdigen Zeugen betrachten kann. Unklar ist ebenso, ob sie sich auch auf Rainers Wort verlassen kann, wenn sie z. B. nur durch gemeinsame Bekannte über dessen generelle Zuverlässigkeit informiert worden ist.[45]

Wenden wir uns nun einer weiteren Variante des Reduktionismus zu, wie sie von Robert Audi entwickelt wurde. Im Gegensatz zu Hume sieht Audi in der Tat eine Rechtfertigungsbasis unserer Überzeugungen in testimonialen Akten vorliegen, trotzdem gilt ihm das Zeugnis anderer nicht als genuine Erkenntnisquelle. Wie ist das zu verstehen?

3.2.1.2 Wissen vs. Rechtfertigung

Auch wenn Robert Audi nicht der Meinung ist, dass testimoniale Erkenntnis nur durch Rückführung auf Schlüsse gerechtfertigt sein kann[46], so teilt er doch die dem Reduktionismus charakteristische Auffassung, dass der epistemische Status der Erkenntnisquelle des Zeugnisses anderer demjenigen der individuellen Quellen untergeordnet sei. Zur Darstellung seiner Position unterscheidet er zunächst zwischen *Wissen* und *Rechtfertigung*, da der epistemische Wert testimonialer Akte unterschiedlich im Hinblick auf diese beiden Bereiche bewertet werden müsse. Im Falle des Wissens bedeutet dies, dass sie ausschließlich dazu geeignet seien, dieses zu übermitteln. *Wissen, dass p*, kann hier nur gewonnen werden, wenn der Zeuge die Proposition *p* selbst weiß. Audi bringt dies auf den Punkt, indem er feststellt: „What I do not have, I cannot give you."[47] Neben dieser ersten Feststellung, welche seiner Ansicht nach gegen eine basale Stellung testimonialer Akte als Erkenntnisquelle spricht, führt er einen weiteren Aspekt zur Stützung dieser These ins Feld: Damit Wissen in testimonialen Akten weitergegeben werden kann, muss der Zeuge selbst zunächst zu der betreffenden Erkenntnis gelangt sein. Für diese erste Überzeugungsbildung wiederum stellt Audi die Forderung auf, dass sie zumindest zum Teil in anderen Erkenntnisquellen begründet liegen soll als nur in Zeugnisakten.[48] Zwei Aspekte testimonialer Akte spielen hier eine entscheidende Rolle:

a) Zum einen müssen sie *wahrgenommen* werden. An dieser Stelle kommen somit die Sinneseindrücke des Rezipienten ins Spiel. „The case shows, then, only that testimony is *operationally dependent* on perception, not

---

[45]   Eine kritische Auseinandersetzung mit dem reduktionistischen Programm erfolgt detailliert in Kap. 3.2.1.4 dieser Arbeit.

[46]   Vgl. Audi, R. (2003), S. 133-137.

[47]   Ebd., S. 138.

[48]   Vgl. ebd., S. 141.

that it is *inferentially dependent* on perceptual belief. It requires perceptual raw materials, but not beliefs of premises about those materials."[49] In diesem Zitat wird zunächst einmal deutlich, dass die Notwendigkeit der Wahrnehmung testimonialer Akte noch nicht zwangsläufig für einen derivativen Status des Zeugnisses anderer spricht, da Zeugnisse nur operational nicht aber inferentiell von Sinneseindrücken abhängig sind. Trotzdem nutzt Audi das konstatierte Zusammenspiel der verschiedenen Erkenntnisquellen im Zuge testimonialer Akte dafür, gegen einen gleichwertigen Status des Zeugnisses anderer mit den anderen Erkenntnisquellen zu argumentieren. Den Anlass hierfür findet er darin, dass ein solches Zusammenspiel der verschiedenen Erkenntnisquellen insbesondere bei der Wahrnehmung nicht vorläge. Inwiefern er mit diesem Punkt ein Argument für eine verminderte epistemische Stellung testimonialer Akte formuliert hat, bleibt fraglich. Insbesondere sei dazu auf die umfangreiche Debatte zur *Theoriebeladenheit* von Beobachtungen verwiesen. Auch wenn es noch einige Unklarheiten in den verschiedenen Argumenten dieser Auseinandersetzung gibt, unter welchen sicherlich die Vagheit des verwendeten Theoriebegriffs eine wichtige Rolle spielt, zeigt doch allein das Vorhandensein dieser Diskussion, dass es keineswegs so klar ist, ob die Wahrnehmung als Erkenntnisquelle tatsächlich so isoliert funktionieren kann, wie es auch Audi unterstellt.

b) Zum anderen wird nach seiner Auffassung der epistemische Status testimonialer Akte dadurch herabgesetzt, dass ein bestimmtes Maß an Hintergrundwissen über den Zeugen erforderlich sei, um in der testimonialen Überzeugung auch gerechtfertigt zu sein. „I cannot acquire justification for believing something on the basis of testimony unless I have justification for believing that the testifier is credible, as well as for certain other propositions, such as that I heard the testimony correctly. The justification cannot come entirely from testimony."[50] Aufrichtigkeit und Kompetenz des Sprechers spielen hier eine wesentliche Rolle. Nur wenn der Rezipient der Auffassung ist, dass der Zeuge beides in erforderlichem Umfang bezüglich der von ihm geäußerten Poposition *p* aufweist, ist der Zeugnisempfänger auch darin gerechtfertigt, *p* zu glauben. Hier wird somit auch der Unterschied zwischen Wissen und Rechtfertigung deutlich, welchen Audi in seinen Ausführungen markiert: Während *Wissen, dass p,* nur weitergegeben werden kann, wenn der Zeuge dies selbst besitzt, kann der Rezipient für die *Überzeugung, dass p,* in Verbindung

---

49 Ebd.
50 Ebd., S. 142.

mit seinem Hintergrundwissen über den Zeugen eine Rechtfertigung aus dem testimonialen Akt erhalten.[51] Der Zeuge muss dabei jedoch nicht selbst in seinem Glauben bezüglich der Proposition *p* gerechtfertigt sein. Der testimoniale Akt übernimmt sozusagen die Rolle einer unterstützenden rechtfertigenden Kraft für den Rezipienten, die allerdings eben nur in Verbindung mit weiteren Propositionen, von denen der Hörer bereits überzeugt ist und die er aus anderen epistemischen Quellen gewonnen hat, zum Tragen kommt.[52]

Neben diesen beiden Aspekten, die nach Audis Auffassung für einen untergeordneten Status des Zeugnisses anderer sprechen, führt er noch einen weiteren wesentlicher Unterschied ins Feld: Andere Erkenntnisquellen können zur Überprüfung der generellen Zuverlässigkeit testimonialer Akte herangezogen werden, dies sei aber bei den anderen Erkenntnisquellen nicht der Fall.[53] D. h. die Überprüfung der anderen Quellen erfolge immer unter erneuter Verwendung derselben Quelle. Will ich also beispielsweise sicherstellen, dass eine Beobachtung, die ich gemacht habe, korrekt ist, muss ich mich erneut meiner Wahrnehmung bedienen. Dieses Argument ist jedoch mit Vorsicht zu genießen, denn zum einen können sicherlich nicht alle Zeugnisse anhand anderer epistemischer Quellen überprüft werden – man denke z. B. an historische Berichte, zu deren Überprüfung man wiederum oftmals nur auf andere Zeugnisse zurückgreifen kann. Zum anderen erscheint das Zusammenspiel der verschiedenen Erkenntnisquellen doch wesentlich komplizierter, als Audi es darstellt. So können auch Sinneseindrücke nachträglich durch Schlussakte in Verbindung mit vorgängigen Erfahrungen (also unter Zuhilfenahme der Erinnerung) vom Subjekt überprüft und ggf. korrigiert werden. Häufig werden wir bezüglich unserer Wahrnehmungsüberzeugungen auch durch Zeugnisse korrigiert. Beispielsweise ist nicht jede Wahrnehmung unter exakt denselben Bedingungen wiederholbar, so dass Wahrnehmungsüberzeugungen nicht allein vermittels der Sinne überprüft werden können, sondern der Rückgriff auf Zeugnisse notwendig wird.

Obwohl Audi so eine ganze Reihe von Aspekten anführt, die seiner Ansicht nach gegen einen genuinen Status des Zeugnisses anderer sprechen, handelt er dieses Thema keinesfalls ausschließlich negativ ab. So bringt er u. a. ein pragmatisches Argument zugunsten testimonialer Erkenntnis. Es

---

[51]   Vgl. ebd., S. 138.
[52]   Dass die Rolle des Hintergrundwissens durchaus nicht zur Herabsetzung des epistemischen Status beitragen muss, wie Audi es darstellt, wird im weiteren Verlauf dieser Erörterung noch gezeigt werden. Vgl. Kap. 4 dieser Arbeit.
[53]   Vgl. Audi, R. (2003), S. 148.

betrifft die Notwendigkeit zur Akzeptanz von Zeugnissen in Situationen mit konkretem Handlungsdruck im Unterschied zu einer Zuschreibung eines genuinen Status in der Überzeugungsbildung.[54] „Now I think that there *is* an a priori principle to the effect that if one needs to act and cannot do that without certain information [...], then in the absence of reasons to doubt testimony that one can see provides such information, one should *accept* that testimony and is justified in so doing."[55] Audi betont, dass es sich hierbei lediglich um ein praktisches Argument handele und man zwar eine Proposition akzeptieren, sie jedoch nicht glauben müsse. Trotzdem würden die hier wirksamen Prinzipien epistemischer Regulierung eine wichtige Rolle im alltäglichen Überzeugungsbildungsprozess spielen, auch wenn sie nicht in der Lage seien, testimonialem Wissen eine prima facie-Rechtfertigung zu verleihen.

Auch wenn Audi somit in testimonialen Akten keine basale Erkenntnisquelle sieht, erachtet er ihre Bedeutung dennoch als zentral für das menschliche Leben.[56] „To say that testimony is not a basic source of justification or knowledge is not to imply that it is any less important in normal human life than a basic source. A source of knowledge and justification can be indispensable in life even if it is not basic."[57] Er sieht in ihnen mithin die primäre *soziale Quelle* menschlicher Erkenntnis.[58]

Neben den Schwierigkeiten, mit denen Audis Position konfrontiert ist, gibt es noch eine Reihe weiterer Argumente, welche insbesondere als Kritik an Humes Auffassung zum epistemischen Status des Zeugnisses anderer erarbeitet wurden und die nachfolgend eingehender betrachtet werden.

3.2.1.3 Kritik am reduktionistischen Programm

Ein starker Punkt gegen den Reduktionismus besteht insbesondere in der Feststellung, dass dieses Vorhaben einen weitreichenden Skeptizismus zur Konsequenz hätte. Auch wenn intuitiv hohe Anforderungen an eine Überzeugung gestellt werden, um ihr den Status des *Wissens* zuzuschreiben, wird die sich im Falle testimonialer Akte ergebende skeptische Konsequenz leicht unterschätzt. Die Forderung nach einer Überprüfung jedes einzelnen Gehalts, welchen der Rezipient aus testimonialen Akten erhält, bedeutete nicht

---

[54] Vgl. Audi, R. (2004), S. 28 ff.
[55] Ebd., S. 29.
[56] Vgl. ebd., S. 31.
[57] Audi, R. (2003), S. 146.
[58] Vgl. ebd., S. 132.

nur eine enorme epistemische Leistung seitens des Zeugnisempfängers, sondern wäre v. a. bei der Ausschließung anderer Zeugnisse als Überprüfungsinstanzen in vielen Fällen auch gar nicht zu erbringen. Wie sollte z. B. überprüft werden, dass Napoleon tatsächlich vernichtend bei Waterloo geschlagen worden ist? Oder wie sollte ein unabhängiger empirischer Beleg dafür erbracht werden, dass die erste Mondlandung tatsächlich am 20. Juli 1969 erfolgte? Wäre der Rezipient darauf angewiesen, alle Gehalte selbst erst zu überprüfen, bevor sie als Wissen angesehen werden können, wäre Wissen ein wahrhaft rares Gut. Aber selbst wenn wir von solch zeugnisnihilistischen Positionen, in denen Zeugnisse niemals als eine Basis für unser Wissen zugelassen werden, einmal absehen, ergibt sich auch für die anderen reduktionistischen Programme eine ganze Reihe von Schwierigkeiten.

Eine detaillierte Auseinandersetzung mit und Kritik an reduktionistischen Vorhaben findet sich bei Coady. Er zeigt insbesondere in seiner Auseinandersetzung mit der Position Humes, dass die hier postulierte Rückführbarkeit der Rechtfertigung auf Schlüsse auf der Basis der Erfahrung nicht haltbar ist.[59] Ein solches Vorgehen würde nämlich – je nach Lesart – entweder auf eine unerfüllbare Prämisse oder auf einen Zirkelschluss hinauslaufen. Ersteres wäre dann der Fall, wenn vom epistemischen Subjekt selbst gefordert würde, über eine ausreichend große eigene Erfahrungsbasis zu verfügen, die einen rechtfertigenden Zusammenhang zwischen Zeugnissen und der Wahrheit ihrer Inhalte konstituierte. Coady hält die Möglichkeit dafür, dass dies von einem einzelnen epistemischen Subjekt geleistet werden könnte, für absurd. Er charakterisiert die damit zusammenhängende Lesart als „plainly false"[60].

---

[59]   Eine übersichtliche Zusammenfassung der Kritikpunkte an Humes Ansatz findet sich darüber hinaus dabei von Maltzahn, sie korrespondiert in weiten Teilen mit der hier wiedergegebenen Kritik von Coady. Von Maltzahn weist darauf hin, dass Humes Darstellung mindestens vier verschiedene Lesarten zulasse: „Hume sagt nicht viel, wie die Beobachtung der Übereinstimmung von Zeugnissen und Tatsachen aussehen soll. Es ergeben sich zunächst vier verschiedenen Möglichkeiten [...]: Erstens kann jede einzelne Aussage eines Zeugen über die Erfahrung überprüft werden. Zweitens kann man versuchen, die Glaubwürdigkeit des Zeugen festzustellen, indem über einen Zeitraum hinweg seine Äußerungen überprüft werden. Ist diese festgestellt, ist man berechtigt, ihm auch in Zukunft zu glauben. Drittens kann man versuchen, die nicht alleine, sondern in Gemeinschaft festzustellen und die Ergebnisse öffentlich zugänglich zu machen. Und viertens kann man versuchen, Klassen von Zeugen zu bilden. Dann braucht man nur die Glaubwürdigkeit eines Mitglieds dieser Klasse über die Erfahrung festzustellen, damit die Glaubwürdigkeit der ganzen Klasse etabliert ist." von Maltzahn, H. (2006), S. 88. Jede dieser Lesarten sei laut von Maltzahn aber mit so schwerwiegenden Problemen behaftet, dass ein Reduktionismus solcher Couleur abzulehnen sei. Vgl. ebd., S. 88-95.

[60]   Coady, C. A. J. (1994), S. 230.

Die Problematik wird deutlich, wenn man Beispiele über historische Fakten in Betracht zieht. Die Lebensspanne eines Menschen ist begrenzt. Er kann somit kein hinreichend umfangreiches eigenes Wissen (auf der Basis eigener Beobachtungen) über geschichtliche Ereignisse besitzen, um stets bei der Überprüfung eines neuen Zeugnisses auf die eigene Erfahrung zurückgreifen zu können.

Es bieten sich zwei Strategien an, welche der Reduktionist wählen könnte, um dem rein quantitativen Problem bezüglich eigener Erfahrungen des epistemischen Subjekts für die Rechtfertigung testimonialer Erkenntnis zu begegnen. Zum einen könnte er darauf verweisen, dass es nicht um eine allgemeine Korrelation zwischen den Gehalten von Zeugnissen und den Tatsachen gehe, sondern um den Zusammenhang zwischen der *Art des Zeugen* und unserer Erfahrung bezüglich der Glaubwürdigkeit solcher Personengruppen. Es bleibt allerdings die Frage der Individuierung dieser Gruppen und der korrekten Identifizierung einer Person als Mitglied einer solchen Gruppe. Coady fasst das Problem folgendermaßen: „[...] the kind of speaker will not be determined by such considerations as colour of skin, nationality or hairstyle or height. Rather, the relevant kind will have something to do with authority or expertise or credentials to say."[61] Der Begriff des *Experten* ist sicherlich ein Konzept, das sich zur Spezifizierung relevanter Personengruppen anbietet. Jedoch bleibt das Problem bestehen, wie man einen Experten als solchen identifizieren kann. Alvin Goldman diskutiert diesen Punkt als so genanntes „Novice/2-Expert-Problem". Untersucht wird die Frage, ob Laien gerechtfertigte Urteile über die relative Zuverlässigkeit von Experten[62], die unterschiedliche Meinungen zu einem Thema vertreten, treffen können, ohne dabei selbst Experte für das in Frage stehende Thema werden zu müssen. Die besondere Schwierigkeit in diesem Fall besteht darin, dass der Laie nicht auf eigenes Wissen hinsichtlich des Themas zurückgreifen kann, über welches er unterschiedliche und widersprüchliche Aussagen von Experten erhält. Er kann deren Aussagen also nicht auf der Basis eigener Kenntnisse überprüfen. Goldman führt insgesamt fünf unterschiedliche Möglichkeiten zur Lösung des Problems an, wie ein Laie feststellen kann, welcher von zwei konkurrierenden Meinungsvertretern tatsäch-

---

[61] Coady, C. A. J. (1992), S. 83.

[62] Den Begriff *Experte* definiert Goldman hier folgendermaßen: „[...] we can say that an expert (in the strong sense) in domain D is someone who possesses an extensive fund of knowledge (true belief) and a set of skills or methods for apt and successful deployment of this knowledge to new questions in the domain." Goldman, A. I. (2001), S. 92.

lich ein Experte auf dem Gebiet der Diskussion ist und welchem Urteil der Laie dementsprechend auch sein Vertrauen schenken kann.[63]

Auch wenn Goldmans Vorschlag zunächst einen Weg zur Beurteilung eines vermeintlichen Expertenstatus aufzuzeigen scheint, bleibt das evaluierende epistemische Subjekt doch auf die Meinung weiterer Personen angewiesen, was ein Problem für reduktionistische Positionen darstellt. Zwar entspricht es unserer üblichen Praxis, eine Person auf Grund der Zuschreibung dieses Status durch andere – z. B. im Rahmen einer Vorstellung oder einer Empfehlung – oder auf der Basis einer urkundlichen Zertifizierung einer Institution als Experte zu identifizieren, dieser Weg kann jedoch innerhalb des reduktionistischen Programms nicht eingeschlagen werden. Der Grund für dieses Problem besteht darin, dass von den Reduktionisten gefordert wird, dass die Glaubwürdigkeit des Zeugen (welche mit der Zuschreibung des Expertenstatus etabliert werden soll) durch die Nutzung anderer Erkenntnisquellen und nicht durch weitere Zeugnisse (wie im beschriebenen Fall) festgestellt werden soll. Wird diese reduktionistische Forderung nicht berücksichtigt, liefe die Argumentation auf einen Regress hinaus, wie folgende Überlegung beispielhaft zeigt:

> (B-16) Expertenstatus: Warum ist Peter darin gerechtfertigt, Pauls Zeugnis über den Münsteraner Dom für wahr zu halten? Weil Paul ein Experte auf dem Gebiet der Münsteraner Stadtgeschichte ist. Woher weiß Peter, dass Paul ein solcher Experte ist? Weil Klaus es ihm gesagt hat. Das hieße aber auch, dass Peter sich nur deshalb für berechtigt hält, das Zeugnis seines Freundes für wahr zu halten, weil er dem Zeugnis eines weiteren Bekannten glaubt. Dieses müsste dann wiederum durch eine weitere Reduktion gerechtfertigt werden, in welche vermutlicherweise erneut testimoniales Wissen mit einfließen würde und so weiter.

Auf Grund des hier drohenden Rechtfertigungsregresses kann das konstatierte quantitative Problem für Humes reduktionistisches Programm nicht durch den Verweis auf eine Korrelation zwischen der Erfahrung des Hörers mit bestimmten *Zeugengruppen* und der Wahrheit ihrer Aussagen gelöst werden.

Eine andere Strategie bestünde dann darin, die Einschränkung nicht auf die Art der Zeugenklasse vorzunehmen, sondern auf die *Form des Berichts*. Das heißt, Zeugnisse werden nach der Art ihres Gehalts weiter klassifiziert, z. B. als Existenz-Berichte, medizinische Berichte, historische Berichte etc. Aber auch diese Vorgehensweise hilft nicht, das reduktionistische Programm à la Hume auf eine sichere Basis zu stellen. Das Problem, mit welchem wir

---

[63]   Vgl. ebd., S. 93. Die fünf Alternativen werden in Kap. 5.3.6 dieser Arbeit erläutert.

nun konfrontiert sind, besteht in der genauen und eindeutigen Klassifizierung einer bestimmten Zeugenaussage. Humes Position ermöglicht es aber nicht, aus ihr klare Kriterien abzuleiten, die eine eindeutige Identifizierung und Zuschreibung einer Berichtsform erlauben würden. Coady führt in diesem Zusammenhang als Beispiel den Bericht über einen kranken Löwen im Zoo an. Eine Aussage mit diesem Gehalt kann nun z. B. als Existenz-Bericht oder als medizinischer Bericht aufgefasst werden. Diese Differenzierung ist schon auf der Basis unterschiedlicher Betonung möglich: Es *gibt* einen kranken Löwen im Zoo. Oder: Es gibt einen *kranken* Löwen im Zoo. Und je nachdem über wie viele Erfahrungen der Rezipient bezüglich der Übereinstimmung der einen oder der anderen Berichtsform mit den Tatsachen in der Welt verfügt, kann er dieselbe Aussage auf der Basis der Zuschreibung der Klassifizierung als Existenz-Bericht annehmen und als medizinischen Bericht ablehnen oder umgekehrt.[64]

In diesem Sinne sind beide Strategien zur einschränkenden Präzisierung der Forderung, das *epistemische Subjekt selbst* müsse über einen ausreichenden Erfahrungsschatz bezüglich einer Korrelation zwischen Zeugnissen und den Tatsachen in der Welt verfügen, abzulehnen. Es wurde aber auch bereits darauf hingewiesen, dass eine weitere Lesart, die sich für Humes Position anbietet, ebenfalls nicht gewählt werden kann, da dann ein Zirkelschluss in der Argumentation droht. Dieses Problem liegt dann vor, wenn Humes Aussage so verstanden werden sollte, dass dieser rechtfertigungskonstituierende Zusammenhang auch auf den Erfahrungen anderer Personen gründen könnte. Dies implizierte dann wiederum testimoniale Erkenntnisse. „The idea of taking seriously someone else's observations, someone else's experience, already requires us to take their testimony (i.e., reports of what they observe) equally seriously. It is ludicrous to talk of their observations being the major part of our justification in taking their reports seriously when we have to take their reports seriously in order to know what their observations are."[65] Das Wissen anderer Leute bezüglich der Glaubwürdigkeit des Zeugen kann uns nur durch deren Zeugnisse erreichen. Auch wenn die anderen die Glaubwürdigkeit des Zeugen durch die relevante Beobachtung der häufigen Übereinstimmung zwischen seinen Äußerungsgehalten und den bezeugten Tatsachen festgestellt haben, sind wir, um ihr Wissen nutzen zu können, doch wieder auf ihr Zeugnis angewiesen.

Darüber hinaus zeigt Coady, dass Humes Position auch inkohärent wäre, da sie die Möglichkeit impliziert, dass testimoniale Erkenntnis grundsätz-

---

[64] Vgl. Coady, C. A. J. (1992), S. 84/85.
[65] Coady, C.A. J. (1994), S. 228.

lich nicht vorliegen kann. Wäre dies jedoch der Fall, könnte die von Hume geforderte Überprüfung einer Korrelation zwischen Zeugnissen und Fakten, welche für die Reduktion testimonialer Akte auf andere epistemische Quellen (wie die Wahrnehmung) als notwendige Bedingung betrachtet werden muss, gar nicht durchgeführt werden. Es läge somit in der Humeschen Position selbst von Beginn an eine *reductio ad absurdum* begründet.[66]

Den Beweis für dieses Manko des Reduktionismus verdeutlicht Coady an verschiedenen Beispielen, von denen der Rekurs auf die Mechanismen des Spracherwerbs sicherlich am wichtigsten für die Diskussion bezüglich des epistemischen Status des Zeugnisses anderer ist.[67] Die Verneinung der Möglichkeit testimonialer Erkenntnis würde, laut Coady, die Idee einer öffentlichen Sprache grundsätzlich unterminieren.[68] Seiner Auffassung nach werden die Bedeutungen von Wörtern dem lernenden Kind nämlich in Form von *Proto-Berichten* gegeben. Er gesteht zu, dass die Art der ersten Sprachvermittlung nicht identisch mit klassischen testimonialen Akten ist, sondern eher die Form von Instruktionen hat. Dennoch spielen Berichte seiner Ansicht nach die dominierende Rolle. „This suggests strongly that there is an intimate relation between the performing of such instruction and the giving of report; the instruction is, at least in part, a surrogate for reporting, a sort of proto-reporting. It may have more than this role but it has at least this role."[69] Selbst für den Fall, dass man annähme, das Kind würde allein auf Grund seiner eigenen Beobachtungen des Zusammenhangs zwischen der Äußerung bestimmter Wörter und dem Auftreten oder Zeigen bestimmter Gegenstände durch die Erwachsenen seiner Umgebung die Bedeutung der Wörter erlernen, bestünde dennoch die Notwendigkeit, dass die Möglichkeit der Korrektur durch erwachsene Sprecher gegeben ist. Korrekturen erfolgten jedoch wiederum in der Form von testimonialen Akten, womit auch in diesem Falle das Wissen aus dem Zeugnis anderer eine relevante Rolle für den Spracherwerb spielt.[70] Gingen wir also davon aus, dass testimoniale Erkenntnis grundsätzlich nicht möglich sei, bestünde das Problem zu erklären, wie wir trotzdem über eine gemeinsame Sprache verfügen können, wenn wir sie doch offensichtlich nur mit Hilfe von Zeugnissen lernen können.

In vielen Fällen kann die Rechtfertigung testimonialer Überzeugungen somit nicht durch zeugnisunabhängige Belege für ihre Wahrheit vermittels

---

[66]   Vgl. ebd., S. 242.
[67]   Vgl. Coady, C. A. J. (1992), S. 152-176
[68]   Vgl. Coady, C. A. J. (1994), S. 242.
[69]   Ebd., S. 240.
[70]   Vgl. ebd., S. 241.

der Glaubwürdigkeit des Zeugen – also durch eine Rückführung auf andere epistemische Quellen – erfolgen. Welche Alternative können die Anti-Reduktionisten aber als Basis einer Rechtfertigung anbieten?

3.2.2 Anti-Reduktionismus

Vertreter dieser Richtung treten dafür ein, grundsätzlich dem Zeugnis anderer eine den anderen Quellen menschlicher Erkenntnis gleichrangige Stellung einzuräumen. Im selben Maße wie David Hume als klassischer Vertreter für den Reduktionismus gilt, kann Thomas Reid als klassischer Verfechter des Anti-Reduktionismus bezeichnet werden.[71] Für Reid steht das Zeugnis anderer im Rechtfertigungsprozess unserer Meinungen auf derselben Stufe wie die anderen Quellen des Wissens.[72] Die Rechtfertigung von Überzeugungen erfolgt seiner Auffassung nach durch Rekurs auf erste Prinzipien. „Erste Prinzipien sind zum einen Vermögen, zum anderen aber auch Propositionen, die einen infiniten Begründungsregreß verhindern sollen."[73] Der Vermögensbegriff fällt dabei mit dem Begriff der Erkenntnisquelle zusammen, d. h. Wahrnehmung, Erinnerung, Verstand und das Zeugnis anderer werden hierunter subsumiert. Sie können zur Rechtfertigung unserer Meinungen angeführt werden, ohne selbst nach einer weiteren Begründung zu verlangen. In diesem Sinne kann Reid auch als *erkenntnistheoretischer Fundamentalist* bezeichnet werden.[74] Die Funktion der Vermögen, uns den Erwerb von Wissen zu ermöglichen, ist dabei Teil der göttlichen Schöpfung. Nach diesem theologischen Bild ist es der Wille Gottes, dass wir wahre Meinungen über die Welt erwerben können. Und zu diesem Zweck hat er uns mit den entsprechenden Vermögen ausgestattet.[75] Die Annahme der Existenz Gottes ist aber kein Element der Begründungskette für Überzeugungen, die mit Hilfe dieser Vermögen gewonnen wurden.[76] Die Vermögen sind vielmehr Teil der menschlichen Natur. Reid differenziert dann genauer zwischen „Vermö-

---

[71] Eine detaillierte Auseinandersetzung mit der Position Reids findet sich z. B. bei von Maltzahn, H. (2006), S. 105-135 sowie bei Coady, C. A. J. (1992), S. 120-129.

[72] Vgl. von Maltzahn, H. (2006), S. 113.

[73] Ebd., S. 111.

[74] Vgl. ebd., S. 114.

[75] Reid geht davon aus, dass Gott (er nennt ihn auch „Author of Nature") die Menschen mit den zwei korrespondierenden Prinzipien ausgestattet hat, da es seinem Wunsch entspricht, dass der Mensch aus den Mitteilungen anderer Wissen erwerben soll. Vgl. Reid, Th. (2000), S. 193. Eine ähnliche Argumentation findet sich in Bezug auf die Prinzipien, welche die Wahrnehmung steuern und zu einer berechtigten Quelle des Wissens machen. Vgl. ebd., S. 196/197.

[76] Vgl. von Maltzahn, H. (2006), S. 111.

gen, die soziale kognitive Prozesse leiten, und Vermögen, die individuelle kognitive Prozesse leiten"[77], was weitestgehend mit unserer Unterscheidung zwischen individuellen und sozialen epistemischen Quellen übereinstimmt – wobei unter letztere dann das Zeugnis anderer fällt. Wie sieht nun Reids Vorgehensweise für die Etablierung des Zeugnisses anderer als einer Quelle der Berechtigung genau aus?

Reid argumentiert für den epistemischen Status testimonialer Akte auf der Basis eines Analogieschlusses, den er mittels eines Vergleichs zwischen Wahrnehmung und dem Zeugnis anderer vornimmt.[78] In seinem Werk „An Inquiry into the Human Mind on the Principles of Common Sense" führt Reid zu diesem Zweck die Unterscheidung zwischen *ursprünglicher* („original perception") und *erworbener* Wahrnehmung („acquired perception") ein. Unter ersterer versteht er z. B. Wahrnehmungen des Tastsinns bezüglich der Härte von Gegenständen, während er unter der zweiten Art solche fasst, die als konkrete Wahrnehmungen interpretiert werden, z. B. der Geruch eines Apfels oder das Geräusch einer Klingel. Seiner Auffassung nach dienen die ursprünglichen Wahrnehmungen als Zeichen, welche die erworbenen Wahrnehmungen ermöglichen und einführen.[79] Auf der Basis dieses Zeichenbegriffs folgert er, dass sie Konstituenten einer Sprache der Natur seien, welche eine große Ähnlichkeit zur konventionellen Sprache des Menschen aufweise. „The signs by which objects are presented to us in perception, are the language of Nature to man; and as, in many respects, it hath great affinity with the language of man to man; so particularly in this, that both are partly natural and original, partly acquired by custom. Our original or natural perceptions are analogous to the natural language of man to man [...]; and our acquired perceptions are analogous to artificial language [...]."[80] Unter einer natürlichen Sprache versteht Reid hierbei z. B. Gestik, Mimik und den Tonfall bestimmter Äußerungen, während er die künstliche Sprache als die Fähigkeit zur Verwendung von Lautäußerungen in ihren durch Konventionen festgelegten Bedeutungen ansieht.

Entscheidend sind im Zusammenhang mit dem Vergleich der beiden Zeichensysteme die generellen Prinzipien, die Reid anführt und die seiner Ansicht nach als gegeben angesehen werden müssen, damit der Mensch Informationen sowohl aus den erworbenen Wahrnehmungen als auch aus der

---

[77] Ebd., S. 113.
[78] Eine übersichtliche Zusammenfassung der Reidschen Analogie findet sich bei Cleve, J. V. (2006), S. 54-59.
[79] Vgl. Reid, Th. (2000), S. 171.
[80] Ebd.

künstlichen Sprache gewinnen kann. Diese Prinzipien, die sich in Form von Dispositionen zum einen auf Seiten des Zeugen (a) und zum anderen auf Seiten des Rezipienten (b) äußern, sind: (a) *das Prinzip der Wahrhaftigkeit* (oder *Aufrichtigkeit*), also die generelle Neigung, die Wahrheit zu sagen und (b) *das Prinzip der Gutgläubigkeit*, also die generelle Neigung, die Mitteilungen anderer für wahr zu halten.[81] Beide Prinzipien werden nicht durch Erfahrung erworben, sondern sind dem Menschen angeboren.[82] Nur wenn diese beiden Prinzipien Geltung beanspruchen können, kann der Mensch als soziales Wesen aufwachsen und sich entfalten.

Reid erläutert die Notwendigkeit der Prinzipien am Beispiel heranwachsender Kinder, welche auf Grund mangelnder eigener Erfahrung auf das Zeugnis anderer in ihrem eigenen Lernprozess angewiesen und hierfür zunächst mit einem blinden Vertrauen in die Mitteilungen anderer ausgestattet sind. Seiner Ansicht nach ist es Kindern nur auf Grund des Prinzips der Gutgläubigkeit möglich, eigene Erfahrungen zu sammeln und auf dieser Basis im Laufe ihres Lebens eine eigene kritische Meinung zu erwerben, die dann wiederum das anfängliche Vertrauen in sinnvollem Maße einschränkt. In diesem Zusammenhang findet sich auch bei Reid (in seiner Anführung des generellen menschlichen Lernprozesses als Beleg für die besondere Relevanz der Testimonialerkenntnis) das in der Debatte um das Wissen aus dem Zeugnis anderer als entscheidend eingeführte Beispiel des Spracherwerbs wieder.[83] Wären Kinder von Natur aus nicht mit einem anfänglichen Vertrauen in die Mitteilungen anderer ausgestattet, wären sie, so Reid, „absolutely incredulous; and therefore absolutely incapable of instruction [...]."[84] Ohne die Anweisungen von Erwachsenen könnten die Kinder jedoch nichts lernen – auch nicht die Sprache.

Dieses angeborene Prinzip der Gutgläubigkeit gilt aber nicht uneingeschränkt. Das epistemische Subjekt erwirbt im Laufe seines Lebens Wissen darüber, wann es das Prinzip selbst in Frage stellen muss, indem es mit Situationen konfrontiert wird, in denen ein Zeuge nicht die Wahrheit sagt. In diesem Sinne handelt es sich zunächst nur um eine *prima facie* Berechtigung, die der Rezipient aus dem angeborenen Prinzip erwirbt. Reid merkt dazu an, dass die Prinzipien der Gutgläubigkeit und der Wahrhaftigkeit nur so lange als Rechtfertigungsquelle herangezogen werden können, bis Gründe vorliegen, die gegen die Aufrichtigkeit des Zeugen sprechen. „It is evident, that, in

---

81   Vgl. ebd., S. 193 ff.
82   Vgl. ebd., S. 193.
83   Vgl. hierzu die Erläuterungen in Kap. 3.2.1.3 dieser Arbeit.
84   Vgl. Reid, Th. (2000), S. 194.

the matter of testimony, the balance of human judgment is by nature inclined to the side of belief; and turns to that side of itself, when there is nothing put into the opposite scale."[85] Reid schlägt damit ein präsumtives Argument für die Rechtfertigung testimonialer Überzeugungen vor. D. h. der Rezipient ist auf Grund des Prinzips der Wahrhaftigkeit und der Gutgläubigkeit so lange berechtigt, von der Wahrheit der mitgeteilten Proposition auszugehen, bis Gründe vorliegen, die gegen die Wahrheit des Zeugnisses sprechen.[86] Reid spricht sich in diesem Kontext auch klar gegen ein reduktionistisches Programm aus, das seiner Meinung nach dazu führen würde, dass der Mensch eines Großteils seines Wissens beraubt werde. Er schreibt: „If it was not so [würde das Prinzip der Gutgläubigkeit nicht gelten, NM], no proposition that is uttered in discourse would be believed, until it was examined and tried by reason; and most men would be unable to find reasons for believing the thousandth part of what is told them. Such distrust and incredulity would deprive us of the greatest benefits of society, and place us in a worse condition than that of savages."[87]

Reids präsumtive Argumentation ist vergleichbar mit jener der Unschuldsvermutung im juristischen Kontext: Der Angeklagte gilt so lange als unschuldig, bis seine Schuld erwiesen ist. Übertragen auf den Fall testimonialer Akte bedeutet dies, dass der Rezipient so lange davon ausgehen kann, dass der Zeuge die Wahrheit sagt, bis ihm Gründe vorliegen, dies anzuzweifeln. Die Beweislast liegt demnach auf Seiten des Hörers und nicht auf Seiten des Sprechers.[88] Sowohl im juristischen als auch im epistemologischen Fall werden die Gründe für ein Misstrauen erst *a posteriori* erworben. „Der Zeuge ist solange unschuldig, bis wir seine Schuld nachgewiesen haben. Müßte der Hörer den Zeugen immer vorher auf seine Unschuldigkeit hin überprüfen, könnte er nicht den Nutzen aus dieser Quelle ziehen, den diese Quelle offensichtlich hat. [...] Diese Dispositionen rechtfertigen die Unschuldsvermutung gegenüber dem Zeugen."[89]

Mit der Annahme der beiden miteinander korrespondierenden Prinzipien beantwortet Reid auch die Frage, wie aus der Erfahrung auf zukünftige Ereignisse geschlossen werden kann, d. h. wie man davon ausgehen kann, dass die Sprecher einer Gemeinschaft auch zukünftig mit den Zeichen ihrer Sprache dasselbe bezeichnen werden, was sie in der Vergangenheit darunter

---

[85]   Ebd.
[86]   Vgl. die Ausführungen zum präsumtiven Argument in Kap. 3.2.2.1 dieser Arbeit.
[87]   Reid, Th. (2000), S. 194.
[88]   Vgl. von Maltzahn, H. (2006), S. 123.
[89]   Ebd.

gefasst haben.[90] James Van Cleve zeigt in einer Übersicht, wie wir uns diese Verbindung vorzustellen haben. Wird die Äußerung eines Sprechers als Zeichen aufgefasst, wird die Beziehung zu einem konkreten geäußerten Gehalt *p* mittels Konvention etabliert. Die Überzeugung, dass der Sprecher *p* geäußert habe, wird auf Seiten des Hörers dagegen mittels Induktion festgelegt.[91]

Auf Seiten der Wahrnehmung wird die entsprechende Verbindung zwischen der Überzeugungsbildung und den Beobachtungen der Tatsachen in der Welt ebenfalls durch das Prinzip der Induktion sichergestellt. „All our knowledge of nature, beyond our original perceptions, is got by experience, and consists in the interpretation of natural signs. The constancy of nature's laws connects the sign with the thing signified, and, by the natural principle just now explained, we rely upon the continuance of the connections which experience hath discovered; and thus the appearance of the sign, is followed by the belief of the thing signified. Upon this principle of our constitution, not only acquired perception, but all inductive reasoning, and all our reasoning from analogy, is grounded: and therefore, for want of another name, we shall beg leave to call it *the inductive principle*."[92] Im Gegensatz zum Fall des Zeugnisses anderer sind es hier jedoch nicht die Konventionen, die für eine feste Relation zwischen den Ereignissen Sorge tragen, auf deren Basis wir induktiv schließen können. Es sind vielmehr die Naturgesetze, die festlegen, dass wir vom Auftreten bekannter Ursachen auf gleiche Wirkungen auch in zukünftigen Fällen schließen können.

Für Reids Gegenüberstellung von Wahrnehmung und dem Zeugnis anderer ist die Tatsache entscheidend, dass der Mensch ein *symbolverwendendes Wesen* ist, dessen Sozialisation als solches wiederum nur durch testimoniales Wissen in einer Sprachgemeinschaft, also durch die Weitergabe der Bedeutung der verschiedenen Zeichen von Sprecher zu Sprecher möglich ist.

Von Maltzahn rekonstruiert das Argument, das Reid für die Berechtigung des Rezipienten präsentiert, den Worten des Zeugen Glauben zu schenken und aus dessen Mitteilungen Wissen zu gewinnen, folgendermaßen:

1. Der Zeuge bezeugt in einer Situation S, daß p.

2. Die Glaubwürdigkeit des Zeugen ist allgemein durch eine Disposition zu Wahrhaftigkeit gesichert.

3. Der Hörer besitzt eine Disposition der Gutgläubigkeit.

---

[90] Vgl. Reid, Th. (2000), S. 192.
[91] Vgl. Cleve, J. V. (2006), S. 58/59.
[92] Reid, Th. (2000), S. 198.

4. Es gibt in dieser Situation S für den Hörer keine Gründe, die gegen die Glaubwürdigkeit des Zeugen sprechen.

5. Folglich ist der Hörer berechtigt, dem Zeugen zu glauben und p zu übernehmen.

6. Und insofern der Zeuge weiß, daß p, weiß jetzt auch der Hörer, daß p.[93]

Neuere Arbeiten zum anti-reduktionistischen Vorhaben entwickeln ihr Position häufig in Abgrenzung einerseits zu den klassischen individualistischen Ansätzen der Epistemologie und andererseits zu reduktionistischen Auffassungen des Wissens aus dem Zeugnis anderer. Diese Vorgehensweise findet sich auch bei C. A. J. Coady, dessen Monographie „Testimony. A Philosophical Study"[94] als erste systematische Analyse des Status des Zeugnisses anderer von besonderer Relevanz für die Debatte geworden ist. Coady vertritt ebenfalls eine anti-reduktionistische Position, wie wir sie schon bei Reid kennen gelernt haben. Dieses neue Vorhaben knüpft dabei zum einen an Reids Überlegungen an und wird zum anderen in Abgrenzung zur reduktionistischen Position Humes entwickelt. Coady diskutiert darüber hinaus eine Reihe von Einwänden gegen den Anti-Reduktionismus, die hier nicht im Einzelnen erörtert werden sollen. Wichtig erscheint an dieser Stelle ein weiterer Aspekt, den Coady zur Stützung seiner anti-reduktionistischen Position anführt. Hierbei handelt es sich um einen detaillierten Vergleich zwischen dem Zeugnis anderer und den individuellen Erkenntnisquellen.[95] Es lassen sich zunächst eine Reihe von scheinbaren Unterschieden zwischen den individuellen und der sozialen Quelle des Wissens ausmachen:

a) Erfolgsverben: Sowohl *sehen* (wie auch die anderen Verben der sinnlichen Wahrnehmung) als auch *erinnern* oder *schließen* (im epistemologischen Sinne) sind Erfolgsverben, in dem Sinne, dass sie die Existenz eines Objekts, auf das sie sich beziehen, voraussetzen, damit die Aussage, in der sie verwendet werden, wahr sein kann. Die Verben können auch in propositionaler Form – z. B. *sehen, dass* – verwendet werden. „For these propositional uses of the perceptual verb it is plausible to hold that there is something parallel to the requirement of existence for the direct object in the non-propositional uses. The parallel lies in the required truth of the proposition introduced by the 'that-clause'. Let us refer to

---

[93]   von Maltzahn, H. (2006), S. 125/126.
[94]   Coady, C. A. J. (1992).
[95]   Vgl. ebd., Kap. 8, S. 133-151.

the feature exhibited by the parallel as 'success grammar'. Where these verbs have success grammar in either the object or the proposition form, the discovery that the object does not exist or that the contained proposition is false shows that the overall claim made by the sentence using the perceptual verb is also false."[96] Dies ist im Falle der Verben *bezeugen* oder *erzählen*, die im Zuge testimonialer Akte verwendet werden, nicht der Fall. Der Zeuge kann auch etwas behaupten, was nicht der Fall ist, indem er bewusst lügt[97] oder sich irrt.

b) Nicht-begriffliches Wissen: Einige Philosophen vertreten die These, dass die Wahrnehmung uns mit nicht-begrifflichem und daher basalem Wissen über die Welt versorge (Sinnesdaten-Theorie). Testimoniales Wissen sei dagegen per definitionem immer schon in begrifflicher, da sprachlicher Form gegeben.[98]

c) Infallibles Wissen: In Zusammenhang mit Punkt (b) argumentieren einige Autoren dafür, dass solches basales Wissen notwendigerweise auch infallibel sein müsse. Solches Wissen kann durch das Zeugnis anderer aber nicht erworben werden. „Another temptation which has perhaps supported the restriction of direct knowledge to such items as sense-data has been the traditional foundationalist stress upon incorrigibility. It is tempting to think that non-inferential knowledge being, in a sense, foundational, must be knowledge of propositions which are, in themselves, incorrigible or infallible."[99]

d) Inferentielles Wissen: Um dem Verdacht der Leichtgläubigkeit zu entgehen, ist der Rezipient als rationales epistemisches Subjekt dazu verpflichtet, die Glaubwürdigkeit des Zeugen stets zu überprüfen, bevor er den Gehalt des testimonialen Akts als wahr akzeptieren darf. „After all, it may well be urged, the rational person does not believe just any and every thing he is told. His assent must be mediated by a consideration of the veracity of the witness, his reliability [...], the probability of what he says, and so on."[100] Dies bedeutet aber, dass das Wissen aus dem Zeugnis anderer letztlich nur eine Form eines inferentiellen Wissens darstellt,

---

[96] Vgl. ebd., S. 134.

[97] Dieser Fall wird in der Definition von S-Zeugnissen in der vorliegenden Untersuchung ausgeschlossen. Betrachtet man allein die Intentionen des Sprechers als ausschlaggebend, liegt im Falle einer Lüge eine klare Täuschungsabsicht vor, während es im Falle testimonialer Akte darum geht in aufrichtiger Weise Einfluss auf das Überzeugungssystem des Rezipienten zu nehmen. Vgl. die Ausführungen in Kap. 2.4.1 dieser Arbeit.

[98] Vgl. Coady, C. A. J. (1992), S. 137.

[99] Ebd., S. 143.

[100] Ebd.

da aus der Glaubwürdigkeit des Zeugen auf die Wahrheit der mitgeteilten Proposition geschlossen wird. Die Nutzung der individuellen Quellen
setze dagegen keine solche inferentielle Praxis voraus.

e) Angewiesenheit auf andere Wissensquellen: Um Wissen aus einem testimonialen Akt zu gewinnen, muss der Rezipient das Zeugnis als solches
zunächst einmal wahrnehmen. Ferner muss der Sprecher sich des berichteten Ereignisses erinnern.[101] In diesem Sinne kann das Zeugnis anderer
nicht unabhängig von den anderen Wissensquellen verwendet werden.
Dies sei bei den individuellen Quellen dagegen nicht der Fall.

Diese vermeintlichen Unterschiede stellen für Coady jedoch keinen Grund
zu der Annahme dar, dass wir aus dem Zeugnis anderer kein direktes Wissen erwerben können. Er argumentiert vielmehr für das Gegenteil. Die unter
Punkt (a) angesprochene Unterscheidung lässt sich wieder aufheben, wenn
man im Falle testimonialer Akte die Aufmerksamkeit von der Seite des Zeugen auf jene des Rezipienten verlagert. Zwar gebe es kein konkretes Verb,
welches das Empfangen eines Zeugnisses im epistemologischen Sinne genau wiedergibt[102], doch schlägt Coady vor, auf eine entsprechend angepass-
te Variante des Verbs *lernen* auszuweichen. Dieses Verb verfügt nun in der
Tat über dieselbe Art von Erfolgsgrammatik, wie sie die Verben der sinnlichen Wahrnehmung aufweisen.[103] Ich kann nur etwas lernen, wenn die mir
im Zeugnis mitgeteilte Proposition auch tatsächlich wahr ist.[104]

Des Weiteren verliert die in den Punkten (b) und (c) angesprochene Differenz zwischen dem Zeugnis anderer und den individuellen epistemischen
Quellen an Plausibilität, sobald man sich kritisch mit der Sinnesdatentheo-
rie und den Thesen des logischen Empirismus auseinander setzt. Unter dem
Stichwort *Theoriebeladenheit der Beobachtung* wird in der Wissenschaftstheorie bereits seit einiger Zeit heftig darüber gestritten, ob es so etwas wie
eine reine (d. h. auch eine nicht-begriffliche) Wahrnehmung überhaupt geben
kann.[105] Darüber hinaus führt Coady an, dass auch die individuellen Quellen nicht zu infalliblem Wissen führen müssen. Wir können uns auch in Bezug auf unsere Wahrnehmungen täuschen, z. B. wenn die vorherrschenden
Beobachtungsbedingungen nicht gut sind und das beobachtete Objekt nicht

---

[101]   Vgl. ebd., S. 146.
[102]   Im Rahmen der vorliegenden Untersuchung wurde hierfür der Begriff des H-Zeugnisses
        eingeführt.
[103]   Vgl. Coady, C. A. J. (1992), S. 135/136.
[104]   Vgl. dazu auch die Ausführungen zum Begriff des H-Zeugnisses in Kap. 2.4.2 dieser
        Arbeit.
[105]   Vgl. hierzu auch die Ausführungen in Kap. 4.2 dieser Arbeit.

eindeutig zu erkennen ist. In solchen Fällen ist es durchaus möglich, dass wir Wahrnehmungsüberzeugungen auf Grund von Zeugnissen korrigieren.[106]

Auch der Punkt (d) liefert keinen triftigen Grund dafür, einen tiefgreifenden Dissens zwischen testimonialen Akten und den anderen Erkenntnisquellen anzunehmen. Denn zum einen entspricht eine stetige Überprüfung des Zeugen schlicht nicht unserer epistemischen Praxis.[107] Und zum anderen könnte die Aufrechterhaltung dieser Forderung unliebsame Auswirkungen auf die vermeintliche Vorrangstellung der Wahrnehmung haben. Schließlich könnte auch in Bezug auf diese gefordert werden, dass das epistemische Subjekt nur dann dazu berechtigt sei, Überzeugungen auf der Basis seiner eigenen Wahrnehmung für wahr zu halten, wenn es sichergestellt hat, dass die Beobachtung unter Normalbedingungen (gutes Licht, keine vorherige Einnahme halluzinogener Substanzen etc.) stattgefunden habe. Gestände man eine solche Forderung aber zu, hieße das, dass auch die Wahrnehmung (dasselbe gilt ebenso für die anderen individuellen Quellen) zu keinem direkten Wissen führt, sondern Beobachtungen inferentiell durch die Überprüfung der Wahrnehmungsbedingungen gerechtfertigt werden müssen.[108] Darüber hinaus entspricht eine solch kritische Haltung gegenüber unseren Wahrnehmungsüberzeugungen wiederum nicht unserer epistemischen Praxis und würde das epistemische Subjekt in einen Zustand praktischer Handlungsunfähigkeit versetzen, da es nie auf Anhieb sicher sein kann, dass das, was es sieht, auch tatsächlich existiert, um sich entsprechend zu verhalten.

Schließlich spricht auch die unter dem Punkt (e) thematisierte Abhängigkeit testimonialer Erkenntnis von den anderen Wissensquellen nicht für einen untergeordneten Status des Zeugnisses anderer, denn die anderen epistemischen Quellen funktionieren ebenfalls nicht in Isolation voneinander. „Put crudely, inference needs perception to provide premises but it is none the less an independent and original operation of the mind. So, too, there is no memory without perception, but memory is a power or faculty of the mind quite distinguishable from perception."[109] Das beschriebene falsche Bild eines signifikanten Unterschieds zwischen dem Zeugnis anderer und den individuellen Erkenntnisquellen entstehe, laut Coady, vielmehr dadurch, dass in der philosophischen Debatte häufig davon ausgegangen werde, dass man die Erkenntnisquellen isoliert voneinander betrachten und dann nach

---

[106]   Vgl. Coady, C. A. J. (1992), S. 147/148.
[107]   Vgl. ebd., S. 143/144 und die Kritik an der entsprechenden Forderung des lokalreduktionistischen Programms in Kap. 3.2.3.2 dieser Arbeit.
[108]   Vgl. Coady, C. A. J. (1992), S. 144/145.
[109]   Ebd., S. 146/147.

ihren jeweiligen Relationen untereinander fragen könne. Dies sei aber nicht der Fall. Vielmehr müsse man immer deren tiefgreifendes wechselseitiges Zusammenspiel mit in Betracht ziehen.

Auf welcher Basis erfolgt nun aber die anti-reduktionistische Rechtfertigung einer Überzeugung, die aus dem Zeugnis anderer gewonnen wurde? D. h. auf was gründet sich die Berechtigung des Rezipienten, die Aussage einer Person für wahr zu halten und damit die gewonnene Überzeugung als Wissen zu akzeptieren? Auch wenn Coady in der obigen Argumentation gezeigt hat, dass viele Unterschiede zwischen dem Zeugnis anderer und den individuellen Erkenntnisquellen nur vermeintlicher Natur sind, bleibt die Klärung dieser Frage doch zentral für die Verteidigung seiner Position. In Coadys Argumentation wird die Rechtfertigungsbasis testimonialer Überzeugungen nicht explizit genannt, allerdings finden sich bei ihm zwischen den Zeilen Hinweise darauf, welche von anderen Autoren präzisiert wurden. Vergleichbar mit den ersten Prinzipien bei Reid erhält das Zeugnis anderer seine rechtfertigende Kraft durch die Annahme einer *Präsumtionsregel* (welche jeweils in entsprechend abgeänderter Form auch für die anderen Quellen des Wissens postuliert werden kann). Was genau ist hierunter jedoch zu verstehen?

3.2.2.1 Die Präsumtionsregel

Charakteristisch für anti-reduktionistische Vorhaben ist die Postulierung einer Präsumtionsregel (Verstehensregel), welche die Rechtfertigung von testimonialen Überzeugungen ermöglicht. Präsumtionen wurden zunächst im juristischen Kontext verwendet (bekannt ist hier z. B. die Präsumtion der Unschuldsvermutung des Angeklagten) und werden seit Leibniz auch für den erkenntnistheoretischen Bereich in Anschlag gebracht.[110] Bekannt sind Präsumtionen auch im Bereich der Hermeneutik. Diskutiert werden hermeneutische Prinzipien, welche es dem Interpretierenden erlauben, dem Autor – respektive dem Sprecher – Konsistenz, Wahrheit bzw. allgemein Rationalität bezüglich seiner Äußerung zu unterstellen.[111] Hierzu zählt beispielsweise das „principle of charity", welches Donald Davidson im Zusammenhang mit seinem Projekt einer *radikalen Interpretation* einführt.[112] Dieses Prinzip diskutiert Coady im Kontext seines Arguments aus dem Spracherwerb

---

[110] Vgl. Scholz, O. R. (2000b), S. 155.

[111] Vgl. ebd., S. 159. Einen historischen Überblick über die Verwendung von Präsumtionen in der Theorien der Hermeneutik von der Antike bis zur Neuzeit bietet Böhm, J. M. (2006), S. 94-109.

[112] Eine detaillierte Auseinandersetzung mit diesem Prinzip findet sich bei Scholz, O. R. (1999), S. 103-121.

zur Stützung der These des gleichrangigen epistemischen Status des Zeugnisses anderer.[113] Da dieses Prinzip im Zusammenhang mit diesem zentralen Argument eine wichtige Rolle spielt, kann davon ausgegangen werden, dass Coady ebenfalls auf eine Präsumtion als Basis der Berechtigung für die Übernahme testimonialer Gehalte abhebt.

Welche Funktion kommt Präsumtionen nun ganz allgemein in diesen verschiedenen Kontexten zu? „Präsumtionsregeln kommen in Situationen zum Zuge, bei denen die entscheidungsrelevante Überlegung an der Frage hängt, ob ein bestimmter Sachverhalt q (oder ob nicht-q) vorliegt, bei denen keine zureichenden oder gar zwingenden Gründe für die eine oder die andere Annahme vorliegen, der Überlegungs- und Entscheidungsprozeß aber weiterlaufen muß. In einer solchen Lage instruiert eine Präsumtionsregel die Person, sie solle, gegeben p, q zu einer Prämisse in dem weiteren Überlegungsprozeß machen."[114] Präsumtionen ermöglichen also das Fällen von Urteilen in Entscheidungssituationen, die dadurch gekennzeichnet sind, dass dem Urteilenden nicht alle relevanten Informationen für eine sichere Entscheidungsfindung zur Verfügung stehen. In diesem Kontext ermöglichen sie es, trotz dieser Unsicherheit rational und zeitnah zu handeln.

Es gibt eine kontroverse Debatte darüber, ob und wenn ja in welchem Sinne solche Präsumtionen insbesondere im Hinblick auf die Interpretation von sprachlichen Mitteilungen als *notwendig* für das Verstehen von Äußerungsakten betrachtet werden müssen. Scholz unterscheidet in diesem Zusammenhang zwischen *instrumenteller* und *evolutionärer Notwendigkeit* sowie *Konstitutivität*.[115] Werden Präsumtionen als instrumentell notwendig betrachtet, gelten sie als unentbehrliche Mittel für das Verstehen. Diese Verwendungsweise wird durch die Situationsbeschreibung der Entscheidungsnotwendigkeit unter Handlungsdruck im obigen Zitat von Scholz deutlich. Notwendig im evolutionären Sinne wären Präsumtionen dann, wenn man annähme, dass „wir mithin Rationalität unterstellen dürfen, weil die biologische Evolution garantiert, daß wir im großen und ganzen rational sind. Die These der evolutionären Notwendigkeit besagt, daß die biologische Evolution unsere Rationalität und sogar die Wahrheit der überwiegenden Zahl unserer Meinungen

---

[113] Vgl. Coady, C. A. J. (1992), Kap. 9.
[114] Scholz, O. R. (2000b), S. 156.
[115] Vgl. ebd., S. 160-162. Eine ausführliche Darstellung der verschiedenen Lesarten der Notwendigkeit hermeneutischer Präsumtionsregeln bietet Scholz, O. R. (1999), Teil II „Hermeneutische Präsumtionsregeln – Zum Status und zur Rechtfertigung allgemeiner Verstehens- und Interpretationsprinzipien".

sicherstelle."[116] Diese These kann jedoch mit gutem Gewissen verworfen werden, da „Wahrheitsmaximierung [...] nicht notwendig ein Selektionsvorteil zu sein [scheint]."[117] Konstitutivität kann schließlich noch weiter ausdifferenziert werden in a) Praxis-Konstitutivität und b) Begriffskonstitutivität. Im ersten Fall wären hermeneutische Präsumtionsregeln sowohl konstitutiv für unsere Praxis der Verständigung und Interpretation als auch für „unsere Praxis des alltagspsychologischen Erklärens, Prognostizierens und Verstehens von Handlungen"[118]. Im Falle der Begriffskonstitutivität wären die Präsumtionsregeln dagegen „konstitutive Bedingungen für die gerechtfertigte Anwendbarkeit von Begriffen [...], die bei Interpretationen wesentlich ins Spiel kommen, also von Begriffen wie „Bedeutung", „propositionale Einstellung", „Handlung" und „Person"."[119] Scholz plädiert nun dafür, Präsumtionsregeln im starken Sinne als konstitutiv für das Verstehen aufzufassen. „Sie sind nicht nur probate Mittel, sondern konstitutive Bedingungen für die Praxis der Verständigung mit Zeichen, für die Praxis der alltagspsychologischen Interpretation von Handlungen und für die Anwendbarkeit der für diese Praxis zentralen Begriffe."[120]

Wenden wir uns an diesem Punkt wieder dem Zeugnis anderer zu. Im Falle testimonialer Akte hätte eine entsprechende Präsumtion folgende Form:

> (Z-Präs-F) Es gibt eine Präsumtion, das Zeugnis anderer solange als wahr zu akzeptieren, bis man Gründe zu der Annahme hat, dass besondere Umstände vorliegen, die Präsumtion zu annullieren. (Wie oben bemerkt, gibt es zwei Annullierungsbedingungen: (i) Anhaltspunkte dafür, dass der Sprecher (bei der fraglichen Gelegenheit) nicht aufrichtig gewesen ist, und (ii) Anhaltspunkte dafür, dass der Sprecher (in bezug auf das fragliche Thema) nicht kompetent ist.[121]

Die zugehörige Präsumtionsregel lautet dann folgendermaßen:

> (Z-Präs-R) Gegeben, dass ein Sprecher S (bei der Gelegenheit O) eine verständliche assertorische Äußerung U vollzogen hat, mit der er sich auf die Wahrheit von p festlegt, gehe solange davon aus, dass p wahr

---

[116]   Ebd., S. 161.
[117]   Böhm, J. M. (2006), S. 118.
[118]   Scholz, O. R. (2000b), S. 161.
[119]   Ebd., S. 161/162.
[120]   Ebd., S. 162. Eine kritische Auseinandersetzung mit der Position von Scholz findet sich bei Böhm, J. M. (2006), Kap. 3.3.4.
[121]   Scholz, O. R. (2001), S. 365.

ist, bis Du Gründe zu der Annahme hast, dass eine der Annullierungsbedingungen erfüllt ist.[122]

Präsumtionen im Kontext des Zeugnisses anderer sind grundsätzlich fallibel. D. h. sie ermöglichen es dem Rezipienten zunächst, dem Zeugen einen
Vertrauensvorschuss entgegenzubringen, welcher aber im Falle des Zutref-
fens der möglichen Annullierungsbedingungen wieder aufgehoben werden
kann. Dabei unterliegt es dem Rezipienten nachzuweisen, dass eine Annullierungsbedingung in einem konkreten Fall zutrifft. „Wer die Präsumtion ne-
giert, trägt die Beweislast."[123] Betrachten wir dazu folgendes Beispiel:

> (B-17) Anti-reduktionistische Rechtfertigung: Warum ist Peter darin gerechtfertigt,
> Pauls Zeugnis über den Münsteraner Dom für wahr zu halten? Weil Peter keine Gründe
> für die Annahme vorliegen, dass Paul im Hinblick auf seine Äußerung nicht aufrich-
> tig oder kompetent war. Ihm liegen keine Anzeichen vor, dass Paul die Absicht hat,
> ihn mit seiner Mitteilung zu täuschen. Hier ist die das Zeugnis betreffende Präsumti-
> onsregel demnach erfüllt, die Annullierungsbedingungen treffen nicht zu und Peter ist
> berechtigt, Pauls Äußerung für wahr zu halten.

Welche Bedingungen hätten vorliegen müssen, damit Peter nicht gerechtfertigt wäre, den Worten seines Freundes Glauben zu schenken? Hier sind
nun verschiedene Möglichkeiten denkbar. Zum einen hätte Peter die Kompetenz seines Freundes in Frage stellen können. Angenommen Paul sei kein
gebürtiger Münsteraner und habe sich darüber hinaus in der Vergangenheit
auch eher als eine Person erwiesen, die wenig Interesse an historischen Fakten hat und daher eher unzuverlässig im Hinblick auf Auskünfte solcher Art
war, dann bestünden für Peter gute Gründe, das Zeugnis seines Freundes
bezüglich der Geschichte des Münsteraner Doms skeptisch zu betrachten.
Zum anderen könnte man auch annehmen, Paul habe seine Äußerung in einer Art und Weise vorgebracht, die Peter an dessen Aufrichtigkeit zweifeln
lassen – z. B. hat Paul einen direkten Augenkontakt mit Peter vermieden
und angefangen zu stottern. Auch dies könnten Anzeichen dafür sein, dass
Peter seinem Freund nicht vertrauen sollte, da dieser seine Äußerung nicht
aufrichtig vorgebracht hat. Hier kommen somit die Annullierungsbedingungen ins Spiel, welche die ursprüngliche Präsumtion als Rechtfertigungsbasis
wieder aufheben. Im Falle des Zeugnisses anderer bestehen für die Annullierungsbedingungen wenige Kriterien – nämlich Aufrichtigkeit und Kompetenz des Zeugen –, die aber viele verschiedene Instanzen haben können. Mit
der Kenntnis der jeweiligen Annullierungsbedingungen – d. h. wann diese in

---

[122] Ebd.
[123] Scholz, O. R. (2000b), S. 157.

Anschlag zu bringen sind, um die zugehörige Präsumtion zu negieren – sind auch die epistemischen Pflichten des Rezipienten auf angemessene Weise erfüllt.[124] Das epistemische Subjekt agiert in hinreichendem Umfang rational und ist damit in seiner Überzeugungsbildung gerechtfertigt. Gefordert werden müsste lediglich, dass das epistemische Subjekt vor dem Hintergrund einer „generellen Disposition, auf Indikatoren für Unaufrichtigkeit und Inkompetenz zu achten," dazu in der Lage sei, zu erkennen, wann es ggf. auf eine speziellere Präsumtionsregel umschalten muss.[125]

Von besonderem Interesse ist nun der Status, der einer solchen Präsumtion zukommt. Scholz spricht hier davon, dass wir es bei solchen Präsumtionen mit epistemischem Prinzipien zu tun haben, die auf halbem Weg zwischen a priorischen und a posteriorischen Prinzipien liegen.[126] Präsumtionen können als a priori betrachtet werden, weil sie es gestatten, dass der Rezipient dem Zeugen zunächst ohne weitere empirische Gründe einen Vertrauensvorschuss gewährt. „The presumption that q *is not a posteriori* in that it does not depend on specific empirical evidence for q. When a presumption rule applies in a particular instance, it is there prior to the ensuing deliberation process that hinges on the question whether p or not-p and may even preempt that process completely. Presumptions are so to speak rational prejudgements."[127] A posteriori sind diese Prinzipien, weil über die Annullierungsbedingungen auf empirisches Wissen rekurriert wird. „The presumptions are *not a priori* either, at least not in the traditional Kantian way, because they are not necessary in a sense that would imply their being immune from revision."[128] Die Beschreibung dieses Status von Präsumtionsregeln folgt damit der Kritik von Hans Reichenbach an Kants Formulierung des a priori-Begriffs. Reichenbach zufolge, vermengt Kant nämlich zwei unterschiedliche Aspekte bei der Entwicklung seines Begriffs vom A priori: a) Unrevidierbarkeit und b) Erfahrungskonstitutivität.[129] Man kann aber (a) ablehnen, ohne (b) aufzugeben, wie in der Form der Präsumtionsregeln deutlich wird.

Abschließend sei nun noch auf zwei letzte Aspekte der Präsumtion hingewiesen. Zum einen bildet das Zeugnis anderer keine Ausnahme unter den epistemischen Quellen, wenn für dieses eine rechtfertigende Kraft auf der Basis einer Präsumtion angenommen wird. Vielmehr ist davon auszugehen,

---

[124]   Vgl. Scholz, O. R. (2001), S. 372.
[125]   Vgl. ebd.
[126]   Vgl. Scholz, O. R. (2009), S. 175.
[127]   Ebd., S. 182.
[128]   Ebd., S. 182/183.
[129]   Vgl. Reichenbach, H. (1920), Kap. V und VI.

dass Präsumtionen ebenfalls für die individuellen Erkenntnisquellen ange-nommen werden können.[130] In diesem Sinne kommt dem Zeugnis anderer also kein Sonderstatus zu. Es steht vielmehr auf derselben epistemischen Stufe wie die anderen Quellen menschlichen Wissens.

Zum anderen verweist von Maltzahn darauf, dass durch die Annahme ei-ner Präsumtion sowohl eine internalistische als auch eine externalistische Rechtfertigung für die aus dem Zeugnis anderer gewonnenen Überzeugung gegeben werden kann. Internalisten fordern, dass dem epistemischen Sub-jekt, die Gründe für die Rechtfertigung seiner Überzeugung selbst zugäng-lich sein müssen. Mit diesem Aspekt werden die Annullierungsbedingungen der Präsumtionsregel abgedeckt. Wir haben bereits gesehen, dass die For-derung besteht, dass der Rezipient über die Kenntnis der relevanten Annul-lierungsbedingungen einer Präsumtionsregel und deren Anwendungsbedin-gungen verfügen muss, um als rationaler Akteur im Erkenntnisprozess gelten zu können. Internalistisch sind die Annullierungsbedingungen auch deswe-gen, weil das epistemische Subjekt sie selbst auf der Basis seiner Erfahrung erwirbt. Die externalistische Komponente, die statt der Zugänglichkeit der Rechtfertigungsgründe nur das Bestehen eines zuverlässigen Prozesses der Überzeugungsbildung fordert, ist dagegen in der Präsumtionsregel selbst ge-geben. Die Anwendung von Präsumtionen führt uns regelmäßig zuverlässig zu wahren Überzeugungen, ohne dass uns direkt bewusst ist, dass wir uns dabei auf sie verlassen. Präsumtionen verbinden damit internalistische und externalistische Rechtfertigungsstrategien.[131]

Obwohl dieser intermediäre Status von Präsumtionen zunächst als Vorteil erscheint, stellt er für ein anti-reduktionistisches Vorhaben jedoch ein Pro-blem dar. Dies betrifft die soeben angesprochene externalistische Kompo-nente der Rechtfertigung, die in einem Spannungsverhältnis zum Ideal einer intellektuellen Autonomie des epistemischen Subjekts zu stehen scheint. Be-trachten wir dieses Problem im Folgenden genauer.

3.2.2.2 Soziale Überzeugungsbildung und intellektuelle Autonomie

Im Rahmen der Darlegung seiner eigenen anti-reduktionistischen Position macht Coady noch einen wichtigen Punkt zur testimonialen Erkenntnis gel-tend: Auch wenn er den individualistischen Standpunkt klassischer episte-

---

[130] Vgl. Scholz, O. R. (2001), S. 364/365. Hier werden Präsumtionen und zugehörige Prä-sumtionsregeln für die Wahrnehmung und die Erinnerung beispielhaft vorgestellt.

[131] Vgl. von Maltzahn, H. (2006), S. 127.

mologischer Konzepte prinzipiell ablehnt, betrachtet auch er die *intellektu-elle Autonomie* des Einzelsubjekts als einen bedeutenden Wert. Es fragt sich somit, wie es um die Vereinbarkeit testimonialer Erkenntnis als Resultat eines im Wesentlichen sozial determinierten Überzeugungsbildungsprozesses mit dem Ideal intellektueller Autonomie bestellt ist.

Coady diskutiert die fragliche Vereinbarkeit in einer Auseinandersetzung mit der Position Alvin I. Goldmans zur Beschaffenheit einer sozialen Erkenntnistheorie, für welche Goldman *wahre Überzeugungen* als Grundkonstituenten ansieht,[132]. Er nimmt hierfür eine Untersuchung dreier, von ihm postulierter Komponenten intellektueller Autonomie vor: *Unabhängigkeit*, *Selbstkreation* und *Integrität*.[133] In der Erörterung dieser drei Punkte versucht er zu zeigen, dass Testimonialerkenntnis grundsätzlich mit dem Ideal intellektueller Autonomie vereinbar ist. Gleichzeitig verwahrt Coady sich allerdings gegen die Position Goldmans. Diese Zweigleisigkeit der Untersuchung erschwert es an einigen Stellen, seine Argumentation für die postulierte Vereinbarkeit immer klar nachzuvollziehen. Grundsätzlich lassen sich jedoch zwei Argumentationslinien herauslesen, welche die Vereinbarkeit testimonialer Erkenntnis mit dem Ideal intellektueller Autonomie stützen:

a) Die epistemische Unabhängigkeit des Subjekts von möglichen Beeinflussungen Dritter besteht insbesondere in einer kritischen Grundhaltung. Diese muss jedoch nicht völlig separat von anderen epistemischen Subjekten gedacht werden, da von diesen häufig Anregungen für eine kritische Überprüfung bestimmter Propositionen erlangt werden können. Darüber hinaus werden und können auch nicht alle notwendigen Überprüfungen vom Einzelsubjekt allein vorgenommen werden. Es stützt sich vielmehr in vielen Bereichen auf das Wissen aus dem Zeugnis anderer.[134]

b) Der zweite Punkt wird bedingt durch das individuelle Streben nach Wahrheit. „Certainly, if the cultivation of epistemic autonomy tended to diminish seriously our stock of communally possessed truths, this would count against the pursuit of such cultivation. This danger can be dis-

---

[132] Coady weist darauf hin, dass Goldman hier von einem minimalistischen Wissensbegriff ausgehe, indem er – auch wenn Goldman sich der Strittigkeit dieses Unterfangens bewusst ist – Wissen mit wahren Überzeugungen gleichsetze.

[133] Vgl. Coady, C. A. J. (2002), S. 363.

[134] Vgl. ebd., S. 363/364. Auf diesen Punkt geht bereits Coady (1992) ein, indem hier festgestellt wird, dass das wesentliche Kriterium intellektueller Autonomie darin bestehe, dass das Subjekt die Kontrolle über den epistemischen *Input* behalte, insofern als es diesen einer kritischen Überprüfung u. a. mit Hilfe anderer Quellen unterziehen könne, sofern dies erforderlich scheint. Vgl. Coady, C. A. J. (1992), S. 99/100.

missed because intellectual virtue has an intrinsic connection with gaining truth."[135] In diesem Sinne versucht Coady zu zeigen, dass zumindest den ersten beiden Komponenten intellektueller Autonomie – also Unabhängigkeit und Selbstkreation – ein Streben nach wahren Propositionen inhärent ist. Für den Aspekt der Unabhängigkeit des Individuums konnte dies an der Notwendigkeit der geforderten Kontrolle über den epistemischen *Input* gezeigt werden. Es wird also nicht wahllos irgendwas geglaubt, sondern kritisch der Wahrheitswert der Proposition überprüft, bevor sie als neue Überzeugung in das Überzeugungssystem des epistemischen Subjekts integriert wird. Vergleichbar verhält es sich für den Bereich der Selbstkreation: Als wesentlichen Punkt hebt Coady hier hervor, dass es nicht allein darum gehen könne, blind wahre Propositionen zu übernehmen, sondern dass die Notwendigkeit des Verstehens bestehe. Entscheidend für das Individuum sei es, dass es die verschiedenen Inhalte vor dem Hintergrund seines eigenen Wissens bewerten könne und somit die Relevanz einzelner Überzeugungen herausstellen, also auswählen könne, was für es selbst erforderlich sei.[136] Auch hier kommt somit ein kritisches Moment ins Spiel. Darüber hinaus bestehe ein Interesse an immer neuen wahren Meinungen, da sie dazu beitragen, das *Weltbild* eines jeden von uns zu komplettieren und bereits angenommene Überzeugungen vor dem Hintergrund neuen Wissens anders zu bewerten.[137] Zwischen den Zeilen gelesen, bedeutet dies auch, dass der Erwerb wahrer Meinung u. a. vermittels testimonialer Akte zum Kern intellektueller Autonomie gezählt werden sollte, da sie einen wesentlichen Beitrag zum Aufbau unserer eigenen intellektuellen Welt leisten.

Auch wenn dieses kritische Argument, dass das Vertreten einer anti-reduktionistischen Position eine Einschränkung der intellektuellen Autonomie des epistemischen Subjekts bedeuten könne, solchermaßen von Coady entschärft werden konnte, gibt es noch weitere Kritikpunkte, die gegenüber dem Anti-Reduktionismus ins Feld geführt werden. Einige davon sollen im Folgenden genauer betrachtet werden.

3.2.2.3 Kritik am anti-reduktionistischen Programm

Eine ganz allgemeine Kritik stammt von Martin Kusch. Er wirft den bisher vertretenen Positionen der Debatte um das Wissen aus dem das Zeugnis

---

[135]   Coady, C. A. J. (2002), S. 371.
[136]   Vgl. ebd., S. 367/68.
[137]   Vgl. ebd., S. 369.

anderer vor, dass sie weiterhin an einer individualistischen Sichtweise bezüglich dieser Erkenntnisquelle festhielten.[138] Mag dies im Kontext eines reduktionistischen Programms noch sinnvoll erscheinen (schließlich ist es Ziel reduktionistischer Vorhaben, die wesentliche Rolle im Erkenntnisprozess allein den individuellen Wissensquellen zuzuschreiben), erhält Kuschs Kritik doch entscheidende Relevanz im Umfeld anti-reduktionistischer Vorhaben. Allerdings stellt sich zunächst einmal die Frage, worauf genau sich Kuschs Kritik eigentlich gründet? Sprich, was ist das individualistische Element, welches er selbst in anti-reduktionistischen Positionen ausgemacht haben will?

Verständlich wird seine These vor dem Hintergrund seiner eigenen Theorie. Kusch ist nämlich der Ansicht, dass Individuen nur vermittels ihrer Zugehörigkeit zu sozialen Gruppen Wissen zukomme. Die eigentlichen epistemischen Subjekte sind, dieser Theorie zufolge, nicht Individuen, sondern eben jene soziale Gruppen.[139] Sein Ansatz zielt auf die Etablierung einer kommunitaristischen Epistemologie ab.[140] Mit seiner These, dass als epistemische Subjekte nur soziale Gruppen in Betracht kommen und nicht Individuen, vertritt Kusch eine Form der sozialen Erkenntnistheorie, die in wesentlichen Teilen stärkere Thesen zu verteidigen sucht, als sie üblicherweise in der Debatte bezüglich testimonialer Erkenntnis behandelt werden. Der paradigmatische Fall des Zeugnisses anderer ist, wie weiter oben erläutert, eine Situation der Face-to-Face-Kommunikation. Ausgegangen wird dabei meist von nur einem Sprecher und einem Hörer und nicht von Gruppen von Personen.

Es wurde bereits im Rahmen der Klärung des Zeugnisbegriffs darauf hingewiesen, dass von verschiedener Seite Kritik daran geäußert wurde, dass der von Coady definierte Begriff eines formellen Zeugnisses unbewusst auch Einfluss auf die Bestimmung der Bedingungen natürlicher (d. h. alltagssprachlicher) Zeugnisse gehabt habe.[141] Diesen Punkt führt auch Kusch an. Er kritisiert dabei jedoch nicht nur, dass die Bedingungen natürlicher Zeugnisse durch diesen Einflussfaktor zu streng gefasst würden, sondern sieht hierin auch einen der Gründe, warum in der Debatte zum das Wissen aus

---

[138]   Vgl. Kusch, M. (2004), S. 10/11.

[139]   Vgl. Kusch, M. (2002), S. 335.

[140]   Ich habe mich bereits an anderer Stelle kritisch mit diesem von Kusch vorgeschlagenen erkenntnistheoretischen Programm auseinandergesetzt (vgl. Mößner, N. (2006), S. 619-623), daher möchte ich hier nur kurz darauf eingehen, auf welcher Basis seine Kritik an den vertretenen Positionen der *Testimony*-Debatte gründet und inwiefern diese Kritik von Bedeutung für die Vertreter dieser Debatte sein könnte.

[141]   Vgl. Kap. 2.2.1.1 dieser Arbeit.

dem Zeugnis anderer immer noch starke individualistische Tendenzen zu finden seien. „We want the witness to pass her knowledge on to us. And we want her knowledge to be based on her perceptions and her memory, not in hear-say. We do not want the witness's say-so to produce new items of knowledge. All we want is that her knowledge of past items becomes our knowledge too. The focus on the legal case is thus one of the pillars that supports the individualistic view of testimony."[142]

Beachtet werden sollte an diesem Punkt allerdings, dass die individualistische Komponente, welche Kusch hier angreift, sich doch wesentlich vom individualistischen Ideal der Aufklärung unterscheidet, dessen Überwindung als Ziel anti-reduktionistischer Vorhaben betrachtet werden kann. Beim individualistischen Ideal dieser Couleur (jedenfalls so, wie es verschiedene Vertreter der *Testimony*-Debatte wiedergeben) ging es ja darum zu betonen, dass eine Überzeugung nur dann als Wissen gelten kann, wenn a) das epistemische Subjekt die fragliche Proposition im starken Sinne verstanden hat, b) die Gründe zur Rechtfertigung dieser Überzeugung dem epistemischen Subjekt zugänglich sind und c) es die Gründe für die Rechtfertigung selbst erworben hat.[143] Kuschs Kritik scheint sich dagegen eher darauf zu stützen, dass im Kontext der Theorien zum epistemischen Status des Zeugnisses anderer nach wie vor das Individuum die wesentliche Rolle im Erkenntnisprozess spielt. An dieser Stelle soll daher (auf der Basis der Abgrenzung der anti-reduktionistischen Programme vom individualistischen Ideal der Aufklärung) dafür plädiert werden, dass Vertreter anti-reduktionistischer Positionen die soziale Komponente des Zeugnisses anderer als Erkenntnisquelle durchaus erfasst haben.[144] Die von Kusch geübte Kritik trifft nicht in dem

---

[142] Kusch, M. (2002), S. 337.

[143] Vgl. Kap. 3.1 dieser Arbeit und z. B. von Maltzahn, H. (2006), Kap. 2, v. a. S. 52. Allerdings verlieren anti-reduktionistische Positionen nicht den Wert der Autonomie, für welchen das individualistische Ideal der Aufklärung eintritt. Das verwendete präsumtive Argument zur Rechtfertigung testimonialer Gehalte stellt, wie im vorigen Abschnitt verdeutlicht, eine Verbindung zwischen einer externalistischen und einer internalistischen Rechtfertigung dar. Zwar mögen dem epistemischen Subjekt nicht unbedingt die Gründe zugänglich sein, die für die Rechtfertigung seiner Überzeugung bezüglich des Gehalts des Zeugnisses sprechen, denn diese mögen allein dem Zeugen selbst bekannt sein. Doch sind dem Hörer die Gründe, warum er dem Zeugen vertraut durchaus zugänglich. Allerdings sind sie es in einem negativen Sinne, nämlich in der Form der Abwesenheit von Anhaltspunkten, die gegen die Glaubwürdigkeit des Zeugen sprechen würden. D. h. der Rezipient kennt die Annullierungsbedingungen der Präsumtionsregel, die ihn zur Übernahme des bezeugten Gehalts berechtigt.

[144] Die von Kusch vorgebrachte Kritik wird im Zusammenhang mit der Untersuchung des Status von Medienberichten im Kap. 5 dieser Arbeit von Relevanz. In diesem Kontext

von ihm intendierten starken Sinne zu, dass die bisher geführte Debatte revidiert werden müsste.[145]

Neben dieser allgemeinen Kritik von Kusch gibt es innerhalb der Debatte zur Testimonialerkenntnis detaillierte Auseinandersetzungen mit antireduktionistischen Positionen, welche insbesondere die Verwendung einer Präsumtion als Rechtfertigungsbasis in ein kritisches Licht stellen. An dieser Stelle soll nur auf einige ausgewählte Aspekte genauer eingegangen werden.

Als eine erste kritische Auseinandersetzung mit dem präsumtiven Argument des Anti-Reduktionismus sei Richard Swinburnes Analyse testimonialer Erkenntnis kurz vorgestellt.[146] Swinburne vertritt die Ansicht, dass es für die Rechtfertigung testimonialer Überzeugungen nicht erforderlich sei, eine Präsumtionsregel als unabhängiges epistemisches Prinzip anzunehmen.[147] Den Grund hierfür sieht er darin, dass man solche Überzeugungen auch mit Hilfe des Einfachheitskriteriums rechtfertigen könne, welches er als eines von vier Kriterien zur Theorienwahl benennt.[148] „[...] it is plausible to suppose that the principle of testimony follows the simplest account of human verbal behaviour, given the ease with which we can attribute beliefs about the meanings of words to others on the assumption that they seek to tell the truth. There is no need, in order to provide justification for relying on direct testimony, to add the principle of testimony to our four criteria of correct explanation, as an additional criterion of probable truth."[149] Swinburne zufolge ist demnach die einfachste Erklärung für menschliches Sprachverhalten, dass Menschen wahre Aussagen machen wollen. Da seiner Auffassung nach die einfachste Erklärung für ein Phänomen auch jene ist, die am wahrscheinlichsten wahr ist[150], kann im Normalfall davon ausgegangen werden, dass

---

erscheint es nämlich durchaus wesentlich zu sein, dass hier Gruppen von Personen miteinander interagieren und nicht bloß Individuen.

[145] Vgl. Kusch, M. (2002), S. 346 f.

[146] Da ich bereits an anderer Stelle ausführlich auf Swinburnes Argumentation eingegangen bin (Vgl. Mößner, N. / Seidel, M. (2008), S. 61-74), möchte ich mich an dieser Stelle darauf beschränken, seine Überlegungen zum Status des präsumtiven Arguments überblicksartig darzustellen und kurz zu erläutern, warum Swinburnes Analyse fehlschlagen muss.

[147] Vgl. Swinburne, R. (2001), S. 125.

[148] Vgl. ebd., S. 80-83.

[149] Ebd., S. 126.

[150] Dies gilt zumindest für die Auswahl einer Erklärungshypothese aus einer Menge von Thesen, welche alle die anderen drei von Swinburne genannten Kriterien gleich gut erfüllen – also gleich gut mit den Daten übereinstimmen und mit dem Hintergrundwissen zusammenpassen sowie deren Anwendungsreichweite gleich groß ist. Vgl. ebd., S. 82.

Zeugen zuverlässig die Wahrheit berichten. Der Rekurs auf eine Präsumtionsregel ist damit nicht notwendig.

Zwei Punkte sollen bezüglich dieser Argumentation kritisch angemerkt werden: Erstens ist Swinburnes These im obigen Zitat viel zu weitreichend formuliert. Sprechhandlungen können mit sehr unterschiedlichen Intentionen verbunden sein und nicht nur mit dem Ziel, wahre Meinungen über die Welt zu äußern. Dies kann man sich leicht klar machen, wenn man sich verschiedene Sprechakte wie *danken, fragen* oder *sich entschuldigen* vor Augen führt. Diese Feststellung gilt im Übrigen auch für testimoniale Akte. Wie die vorgeschlagenen Definitionen von Sprecher- und Hörerzeugnis gezeigt haben[151], besteht auch bei ihnen nicht die primäre Zielsetzung nur in der Mitteilung wahrer Überzeugungen über die Welt.[152] Das Einfachheitskriterium (im Sinne des Wunsches der Mitteilung wahrer Überzeugungen als einfachster Erklärung für menschliche Kommunikation) ist demnach nicht ausschlaggebend für die Rechtfertigung testimonialer Überzeugungen.

Zweitens erweist sich Swinburnes Argumentation auch noch in einem weitern Sinne als defizitär bzw. zumindest als unklar. Er vertritt eine fundamentalistische Erkenntnistheorie, indem er annimmt, dass es basale Überzeugungen (bzw. basale Propositionen) gebe, auf denen unser Überzeugungssystem aufbaut. Diese basalen Überzeugungen können aus allen, dem Menschen zur Verfügung stehenden Erkenntnisquellen gewonnen werden, auch aus dem Zeugnis anderer.[153] Das epistemische Subjekt ist in diesen basalen Überzeugungen allein auf Grund der Tatsache, dass es über diese Überzeugungen verfügt, gerechtfertigt.[154] Swinburne bringt hier sein "Principle of Credulityïn Anschlag. „This Principle leads on to the view that the person with justified beliefs, the rational person, is the credulous person; she believes everything until she has reason not to do so."[155] Dies erinnert nun stark an die im vorangegangenen Abschnitt erläuterten Präsumtionen. Im Gegensatz zum „Principle of Testimony" (mit diesem Ausdruck bezeichnet er eine Präsumtionsregel für das Zeugnis anderer als epistemisches Prinzip) hält Swinburne das „Principle of Credulity" für ein fundamentales apriorisches Prinzip, das keiner weiteren Rechtfertigung bedarf.

Wenn nun aber *basale* testimoniale Überzeugungen durch dieses fundamentale Prinzip der Gutgläubigkeit gerechtfertigt werden können, erscheint

---

151 Vgl. Kap. 2.4.1 und 2.4.2 dieser Arbeit.
152 Vgl. Mößner, N. / Seidel, M. (2008), S. 63/64.
153 Vgl. Swinburne, R. (2001), S. 136.
154 Vgl. ebd., S. 141.
155 Ebd., S. 142.

es fraglich, warum Swinburne zunächst den Umweg über das Einfachheitskriterium einschlägt. Sinnvoller erscheint es in diesem Zusammenhang, das
„Principle of Credulity" als allgemeine Formulierung einer Präsumtionsregel zu lesen, von welcher dann Instanzen für die verschiedenen Erkenntnisquellen gebildet werden können.[156] Diese Strategie erlaubt es auch, eine
Präsumtionsregel der Testimonialerkenntnis zu bilden, ohne sie als unabhängiges epistemisches Prinzip annehmen zu müssen (sie wäre ja abhängig
vom „Principle of Credulity"), was Swinburnes Argumentation entgegen-
käme. Darüber hinaus würde ein solches Vorgehen insgesamt, die Kohärenz
in Swinburnes Überlegungen zur testimonialen Erkenntnis wesentlich erhöhen. Es zeigt sich also, dass sein Einwand gegen den Status einer Präsumtion zur Rechtfertigung von Überzeugungen, die aus dem Zeugnis anderer
gewonnen wurden, nicht triftig ist.

Tomoji Shogenji wählt eine andere Strategie, um die anti-reduktionistische
Argumentation in Frage zu stellen. Shogenjis Ansatz besteht darin, die (glo-
bal)reduktionistische Position gegen zwei Argumente zu verteidigen, welche
Coady in seiner Kritik an Hume vorbringt. Ziel soll es sein zu zeigen, dass es
durchaus möglich sei, dass das epistemische Subjekt eine Rechtfertigung für
die allgemeine Glaubwürdigkeit des Zeugnisses anderer als Wissensquelle
auf der Basis seiner eigenen Erinnerung und Wahrnehmung anführen könne.[157]

Zu diesem Zweck verweist Shogenji auf eine Mehrdeutigkeit, welche mit
dem Begriff der *Annahme* im Vorhaben einer anti-reduktionistischen Rechtfertigung testimonialer Überzeugungen verbunden sei. „An assumption can
be a presupposition, a presumption, or a hypothesis. It is sometimes a presupposition we take for granted in the given context of inquiry. It is sometimes a presumption we consider true unless contrary evidence emerges. It is
clear that we cannot assume the truth of a proposition we want to establish in
either of these two senses of assumption. However, an assumption can also
be a hypothesis, which we do not necessarily take to be true."[158] Shogenji
vertritt nun die Ansicht, dass die Glaubwürdigkeit der Zeugen und damit die
Wahrheit ihrer Berichte vom epistemischen Subjekt nicht präsumiert werde,
wie es die Anti-Reduktionisten behaupten. Stattdessen stelle diese Annahme
eine Hypothese dar, welche im Laufe des Lebens und in der Konfrontati-
on mit Zeugenberichten nach und nach bestätigt werde. Die Annahme der
Glaubwürdigkeit ist hier nicht mehr Teil des Hintergrundwissens, auf wel-

---

[156]   Vgl. Mößner, N. / Seidel, M. (2008), S. 69 ff.
[157]   Vgl. Shogenji, T. (2006), 332/333.
[158]   Ebd., S. 337.

ches der Rezipient sich stützt, sondern selbst Element des Erkenntnisgewinns aus dieser Quelle.[159] Auf diese Weise könne das epistemische Subjekt selbst auf der Basis seiner eigenen Erfahrung Stück für Stück das Wissen bezüglich der allgemeinen Zuverlässigkeit des Zeugnisses anderer erwerben. Eine Hypothese kann sich im Verlauf der Untersuchung sowohl als wahr als auch als falsch herausstellen. Die Wahrheit eines Zeugnisses müsse so nicht mehr präsumiert werden.

Auch wenn Shogenjis reduktionistische Rechtfertigungsstrategie dem Zirkularitätseinwand entgeht, da der Rezipient nicht auf das Zeugnis anderer angewiesen ist, um die Zuverlässigkeit testimonialer Erkenntnis zu rechtfertigen, wirft seine Vorgehensweise doch eine Reihe von Fragen auf:

a) Zunächst einmal ist unklar, wie dieses Vorhaben dem zweiten von Coady gegenüber reduktionistischen Positionen à la Hume vorgebrachten Einwand entgehen soll. Das Problem bestand ja darin, die *generelle* Zuverlässigkeit des Zeugnisses anderer als Erkenntnisquelle zu etablieren. Stützt sich der Rezipient dabei auf Erfahrungen anderer, entsteht das Problem der Zirkularität: Die Zuverlässigkeit des Zeugnisses anderer wird durch eben dieses gerechtfertigt. Stützt sich das epistemische Subjekt dagegen allein auf seine eigene Erfahrung – und das ist es, was Shogenji hier anstrebt – besteht das Problem einer beständig zu kleinen Induktionsbasis. Der Rezipient wird nie über eine hinreichende Menge eigener Belege verfügen können, um die allgemeine Zuverlässigkeit testimonialer Akte zu verifizieren. Shogenji hält hierzu lediglich fest, dass „[...] the general credibility of testimony is well supported by perceptual and memorial evidence by the time the epistemic subject can interpret utterances. This is because unless the hypothesis of the general credibility of testimony is true, the subject will be unable to interpret utterances."[160] Diese Feststellung führt damit aber sogleich zu einer weiteren Schwierigkeit.

b) Was müsste passieren, damit sich die Hypothese der Zuverlässigkeit des Zeugnisses anderer als falsch herausstellt? Und kann sich diese überhaupt als falsch herausstellen? Angenommen ein Rezipient begegnet fünf zuverlässigen Zeugen (d. h. er kann ihre Aussagen durch eigene Beobachtungen des bezeugten Sachverhalts verifizieren) und fünf unzuverlässigen Zeugen. Die Hypothese der Zuverlässigkeit testimonialer Akte wäre nach Shogenjis Modell in diesem Fall weder bestätigt noch widerlegt.

---

[159] Shogenji erläutert diesen Zusammenhang in einem formalen probabilistischen Kalkül, auf welches hier jedoch nicht weiter eingegangen werden soll. Vgl. Shogenji, T. (2006), S. 339.
[160] Ebd., S. 341.

Wie soll sich das epistemische Subjekt dann gegenüber einem weiteren Zeugen verhalten? Baut Shogenji hier nicht bloß einen Strohmann auf? Seine These ist ja sogar noch stärker formuliert: Das epistemische Subjekt sei gar nicht in der Lage eine Äußerung einer anderen Person zu interpretieren, bevor sich nicht die fragliche Hypothese bestätigt habe. Hieße das nicht auch, im beschriebenen Fall könnte der Rezipient gar nicht verstehen, was der Zeuge sagt? Eine solch weitreichende skeptische Konsequenz entspricht aber nicht unserer Alltagserfahrung. Auch wenn wir mit unzuverlässigen Zeugen konfrontiert werden, sind wir durchaus fähig, ihre Aussagen zu verstehen und diese ggf. als falsch zu erkennen. Ein Vorgehen, wie Shogenji es vorschlägt, kann diese Tatsache nicht erklären, das präsumtive Argument der Anti-Reduktionisten dagegen schon.

Im Hinblick auf die Anführung einer Präsumtion als Basis für die Rechtfertigung bezeugter Propositionen könnte man sich natürlich weiterhin fragen, ob nicht auch noch andere Kriterien – als die genannte Aufrichtigkeit und Kompetenz des Zeugen – eine Rolle für die Wissenszuschreibung spielen. Hierzu ein Beispiel:

> (B-18) Russisches Roulette: Wieder befinden sich Peter und Paul in einer Unterhaltung. Allerdings sind sie der Erörterung historischer Fakten über den Münsteraner Dom inzwischen überdrüssig und haben sich einer eher riskanten Freizeitbeschäftigung zugewandt. Sie spielen *russisches Roulette*. Peter ist an der Reihe, und Paul sagt ihm, dass er wisse, dass keine Kugel im Lauf sei, er also ruhig abdrücken könne. Paul verfügt tatsächlich über dieses Wissen, da er vorher heimlich alle Kugeln aus der Waffe entfernt hat. Peter glaubt seinem Freund, da er weiß, dass dieser ihn bei einer so wichtigen Auskunft sicher nicht belügen würde. Trotzdem beendet er aber das Spiel und drückt nicht ab.

Offenbar spielt in diesem Beispiel die Glaubwürdigkeit des Zeugen nicht die ausschlaggebende Rolle. Peter ist von der Aufrichtigkeit seines Freundes überzeugt und kann dies nur sein, wenn er ihn bezüglich der relevanten Information auch für kompetent hält. Trotzdem verhält er sich nicht dementsprechend. Offensichtlich hängt seine Entscheidung nicht allein von erkenntnistheoretischen Erwägungen ab. Von Relevanz scheinen hier auch das persönliche Sicherheitsempfinden bzw. die eigene Risikobereitschaft zu sein. Schließlich hätte eine falsche Entscheidung in dieser Situation fatale Folgen für das epistemische Subjekt. So kann man nicht sagen, Peter verhalte sich im obigen Beispiel irrational, da er nicht so handelt, wie es der epistemischen Situation angemessen gewesen wäre. An diesem Punkt scheint es dagegen eher der Fall zu sein, dass eine kritische Haltung dem (berechtigten) Vertrauen in den Zeugen vorzuziehen ist. Das angesprochene Problem hängt u.

a. mit der Art des verwendeten Rechtfertigungsbegriffs zusammen und insbesondere mit dessen Relation zum Begriff der *Akzeptanz*. So kann man eine Theorie einer epistemischen Rechtfertigung vertreten, nach der man einerseits eine Überzeugung akzeptieren kann, ohne darin gerechtfertigt zu sein, aber andererseits auch in einer Überzeugung gerechtfertigt sein kann, ohne diese zu akzeptieren.

Zwei Aspekte müssen bei diesem Beispiel allerdings berücksichtigt werden. Zum einen könnte derselbe Einwand ebenso gegenüber reduktionistischen Positionen vorgebracht werden. Die Frage, die sich stellt, lautet: Wie hätte sich Peter verhalten, wenn er z. B. sicher darauf hätte schließen können, dass keine Kugel im Lauf ist, oder es zuvor gesehen hätte. Am ehesten würde man noch im Falle der Wahrnehmung davon ausgehen, dass Peter das Risiko eingehen würde abzudrücken. Doch mit Sicherheit könnten wir dies nicht behaupten, denn auch in diesem Fall spielen wiederum andere nicht epistemische Erwägungen (Risikobereitschaft etc.) eine Rolle. Zum anderen – und dies ist auch der Punkt, warum Peters Zögern als rationales Handeln einzustufen ist – müssen wir beachten, dass keine Erkenntnisquelle zu infalliblem Wissen führt.[161] Bei einer so wichtigen – ja, lebenswichtigen – Entscheidung erscheint eine kritische Haltung trotz zulässigem Vertrauen die rationalere Einstellung des epistemischen Subjekts zu sein. Schließlich könnte der Zeuge sich geirrt haben, was sein vermeintliches Wissen anbelangt. In diesem Falle bietet es sich an, die von Scholz vorgeschlagene Strategie zu wählen, und hier auf eine speziellere Präsumtion umzuschalten.[162]

Gegen ein solches Vorgehen könnte man nun freilich einwenden, dass mit einer solchen Strategie präsumtiver Argumente eigentlich Beliebiges gerechtfertigt werden könnte, da im Zweifelsfalle immer neue Annullierungsbedingungen formuliert werden könnten. Dies ist auch ein Einwand, den Elizabeth Fricker gegenüber der anti-reduktionistischen Position von Coady anführt. Es wurde bereits darauf hingewiesen, dass sich an dem Punkt der Notwendigkeit einer *kritischen Überprüfung* des Zeugen die Geister der Reduktionismusdebatte scheiden: Während Coady dies als durchaus vereinbar mit seiner anti-reduktionistischen Position sieht, lesen andere – insbesondere Fricker – diesen Punkt stärker und sehen in ihm die Notwendigkeit begründet, den epistemischen Status testimonialer Erkenntnis niedriger einzustufen, als jenen der individuellen Erkenntnisquellen. Nach ihrer Auffassung impliziert die anti-reduktionistische Haltung ein unverantwortliches Maß an

---

[161]   Vgl. Kap. 1.1 dieser Arbeit.
[162]   Vgl. Scholz, O. R. (2001), S. 372.

Leichtgläubigkeit für das epistemische Subjekt.[163] „Given that the nature of the link of testimony entails that what is asserted by a speaker to be so actually is so only if he is both sincere and competent, it might yet be questioned whether a hearer needs to have evidence of this: is he not, it might be argued, entitled to a presumption that this is so, in the absence of special evidence to the contrary? My short answer to this objection is that I would not like to be obliged to form beliefs in response to others' utterances in accordance with this presumption! The proportion of utterances which are made by speakers who are either insincere or incompetent is far too high for this to be an attractive policy."[164] Gerade die notwendige Überprüfung der Glaubwürdigkeit des Sprechers bringe zumindest in diesem Bereich ein reduktionistisches Vorhaben wieder essentiell ins Spiel. Um diese Kritik besser einordnen zu können, wird im Folgenden Frickers Position genauer betrachtet.

3.2.3 Lokaler Reduktionismus

Neben den beiden erörterten konträren Grundauffassungen bezüglich des epistemischen Status testimonialer Erkenntnis ist in jüngster Zeit verstärkt der Versuch unternommen worden, eine vermittelnde Position zwischen diesen beiden Perspektiven zu entwickeln: So argumentieren Vertreter so genannter *lokalreduktionistischer Vorhaben* durchaus für einen positiven epistemischen Wert des Zeugnisses anderer, verbinden dies jedoch mit unterschiedlichen Einschränkungen.

Die Ausgangsbasis, auf welcher lokalreduktionistische Vorhaben entwickelt werden, fasst von Maltzahn in folgendem anti-reduktionistischem Argument zusammen:

1. Faktisch erwerben wir Wissen über das Zeugnis anderer.

2. Unsere Berechtigung für das Zeugnis anderer liegt in der Glaubwürdigkeit des Zeugen.

3. Es ist nicht möglich, bzw. sehr aufwendig und für die einzelne Person kaum durchführbar, die Glaubwürdigkeit aller seiner Zeugen empirisch über eigene Beobachtungen festzustellen.

4. Daher haben wir in den meisten Fällen keine ausreichenden Gründe für die Glaubwürdigkeit des Zeugen.

---

[163]   Vgl. Fricker, E. (1994), S. 145.
[164]   Fricker, E. (1987), S. 75.

5. Wenn wir aber Wissen über das Zeugnis anderer erwerben können, muß es eine nicht reduktionistische Begründung für das Zeugnis anderer geben.

6. Folglich: Es gibt eine nicht reduktionistische Begründung für Zeugniswissen.[165]

Vertreter lokalreduktionistischer Programme fechten nun die Gültigkeit der Prämissen (3), (4) und (5) an. Es wird zugestanden, dass eine vollständige Rückführung der Rechtfertigung testimonialer Überzeugungen auf andere Quellen – wie es in reduktionistischen Programmen angestrebt wird – nicht möglich ist. Allerdings wird eingewendet, dass dies noch nicht bedeuten müsse, dass es dem epistemischen Subjekt *im Einzelfall* nicht doch möglich sei, über ausreichend unabhängige Belege für die Glaubwürdigkeit des jeweiligen Zeugen zu verfügen.

Betrachten wir zum Einstieg in die Thematik ein Beispiel von Elizabeth Fricker zum lokalreduktionistischen Vorhaben: In einem ihrer Artikel[166] untersucht sie die Rolle testimonialer Erkenntnis in der wissenschaftlichen Gemeinschaft der Gegenwart.[167] Frickers Argumentation zufolge spielt der *soziale Status* der Zeugen in diesem Kontext eine wesentliche Rolle für die berechtigte Akzeptanz der Zeugnisse durch den Rezipienten. Gemäß ihrer Theorie des lokalen Reduktionismus ist es durchaus möglich, dass dem Rezipienten empirische Belege zur Feststellung der Glaubwürdigkeit eines bestimmten Zeugen bezüglich einer konkreten Äußerung vorliegen. Diese Belege bestehen im Rahmen der wissenschaftlichen Gemeinschaft in dem Wissen, dass innerhalb dieser sozialen Gruppen bestimmte Normen und Werte des wissenschaftlichen Berufsstandes geteilt werden (die ein unaufrichtiges Verhalten der Mitglieder dieser Gemeinschaft sanktionieren).[168] Mit diesem Wissen über die *soziale Rolle* des Zeugen könne das Vertrauen des Rezipienten in das Zeugnis in ausreichendem Umfang gerechtfertigt werden. Aus diesem Grund könne in diesem Fall von empirischem Wissen bezüglich der konkreten *Einzelperson* des Zeugen abgesehen werden.[169]

Frickers Position geht jedoch über die Untersuchung des Zusammenhangs zwischen der sozialen Rolle des Zeugen und dessen Glaubwürdigkeit hinaus.

---

[165] von Maltzahn, H. (2006), S. 103. Elizabeth Fricker führt eine ähnliche Argumentation zur Verdeutlichung des Ausgangspunktes ihres eigenen Vorhabens an. Vgl. Fricker, E. (1994), S. 127/128.

[166] Vgl. Fricker, E. (2002).

[167] Eine ausführliche Auseinandersetzung mit den von Fricker in diesem Aufsatz entwickelten Thesen findet sich in Kap. 4.1.2 und 4.2 dieser Arbeit.

[168] Vgl. Fricker, E. (2002), S. 383.

[169] Vgl. ebd., S. 382.

Im Folgenden wird ihr Vorhaben genauer erläutert und kritisch betrachtet. Eine eingehendere Untersuchung ihrer Position ist auch deshalb geboten, da durch sie der lokale Reduktionismus als eigenständige Position überhaupt erst in die Diskussion um den epistemischen Status des Zeugnisses anderer eingebracht wurde.

3.2.3.1 Testimoniale Abhängigkeit in verschiedenen Lebensphasen

Elizabeth Frickers führt in ihren Untersuchungen zur Testimonialerkenntnis eine Unterscheidung zwischen *globalem* und *lokalem Reduktionismus* ein. Im Rahmen global-reduktionistischer Vorhaben (ihrer Ansicht nach insbesondere durch Hume vertreten) wird grundsätzlich das Bestehen einer Präsumtionsregel (PR) abgelehnt, welche dem Zeugnis anderer einen den anderen Wissensquellen ebenbürtigen Status einräumen würde.[170]

Die PR-These legt fest, dass testimoniale Akte dazu geeignet sind, wahre Propositionen zu vermitteln. Ferner kann die Präsumtion zur Rechtfertigung der solchermaßen gewonnenen Überzeugungen herangezogen werden. Fricker zufolge ist der von den Anti-Reduktionisten vorgenommene Verweis auf deren rechtfertigende Kraft allerdings nur deshalb erforderlich, da davon ausgegangen werde, dass eine unabhängige Überprüfung der Glaubwürdigkeit des Sprechers grundlegend nicht möglich sei.[171] Mit der Widerlegung dieser negativen Behauptung etabliert Fricker das, was sie als *lokalen Reduktionismus* bezeichnet. Die genaue Formulierung ihrer Position lautet folgendermaßen: „It can be the case that, on a particular occasion *O* when a speaker *S* makes an utterance *U* and in doing so asserts that *P* to a hearer *H*, *H* has, or can gain, independent evidence sufficient to warrant her in taking *S* to be trustworthy with respect to *U*."[172] In diesem Sinne grenzt Fricker sich vom Anti-Reduktionismus ab.

Auf der anderen Seite stimmt sie allerdings mit Coady überein, dass auch der globale Reduktionismus nicht vertreten werden könne. Das stärkste Argument hierfür gewinnt sie aus der Praxis des Spracherwerbs[173]: Der Erwerb von Wissen kann im Kindesalter nur auf der Basis von testimonialen Akten erfolgen, das Überzeugungssystem baut also ursprünglich auf testimonialem Wissen auf. In dieser Phase erwirbt der Mensch das, was Fricker „common-

---

[170] Zur genauen Formulierung einer solchen Präsumtionsregel vgl. Kap. 3.2.2.1 dieser Arbeit. Fricker spricht in diesem Zusammenhang auch von einer Präsumtionsthese (PR-These).

[171] Vgl. Fricker, E. (1994), S. 125/126.

[172] Ebd., S. 133.

[173] Vgl. ebd., S. 134.

sense semantics (CSS)" nennt. CSS enthält dabei insbesondere ein Konzept der Rolle des Sprechers, d. h. der Rezipient kann erkennen, dass ein Sprechakt vollzogen wurde, und kann die darin enthaltene Intention des Sprechers als eine solche verstehen.[174] Die „commonsense semantics" ist darüber hinaus wesentlicher Bestandteil des Hintergrundwissens (der „explanatory mini-theory"[175], wie Fricker dies nennt), welches den Rezipienten in seinem Erwachsenenalter dazu befähigt, den Zeugen auf seine Glaubwürdigkeit hin zu überprüfen. Hier findet sich somit ein entscheidender Unterschied zum globalen Reduktionismus wieder. Von Maltzahn formuliert diesen folgendermaßen: „Was dieses Vorgehen als lokalen Reduktionismus, d. h. nur für den Einzelfall geltend auszeichnet, ist, daß die Gründe, die wir für die Glaubwürdigkeit haben, selbst wiederum direkt oder indirekt auf Zeugniswissen beruhen dürfen. Es geht also nicht mehr darum, die Berechtigung der Quelle des Zeugnisses anderer vollständig auf eine andere Berechtigung, wie die der Wahrnehmung, zurückzuführen."[176] Die Rechtfertigung testimonialer Überzeugungen erfolgt nicht mehr unabhängig von solchem Wissen, welches das epistemische Subjekt durch das Zeugnis anderer erworben hat. Dieser Zusammenhang ergibt sich automatisch, wenn man davon ausgeht, dass Überzeugungen im Erkenntnisprozess des Rezipienten eine Rolle spielen, die er als Kind erworben hat, und angenommen werden muss, dass in dieser Entwicklungsphase eine kritische eigenständige Überprüfung der Berichte schlicht auf Grund mangelnder eigener Kenntnisse nicht möglich ist. Allerdings vertritt Fricker die These, dass ein wesentlicher Unterschied angenommen werden müsse im epistemischen Verhalten eines Kindes und des erwachsenen Rezipienten.

Diese Unterscheidung der Rolle von Testimonialerkenntnis in den Phasen des Kindesalters und des erwachsenen Rezipienten ist entscheidend für Frickers Argumentation. Während sie für erstere dem Wissen durch das Zeugnis anderer die zentrale Rolle im Aufbau des Überzeugungssystems zugesteht, relativiere sich diese testimoniale Abhängigkeit jedoch im Erwachsenenalter. In dieser Phase können testimoniale Akte kritisch durch den Rezipienten auf der Basis seiner „explanatory mini-theory" überprüft werden. „Bei diesem Vorgehen handelt es sich auch um die Bewertung der Quelle und nicht um die Plausibilität der Aussage. Wir bewerten die Glaubwürdigkeit der Quelle mit Hilfe der Meinungen, die wir über den Zeugen selbst,

---

[174] Vgl. Fricker, E. (1987), S. 72.
[175] Fricker, E. (1995), S. 405.
[176] von Maltzahn, H. (2006), S. 95.

über Klassen von Zeugen oder über Eigenschaften von Menschen generell erworben haben."[177]

Diese Überprüfung erfolge, laut Fricker, immer dann, wenn die Glaubwürdigkeit des Zeugen in Frage gestellt werde. „The position for which I would argue [...] is that we must accept a PR [presumptive right, NM] with respect to the developmental phase, but that we need and should not do so with respect to the mature phase. Simply-trusted testimony plays an inevitable role in the causal process by which we become masters of our commonsense scheme of things; but once we are so, the nature of testimony, as a link which it reveals, entails that our belief in what others tell us should always be governed by our monitoring of them for trustworthiness."[178] Der Erwerb von Wissen in testimonialen Akten erfolgt ihrer Ansicht nach im Erwachsenenalter immer genau dann, wenn die Glaubwürdigkeit des Zeugen vermittels der Prüfung anhand der „explanatory mini-theory" des Rezipienten bestätigt werden könne. Diese Überprüfung des Zeugen könne jedoch auch unbewusst und automatisch erfolgen.[179]

Allerdings gründet sich die Beurteilung des Zeugen durch den Rezipienten nicht allein auf den im Kindesalter erworbenen Kompetenzen. Fricker fordert zusätzlich, dass auch empirische Belege für die Glaubwürdigkeit des Zeugen beigebracht werden müssen. „[...] that the hearer should be discriminating in her attitude to the speaker, in that she should be continually evaluating him for trustworthiness throughout their exchange, in the light of evidence, or cues, available to her. This will be partly a matter of her being disposed to deploy background knowledge which is relevant, partly a matter of her monitoring the speaker for any tell-tale signs revealing likely untrustworthiness."[180] Und – im Gegensatz zu Coady – geht Fricker davon aus, dass es dem Rezipienten durchaus möglich sei, diese Belege zu erwerben.[181] Das Wissen bezüglich der Glaubwürdigkeit des Zeugen sei jedoch keines, welches unmittelbar durch die epistemische Quelle selbst mitgeliefert werde. „My reliance on a particular piece of testimony reduces locally just if I have adequate grounds to take my informant to be trustworthy on this occasion independently of accepting as true her very utterance."[182] Vielmehr handele es sich, so Fricker, um zusätzliche Hilfsannahmen, die aus anderen Quellen – z. B. der Wahrnehmung – gewonnen werden. Da für die Rechtfer-

---

177   Ebd.
178   Fricker, E. (1995), S. 403.
179   Vgl. ebd., S. 404.
180   Fricker, E. (1994), S. 150.
181   Vgl. Fricker, E. (1987), S. 78.
182   Fricker, E. (1995), S. 404.

tigung testimonialer Überzeugungen auf diese ergänzenden Hilfsannahmen zurückgegriffen werden müsse, dies bei anderen epistemischen Quellen jedoch nicht der Fall sei, könne das Zeugnis anderer nur als derivative Wissensquelle betrachtet werden.[183]

Das Vertreten einer lokalreduktionistischen Position bedeutet so v. a., dass dem Zeugnis anderer als Erkenntnisquelle keine intrinsische Zuverlässigkeit zugesprochen wird. Vielmehr bedarf es zur Rechtfertigung von Überzeugungen, die aus testimonialen Akten gewonnen wurden, immer einer stützenden Prämisse, welche die Glaubwürdigkeit des Zeugen auf der Basis des Hintergrundwissens des Rezipienten etabliert.[184] Demgegenüber sprechen die Lokalreduktionisten – wie auch die klassischen Reduktionisten – den individuellen Erkenntnisquellen eine intrinsische Zuverlässigkeit zu. Das Zeugnis anderer steht bei ihnen daher nicht auf derselben Stufe wie die anderen Quellen des Wissens.

Auch wenn Frickers Position eine gewisse Verbesserung gegenüber Positionen des globalen Reduktionismus darstellt, ist doch auch eine Reihe von Schwierigkeiten mit diesem Ansatz verbunden, welche im Folgenden genauer betrachtet werden sollen.

3.2.3.2 Kritik am lokalen Reduktionismus

Frickers Position eines lokalen Reduktionismus kann in verschiedener Hinsicht kritisiert werden. Zentral ist sicherlich ihr Ansatz der Unterscheidung zwischen zwei verschiedenen Lebensphasen und damit verbundenen unterschiedlichen Verfahren zum Umgang mit testimonialen Überzeugungen seitens des epistemischen Subjekts. Diesen Aspekt hat Christopher J. Insole in schlüssiger Weise in Frage gestellt: Seiner Auffassung nach kann die von Fricker postulierte Differenzierung in eine Phase blinden Vertrauens und eine spätere Phase der kritischen Überprüfung testimonialer Erkenntnis nicht aufrechterhalten werden. Der Grund für diese Kritik besteht darin, dass der Erwerb der notwendigen Fähigkeiten und Erfahrungen des Subjekts, welche zum Aufbau des relevanten Hintergrundwissens beitragen, nicht an eine bestimmte zeitliche Lebensphase gekoppelt ist. Beispielsweise werden die von Fricker angeführten notwendigen Kompetenzen zum Umgang mit Zeugnissen in der wissenschaftlichen Gemeinschaft meist auch erst im Er-

---

[183] Vgl. Fricker, E. (1987), S. 78.
[184] Vgl. von Maltzahn, H. (2006), S. 96/97.

wachsenenalter erworben. Die beiden Phasen müssten demnach vielmehr als parallel verlaufend gedacht werden.[185]

Gesteht man dies jedoch zu, können die Lokalreduktionisten ihre starke These nicht mehr aufrechterhalten, dass es immer in einem lokalen Kontext durch ein erwachsenes epistemisches Subjekt möglich sei, die Glaubwürdigkeit des Sprechers hinsichtlich seiner Äußerung empirisch zu überprüfen. Der Grund hierfür besteht darin, dass das entsprechende Wissen – z. B. bezüglich Entstehung und Verwendung wissenschaftlicher Zeugnisse – nicht schon vorhanden ist, sondern erst noch erlernt werden muss. Vertreten werden könne dann lediglich eine schwächere Variante, der zufolge diese Überprüfung häufig bzw. öfters möglich sei als keine entsprechende Überprüfung. Diese These ist für eine Widerlegung des Anti-Reduktionismus aber nicht mehr ausreichend.[186]

Außerdem betrachtet Insole die Anführung von Glaubwürdigkeitskriterien (oder, wie er es nennt, „default settings") nicht als ausschlaggebend für die Notwendigkeit einer lokalreduktionistischen Position. Er führt im Gegenteil verschiedene Argumente dafür an, dass diese Glaubwürdigkeitskriterien ebenso gut Teil einer anti-reduktionistischen Theorie sein können. Auch wenn seine Diskussion dieser Punkte nicht immer ganz nachvollziehbar erscheint, lässt sich doch ein Aspekt herausgreifen, welcher klarerweise für die anti-reduktionistische Sicht spricht: „What the local reductionist fails to see is that it is the intuition which is prior to the default setting. *The default setting reduces to our intuition in each case.* We cannot then reduce our intuition, that in such and such a case we have an irreducibly valid example of knowledge by testimony, to a more fundamental default setting."[187] Insole betrachtet die Glaubwürdigkeitskriterien lediglich als Derivate der Intuition des irreduziblen epistemischen Status testimonialer Erkenntnis.[188] Diese Intuition basiert auf der Erfahrung, dass wir vieles, das alltagssprachlich als Wissen bezeichnet wird, aus testimonialen Akten gewonnen haben. Die Entwicklung eines erkenntnistheoretischen Ansatzes, welcher z. B. nach lokalreduktionistischer Art die Akzeptanz von Zeugnissen von einer vorherigen Überprüfung des Sprechers anhand der Glaubwürdigkeitskriterien abhängig macht, würde demnach auf eine Verletzung unserer ursprünglichen Intuition hinauslaufen. In diesem Sinne favorisiert Insole ebenfalls das Konzept einer allgemeinen Präsumtionsregel mit entsprechenden Annullierungsbedingun-

---

[185]   Vgl. Insole, C. J. (2000), S. 51-53.
[186]   Vgl. ebd., S. 51.
[187]   Ebd., S. 54/55.
[188]   Vgl. ebd., S. 55.

gen für die Rechtfertigung testimonialer Überzeugungen. Wird aber die aktive Rolle der Glaubwürdigkeitskriterien auf diese Weise in Frage gestellt, verliert der lokale Reduktionismus auch seinen zweiten Grundpfeiler.

Darüber hinaus weist von Maltzahn darauf hin, dass der von Coady gegen den Versuch einer reduktionistischen Rechtfertigung erhobene Zirkularitätseinwand auch auf den lokalen Reduktionismus zutreffe. „Zu guter Letzt muß das Zeugniswissen entweder allein auf unabhängige Wissensquellen wie Wahrnehmung, Erinnerung und Verstand gegründet werden, oder es muß Zeugniswissen geben, das aus sich selbst glaubwürdig ist. Die erste Lösung wird vom lokalen Reduktionisten im Unterschied zum globalen Reduktionisten bestritten. [...] Es bleibt dann nur das Zugeständnis, daß einiges Wissen aus dem Zeugnis anderer auf Vertrauen gründet."[189] Die Zuverlässigkeit testimonialer Erkenntnis wird also mit Hilfe von Wissen, das aus Zeugnissen gewonnen wurde, gerechtfertigt. Um dem Einwand von Coady zu entgehen, versucht Fricker, eine Klasse von Zeugnissen epistemisch auszuzeichnen, auf welche sich dieses Vertrauen gründen könne – nämlich jene testimoniale Erkenntnis, welche das epistemische Subjekt im Kindesalter erwirbt. Hier greift dann allerdings die von Insole erhobene Kritik, dass eine solche klare Differenzierung nicht durchführbar ist. Daher bleibt für den lokalen Reduktionisten das Problem eines drohenden Regresses der Rechtfertigung bestehen.

Ferner kann man hinterfragen, ob unsere epistemische Praxis überhaupt zeigt, dass man Frickers These des Vorhandenseins ausreichender Gründe für die Feststellung der Glaubwürdigkeit einzelner Zeugenaussagen zustimmen kann. „Fricker nimmt einfach an, daß wir immer genügend Gründe für die Einschätzung des Zeugen im Rahmen einer allgemeinen Theorie des menschlichen Verhaltens und der menschlichen Psychologie haben. Diese Gründe scheinen mir entweder nicht vorhanden oder so gering zu sein, daß sie das Risiko, das wir bei der Wissensübernahme eingehen, nicht aufwiegen können."[190] Von Maltzahn weist zu Recht darauf hin, dass im lokalen Reduktionismus dem Zeugnis anderer keine intrinsische Zuverlässigkeit zugesprochen werde. Diese muss vielmehr durch eine stützende Prämisse etabliert werden, welche eben in dem Wissen besteht, welches das Kind in seiner frühen Lebensphase im Umgang mit Zeugen und ihren Berichten erworben habe. Da die Begründungslast aber auf dieser zusätzlichen Prämisse ruht, muss sie einen starken Grund für die Glaubwürdigkeit der Quelle liefern können. Allgemeine psychologische Annahmen und sprachliches Wissen,

---

[189] Vgl. von Maltzahn, H. (2006), S. 97/98.
[190] Ebd., S. 99.

welche Fricker als Bestandteile dieser Prämisse ansieht, erscheinen hierfür allerdings nicht ausreichend zu sein.

Auch Scholz greift Frickers Vorhaben kritisch an, indem er darauf aufmerksam macht, dass ihre Forderung nach einer stetigen Überprüfung des Zeugen durch den Rezipienten nicht unserer epistemischen Praxis entspreche. Zwar weist Scholz diese Forderung des lokalen Reduktionismus nicht vollständig zurück, führt aber an, dass es nicht der Normalfall im Prozess unserer Überzeugungsbildung sein könne.[191] Darüber hinaus erweise sich auch das Bild des rationalen Rezipienten, welches Fricker entwirft, als unrealistisch. Die für eine stetige Überprüfung der Zeugen erforderlichen Kenntnisse stehen, Scholz zufolge, dem epistemischen Subjekt nicht in entsprechendem Umfang zur Verfügung. Ein Insistieren auf ihrem Erwerb für die spätere Anwendung im testimonialen Erkenntnisprozess stelle eine Überforderung des epistemischen Subjekts dar. „Ebenso muss es sich dessen bewußt sein, dass das Zeugnis anderer durch Unaufrichtigkeit oder Unkenntnis korrumpiert sein kann. Aber alle anspruchsvolleren höherstufigen Anforderungen an das Zeugnis anderer würden dem epistemischen Subjekt eine überzogene und somit unrealistische Last auferlegen, da sie ihm alle erdenklichen Arten substantieller und expliziter Vorkenntnisse über bestimmte Leute, deren Fachgebiete und deren psychologische Dispositionen abverlangen müßte, Kenntnisse, über welche die allermeisten Subjekte in den fraglichen Situationen schlicht und einfach nicht verfügen."[192]

Schließlich kann – zumindest in einigen Fällen – auch hinterfragt werden, ob die Differenzierung zwischen lokalem Reduktionismus und antireduktionistischen Vorhaben tatsächlich so klar durchgeführt werden kann, wie Fricker es anstrebt. Der Kritikpunkt liegt dabei auf der Abgrenzung des von ihr geforderten Hintergrundwissens zur Überprüfung des Zeugen gegenüber der Kenntnis der Annullierungsbedingungen der von den Anti-Reduktionisten angenommenen Präsumtion. Diesem Einwand begegnet Fricker selbst, indem sie noch einmal die Rolle der von ihr geforderten kritischen Überprüfung deutlich hervorhebt. „My account requires a hearer always to take a critical stance to the speaker, to assess her for trustworthiness; while a true PR thesis, as we have seen, does not. The nub of this distinction is a clear and sharp difference: on my account, but not on a PR thesis, the hearer must always be monitoring the speaker critically."[193]

---

[191]   Vgl. Scholz, O. R. (2001), S. 371.
[192]   Ebd., S. 372.
[193]   Fricker, E. (1994), S. 154.

Neben dem von Fricker vorgestellten und verteidigten lokalen Reduktionismus gibt es in der Diskussion um den epistemischen Status testimonialer Erkenntnis seit kurzer Zeit eine ganz neue Entwicklung, nämlich die von Jennifer Lackey erarbeitete Theorie des Dualismus. Auf der Basis des von ihr vorgestellten neuen dualen Konzepts des Zeugnisbegriffs[194] argumentiert sie dafür, auch in Bezug auf die Rechtfertigung testimonialer Überzeugungen sowohl Sprecher als auch Hörer in die epistemische Pflicht zu nehmen.

3.2.4 Dualismus

Mit vergleichbaren Argumenten, mit denen Lackey ihre Kritik an den bisherigen Definitionsansätzen zum Zeugnisbegriff begründet hat, greift sie auch die beiden klassischen Grundpositionen bezüglich des epistemischen Status testimonialer Erkenntnis an: Beiden Positionen sei der Fehler gemeinsam, die *duale Natur* des Zeugnisses anderer zu vernachlässigen. Während die Vertreter reduktionistischer Vorhaben die gesamte Leistung der Rechtfertigung testimonialer Überzeugungen auf die Seite des Hörers verlagerten, würden die Anti-Reduktionisten die epistemische Pflicht allein auf Seiten des Sprechers sehen.[195] Ausführlich dargestellt heißt das, dass im ersten Falle die geforderte Reduktion der Rechtfertigung testimonialer Überzeugungen auf andere epistemische Quellen nur durch den Hörer vorgenommen werden kann. Reduktionistischen Ansätzen zufolge obliegt es ausschließlich dem Hörer, positive gute – d. h. insbesondere vom Zeugnis anderer unabhängige – Gründe für die Rechtfertigung seiner Überzeugung beizubringen, welche das epistemische Subjekt aus der Mitteilung des Zeugen gewonnen hat. Im Falle des Anti-Reduktionismus werden, Lackey zufolge, keine entsprechenden Pflichten vom Hörer gefordert. Hier erfolgt die Rechtfertigung allein auf der Basis der entsprechenden Präsumtion. Die Annullierungsbedingungen der Präsumtionsregel – nämlich Aufrichtigkeit und Kompetenz – weisen wiederum nur für eine Seite epistemische Pflichten aus: In diesem Falle jedoch für den Sprecher. Lackey weist aber zu Recht darauf hin, dass testimoniale Akte per se einen dualen Charakter besitzen. Nur durch die Interaktion zwischen Sprecher und Hörer kann diese epistemische Quelle wirksam werden.

Lackeys eigener Ansatz, den sie „Dualismus" nennt, greift diesen Punkt auf. In diesem Vorhaben wird gefordert, dass für die Rechtfertigung testimonialer Überzeugungen sowohl epistemische Leistungen durch den Spre-

---

[194] Vgl. Kap. 2.2.2.2 dieser Arbeit.
[195] Vgl. Lackey, J. (2006b), S. 170.

cher als auch durch den Hörer erbracht werden müssen. Die Rechtfertigung verfüge demnach über zwei unterschiedliche Quellen, nämlich die Zuverlässigkeit, die durch den Sprecher, und die Rationalität, die durch den Hörer sichergestellt werde.[196] Lackey schlägt dementsprechend folgende Formulierung für die von ihr vertretene Position vor: „Dualism: For every speaker A and hearer B, B justifiedly believes that p on the basis of A's testimony that p only if: (1) B believes that p on the basis of the content of A's testimony that p, (2) A's testimony that p is reliable or otherwise truth conducive, and (3) B has appropriate positive reasons for accepting A's testimony that p."[197] In Lackeys Ansatz werden dabei lediglich notwendige Bedingungen für die Rechtfertigung testimonialer Überzeugungen festgelegt.[198]

Die ersten beiden Bedingungen des Dualismus sind relativ unstrittig. Der erste Punkt besagt, dass der Hörer durch die Mitteilung des Zeugen lediglich in einer Überzeugung gerechtfertigt werden könne, die er aus dem Gehalt des Zeugnisses gewonnen hat und nicht z. B. aus der Art des Tonfalls der Äußerung des Zeugen. Es wird demnach eine Identitätsforderung aufgestellt, die zwischen der zu rechtfertigenden Überzeugung und dem Gehalt des Zeugnisses bestehen soll. Erreicht werden soll damit, dass Fälle ausgeschlossen werden können, in denen der Rezipient zwar auch etwas durch das Zeugnis lernt, was aber nicht mit dem Gehalt des testimonialen Akts in Verbindung steht.[199] Erinnern wir uns zur Veranschaulichung noch einmal an das Beispiel (B-6): Paul erzählt seinem Freund Peter etwas über den Münsteraner Dom. Leider hat Peter aber gar kein Interesse an Pauls Mitteilung. Anstatt also die fragliche Proposition des testimonialen Akts als Überzeugung anzunehmen, schließt Peter auf der Basis von Pauls Äußerung nur darauf, dass dieser sich mit seinem historischen Bericht vor seinem Freund wichtig machen will. Peter gewinnt hier auf der Basis von Pauls Zeugnis ebenfalls eine Überzeugung – nämlich jene bezüglich der Disposition seines Freundes zur Wichtigtuerei –, allerdings hat diese nichts mit dem Gehalt des testimonialen Akts (den mitgeteilten historischen Fakten) zu tun.

Lackeys erste Bedingung dient nun dazu, solche Fälle als Instanzen einer Rechtfertigung testimonialer Überzeugungen auszuschließen. In der zweiten

---

[196] Vgl. ebd.

[197] Ebd.

[198] Vgl. ebd., S. 171.

[199] Auf diesen Punkt weist auch Fricker hin. „[...] only a belief in the content that has been asserted is a testimony-belief, a belief acquired through testimony, in our intended sense. (Though, to repeat: a hearer may acquire many other justified beliefs as a result of observing a piece of testimony – that the speaker is in a bad temper, that she comes from a certain region, and so forth.)" Fricker, E. (2004), S. 112.

Bedingung des Dualismus werden die epistemischen Pflichten des Sprechers ausgewiesen. Gefordert wird hier, dass es sich um eine zuverlässige Quelle der Überzeugungsbildung handeln soll. Zur Sicherstellung dieses Punktes wird klassischerweise auf die Aufrichtigkeit und die Kompetenz des Sprechers abgehoben, wie wir es in der Diskussion der anti-reduktionistischen Vorhaben gesehen haben. In dieser von Lackey gewählten Formulierung der zweiten Bedingung wird eine externalistische Rechtfertigungskomponente ins Spiel gebracht. Die Verlässlichkeit des Zeugen muss lediglich *de facto* vorliegen. Es wird dagegen nicht gefordert, dass der Hörer über Gründe verfügen muss, die ihn im Glauben an diese Zuverlässigkeit bestärken. Schließlich wird mit der dritten Bedingung auf die epistemische Pflicht des Hörers verwiesen: Ihm müssen gute positive Gründe vorliegen, um das fragliche Zeugnis als wahr zu akzeptieren. Es handelt sich damit klarerweise um eine internalistische Rechtfertigungskomponente. In diesem Sinne nimmt Lackey in ihrem Ansatz nicht bloß Sprecher- und Hörerperspektive auf, sondern verbindet darüber hinaus auch externalistische und internalistische Rechtfertigungskonzepte miteinander.

Zur dritten Bedingung merkt Lackey an, dass gerade dieser letzte Punkt in der Debatte um den epistemischen Status testimonialer Erkenntnis umstritten sei.[200] Zwei Einwände, die in der Debatte eingebracht wurden, werden in diesem Zusammenhang von ihr diskutiert: Zum einen könne a) kritisiert werden, dass dem Rezipienten des Zeugnisses nie genügend gute positive Gründe für die Rechtfertigung testimonialer Überzeugungen in dem Umfang zur Verfügung stehen, in welchem testimoniales Wissen die epistemische Situation eines jeden von uns bestimmt. Sollte man aber annehmen, dass dies doch der Fall sein könnte, muss zum anderen b) kritisch angeführt werden, dass viele dieser Gründe dem epistemischen Subjekt wiederum nur durch das Zeugnis anderer zugänglich sind.[201]

Zur Entkräftung dieser Einwände führt Lackey drei Argumente an: In einem ersten Schritt weist sie darauf hin, dass der Einwand (a) seine argumentative Kraft daraus ziehe, dass davon ausgegangen werde, dass die geforderten Gründe für die Rechtfertigung sowohl notwendig als auch hinreichend sein sollen. Dies sei jedoch nicht die Position, die sie selbst vertrete. Vielmehr gehe sie davon aus, dass es sich lediglich um eine notwendige Bedingung handele. Die rechtfertigende Kraft basiere nicht allein auf den guten Gründen des Hörers, sondern ebenso auf der Zuverlässigkeit des Sprechers. In diesem Sinne diene die Forderung nach den guten positiven Gründen le-

---

[200] Vgl. Lackey, J. (2006b), S. 171.
[201] Vgl. ebd., S. 172.

diglich dazu sicherzustellen, dass die Akzeptierung des Zeugnisses auf Seiten des Hörers als rational eingestuft werden könne – eben weil letzterer über gute positive Gründe für seine Entscheidung verfüge.[202] In diesem Sinne stelle ihre Position eine schwächere Forderung dar, welche durch den genannten Einwand nicht entkräftet werden könne.

Ebenfalls in Bezug auf den Einwand (a) führt Lackey an, dass man sich bewusst machen müsse, dass es alle möglichen Arten von positiven Gründen geben könne, welche für die Rechtfertigung eine Rolle spielten und damit von Signifikanz für die Erfüllung der dritten Bedingung des Dualismus seien. Diese Gründe könnten z. B. auf der Erfahrung beruhen, welche der Hörer mit bestimmten Kontexten (hierzu gehören z. B. Mimik und Gestik sowie die äußere Erscheinung des Zeugen), mit bestimmten Klassen von Zeugnissen oder Arten von Sprechern gemacht habe.[203] „What these considerations suggest is that ordinary hearers are confronted with a plethora of epistemically relevant positive reasons that come in a variety of forms. Such reasons are often not explicitly brought to mind but they nonetheless play a crucial role in our epistemic lives, as we tacitly discriminate among and evaluate pieces of incoming information and compare such input with our background beliefs.“[204]

Schließlich führt Lackey in Bezug auf Einwand (b) an, dass es zur Vermeidung eines Zirkelschlusses bzw. einer regressiven Argumentation ausreichend sei zu fordern, dass die Rechtfertigung der testimonialen Überzeugung bzw. die damit zusammenhängende Kette testimonialer Akte letztlich in Gründen münde, welche nicht auf der Basis des Zeugnisses anderer gewonnen wurden.[205] Zur Stützung dieses Punktes nutzt sie eine Analogie zur Argumentation fundamentalistischer Rechtfertigungen. Auch hier werde schließlich nur gefordert, dass es basale Überzeugungen geben müssen, auf welchen das Überzeugungssystem des epistemischen Subjekts aufbaue. Gefordert werde dagegen nicht, dass jede einzelne Überzeugung des Subjekts auch tatsächlich durch die Anführung einer entsprechenden basalen Überzeugung gerechtfertigt werden könne. Allein die Annahme einer solchen Basis unseres Überzeugungssystems sei im Fundamentalismus ausreichend, um Zirkelschlüsse und einen Rechtfertigungsregress zu vermeiden. Ähnlich verhalte es sich nun mit der Rechtfertigung testimonialer Überzeug-

---

[202] Vgl. ebd.
[203] Vgl. ebd., S. 173/174.
[204] Ebd., S. 174.
[205] Vgl. ebd.

ungen.[206] Die Relevanz des zweiten Einwands schwächt Lackey dann noch
weiter ab, indem sie festhält: „Moreover, even the final link in the chain can
be partially indebted to testimony, so long as there is enough non-testimonial
support to render it not irrational to accept the report in question."[207] Es sei
also gar nicht erforderlich, dass die Rechtfertigungsbasis vollständig frei von
Propositionen sei, die durch das Zeugnis anderer gewonnen wurden.

Akzeptieren wir auf der Basis dieser Verteidigung Lackeys Vorschlag des
Dualismus, dann könnte eine entsprechende Rechtfertigung z. B. folgende
Form annehmen:

> (B-19) Dualistische Rechtfertigung: Wiederum berichtet Paul dem Peter die schon er-
> wähnte historische Tatsache über den Münsteraner Dom. Paul ist dabei bezüglich sei-
> ner Äußerung sowohl aufrichtig als auch kompetent. Peter gewinnt aus der Mitteilung
> seines Freundes die entsprechende Überzeugung über den geschichtlichen Sachverhalt
> des Bauwerkes. Darüber hinaus weiß er, dass Paul in Bezug auf Äußerungen dieser Art
> stets zuverlässig ist, da er gerne sein Wissen unter Beweis stellt und der Auffassung ist,
> dass eine Lüge seinem Ruf in dieser Angelegenheit nur schaden würde. Peter besitzt
> demzufolge gute positive Gründe, das Zeugnis seines Freundes als wahr zu akzeptieren.

In diesem Beispiel sind alle drei von Lackey angeführten Bedingungen
erfüllt. Sowohl Sprecher als auch Hörer erfüllen ihre epistemische Pflicht:
Paul, indem er aufrichtig und kompetent handelt, und Peter, indem er über
zusätzliche positive Gründe verfügt, die ihn zur Akzeptanz der Mitteilung
seines Freundes berechtigen.

Abschließend sei auf einen letzten von Lackey selbst diskutierten Einwand
gegen ihre Position eingegangen. Angenommen Peter hätte auf der Basis
seiner eigenen Wahrnehmung die Überzeugung gebildet, dass der Münsteraner Dom ein großes, freistehendes Gebäude aus hellem Stein sei. Wäre
er nicht auch in diesem Fall verpflichtet, für die Rechtfertigung seiner Beobachtungsüberzeugung weitere positive Gründe anzuführen? Schließlich kann
auch die Wahrnehmung täuschen. Hätte Peter demnach auch Gründe für die
Zuverlässigkeit seiner Augen als Beobachtungsinstrumente anführen müssen? Lackey merkt dazu an: „For now it looks as though positive reasons
are needed to justifiedly hold, not just testimonial beliefs, but any beliefs.
And this, in turn, leads us into all the problems facing traditional Internalist theories of epistemic justification, such as infinite regress, circularity,
foundations, and so on."[208] Sind wir also auch bei der Rechtfertigung von

---

[206]   Vgl. ebd., S. 175.
[207]   Ebd.
[208]   Ebd., S. 176.

Überzeugungen, die aus den anderen Erkenntnisquellen gewonnen wurden, dazu verpflichtet, positive Gründe anzuführen?

Um diesen Einwand zu entkräften, muss Lackey nun nachweisen, dass die im Beispiel aufgemachte Analogie zwischen testimonialen Akten und den anderen Erkenntnisquellen nicht gültig ist, da die Quellen von unterschiedlicher epistemischer Qualität sind. Zu diesem Zweck stellt Lackey drei Unterschiede zwischen dem Zeugnis anderer und den individuellen Quellen menschlichen Wissens heraus:

a) Auch wenn zugestanden werden muss, dass bei der Nutzung der individuellen Erkenntnisquellen ebenfalls Täuschungen des epistemischen Subjekts möglich sind, muss diese Art von Täuschungen doch von jenen, die beim Zeugnis anderer möglich sind, unterschieden werden. Dies hängt damit zusammen, dass im Falle testimonialer Akte sowohl Kompetenz als auch Aufrichtigkeit des Zeugen eine Rolle spielen, während es bei den individuellen Quellen allein um deren kompetenten Gebrauch gehe. Nur bei testimonialen Akten tritt der Fall ein, dass der Zeuge die Intention verfolgen kann, den Rezipienten zu täuschen bzw., im positiven Falle, eine Intention der Aufrichtigkeit verfolgen kann. Dies ist nicht mit der Nutzung der individuellen Quellen vergleichbar, da der Rezipient hier nicht vom intentionalen Verhalten einer anderen Person abhängig ist, sondern allein auf sich gestellt agiert. Die Abhängigkeit vom intentionalen Verhalten des Zeugen führt dann zu folgender Konsequenz, welche testimoniale Akte, Lackeys Ansicht nach, deutlich von den anderen Quellen unterscheiden: „Because of this, failures in the case of testimony are much more *unpredictable* than failures in non-testimonial cases."[209]

b) Ferner sei der Wahrscheinlichkeitsgrad der Unzuverlässigkeit der epistemischen Quelle beim Zeugnis anderer höher als bei den individuellen Quellen.[210] Dies hängt unmittelbar mit der im ersten Punkt erläuterten Abhängigkeit des Rezipienten vom intentionalen Verhalten des Zeugen zusammen. Es sei viel leichter vorstellbar, dass sich viele unserer aus dem Zeugnis anderer gewonnen Überzeugungen als falsch herausstellen, als dies für z. B. Wahrnehmungsüberzeugungen angenommen werden könne.

c) Schließlich erweise sich das Zeugnis anderer als eine heterogenere epistemische Quelle als die individuellen Wissensquellen. D. h. es gibt sehr

---

[209]   Ebd.
[210]   Vgl. ebd., S. 177.

viele verschiedene Arten von Zeugen und Zeugnissen mit je ganz unterschiedlichen Graden der Zuverlässigkeit.

Führe man sich diese Unterschiede zwischen dem Zeugnis anderer und den individuellen epistemischen Quellen jedoch vor Augen, werde, laut Lackey, leicht ersichtlich, warum für testimoniale Akte das Vorliegen positiver Gründe für die Rechtfertigung erforderlich sei, dies aber nicht im selben Maße für die anderen Erkenntnisquellen gefordert werden müsse.

In dieser Darstellung von Lackeys Position werden trotz ihrer Diskussion und Zurückweisung möglicher Einwände einige Punkte deutlich, die nicht kritiklos akzeptiert werden können. Analysieren wir diese im Folgenden genauer.

3.2.4.1 Kritik am dualistischen Konzept

Lackeys Ansatz stellt eine interessante Neuerung auf dem Gebiet der epistemologischen Betrachtung testimonialer Erkenntnis dar. Folgt man ihrem Vorschlag, den Begriff des Zeugnisses in einer dualen Perspektive, also getrennt nach den Bedingungen für den Hörer und jenen für den Sprecher zu analysieren, erscheint es folgerichtig, auch bei der Entwicklung einer angemessenen erkenntnistheoretischen Theorie des Zeugnisses anderer eine solche Differenzierung vorzunehmen. Allerdings ist dem von ihr vorgeschlagenen Programm nicht einfach kritiklos zuzustimmen. Die anzuführende Kritik kann dabei auf mehreren Ebenen verortet werden: a) hinsichtlich ihrer Beurteilung der reduktionistischen und anti-reduktionistischen Positionen, b) hinsichtlich der Implikationen, die sich aus ihrer Position für den Rechtfertigungsbegriff ergeben, c) hinsichtlich ihrer Argumentation bezüglich der Forderung nach positiven Gründen auf Seiten des Hörers und d) hinsichtlich des von ihr verfolgten Gesamtkonzepts bezüglich des epistemischen Status testimonialer Erkenntnis. Diese Kritikpunkte werden im Folgenden erläutert.

Lackeys Kritik am reduktionistischen und am anti-reduktionistischen Programm beruht im Wesentlichen auf der Feststellung, dass Vertreter beider Positionen die gesamte Last der Rechtfertigung testimonialer Überzeugungen entweder nur auf die Person des Sprechers oder auf jene des Hörers verlagerten. Beide Positionen vernachlässigten den dualen Charakter, welcher dem Zeugnis anderer per se zukomme. Hierzu kann zunächst festgehalten werden, dass Lackeys Beurteilung des reduktionistischen Programms grundsätzlich zugestimmt werden kann. Dem individualistischen Ideal zufolge, welches dem Reduktionismus zu Grunde liegt, obliegt es allein dem Hörer

– als der Person, die nach Wissen strebt, – die Güte seiner rechtfertigenden
Gründe sicherzustellen.

Als schwierig erweist sich dagegen Lackeys *Vorgehensweise* zur Widerlegung der reduktionistischen Position. Sie vertritt die Ansicht, dass eine Zurückweisung des lokalen Reduktionismus als der schwächeren Variante reduktionistischer Positionen zu einer gerechtfertigten Zurückweisung des gesamten reduktionistischen Programms führen würde.[211] Sie geht davon aus,
dass Vertreter des lokalen Reduktionismus darauf festgelegt seien zu behaupten, dass geeignete positive Gründe sowohl notwendig als auch hinreichend
für die Rechtfertigung testimonialer Überzeugungen seien. Lackeys Ansatz
besteht nun darin, mittels eines Beispiels zu zeigen, dass positive Gründe
zwar notwendig, jedoch nicht zugleich auch hinreichend sind. Das Problem,
welches an diesem Punkt auftritt, betrifft ihre anfängliche These, dass lokale
Reduktionisten allein in den positiven Gründen des Hörers die hinreichende
rechtfertigende Kraft für testimoniale Überzeugungen sähen. Zwar spielen in
Frickers Theorie gute Gründe auf Seiten des Hörers eine zentrale Rolle, allerdings stellt ihre Position auch eine Verbindung zwischen Reduktionismus
und Anti-Reduktionismus dar. Dies bedeutet konkret, dass es zumindest einige testimoniale Überzeugungen gibt, die das epistemische Subjekt nicht mit
Hilfe positiver Gründe, sondern mit Hilfe einer Präsumtion rechtfertigt.[212]
Gesteht man dies jedoch zu, erweist sich Lackeys Strategie zur Zurückweisung des lokalen Reduktionismus und die von ihr angenommene implizite
Widerlegung des globalen Reduktionismus zumindest als unvollständig.

Kontrovers erscheint ferner Lackeys Einschätzung des Anti-Reduktionismus. Hier stellt sich die Frage, ob Vertreter dieser Richtung tatsächlich die
epistemische Pflicht ausschließlich auf Seiten des Sprechers verankert sehen.
Zu diesem Punkt sei zweierlei angemerkt: Zum einen wird mit der Annahme einer Präsumtion im Falle des Zeugnisses anderer dem Sprecher zwar
ein Vertrauensvorschuss gewährt, allerdings wird auch gefordert, dass der
Hörer die Annullierungsbedingungen der entsprechenden Präsumtionsregel
kennen und auch erkennen muss, wann diese vorliegen und wann nicht.[213]
Diese epistemische Pflicht obliegt dem Hörer und nicht dem Sprecher. Die

---

[211]   Vgl. Lackey, J. (2006b), S. 163.

[212]   Dies gilt insbesondere für Überzeugungen, die in der Phase des Kindesalters erworben
        wurden. Darüber hinaus scheint es bei Fricker aber auch so zu sein, dass Überzeugung-
        en, die aus Zeugnissen mit „banalen" Gehalten (z. B. Aussagen darüber, was der Zeuge
        zum Frühstück gegessen hat etc.) gewonnen wurden, mit Hilfe einer Präsumtion ge-
        rechtfertigt werden und nicht mittels zusätzlichen guten Gründe auf Seiten des Hörers.
        Vgl. z. B. Fricker, E. (1994), S. 151.

[213]   Vgl. Scholz, O. R. (2001), S. 372.

Rechtfertigung einer Überzeugung, die durch das Zeugnis anderer gewonnen wurde, erfordert also, dass der Hörer die Präsumtionsregel richtig anwendet. Nur wenn er weiß, dass die Annullierungsbedingungen nicht vorliegen, ist er in der entsprechenden testimonialen Überzeugung auch gerechtfertigt. Es ist demnach der Hörer und nicht der Sprecher – wie Lackey irrtümlich annimmt –, welcher für die Rechtfertigung verantwortlich ist.

Gestützt wird dieser Punkt zum anderen noch durch Coadys Ausführungen hinsichtlich der Vereinbarkeit eines anti-reduktionistischen Programms mit dem Ideal intellektueller Autonomie: „One needs intellectual autonomy to achieve a feasible degree of control over the beliefs one acquires and to ensure that one's thinking is appropriately responsive to one's actual cognitive history and present intellectual environment. None the less, the independent thinker is not someone who works everything out for herself, even in principle, but one who exercises a controlling intelligence over the input she receives from the normal sources of information whether their basis be individual or communal."[214] In diesem Zitat zeigt sich, dass im anti-reduktionistischen Programm der Hörer durchaus nicht aus seiner epistemischen Pflicht entlassen wurde. Im Gegenteil, ihm wird die Aufgabe zugeschrieben, den Überzeugungsbildungsprozess kritisch zu kontrollieren.

Dies führt uns zum zweiten Kritikpunkt (b): im dualistischen Ansatz werden nicht allein Sprecher- und Hörerperspektive miteinander verbunden, sondern auch internalistische und externalistische Rechtfertigungsbedingungen. Während die zweite Bedingung in Lackeys Ansatz in externalistischer Weise darauf abhebt, dass für eine Rechtfertigung testimonialer Überzeugungen *de facto* die Zuverlässigkeit des Sprechers (üblicherweise im Sinne seiner Aufrichtigkeit und Kompetenz bezüglich der geäußerten Proposition) vorliegen muss, wird in der dritten Bedingung in internalistischer Weise gefordert, dass dem Hörer geeignete positive Gründe für die Akzeptanz des Zeugnisgehalts vorliegen müssen. Als schwierig erweist sich eine solche Konzeption des Rechtfertigungsbegriffs in Lackeys Vorhaben daher, weil ihre gesamte Argumentation auf einer *stark internalistischen Intuition* aufbaut.[215] Macht man sich diese Intuition jedoch zueigen, ist nicht leicht zu sehen, wie man die zweite Bedingung verstehen soll. Was soll es heißen, dass der Sprecher *de facto* zuverlässig ist? Und wie kann dies für den Hörer eine konkrete Rol-

---

[214] Coady, C. A. J. (1992), S. 99/100.

[215] Dies ergibt sich u. a. aus ihrer umfangreichen Argumentation für die Notwendigkeit positiver Gründe auf Seiten des Hörers für die Rechtfertigung testimonialer Erkenntnis. Diesen Punkt verteidigt sie ausführlich, da sie in dieser Forderung die umstrittene Bedingung testimonialer Erkenntnis sieht.

le spielen, wenn eine entsprechende Überzeugung nicht Teil seiner Rechtfertigungsgründe ist? Wäre eine solche Überzeugung bezüglich der Zuverlässigkeit der Quelle allerdings Teil seiner Gründe, würde dies wiederum die zweite Bedingung überflüssig machen. Es stellt sich die Frage, inwiefern die Person des Sprechers überhaupt in die epistemische Pflicht genommen werden kann. Üblicherweise wird schließlich aus internalistischer Sicht angenommen, dass die Aufgabe der Rechtfertigung einer Überzeugung nur demjenigen zufällt, welcher eine neue Meinung erwirbt und diese in den Status des Wissens überführen will.

Eine Möglichkeit, den Sprecher in die epistemische Pflicht zu nehmen, besteht eigentlich nur dann, wenn man Sprecher- und Hörerzeugnis klar voneinander trennt und unabhängig betrachtet. In diesem Fall kann der Sprecher für ersteres in der Tat die Verantwortung übernehmen. Wenn der Sprecher die klare Intention des Zeugnisablegens verfolgt, ist er auch in der epistemischen Pflicht, dieses Vorhaben angemessen umzusetzen, d. h. die Bedingungen des S-Zeugnisses zu erfüllen – zu denen auch ein aufrichtiges und kompetentes Handeln zählt. Es wurde aber auch in Kap. 2.4 darauf hingewiesen, dass S-Zeugnisse und H-Zeugnisse nicht immer deckungsgleich sein müssen, da es z. B. Fälle gibt, in denen ein Sprecher zwar ein Zeugnis ablegt, der Hörer seine Äußerung aber nicht als solche einstuft etc. Die epistemische Pflicht des Sprechers ist damit nicht (in jedem Fall) ausschlaggebend für die Rechtfertigung des Hörers bezüglich seiner testimonialen Überzeugung.

Neben diesen allgemeinen Kritikpunkten an Lackeys Ansatz wirft ihr Vorhaben aber auch in der Detailansicht Fragen auf. Als problematisch erweist sich (c) ihre Verteidigung gegen die beiden Einwände bezüglich der Forderung nach positiven Gründen. Insbesondere der von ihr in diesem Zusammenhang angeführte zweite und dritte Punkt führen zu Schwierigkeiten, welche bereits von Coady diskutiert wurden: Im Hinblick auf den Kritikpunkt, dass der Hörer nie über eine ausreichende Menge an guten Gründen für die Rechtfertigung testimonialer Überzeugungen verfügen könne, meint Lackey, dass man diese Menge rational begrenzen könne. Die Limitierung erfolge durch die Eingrenzung auf Klassen von Kontexten, von Berichten und/oder Arten von Zeugen, mit welchen der Hörer bereits Erfahrungen gemacht habe. Zwar reduziert sich durch ein solches Vorgehen die Basismenge positiver Gründe, von welcher der Rezipient ausgehen muss, um mit neuen Instanzen testimonialer Akte rational umzugehen. Allerdings führt ein solches Vorgehen auch zu der bereits von Coady kritisierten Ambiguität solcher

Klassenbildungen.[216] Da es keine klaren Kriterien gibt, welche eine solche Aufteilung sinnvoll strukturieren können, besteht die Möglichkeit, dass ein Hörer bezüglich derselben testimonialen Überzeugung einmal gerechtfertigt und einmal nicht gerechtfertigt ist – je nachdem auf der Basis welcher Erfahrungsklasse er die neue Mitteilung beurteilt. Diese Konsequenz ist erkenntnistheoretisch jedoch nicht tragbar.

Ähnlich problematisch ist auch Lackeys dritter Punkt, in welchem sie ausführt, dass für die Güte der Rechtfertigungsgründe nur gefordert werden müsse, dass sie in letzter Instanz unabhängig von testimonialem Wissen seien sollen. Hier ist nun zweierlei unklar: Zum einen kann in Zweifel gezogen werden, dass diese Forderung tatsächlich verwirklicht und der drohende Regress vermieden werden kann. Die Schwierigkeiten, die sich aus einer solchen Forderung ergeben, wurden ebenfalls von Coady im Zusammenhang mit seinem Spracherwerbsargument diskutiert.[217] Wenn davon ausgegangen werden muss, dass das Erlernen einer Sprache bereits die Praxis des Zeugnisgebens und -akzeptierens voraussetzt und somit das Wissen um die Bedeutung und korrekte Verwendung der Wörter der eigenen Sprache durch das Zeugnis anderer vermittelt wurde, fällt es schwer, noch eine Basis von Gründen ausfindig machen zu wollen, die vollkommen frei von testimonialem Wissen ist.

Zum anderen ist fraglich, welchen Status Lackey dieser Forderung tatsächlich zuschreibt, wenn sie diese gleich im Anschluss wieder einschränkt.[218] Was bedeutet es, dass die rechtfertigenden Gründe doch teilweise durch das Zeugnis anderer zustande gekommen sein können? Und was soll es heißen, wenn Lackey schreibt, dass es *genügend* unterstützende Gründe geben müsse, welche nicht aus dem Zeugnis anderer gewonnen wurden? Wie viele Gründe sind eine *genügende* Menge? Alles in allem bleibt Lackeys Verteidigungsstrategie gegen den Einwand einer nicht hinreichenden Menge rechtfertigender Gründe damit eine eher schwache Argumentation, da auf der Basis der diskutierten Kritik nur ihr erster Punkt zugestanden werden kann.

Darüber hinaus muss auch noch kritisch angemerkt werden, dass die von ihr angeführte *Heterogenität* testimonialer Akte[219] kein klares Abgrenzungskriterium zwischen dem Zeugnis anderer und anderen Erkenntnisquellen bildet, wie Lackey es intendiert, um die Forderung nach positiven Gründen auf den Bereich des Zeugnisses anderer einzuschränken. Auch das Erinnerungs-

---

[216] Vgl. die Ausführungen in Kap. 3.2.1.3 dieser Arbeit.
[217] Vgl. hierzu die Ausführungen in Kap. 3.2.1.3 dieser Arbeit.
[218] Vgl. Lackey, J. (2006b), S. 175.
[219] Vgl. ebd., S. 177/178.

vermögen zeichnet sich z. B. durch Heterogenität aus: Ich kann mich sehr vieler verschiedener Überzeugungen über Ereignisse, Personen und ihre Eigenschaften etc. erinnern, wobei ich den propositionalen Gehalt meiner Erinnerungen ursprünglich wiederum aus ganz unterschiedlichen Quellen gewonnen haben kann, z. B. durch eigene Beobachtung, durch das Zeugnis anderer, durch meine Verstandesleistung etc.

Zum Abschluss sei ein letzter Kritikpunkt (d) angeführt, welcher die Gesamtstrategie von Lackeys Vorhaben in Frage stellt. Ihrer Auffassung nach ermöglicht das In-Betracht-Ziehen des Dualismus eine Verschiebung des Fokus der Debatte um den epistemischen Status testimonialer Erkenntnis. „[...] dualism correctly moves the focus of the current debate *beyond* reductionism and non-reductionism. [...] In showing the need for positive epistemic work from both the speaker and hearer, we have seen that testimonial justification is neither reducible to nor completely independent from sense perception, memory, and inductive inference.“[220] Doch welcher Vorteil ist mit diesem Vorgehen gewonnen? So lange wie in der Erkenntnistheorie auch weiterhin von der klassischen Aufteilung der Erkenntnisquellen in die genannten Kategorien ausgegangen wird, solange wird auch das Zeugnis anderer in Bezug auf die individuellen Quellen menschlichen Wissens beurteilt werden. Die Wahl des Dualismus als erkenntnistheoretisches Vorhaben räumt dieser Quelle weiterhin einen Sonderstatus ein, welcher durch Lackeys Anführung der (vermeintlichen) Unterschiede zwischen dem Zeugnis anderer und den individuellen Quellen unterstrichen wird. In dieser Hinsicht scheint sich der Vorzug des Dualismus in dem Sinne zu relativieren, als er dem Zeugnis anderer im Vergleich mit den anderen Erkenntnisquellen doch einen derivativen Status zuschreibt. Nur im Falle testimonialer Erkenntnis ist es für den Hörer notwendig, weitere unabhängige Gründe für seine neu gewonnene Überzeugung anzuführen. Gewinnt er die Überzeugung dagegen aus den individuellen Quellen, besteht diese Notwendigkeit nicht. Somit stellt der Dualismus keine substantiell neue Herangehensweise an die Frage nach dem epistemischen Status testimonialer Erkenntnis dar, sondern lediglich eine neue Variante eines reduktionistischen Vorhabens.

Trotz dieser mit dem Ansatz von Lackey verbundenen Schwierigkeiten ist ihr Vorschlag zur Rechtfertigungsstruktur testimonialer Überzeugungen aber von nicht geringer Bedeutung für die Debatte um das Wissen aus dem Zeugnis anderer. Ihr Vorhaben zeigt an, dass sich offensichtlich eine neue interne Entwicklung innerhalb der *Testimony*-Debatte abzeichnet. Anhalts-

---

[220]   Ebd., S. 179.

punkte für diese These finden sich in einer Reihe weiterer neuerer Arbeiten u. a. von Keith Lehrer[221], Sanford C. Goldberg[222] und Peter J. Graham[223]. Ihnen gemeinsam ist dabei eine Abwendung von der üblichen Unterscheidung zwischen Reduktionismus und Anti-Reduktionismus. Sie streben die Entwicklung von Theorieansätzen an, welche die Rechtfertigung testimonialer Überzeugungen auf anderen Grundlagen zu verorten suchen, als dies in den bisher vertretenen reduktionistischen bzw. anti-reduktionistischen Positionen der Fall war.

Im Falle Keith Lehrers kann darüber hinaus festgestellt werden, dass für ihn ebenfalls die duale Perspektive auf Sprecher und Hörer eine gewisse Rolle spielt. Seiner Auffassung nach erfordert die Rechtfertigung testimonialer Überzeugungen neben einer Evaluation der Vertrauenswürdigkeit des Sprechers auch eine solche bezüglich der Vertrauenswürdigkeit des Hörers.[224]

Im vorangegangenen Abschnitt konnte damit gezeigt werden, dass keine der bisher vertretenen Positionen bezüglich des epistemischen Status testimonialer Erkenntnis frei von bestimmten Schwächen ist. Auch weisen sie je unterschiedliche Vorzüge auf, was zu der Konstatierung führt, dass in der bisherigen Debatte kein klares Votum für eine der verschiedenen Positionen gegeben wurde. Es ist nicht Ziel dieser Arbeit, hier eine klare Entscheidung herbeizuführen, doch es soll abschließend zumindest eine kurze Stellungnahme für eine bevorzugte Theorierichtung abgegeben werden.

3.2.5 Welcher Theorie ist der Vorzug zu geben?

An diesem Punkt der Ausarbeitung stellt sich die Frage, welche der vorgestellten Theorien am besten dazu in der Lage ist, unsere epistemische Praxis unseres Umgangs mit testimonialen Akten und, damit einhergehend, den epistemischen Status des Zeugnisses anderer einzufangen.

Auf den ersten Blick erscheint der von Lackey entwickelte Dualismus vorteilhaft zu sein, da er dem vorgeschlagenen dualen Zeugnisbegriff Rechnung trägt. Allerdings erweist sich dieses Rechtfertigungskonzept bei genauerer Betrachtung als inadäquat, da eine Reihe von Problemen damit verknüpft ist. Insbesondere ist unklar, inwiefern überhaupt der Sprecher, wie Lackey es anstrebt, in die epistemische Pflicht genommen werden kann und sollte. Die in der Position angestrebte Verbindung zwischen internalistischen und

---

[221] Vgl. Lehrer, K. (2006).
[222] Vgl. Goldberg, S. C. (2006).
[223] Vgl. Graham, P. J. (2006b).
[224] Vgl. Lehrer, K. (2006), S. 157.

externalistischen Komponenten epistemischer Rechtfertigung erscheint nur schwer vereinbar mit der starken internalistischen Intuition, welche dem Ansatz inhärent ist.

Auch die reduktionistischen Vorhaben – sowohl globaler als auch lokaler Art – erscheinen keine geeigneten Kandidaten für eine adäquate Theorie des epistemischen Status testimonialer Erkenntnis zu sein. Coadys Kritik am globalen Reduktionismus und Insoles Analyse der Schwierigkeiten des lokalen Reduktionismus schließen diese Varianten als geeignete Positionen aus.

Folgen wir diesem Ausschlussverfahren, bleibt als letzte Alternative der Anti-Reduktionismus. Zwar ist auch diese Position nicht ohne Kritik in der Debatte geblieben. Allerdings konnte gezeigt werden, dass Vertreter dieses Vorhabens den kritischen Argumenten auf überzeugende Art und Weise begegnen können, ohne die Schlüssigkeit ihrer Position dabei zu gefährden oder auf unplausible ad hoc-Hypothesen angewiesen zu sein. Insbesondere der von Fricker erhobene Vorwurf, die Einnahme einer anti-reduktionistischen Position führe zu allgemeiner Leichtgläubigkeit[225] konnte effektiv zurückgewiesen werden. Vor diesem Hintergrund erscheint zum bisherigen Stand der Debatte der Anti-Reduktionismus die vielversprechendste Theorie zum epistemischen Status des Zeugnisses anderer im paradigmatischen Fall zu sein. Dieser Theorie wird daher im Rahmen dieser Arbeit der Vorzug gegeben.

Darüber hinaus spricht auch eine Reihe weiterer Gründe für die Wahl des Anti-Reduktionismus:

a) Diese Position ist konsistent in der Vorgehensweise, da die Rechtfertigung mittels Präsumtionen nicht nur für das Zeugnis anderer, sondern ebenso für die individuellen Wissensquellen durchgeführt werden kann. D. h. für jede Erkenntnisquelle wird auch eine zugehörige Präsumtionsregel mit entsprechenden Annullierungsbedingungen angenommen, auf deren Basis die Rechtfertigung von Überzeugungen erfolgt, welche aus diesen Quellen gewonnen wurden. Dem Zeugnis anderer kommt damit bezüglich der Rechtfertigungsstruktur keinerlei Sonderstatus zu.

b) Die Möglichkeit, die Präsumtionsregel durch je spezifische Annullierungsbedingungen einzugrenzen, erweist sich als konsistent mit der Annahme des vorangegangen Hauptkapitels, dass es nicht einen einheitlichen Zeugnisbegriff für alle Phänomene in diesem Bereich gibt, sondern eine Menge variierender Begriffe, die mittels Spezialisierungsrelationen miteinander in Verbindung stehen. Durch die Anführung je spe-

---

225   Vgl. Fricker, E. (1994), S. 126.

zifischer Annullierungsbedingungen kann diesem Umstand in adäquater Weise Rechnung getragen werden. Hierzu passend kann der Vorschlag von Scholz in Betracht gezogen werden, ggf. auf eine speziellere Präsumtion umzuschalten.[226]

c) Schließlich sei darauf hingewiesen, dass bereits bei Reids Form des Anti-Reduktionismus eine dualistische Perspektive angelegt ist, für welche mit dem in dieser Untersuchung explizierten Zeugnisbegriff nach den Bedingungen, die für den Hörer gelten, und jenen, die für den Sprecher erforderlich sind, votiert wird. So führt Reid für den Umgang mit testimonialen Akten einerseits das Prinzip der Wahrhaftigkeit für den Zeugen und andererseits das Prinzip der Gutgläubigkeit für den Hörer an.[227] Ergänzt um eine Forderung nach der Kompetenz auf Seiten des Sprechers und um eine Forderung nach Wachsamkeit auf Seiten des Hörers, ergibt sich daraus das präsumtive Argument des Anti-Reduktionismus in seiner oben erläuterten Form.

Die angeführten Punkte stützen das hier vertretene Votum für den Anti-Reduktionismus in überzeugender Art und Weise. Betrachten wir den genannten Vorschlag unter Bezugnahme auf gängige Theoriewahlkriterien[228], so ergibt sich folgendes Bild: In der Auseinandersetzung mit den Kritikpunkten an den einzelnen Positionen der Debatte konte gezeigt werden, dass die *Erklärungskraft* und damit die *Akkuratheit* des Anti-Reduktionismus größer ist als jene der verschiedenen anderen Alternativen, da bei dieser Position keine Kritikpunkte auftraten, denen die Anti-Reduktionisten nicht auf schlüssige Art und Weise begegnen konnten.

Ferner erweist sich diese Position auf Grund der *konsistenten Vorgehensweise* – d. h. der Postulierung von Präsumtionsregeln für die verschiedenen Erkenntnisquellen und die Variation der Präsumtionsregel durch unterschiedliche Annullierungsbedingungen für die verschiedenen epistemischen Phänomene in der erkenntnistheoretischen Klasse des Zeugnisses anderer –

---

[226] Vgl. Scholz, O. R. (2001), S. 372.

[227] Vgl. von Malzahn, H. (2006), S. 120/121.

[228] Ausgegangen wird hier von der Vorgehensweise zur Theorienwahl, welche von Thomas S. Kuhn vorgeschlagen wurde. Seiner Auffassung nach können zur Entscheidung zwischen Theorien, die ein Phänomen gleich gut erklären, fünf verschiedene Kriterien herangezogen werden: die Akkuratheit und Fruchtbarkeit der Theorie, ihre breite Reichweite, ihre Einfachheit und ihre (interne und externe) Konsistenz. Da die vorgestellten Ansätze zur Erläuterung des epistemischen Status testimonialer Erkenntnis alle über dieselbe Reichweite – also denselben Anwendungsbereich – verfügen, muss ihre Beurteilung folglich auf der Basis der verbliebenen vier Kriterien erfolgen. Vgl. dazu Kuhn, Th. (1977), S. 321/322.

als *einfachste Theorie* zur Beschreibung und Normierung des Umgangs mit testimonialen Akten. Unter dem Gesichtspunkt ontologischer Sparsamkeit heißt das zum einen, dass keine Zusatzannahmen bzw. ad hoc-Hypothesen gemacht werden müssen, um die Theorie für die verschiedenen epistemischen Phänomene im Anwendungsbereich nutzen zu können. Zum anderen ist der Anti-Reduktionismus auch in dem Sinne als eine einfache Theorie zu betrachten, als er mit *einem* Rechtfertigungsmodell – der Rechtfertigung mittels Präsumtion – für die verschiedenen epistemischen Quellen auskommt.

Durch ihre Anpassungsfähigkeit vermittels der Variabilität der Annullierungsbedingungen ist die Theorie des Anti-Reduktionismus schließlich auch *widerspruchsfrei* für die verschiedenen Zeugnisphänomene verwendbar und damit *fruchtbar* für die Erklärung der Phänomene in den entsprechenden Bereichen einsetzbar. Im Zusammenhang mit der Erörterung der Hörerzeugnisse[229] wurde schon darauf hingewiesen, dass die Anforderungen an eine Rechtfertigung testimonialer Überzeugungen *je nach Kontext* verschieden hoch sein können. Die Verbindung der anti-reduktionistischen Position mit einem solchen *kontextualistischen Element* erscheint aber problemlos möglich zu sein. Zum einen kann, in dem angeführten Sinne, den verschiedenen Anforderungen durch eine Anpassung der Annullierungsbedingungen der zugehörigen Präsumtionsregel entsprochen werden. Zum anderen kann darüber hinaus der Forderung nach guten positiven Gründen in Kontexten mit höherem Rechtfertigungsanspruch nachgekommen werden, da für den paradigmatischen Fall des Zeugnisses anderer – und insbesondere für die frühe Entwicklungsphase und Ausbildungsphasen des epistemischen Subjekts – weiterhin die Anwendung einer Präsumtion als Rechtfertigungsbasis bestehen bleibt. Mit der zusätzlichen Forderung nach positiven Gründen in bestimmten Kontexten – z. B. im wissenschaftlichen Umfeld – wird lediglich dem Umstand Ausdruck verliehen, dass das epistemische Subjekt mit zunehmendem Alter auch über eine größere Erfahrung im Umgang mit bestimmten Zeugen und Zeugnissen verfügen wird. Dieses Hintergrundwissen kann dann in dem jeweiligen Kontext auch in Anschlag gebracht werden.[230] So wird das Zusammenspiel der verschiedenen Erkenntnisquellen im Entwicklungsprozess des epistemischen Subjekts zunehmend komplexer.

---

[229]   Vgl. die Ausführungen in Kap. 2.4.2 dieser Arbeit.

[230]   In Kap. 5.5.3 wird beispielsweise erläutert, inwiefern Journalisten im Umgang mit ihren Quellen einer höheren epistemischen Anforderung gerecht werden müssen, um in der Übernahme der testimonialen Gehalte gerechtfertigt zu sein. Das Wissen, das sie dazu benötigen, erwerben sie im Rahmen ihrer Ausbildung, wiederum gestützt auf das Zeugnis anderer.

Auf diesen Punkt macht schon Reid aufmerksam: „Reason hath likewise her infancy, when she must be carried in arms: then she leans entirely upon authority, by natural instinct, as if she was conscious of her own weakness; and without this support, she becomes vertiginous. When brought to maturity by proper culture, she begins to feel her own strength, and leans less upon the reason of others; she learns to suspect testimony in some cases, and to disbelieve it in others; and sets bounds to that authority to which she was at first entirely subject."[231] Das bedeutet aber nicht, dass dem Zeugnis anderer kein basaler Status mehr zukommt. Denn auch wenn die Vernunft (insbesondere das Hintergrundwissen) mit dem Alter und der Erfahrung reift und vom epistemischen Subjekt zur kritischen Kontrolle testimonialer Überzeugungen in relevanten Kontexten zu Rate gezogen werden kann, heißt das noch nicht, dass nicht auch Zeugnisse einen korrigierenden Einfluss auf den Verstand des Subjekts behalten. In diesem Sinne führt Reid die obige Überlegung auch noch weiter: „But still, to the end of life, she [reason, NM] finds a necessity of borrowing light from testimony, where she has none within herself, and of leaning in some degree upon the reason of others, where she is conscious of her own imbecillity. And as in many instances, Reason, even in her maturity, borrows aid from testimony; so in others she mutually gives aid to it, and strengthens its authority."[232] Das kontextualistische Element lässt – in Übereinstimmung mit diesen Ausführungen von Reid und im Gegensatz zu rein reduktionistischen Positionen – zu, dass die positiven Gründe, die ein epistemische Subjekt in bestimmten Kontexten zur Rechtfertigung seiner testimonialen Überzeugungen benötigt, u. a. durch Zeugnisse erworben wurden.

3.3 Zusammenfassung

Im vorangegangenen Kapitel wurden die verschiedenen Positionen bezüglich des epistemischen Status des Zeugnisses anderer erläutert. Es wurde ausgeführt, dass sowohl die klassischen Positionen des Reduktionismus und des Anti-Reduktionismus als auch die neueren Entwicklungen des lokalen Reduktionismus und des Dualismus durchaus kritisch zu betrachten sind. Innerhalb der bisherigen Debatte konnte sich keines der vorgestellten Programme in entscheidendem Maße gegen die konkurrierenden Theorien durchsetzen.

Bezüglich der Frage nach dem epistemischen Status des Zeugnisses anderer handelt es sich nach wie vor um den Kern der gegenwärtig in der (so-

---

[231] Reid, Th. (2000), S. 195.
[232] Ebd.

zialen) Erkenntnistheorie geführten *Testimony*-Debatte. Während Vertreter reduktionistischer Positionen im Zeugnis anderer keine genuine Erkenntnisquelle sehen, testimoniale Akte vielmehr als einen Prozess der bloßen Übermittlung bereits bestehenden Wissens betrachten, argumentieren Vertreter anti-reduktionistischer Positionen dafür, dem Zeugnis anderer einen den anderen epistemischen Quellen gleichrangigen Status zuzusprechen. Ihrer Auffassung zufolge stellen testimoniale Akte eine genuine Quelle des Wissens dar. Die obige Analyse hat gezeigt, dass beide Positionen mit einer Reihe von Schwierigkeiten konfrontiert sind, was im Rahmen der Debatte zur Herausbildung der Zwischenpositionen des lokalen Reduktionismus und des Dualismus geführt hat.

Lokale Reduktionisten gestehen dem Zeugnis anderer für eine bestimmte Lebensphase des epistemischen Subjekts eine genuine Stellung zu, merken aber an, dass dieser fundamentale Status sich im Laufe der Entwicklung des epistemischen Subjekts relativiere. Die Kernaussage des lokalen Reduktionismus bildet die Feststellung, dass dem erwachsenen epistemischen Subjekt durchaus zeugnisunabhängige Belege für die Bewertung der Glaubwürdigkeit eines konkreten Zeugen bezüglich einer spezifischen Aussage zur Verfügung stehen.

Im Dualismus wird dagegen die Rechtfertigungslast testimonialer Überzeugungen auf Sprecher und Hörer gleichermaßen verteilt. Während der Hörer durch die Beibringung guter positiver Gründe für die Akzeptanz der Zeugenaussage die Rationalität seiner epistemischen Handlungsweise sicherstelle, obliege es dem Sprecher durch eine kompetente und aufrichtige Zeugenaussage für die Zuverlässigkeit des testimonialen Akts als Wissensquelle zu sorgen.

Allerdings konnte gezeigt werden, dass auch diese erst kürzlich in die Debatte eingebrachten Positionen nicht kritiklos akzeptiert werden können. Während der lokale Reduktionismus insbesondere mit der Problematik konfrontiert ist, wo genau man die Grenze zwischen den angenommenen verschiedenen Entwicklungsphasen ziehen soll, erweist sich der Dualismus v. a. im Hinblick auf den verwendeten Rechtfertigungsbegriff als problematisch.

Als Zwischenergebnis der Betrachtung der verschiedenen Positionen zum epistemischen Status testimonialer Erkenntnis wurde im Rahmen der vorliegenden Untersuchung ein Plädoyer für den Anti-Reduktionismus abgelegt. Im Vergleich zu den anderen Alternativen ist dieser Theorieansatz am besten dazu in der Lage, unsere epistemische Praxis im Umgang mit dem Zeugnis anderer in adäquater Weise wiederzugeben. Darüber hinaus zeichnet sich der Anti-Reduktionismus auch in dem Sinne aus, als er am besten mit der gegenüber dieser Theorie vorgebrachten Kritik umgehen kann, indem schlüssige Gegenargumente vorgestellt werden. Diese Position muss allerdings um ein kontextualistisches Element ergänzt werden, wie die Analyse der H-Zeugnisse bereits verdeutlicht hat. D. h. es kann Kontexte geben, in denen die Ansprüche an die Rechtfertigung testimonialer Überzeugungen höher sind als im klassischen paradigmatischen Fall.

In der Debatte zur Testimonialerkenntnis spielt, wie in der Darstellung der einzelnen Positionen deutlich geworden ist, die Beurteilung der Glaubwürdigkeit des Zeugen eine wichtige Rolle. Diskutiert wird die Frage, welche Art von Gründen vorliegen muss, damit der Rezipient dem Zeugen Glauben schenken kann. Im nachfolgenden Kapitel wird die Rolle der klassischen Glaubwürdigkeitskriterien – Aufrichtigkeit und Kompetenz des Zeugen – genauer untersucht.

4 Glaubwürdigkeitskriterien und die Beurteilung des Zeugen[1]

Für alle Positionen, die sich im Umfeld der klassischen Ansätze von Reduktionismus und Anti-Reduktionismus bewegen – also auch für die hybriden Versionen von Fricker und Lackey – spielen die so genannten *Glaubwürdigkeitskriterien* eine zentrale Rolle für eine adäquate Epistemologie des Zeugnisses anderer. In den reduktionistischen Programmen ist der Zeugnisempfänger erst dann in der Akzeptanz des mitgeteilten Gehalts gerechtfertigt, wenn er positive Gründe für die Glaubwürdigkeit – also die Aufrichtigkeit und die Kompetenz – des Zeugen besitzt. Im Anti-Reduktionismus kommen dieselben Kriterien dagegen in negativer Form in der Formulierung der *Annullierungsbedingungen* der zu Grunde liegenden Präsumtionsregel testimonialer Akte zum Zuge: Dem Zeugnisempfänger dürfen keine Anhaltspunkte dafür vorliegen, dass der Zeuge hinsichtlich seiner Äußerung nicht aufrichtig und kompetent handelt.

Lackey differenziert weiter zwischen *psychologischen* und *normativen* Bedingungen der Annullierung.[2] Erstere sind solche Überzeugungen, die das epistemische Subjekt *faktisch besitzt* und die anzeigen, dass eine neue Überzeugung falsch ist bzw. auf unzuverlässige Art und Weise gebildet wurde. Betrachten wir hierzu ein Beispiel:

> (B-20) Psychologische Annullierungsbedingungen: Wenn Peter also bereits weiß, dass Paul in Bezug auf Aussagen über historische Bauwerke und deren Geschichte dazu neigt, mit Wissen zu protzen, das er gar nicht hat, also gar nicht kompetent ist, eine

---

[1]   Auszüge aus diesem Kapitel wurden in einer früheren Fassung veröffentlicht unter: Mößner, N. (2007a), S. 133-159.

[2]   Vgl. Lackey, J. (2006c), S. 4. Lackey spricht davon, dass diese Überzeugungen *S* vorliegen. Normalerweise wird mit dieser Variable auf die Person des Sprechers Bezug genommen. Aus den von Lackey dazu angeführten Beispielen wird jedoch ersichtlich, dass sie den Zeugnisempfänger meint. Relevant ist die Person, die eine neue Überzeugung erwirbt, da nur in diesem Falle die Annullierungsbedingungen ihrer Wirkung entfalten. Allerdings muss es dabei nicht unbedingt um die Überzeugungsbildung mittels testimonialer Akte gehen. Auch der Erkenntniserwerb aus anderen epistemischen Quellen ist hiervon betroffen. So spricht Peters Überzeugung, dass er gerade unter dem Einfluss halluzinogener Drogen stehe, gegen seine Meinung, der Münsteraner Dom bestehe aus rosa Zuckerwatte, die sich ihm durch seine Wahrnehmung aufzudrängen scheint.

wahre Aussage über den Münsteraner Dom zu machen, führt diese Überzeugung dazu, dass Peter dem Wort seines Freundes in diesem Kontext keinen Glauben schenkt.

Normative Annullierungsbedingungen sind dagegen Überzeugungen, die das epistemische Subjekt haben *sollte* und die ebenfalls gegen die Wahrheit der neuen Überzeugung sprechen.

> (B-21) Normative Annullierungsbedingungen: Wenn es im Freundeskreis von Peter und Paul allgemein bekannt ist, dass Paul in Bezug auf Äußerungen hinsichtlich historischer Bauten ein notorischer Lügner ist, *sollte* auch Peter von dieser Tatsache Wissen haben und *sollte* daher seinem Freund keinen Glauben schenken, wenn Paul ihm mal wieder eine neue Geschichte über den Münsteraner Dom erzählt.

Dem Konzept der Annullierungsbedingungen liegt damit ein kohärentistisches Modell epistemischer Rechtfertigung zu Grunde. „The underlying thought here is that certain kinds of experiences, doubts, and beliefs contribute epistemically unacceptable *irrationality* to doxastic systems and, accordingly, justification and knowledge can be defeated or undermined by their presence.“[3] Entstehen im Überzeugungssystem des epistemischen Subjekts Widersprüche durch das Hinzufügen einer neuen Meinung, bestehen grundsätzlich zwei Strategien, um diese wieder zu beseitigen. Entweder ist die neu gewonnene Überzeugung auf der Basis der bestehenden Meinungen abzulehnen – dies ist in den obigen Beispielen der Fall – oder das Überzeugungssystem selbst muss entsprechend aktualisiert werden. Alte Überzeugungen sind dann auf Grund einer neuen Meinung zu ändern. Auf diesen Umstand weist auch Lackey hin, wenn sie anführt, dass Annullierungsbedingungen selbst wiederum widerlegt werden können.[4] Ihrer Auffassung nach ist es für die Rechtfertigung einer testimonialen Überzeugung mittels einer Präsumtion erforderlich, dass das epistemische Subjekt über keine widerlegenden Gründe verfügt. Darüber hinaus gilt, dass – falls solche Gründe doch vorliegen sollten, die also gegen eine Rechtfertigung der entsprechenden testimonialen Überzeugung sprechen – diese Gründe aber wiederum selbst widerlegt sind, das epistemische Subjekt ebenfalls in seiner testimonialen Überzeugung gerechtfertigt ist. „It is the presence of undefeated defeaters, not merely defeaters, that is incompatible with testimonial justification and knowledge.“[5]

> (B-22) Widerlegte Annullierungsbedingungen: Peter weiß, dass sein Freund Paul in Bezug auf Aussagen zu historischen Bauwerken ein notorischer Lügner ist. Dementsprechend schenkt er Pauls Bericht über den Münsteraner Dom keinen Glauben. Nun

---

[3]   Ebd.
[4]   Vgl. ebd., S. 4/5.
[5]   Ebd., S. 5.

unterrichtet ihn ein weiterer Bekannter, Klaus, aber darüber, dass Paul seit Neuestem unter einem seltenen psychologischen Phänomen leide: Jedes Mal, wenn er eine Lüge erzählen will, berichtet er stattdessen unbewusst, aber zuverlässig die Wahrheit. Auf der Basis dieser neuen Erkenntnis ist Peters ursprünglicher Grund, Pauls Aussage über den Münsteraner Dom nicht zu vertrauen, widerlegt. Er hat, im Gegenteil, nun einen guten Grund, seinen Freund für einen äußerst zuverlässigen Zeugen hinsichtlich Berichte über historische Bauwerke zu halten.

Die Annullierungsbedingungen werden als widerlegende Gründe normalerweise dem Hintergrundwissen des epistemischen Subjekts zugerechnet. Dieses spielt daher im Rahmen der *Testimony*-Debatte eine wichtige Rolle. Welche Position bezüglich des epistemischen Status des Zeugnisses anderer eingenommen wird, hängt häufig davon ab, welche Bedeutung dem Hintergrundwissen für den Akt der Rechtfertigung der testimonialen Überzeugung zugesprochen wird. Was genau ist jedoch unter diesem *Hintergrundwissen* zu verstehen?

4.1 Hintergrundwissen und Glaubwürdigkeitskriterien

Zwei verschiedene Lesarten des Begriffs *Hintergrundwissen* lassen sich unterscheiden und werden im Zuge der weiteren Untersuchung eine Rolle spielen:

a) Die Dichotomie von Vordergrund- und Hintergrundwissen kann *temporal* verstanden werden, d. h. hier werden Überzeugungen, die erst in der Situation des Zeugnisgebens erworben werden (Vordergrund), von solchen unterschieden, die bereits vor diesem Zeitpunkt zum Wissensschatz des Rezipienten zählten (Hintergrund). So hängt z. B. die Akzeptanz der Mitteilung, dass der Vortrag eines bestimmten Redners bei einer kürzlich stattgefundenen Konferenz konfus und wenig aussagekräftig war, davon ab, ob der Rezipient weiß, dass die Konferenz stattgefunden hat, dass der genannte Sprecher dort tatsächlich einen Vortrag gehalten hat und wie dessen Vortragsstil bei anderen Gelegenheiten beurteilt wurde etc.

b) Die genannte Unterscheidung kann aber auch *qualitativ* verstanden werden, d. h. speziellere Überzeugungen des Rezipienten stehen im Vordergrund, allgemeinere im Hintergrund. Dieser Fall kann z. B. vorliegen, wenn zur Erklärung eines Phänomens eine neue Theorie entwickelt wird. Hier können dann Belege, die direkt zur Stützung der Hypothese beitragen als Vordergrundwissen betrachtet werden. Bereits bestehende Theorien, welche nicht direkt zur Erklärung des neuen Phänomens beitragen, aber dennoch zum Verständnis des konkreten Vorgangs notwendig sind, zählen zum Hintergrundwissen. Dudley Shapere listet beispielsweise rund zehn verschiedene Hintergrundannahmen – basierend sowohl auf verschiedenen Theorien (z. B. Theorien über nukleare Reaktionen) als auch auf praktischem Wissen (z. B. bezüglich einer adäquaten Reinigungstechnik der Experimentapparaturen) – auf, welche im Rahmen eines Experiments zur *Beobachtung des Sonneninneren durch die Aufspürung von emittierten Neutrinos* relevant sind.[6] In diesem Sinne ist dieses Experiment extrem voraussetzungsreich, dabei aber keineswegs untypisch für die Wissenschaft.[7] Interessanterweise wird es darüber hinaus als ein Fall *direkter Beobachtung* gehandelt, obwohl die physischen Gegebenheiten – z. B. die Entfernung zwischen Beobachtungsstandpunkt (Erde) und Beobachtungsgegenstand (Sonneninneres) extrem groß sind, der Beobachtungsgegenstand unterhalb der beobachtbaren Sonnenoberfläche liegt etc. – dies als einen solchen Fall auszuschließen scheinen. Die Begründung für die These, dass hier trotzdem eine direkte Beobachtung vorliege, beruht auf einer Theorie bezüglich der Transmission von Neutrinos im Sonneninneren. Die Annahme besagt, dass diese Teilchen die notwendigen Informationen der Beobachtung enthielten.[8] Die Abhängigkeit der Verbindung zwischen Theorie und Daten vom umfangreichen Hintergrundwissen der beteiligten Wissenschaftler wird hier auf anschauliche Weise deutlich.

Im Rahmen der Debatte um das Wissen aus dem Zeugnis anderer ist bezüglich des Hintergrundwissens die Frage relevant, ob der Rezipient für die Rechtfertigung von testimonialen Überzeugungen darauf angewiesen ist, Schlüsse über die Glaubwürdigkeit des Sprechers aus bereits bestehendem Wissen über diesen zu ziehen. Zu diesem Wissen zählen dann insbesondere Kenntnisse bezüglich der Aufrichtigkeit und Kompetenz des Zeugen. Hinterfragt wird also, ob Mitteilungen des Sprechers erst vor diesem Hintergrund bewertet werden müssen, bevor sie dem Rezipienten als Wissen gelten können. Die temporale Lesart des Begriffs des Hintergrundwissens ist hier von besonderer Relevanz: Neue Überzeugungen werden vor dem Hintergrund bereits vorhandenen Wissens bewertet, bevor sie in das Überzeugungssystem

---

[6]   Vgl. Shapere, D. (1985), S. 25.
[7]   Für eine ausführliche Darstellung des Experiments vgl. ebd. S. 22-26.
[8]   Neutrinos entstehen auf Grund der Reaktionen im Sonneninneren, gehen jedoch im Gegensatz zu anderen Teilchen, die bei diesen Prozessen entstehen, keine Wechselwirkungen auf ihrem Weg vom Kern zur Oberfläche der Sonne ein. Sie erreichen den Beobachter somit in einem unverfälschten Zustand und können diesem so Aufschluss über die Prozesse im Innern der Sonne geben. Vgl. Shapere, D. (1985), S. 23.

des Rezipienten integriert werden. In diesem Sinne wäre z. B. auch die oben skizzierte Auffassung von David Hume zu verstehen. Einige Standpunkte innerhalb der Debatte erfordern darüber hinaus aber auch die qualitative Lesart des Hintergrundwissens, insbesondere wenn es sich um Modelle einer Kohärenztheorie epistemischer Rechtfertigung handelt (z. B. Coady). Im Zuge der weiteren Ausführungen wird an relevanten Stellen diese Differenzierung entsprechend markiert werden.

Das Hintergrundwissen ist bei der Rechtfertigung testimonialer Überzeugungen, wie angeführt, für die Beurteilung der Glaubwürdigkeit des Zeugen von Relevanz. Insbesondere handelt es sich dabei um die Frage nach der Aufrichtigkeit und Kompetenz des Sprechers. Die Bedeutung dieser Glaubwürdigkeitskriterien ist dabei vergleichbar mit den Kriterien normaler Wahrnehmung im Rahmen der Beurteilung von Beobachtungsaussagen: Nur wenn wir unseren Sinnen trauen können – die Sichtverhältnisse optimal sind, wir uns sicher sind, nicht unter Halluzinationen zu leiden etc. –, können wir uns auf die Wahrheit der aus unserer Beobachtung gewonnenen Erkenntnis festlegen. Analoges gilt nun auch für Zeugenaussagen: Nur wenn wir gute Anhaltspunkte dafür haben, dass der Zeuge nicht beabsichtigt, uns durch eine falsche Aussage zu täuschen, oder dafür, dass er überhaupt kompetente Aussagen über den relevanten Sachverhalt treffen kann etc., können wir uns zweifelsfrei auf sein Wort verlassen und damit eigene Erkenntnisse gewinnen sowie rechtfertigen. Hume nennt in diesem Zusammenhang vier Kriterien, welche gegen die Glaubwürdigkeit eines Zeugnisses sprechen: „Eine Tatsache wird uns verdächtig, wenn die Zeugen einander widersprechen; wenn ihrer nur wenige oder ihre Charaktere zweifelhaft sind; wenn ihr Vorteil bei ihrer Aussage in Frage kommt; wenn sie ihr Zeugnis zögernd oder im Gegenteil mit zu heftigen Beteuerungen abgeben.“[9] Hume weist auch darauf hin, dass es noch viele weitere solcher Kriterien gibt.

Eine ausführliche Auseinandersetzung mit den Glaubwürdigkeitskriterien findet sich insbesondere auch im Zusammenhang mit formellen Zeugnissen im juristischen Kontext. Die persönliche Anwesenheit des Zeugen vor Gericht dient auch dazu, dass der Richter einen Eindruck von dessen Person gewinnt und so Anhaltspunkte für die Beurteilung von dessen Glaubwürdigkeit erhält.[10] Darüber hinaus liefert z. B. die Feststellung der Personalien des Zeugen weitere Hinweise, ob seiner Aussage Glauben geschenkt werden kann oder nicht. „Bestimmte Berufe prägen den Charakter und lassen Berufseigenschaften vermuten, die sich günstig oder ungünstig bei der Aussa-

---

[9]   Hume, D. (1993), S. 132.
[10]   Vgl. Panhuysen, U. (1964), S. 12.

ge auswirken können. Aus dem Wohnort des Zeugen schließlich können sich Hinweise auf nachbarschaftliche Beziehungen zum Angeklagten, Verletzten oder zu anderen Zeugen ergeben."[11] All diese Aspekte wirken sich auf die Beurteilung der Aufrichtigkeit und die Kompetenz des Zeugen aus. Lebt der Zeuge beispielsweise in unmittelbarer Nachbarschaft des Angeklagten, können evtl. freundschaftliche Verhältnisse zwischen beiden Personen bestehen, so dass der Zeuge ggf. versuchen wird, seinen Freund durch seine Aussage nicht zu belasten – er wird in diesem Beispiel also unaufrichtig handeln.

Interessant ist dabei, dass eine wechselseitige Beeinflussung zwischen der Glaubwürdigkeit der *Person* des Zeugen und der Glaubwürdigkeit seiner *Aussage* stattfinden kann. „Auf der *Glaubhaftigkeit* dessen, was der Zeuge gesehen oder gehört haben will, baut das *Glaubwürdigkeits*urteil über seine Person auf. Je glaubhafter seine Aussage, umso glaubwürdiger erscheint der Zeuge. Aber auch das umgekehrte Verhältnis ist zu beachten: je glaubwürdiger der Zeuge auf Grund seiner gesamten Persönlichkeit eingeschätzt werden kann, umso glaubhafter wird seine Aussage erscheinen, denn beim Zeugenbeweis erhält der sachliche Inhalt der Aussage sein Gewicht erst durch die Person des Aussagenden."[12]

An dieser Stelle erscheint es sinnvoll, *Glaubwürdigkeit* von *Verlässlichkeit* bzw. *Zuverlässigkeit* zu unterscheiden. Beide Eigenschaften unterliegen der Beurteilung des Rezipienten und werden alltagssprachlich sowohl auf die Zeugnisquelle als auch auf das Zeugnis selbst angewendet. Doch betrifft die Zuverlässigkeit allgemeiner den Charakter des Zeugen, während die Glaubwürdigkeit ein Merkmal des Verhaltens oder der Äußerungen dieser Person ist. Verlässlichkeit und Glaubwürdigkeit müssen demnach nicht zusammenfallen. So kann einem ansonsten eher unzuverlässigen Zeugen trotzdem in einem konkreten Fall eine hohe Glaubwürdigkeit zugesprochen werden, wenn z. B. sein Bericht durch andere Belege gestützt wird oder anderweitig ausgeschlossen werden kann, dass er in diesem konkreten Fall die Unwahrheit sagt. Andererseits beeinflusst die Verlässlichkeit eines Zeugen seine Glaubwürdigkeit nur dann (in einem positiven Sinne), wenn diese Charaktereigenschaft dem Rezipienten auch bekannt ist. Wenn der Rezipient also weiß, dass der Zeuge bezüglich eines bestimmten Themas verlässlich wahre Aussagen macht, erhöht dies die Glaubwürdigkeit seines Zeugnisses in einer konkreten Situation.

---

[11]   Ebd., S. 13.

[12]   Ebd., S. 15. Die Relation zwischen glaubhafter Aussage und Glaubwürdigkeit des Zeugen findet sich auch im Punkt (c) des weiter unten erörterten Modells von Paul Thagard wieder. Vgl. die Ausführungen in Kap. 4.2.1 dieser Arbeit.

Diese Unterscheidung nimmt auch Paul Thagard vor, setzt die Akzente hier jedoch anders. Seine These besagt, dass sich Verlässlichkeit in Bezug auf testimoniale Akte als eine bedingte Wahrscheinlichkeit ausdrücken lasse, d. h. als eine relative Häufigkeit jener Menge von Aussagen eines Sprechers S bezüglich eines bestimmten Gegenstandes p, die sich im Hinblick auf alle Aussagen bezüglich p von S als wahr herausstellen. Thagard konstatiert dazu, dass zwar auch die Glaubwürdigkeit von S nur mit Bezug auf ein bestimmtes Thema festgestellt werden könne, trotzdem seien Verlässlichkeit und Glaubwürdigkeit nicht einander gleichzusetzen. „Rather, credibility should be understood as a dispositional psychological property of a person to be inferred by various means, including classification and analogy as well as enumerative induction."[13]

Zur Stützung der These der Differenz von Glaubwürdigkeit und Verlässlichkeit führt Thagard die folgenden drei Punkte an: a) Dem Rezipienten stehen nicht genügend Daten zur Verfügung, um die Verlässlichkeit von S zu berechnen. b) Die Glaubwürdigkeit von S kann anders als nur auf enumerative Art und Weise festgestellt werden, z. B. können Inhalt und Stil der Äußerung ebenso wie die Glaubwürdigkeit von S in vorherigen Kontexten als Hinweise in Betracht gezogen werden. c) Die Entdeckung falscher Aussagen des Zeugen wirkt sich sehr unterschiedlich auf Urteile des Rezipienten bezüglich der Glaubwürdigkeit bzw. der Zuverlässigkeit des Zeugen aus. Zur Illustration dieses letzten Punktes führt Thagard das folgende Beispiel an: Ein Politiker macht einhundert Aussagen bezüglich der Wirtschaft, von denen zwei sich als falsch herausstellen, welche beide ein Unternehmen betreffen, das maßgeblich den Wahlkampf des Politikers unterstützt hat. Gemäß der Berechnungsmethode für die Verlässlichkeit des Politikers als Zeugnisgeber ergibt sich hier ein Wert von 0,98, d. h. ein weiterhin recht hoher Wert für die Zuverlässigkeit des Politikers.[14] Anders sieht es dagegen für den Fall der Glaubwürdigkeit aus. Da es hier nicht hauptsächlich auf die Angabe quantitativer Verhältnisse ankommt, kann der Kontext der beiden falschen Aussagen des Politikers weit höher bewertet werden, so dass er künftig als eher wenig glaubwürdig angesehen werden wird.[15]

Die von Thagard vorgeschlagene Unterscheidung erscheint sinnvoll, auch wenn fraglich ist, ob Verlässlichkeit zwangsläufig als ausschließlich enu-

---

[13] Thagard, P. (2005), S. 306.

[14] Für die Berechnung dieses Wertes im Beispiel gilt folgende Formel: Verlässlichkeitswert $(V) = \text{Aussagen}_{wahr}$ von S bezüglich p / $\text{Aussagen}_{insgesamt}$ von S bezüglich p; $V = 98/100 = 0{,}98$

[15] Vgl. Thagard, P. (2005), S. 307/308.

merativ zu ermittelnd anzusehen ist. Schließlich kann die Feststellung der Verlässlichkeit von S ebenso wie dessen Glaubwürdigkeit durch den Rezipienten auch durch die Konsultierung weiterer Zeugen in Erfahrung gebracht werden. Trotzdem birgt der zweite von Thagard genannte Grund für die Differenzierung doch einige Plausibilität: So kann der Rezipient auf die Glaubwürdigkeit des Zeugen schließen, indem er dessen spezifisches Verhalten während seiner Aussage beobachtet.[16] Über die Verlässlichkeit des Zeugen kann der Rezipient auf diese Weise jedoch kein Wissen erhalten. In diesem Sinne werden im Rahmen der Debatte um den epistemischen Status testimonialer Erkenntnis auch *Glaubwürdigkeitskriterien* behandelt, nämlich, wie angeführt, Aufrichtigkeit und Kompetenz. Beides sind Kriterien, die sich an Stil[17] und Inhalt der Äußerung von S als Indizien ablesen lassen (zumindest indirekt – wenn z. B. auf Grund mangelnden Wissens bezüglich *p* S die Äußerung, dass *p*, nur zögerlich vorbringt).

Allerdings sprechen nicht nur Vertreter einer reduktionistischen Position – wie Thagard – diesen Glaubwürdigkeitskriterien für die Beurteilung des Zeugen im Rahmen testimonialer Akte eine wichtige Bedeutung zu, dies gilt gleichermaßen für solche eines anti-reduktionistischen Vorhabens. Die Integration des Hintergrundwissens in den verschiedenen Standpunkten führt jedoch zu unterschiedlichen Konsequenzen hinsichtlich der Bewertung des epistemischen Status testimonialer Akte. Im Folgenden soll dies genauer an den Positionen von Coady und Fricker verdeutlicht werden.

4.1.1 Die Rolle des Hintergrundwissens in anti-reduktionistischen Positionen

Dass auch anti-reduktionistische Positionen durchaus die Relevanz des Hintergrundwissens im Rahmen testimonialer Akte anerkennen, zeigt die Diskussion dieser Thematik bei Coady. Für ihn hängt die Berücksichtigung des Hintergrundwissens eng mit der Frage nach epistemischer Verantwortlich-

---

[16]   Natürlich lässt sich diese Aussage nicht grundsätzlich verallgemeinern, da ein gezielter Täuschungsversuch durch den Zeugen auch beinhalten wird, dass dieser sich bemühen wird, möglichst glaubhaft zu erscheinen. Dennoch sei für die weitere Argumentation festgehalten, dass ein *glaubwürdiges Verhalten* im Gegensatz zu einem *verlässlichen Verhalten* vom Rezipienten auch in einzelnen Situationen ohne die Berücksichtigung des Verhaltens des Zeugen in anderen Situationen perzeptuell beurteilt werden kann.

[17]   Der Stilbegriff wird hier in einem sehr weiten Sinne verstanden. Er betrifft in diesem Kontext nicht nur die verbale Äußerung des Zeugen, sondern auch sein gesamtes nonverbales Verhalten, also Mimik, Gestik etc.

keit[18] und intellektueller Autonomie zusammen. Die Auseinandersetzung mit diesen Themen erscheint für Vertreter eines anti-reduktionistischen Vorhabens von besonderer Relevanz. Es scheint prima facie ein Spannungsverhältnis zwischen dem Ideal der intellektuellen Autonomie des Individuums und der Betonung der sozialen Komponente des Überzeugungsbildungsprozesses zu bestehen. Individualistisch ausgerichtete Konzeptionen der Erkenntnistheorie würden diese Spannung in dem Sinne aufheben, dass hier die Forderung aufgestellt wird, dass das epistemische Subjekt dazu verpflichtet sei, entweder den Gehalt der Mitteilung oder die Glaubwürdigkeit des Zeugen selbst zu überprüfen, bevor eine mitgeteilte Proposition als wahr akzeptiert werden kann. Dieser individualistischen Auffassung epistemischer Verantwortlichkeit setzt Coady jedoch entgegen, dass die geforderte Überprüfung nicht von einem Individuum allein geleistet werden könne. Denn erstens würde dies eine Überforderung des Einzelnen bedeuten, da diese Überprüfung unmöglich bei jedem testimonialen Akt durchgeführt werden könne, und zweitens bestünde häufig auch gar nicht die Möglichkeit dazu, weil der Gegenstand, über den berichtet wird, zeitlich und räumlich dem Rezipienten gar nicht zugänglich sei (z. B. bei Berichten über historische Ereignisse). Ähnliche Probleme können auch für die Beurteilung der Glaubwürdigkeit des Zeugen ins Feld geführt werden. Wie sollte ein Laie z. B. feststellen können, ob jemand tatsächlich ein Experte auf einem Gebiet ist, ohne selbst zu einem solchen hinsichtlich des fraglichen Gegenstandes zu werden? Ein Ausweg aus diesem Dilemma böte sich nur, wenn zugelassen würde, dass der Rezipient sich für die Beurteilung wiederum auf das Zeugnis anderer stützen könnte, was jedoch aus individualistischer Perspektive strikt abzulehnen wäre.

Für Coady kommt das Hintergrundwissen im Rahmen eines kohärenztheoretischen Modells epistemischer Rechtfertigung testimonialer Überzeugungen ins Spiel.[19] Auch wenn man auf der Basis eines solchen Theorieansatzes davon ausgehen muss, dass hier doch Schlüsse zwischen den einzelnen Überzeugungen gezogen werden – nichts anderes besagt schließlich ein kohärentistischer Ansatz der Rechtfertigung –, so mindere dies dennoch nicht

---

[18]   Die Frage nach dem Bestehen einer solchen Verpflichtung ist in der philosophischen Debatte nach wie vor offen. Vgl. z.B. die Ausführungen dazu von Alston, W. P. (2005)

[19]   In diesem Sinne spielen für Coady sowohl die temporale als auch die qualitative Lesart des Begriffs des Hintergrundwissens eine Rolle. Die kritische Kontrolle beim Aufbau des eigenen Überzeugungssystems erfolgt einerseits vor dem Hintergrund bereits bestehender Überzeugungen (temporale Lesart) und andererseits auch vor jenem allgemeinerer Überzeugungen (qualitative Lesart), welche im Rahmen der Bewertung eine Rolle spielen.

den epistemischen Status testimonialer Erkenntnis, da nach Coadys Auffassung der Aufbau des Überzeugungssystems selbst erst vermittels testimonialer Akte möglich sei.[20] In diesem Sinne bestehen viele Stützungsbeziehungen zwischen Überzeugungen, die aus verschiedenen testimonialen Akten gewonnen wurden. Das notwendige Hintergrundwissen muss demnach nicht auf Überzeugungen zurückgeführt werden, welche mittels der individuellen Erkenntnisquellen gewonnen wurden.

Scholz präzisiert darüber hinaus Coadys Ansatz, indem er zeigt, inwiefern die Glaubwürdigkeitskriterien als Bestandteile der in den anti-reduktionistischen Ansätzen vorausgesetzten Präsumtion verstanden werden können. Sie werden als Annullierungsbedingungen in diese eingefügt.[21] Die Integration von Hintergrundwissen bezüglich Aufrichtigkeit und Kompetenz des Zeugen innerhalb einer anti-reduktionistischen Theorie erscheint somit durchaus möglich. Trotzdem wird in der Debatte um den epistemischen Status des Zeugnisses anderer gerade dieser Aspekt immer wieder dazu verwendet, *gegen* eine gleichwertige Stellung testimonialer Akte zu den individuellen Erkenntnisquellen zu plädieren. Insbesondere das von Fricker entwickelte lokalreduktionistische Vorhaben zielt auf diese feine Differenzierung ab.

4.1.2 Die Rolle des Hintergrundwissens in lokalreduktionistischen Positionen

Fricker versucht zu zeigen, dass im Gegensatz zu der (von ihr unterstellten) Behauptung der Anti-Reduktionisten, dass eine unabhängige Prüfung der Gehalte testimonialer Akte sowie der Glaubwürdigkeit der Zeugen für das epistemische Subjekt grundsätzlich unmöglich sei, doch eine Reihe von Fällen denkbar sei, für welche eine solche Überprüfung möglich sei. Mit dieser Auffassung etabliert Fricker das, was sie einen *lokalen Reduktionismus* nennt.[22] Dieser Variante zufolge ist es demnach durchaus möglich, dass ein Rezipient in einigen Fällen über unabhängige Belege hinsichtlich der Glaubwürdigkeit des Sprechers in Bezug auf dessen Äußerung verfügt.[23]

Es wurde darauf hingewiesen, dass für Frickers Position die Differenzierung in zwei verschiedene Entwicklungsphasen des epistemischen Subjekts

---

[20]   Für eine ausführliche Darstellung der hiermit verbundenen Argumente vgl. Coady, C. A. J. (1992), S. 91 ff. und 169 ff.

[21]   Vgl. Scholz, O. R. (2001), S. 365 sowie die Ausführungen in Kap. 3.2.2.1 dieser Arbeit.

[22]   Für eine ausführliche Darstellung dieser Position vgl. Kap. 3.2.3 dieser Arbeit.

[23]   Vgl. Fricker, E. (1994), S. 133.

eine wichtige Rolle spielt. Im Kindesalter ist das epistemische Subjekt in hohem Maße auf das Zeugnis anderer angewiesen, um sein eigenes Überzeugungssystem aufbauen zu können. In dieser Phase erfolgt die Rechtfertigung testimonialer Überzeugungen – *mangels Hintergrundwissen* – mittels einer Präsumtion, wie sie die Anti-Reduktionisten vorschlagen. Das in dieser Phase aufgebaute Überzeugungssystem kann aber in späteren Phasen *als Hintergrundwissen* für eine kritische Überprüfung der Glaubwürdigkeit einzelner Zeugen herangezogen werden. So erwirbt der Menschen im Kindesalter das, was Fricker „commonsense semantics (CSS)" nennt.[24] Diese „commonsense semantics" wird zu einem wesentlichen Bestandteil des Hintergrundwissens des epistemischen Subjekts.[25] Der Erwerb von Wissen aus testimonialen Akten erfolgt Frickers Ansicht nach im Erwachsenenalter immer genau dann, wenn die Glaubwürdigkeit des Zeugen vermittels der Prüfung anhand dieses Hintergrundwissens des Rezipienten bestätigt werden könne. Diese Überprüfung könne ihrer Auffassung nach allerdings auch unbewusst und automatisch erfolgen.[26]

Gegen Frickers Ansatz sind von verschiedenen Seiten eine Reihe von Einwänden vorgebracht worden, welche es zumindest fraglich erscheinen lassen, ob mit ihrem Vorhaben tatsächlich eine Optimierung der reduktionistischen Position bezüglich der Erklärung der Rechtfertigung testimonialer Überzeugungen erreicht worden ist.[27] Auch wenn sich somit starke Einwände gegen Frickers Position vorbringen lassen, erscheint ein Punkt von ihr doch intuitiv stimmig zu sein: Offensichtlich spielt Vertrauen in den Zeugen für die Akzeptanz seiner Mitteilung durch den Rezipienten eine entscheidende Rolle.[28] Klar scheint auch zu sein, dass dieses Vertrauen auf entsprechendem Hintergrundwissen bezüglich des Zeugen gründet. Kontrovers wird dieser Punkt in der Diskussion um den epistemischen Status des Zeugnisses anderer allerdings, wenn Fragen bezüglich des Umfangs und der genauen epistemischen Prozesse hinsichtlich der Anwendung dieses Wissens ins Spiel kommen. Im Folgenden soll nun untersucht werden, ob trotz Frickers Betonung der inferentiellen Rolle des Hintergrundwissens für die Rechtferti-

---

[24] Vgl. Fricker, E. (1987), S. 72.
[25] Auch bei Fricker wird der Begriff des Hintergrundwissens somit gleichermaßen temporal als auch qualitativ verwendet. Einerseits geht es hier um Wissen, welches vom Rezipienten vor dem Zeugnisakt erworben wurde (teilweise schon in dessen Kindheit). Andererseits liegt mit Frickers Konzept von CSS auch ein Fall allgemeineren Wissens vor, vor dessen Hintergrund ein konkreter Zeugnisakt bewertet wird.
[26] Vgl. Fricker, E. (1995), S. 404.
[27] Vgl. hierzu Kap. 3.2.3.2 dieser Arbeit.
[28] Vgl. Fricker, E. (2002), S. 377/378.

gung testimonialer Überzeugungen eine anti-reduktionistische Position aufrechterhalten werden kann.

4.2 Zwei Argumente für den Anti-Reduktionismus

Im Rahmen dieses Abschnitts sollen zwei Argumente angeführt werden, die
aufzeigen, dass die Berücksichtigung des Hintergrundwissens in Rechtfer-
tigungsprozessen testimonialer Überzeugungen nicht als Stützung einer lokalreduktionistischen Position betrachtet werden muss. Im ersten Schritt erfolgt eine Erörterung des von Thagard entwickelten Modells zur Rolle des
Hintergrundwissens. Den Ansatzpunkt des zweiten Schritts wird dann eine
kritische Auseinandersetzung mit einer wissenschaftstheoretischen Position
hinsichtlich der Rechtfertigung von Theorien bilden. Ausgegangen wird hier
von der These, dass die Rechtfertigungsbeziehung nicht als linear zwischen
empirischen Daten und der in Frage stehenden Theorie verlaufend gedacht
werden könne, sondern dass ebenso weiteres Hintergrundwissen[29] berücksichtigt werden müsse. Kann aber gezeigt werden, dass für den Fall der Überprüfung von empirischen Theorien anhand von Beobachtungsdaten bereits
auf weiteres Hintergrundwissen zurückgegriffen werden muss, die Wahrnehmung hier mithin nicht als autonome Erkenntnisquelle zur Rechtfertigung
ausreicht, hieße das, übertragen auf die Diskussion bezüglich des epistemischen Status des Zeugnisses anderer, dass die Notwendigkeit der Einbindung
von Hintergrundwissen auch in diesem Kontext nicht als ein Argument zur
Minderung der Bedeutung dieser Erkenntnisquelle genutzt werden kann. Im
Folgenden soll zunächst die Möglichkeit diskutiert werden, die Problematik
der Rolle des Hintergrundwissens in der epistemischen Rechtfertigung testimonialer Überzeugungen durch die Nutzung einer modifizierten Variante
eines Modells von Thagard zu entkräften. Thagard hat ein deskriptives Modell entwickelt, wie genau das angesprochene Hintergrundwissen im Rahmen der Rechtfertigung testimonialer Überzeugungen zum Tragen kommt.
Modifiziert man dieses Modell mit Hilfe einer These von Peter J. Graham
bezüglich der Frage, ob die Rechtfertigung testimonialer Überzeugungen inferentiell oder nicht-inferentiell zu erfolgen hat, kann mit Thagards Modell

---

[29]   Hier ist v. a. die qualitative Lesart des Hintergrundwissens von Bedeutung. Wie bereits
aus dem in Kap. 4.1.1 genannten Beispiel von Shapere ersichtlich wurde, geht es hier
insbesondere um Hintergrundwissen, das beispielsweise mit den verwendeten Apparatu-
ren des Experiments oder mit Theorien, die nicht direkt für die Bewertung der gewonnenen empirischen Daten eine Rolle spielen, aber für die Konstituierung des Experiments
als Ganzem etc., verbunden ist.

gezeigt werden, dass die Ansätze von Coady und Fricker durchaus nicht in einen Widerspruch münden müssen, wie es die bisherigen Ausführungen nahe zu legen scheinen.

4.2.1 Ein Modell zur Rolle des Hintergrundwissens hinsichtlich der Rechtfertigung testimonialer Überzeugungen

Thagard schlägt in seinem deskriptiven Modell zwei Wege vor, wie Rezipienten in Alltagssituationen mit den Gehalten testimonialer Akte verfahren. Er bezeichnet diese a) als *Standard-Weg* („default pathway") und b) als *Weg der Reflexion* („reflective pathway"). Zu den Prämissen seines Arguments zählt dabei die Favorisierung einer Kohärenztheorie epistemischer Rechtfertigung. Erst sie macht das folgende Vorgehen verständlich. Thagard zufolge verläuft ein Großteil der Überzeugungsbildung auf Grund von testimonialen Akten vermittels des *Standard-Wegs*. Der Rezipient R unternimmt hier eine unbewusste Überprüfung sowohl des Gehalts p des Zeugnisses als auch der Zeugnisquelle S, bevor er p akzeptiert. Thagard nennt insgesamt vier Aspekte, die zu einer Ablehnung von p durch R führen können:

a) fehlende Glaubwürdigkeit von S,
b) unglaubwürdiges Verhalten von S,
c) Inkonsistenz von p mit anderen Überzeugungen, über die R bereits verfügt, und
d) Inkompatibilität von p mit den Zielen von R.[30]

Wird p auf Grund eines dieser *Auslöser* („reflection trigger") von R in Zweifel gezogen, wird p damit noch nicht vollständig abgelehnt, sondern der Rezipient begibt sich auf den zweiten Weg in Thagards Modell – den *Weg der Reflexion*. Hier wird nun von R zunächst ein Erklärungsnetzwerk („explanatory network") konstruiert, in welchem die bereits vorhandenen relevanten Überzeugungen mit p in Beziehung gesetzt werden. Erhöht das Hinzufügen von p zu diesem Netzwerk die Erklärungskohärenz des gesamten Systems, wird p von R akzeptiert, andernfalls wird p abgelehnt.[31] Thagards Modell

---

[30] Vgl. Thagard, P. (2005), S. 298.
[31] Thagard verdeutlicht diesen Prozess anhand zweier Beispiele, eines bezüglich der Bewertung von Aussagen einer Teilnehmerin innerhalb eines Internetforums, das zweite bezüglich der Bewertung einer Zeugenaussage vor Gericht. Zur Konstruktion dieser Fälle nutzt er seine Kohärenztheorie der Erklärung sowie das Computerprogramm ECHO. Da eine Rekonstruktion seiner Beispiele diese beiden Faktoren in Betracht ziehenmüsste, die im Rahmen der weiteren Ausführungen jedoch nicht von Relevanz sind, sei an dieser Stelle lediglich auf Thagards eigene Darstellung verwiesen. Vgl. ebd., S. 301 ff.

veranschaulicht damit auf eingängige Weise, welche Rolle das Hintergrundwissen hinsichtlich der Rechtfertigung testimonialer Überzeugungen spielt. Deutlich wird darüber hinaus, dass er eine reduktionistische Position innerhalb der Debatte einnimmt.

Allerdings kann mittels einer geringfügigen Modifikation gezeigt werden, dass sein Modell ebenfalls für eine anti-reduktionistische Position nutzbar gemacht werden kann. Zu diesem Zweck wird auf ein Argument von Graham rekurriert, welches dieser in einer kritischen Auseinandersetzung mit Frickers Position entwickelt hat. Frickers Argumentation besagt, dass im Rahmen testimonialer Akte der Rezipient jede Information bezüglich des Sprechers zur Beurteilung von dessen Glaubwürdigkeit berücksichtigen muss. Die von den Anti-Reduktionisten vorgebrachte Präsumtionsregel (PR) des Verstehens spielt demnach nur in dem *ungewöhnlichen Fall* eine Rolle, wenn kein Hintergrundwissen verfügbar ist.[32] Graham konstatiert diesbezüglich, dass für Fricker die Präsumtionsregel in testimonialen Akten somit nur eine *Sicherungsfunktion* übernehme – eben für den Fall, dass dem Rezipienten kein relevante Hintergrundwissen zur Verfügung stehe.[33]

Diese Schlussfolgerung in Frickers Argumentation kritisiert Graham in der Folge in drei Punkten, von denen für die Modifikation von Thagards Modell insbesondere jener bezüglich der Möglichkeit *epistemischer Überdeterminiertheit* von Interesse ist. Graham führt an, dass zwei wesentliche Prämissen von Frickers Argument kritisch betrachtet werden sollten: a) der Vorzug inferentieller Rechtfertigung für testimoniale Überzeugungen vor einer nicht-inferentiellen Rechtfertigung und b) die Unmöglichkeit einer epistemischen Überdeterminiertheit der Rechtfertigung einer Überzeugung durch mehr als eine Quelle menschlicher Erkenntnis.[34] Dagegen lasse sich nach Graham Folgendes einwenden: Zum einen verhindere die Tatsache, dass Fricker die Präsumtionsregel als Sicherungsfunktion in ihrem Konzept beibehält, die Möglichkeit, ihr grundsätzlich eine rechtfertigende Kraft abzusprechen. Wenn diese negative Schlussfolgerung aber nicht zum Tragen kommen soll, sei nicht klar, warum der inferentiellen Rechtfertigung der Vorzug vor der Anwendung der Präsumtionsregel gegeben werden sollte. Dieser Punkt

---

[32] Hintergrundwissen wird hier im temporalen Sinne verstanden. Zum Zeitpunkt des Zeugnisaktes verfügt der Rezipient noch über kein relevantes Hintergrundwissen bezüglich des Zeugen.

[33] Vgl. Graham, P. J. (2006a), S. 88/89.

[34] Epistemische Überdeterminiertheit bedeutet dabei, dass für eine Überzeugung mehr als nur eine hinreichende Rechtfertigung vorliegt. Die rechtfertigenden Gründe können dabei entweder aus einer oder aus verschiedenen Erkenntnisquellen stammen.

kann noch in dem Sinne weiter gestützt werden, wenn man berücksichtigt, dass es bei der Klärung der Frage nach dem epistemischen Status des Zeugnisses anderer nicht um das Aufzeigen eines korrekten Vorgehens hinsichtlich der Rechtfertigung einer einzelnen Überzeugung geht, sondern vielmehr um die Entwicklung einer allgemeinen Strategie der Meinungsbildung. Vor dem Hintergrund dieses langfristigen Projekts wird ersichtlich, dass die Forderung nach einer stetigen Überprüfung der Glaubwürdigkeit des Zeugen bei jedem einzelnen testimonialen Akt zu einer Überforderung des Rezipienten führen muss. Eine Strategie stetiger Überprüfung würde dem Interesse des epistemischen Subjekts an wahren Meinungen entgegenstehen. Darüber hinaus wird mit der Möglichkeit der Annullierung einer Präsumtionsregel für testimoniale Erkenntnis auch weiterhin eine kritische Einstellung zu Zeugen und ihren Mitteilungen gewährleistet.[35]

Zum anderen sei Frickers Prämisse (b) offensichtlich falsch, so Graham. Eine Überzeugung könne durchaus durch mehr als nur einen Grund, basierend auf verschiedenen Erkenntnisquellen, gerechtfertigt sein, ohne dass sich diese gegenseitig ausschließen würden.[36] Beispielsweise kann meine Überzeugung, dass auf dem Weg zu meinem Büro der Dom steht, durch meine Erinnerung an diese Tatsache und dadurch, dass ich mein Büro verlasse und nachsehe, gerechtfertigt werden. Von diesen kritischen Anmerkungen zu Frickers Position ausgehend, stellt Graham dann seine eigene These bezüglich der Frage auf, ob testimoniale Überzeugungen inferentiell oder nicht-inferentiell zu rechtfertigen seien. Seiner Ansicht nach sei beides gleichermaßen der Fall, ohne dass hiermit jedoch ein Bedeutungsverlust für die eine oder die andere Variante der Rechtfertigung verbunden sei.[37] Das Argument bezüglich der epistemischen Überdeterminiertheit zeigt hierbei v. a. die häufige Unterschätzung der tatsächlichen Komplexität unserer Überzeugungsbildung. So mag die Möglichkeit multipler Rechtfertigung dem epistemischen Subjekt auch deshalb nicht unbedingt bewusst sein, weil es aus pragmatischer Sicht mit der Angabe eines guten Grundes bereits seine epistemische Verantwortung erfüllt hat. Wie lässt sich diese Feststellung nun mit Thagards Modell der Rolle des Hintergrundwissens für die Rechtfertigung testimonialer Überzeugungen in Einklang bringen? Grundsätzlich scheinen zwei Wege einer Modifikation denkbar:

a) Der *Standard-Weg* könnte um eine entsprechende Präsumtionsregel er-

---

[35] Vgl. Scholz, O. R. (2000a), S. 53 ff.
[36] Vgl. Graham, P. J. (2006a), S. 93.
[37] Vgl. ebd., S. 93 ff.

weitert werden, so dass die mit Graham aufgezeigte Möglichkeit der Rechtfertigung durch verschiedene Quellen gegeben ist (Rechtfertigung durch die Präsumtion oder durch Schlüsse bezüglich der von Thagard genannten Glaubwürdigkeitskriterien oder durch beides). Der Übergang vom Standard-Weg zum Weg der Reflexion erfolgt immer dann, wenn die allgemeinen Annullierungsbedingungen der Präsumtionsregel greifen oder wenn bei einer inferentiellen Rechtfertigung die Überprüfung des Zeugen vor dem Hintergrundwissen einen Übergang erforderlich macht. Der Weg der Reflexion beinhaltet dann erneut zwei Rechtfertigungsoptionen: durch eine Präsumtionsregel mit spezielleren Annullierungsbedingungen bzw. durch Schlüsse, basierend auf der Konstruktion eines Erklärungsnetzwerks.

b) Alternativ könnten die vier von Thagard genannten Auslöser für eine Überprüfung der Mitteilung auf dem *Standard-Weg* unmittelbar als die Annullierungsbedingungen der hier zu verankernden Präsumtion aufgefasst werden. Sie wären damit direkter Bestandteil der Präsumtionsregel. Diese Variante macht den von Graham vorgeschlagenen Weg einer multiplen Rechtfertigungspraxis in Thagards Modell obsolet. Darüber hinaus besteht der Vorteil, dass mit dieser Auffassung der Übergang vom *Standard-Weg* zum *Weg der Reflexion* allein mit Hilfe des präsumtiven Verfahrens erläutert werden kann. Diese Alternative geht auf einen Vorschlag von Scholz zurück und besagt, dass die epistemische Verantwortung des Subjekts auch durch „eine generelle Hintergrunddisposition, auf Indikatoren für Unaufrichtigkeit und Inkompetenz zu achten, und gegebenenfalls von einer Präsumtionsregel zu einer spezifischeren umzuschalten"[38] erfüllt werden könne. Der von Thagard vorgeschlagene Weg der Reflexion könnte demnach als ein solches *Umschalten* auf eine spezifischere Präsumtion begriffen werden, deren Annullierungsbedingungen nun in der Anforderung einer Erhöhung der Erklärungskohärenz des entsprechenden Erklärungsnetzwerks begründet liegen.

Beide Strategien zur Modifikation von Thagards Modell führen somit zu einer Aufhebung der scheinbar widersprüchlichen Rolle des Hintergrundwissens für die Rechtfertigung testimonialer Überzeugungen. Da gezeigt werden konnte, dass die Rolle des Hintergrundwissens durchaus mit dem Vorliegen einer Präsumtion vereinbar ist, stellt es keine argumentative Bedrohung für einen anti-reduktionistischen Standpunkt dar. Darüber hinaus lässt sich ein weiteres Argument ins Feld führen, welches den derivativen Status des

---

[38]   Scholz, O. R. (2001), S. 372.

Zeugnisses anderer zumindest zweifelhaft erscheinen lässt. Seine Darlegung erfolgt im folgenden Kapitel.

4.2.2 Dreistellige Rechtfertigungsbeziehungen in der Wissenschaftstheorie

Üblicherweise wird mit Hinweis auf den ausgezeichneten Status, den Wahrnehmungen (insbesondere der Beobachtungsüberzeugungen) für die Rechtfertigung unserer Überzeugungen spielen, für eine nur untergeordnete Rolle testimonialer Akte plädiert. Die Argumentation hierfür lässt sich folgendermaßen rekonstruieren:

1. Beobachtungen tragen direkt zur Rechtfertigung von Überzeugungen bei.

2. Testimoniale Akte leisten dies nicht, da a) ihr Vollzug die Nutzung anderer epistemischer Quellen erfordert (Zeugnisse müssen vom Rezipienten wahrgenommen werden, die mitgeteilte Proposition muss vom Sprecher erinnert werden etc.) und b) testimoniale Akte nur in Verbindung mit Hintergrundwissen, welches Schlüsse bezüglich der Glaubwürdigkeit des Sprechers zulässt, zu Wissen führen können.

3. Ergo: Testimoniale Erkenntnis ist nicht als gleichrangig mit Wahrnehmungswissen zu betrachten.

Vertreter anti-reduktionistischer Positionen haben sich vielfach mit diesem Einwand auseinandergesetzt und gezeigt, dass dieses Argument keinesfalls so stichhaltig ist, wie es auf den ersten Blick erscheinen mag. Auch die Wahrnehmung kann im Prozess der Rechtfertigung nicht grundsätzlich als autonome Quelle menschlicher Erkenntnis gewertet werden. In diesem Sinne rekurriert die folgende Untersuchung auf einen Ansatzpunkt von Peter Strawson zu diesem Thema, führt jedoch noch insofern über dessen Argumentation hinaus, als einige Resultate wissenschaftstheoretischer Untersuchungen hinsichtlich des Verhältnisses von Beobachtungsdaten und Theorien berücksichtigt werden.

Strawson[39] führt drei Punkte ins Feld, welche seiner Auffassung nach gegen einen bloß untergeordneten Status des Zeugnisses anderer sprechen. Der erste betrifft die Tatsache, dass zur Überprüfung von Propositionen testimonialer Akte häufig lediglich auf andere Zeugnisse (z. B. von Experten im

---

[39] Vgl. Strawson, P. F. (1994).

relevanten Themenbereich) zurückgegriffen und dies als ausreichend für eine Bestätigung oder Widerlegung der testimonialen Überzeugung angesehen werde. Die Überprüfung der Gehalte testimonialer Akte vermindert somit noch nicht ihren epistemischen Status. Der zweite Punkt besagt, dass der Aufbau unseres Überzeugungssystems generell durch Präsumtionen gesteuert wird. Auf diese wird nicht allein bezüglich testimonialer Akte rekurriert, sondern ebenso bei der Nutzung der anderen Erkenntnisquellen. Der Verweis auf die Nutzung einer solchen Präsumtion für das Zeugnis anderer stellt damit keinen Beleg für einen verminderten Status dar. Darüber hinaus sind in unserem Überzeugungssystem die Stränge der einzelnen Erkenntnisquellen solchermaßen miteinander verwoben, dass eine Rückführung von Überzeugungen auf eine einzelne Quelle unmöglich ist. Hiermit hängt auch der dritte Punkt eng zusammen. Dieser besagt, dass der überwiegende Teil von dem, was wir wahrnehmen, bestimmt ist durch testimoniales Wissen. Strawson verweist in diesem Zusammenhang auf Wittgenstein und seine Feststellung, dass wohl das meiste, was wir sehen, wir nicht als etwas sehen könnten, wenn wir nicht auf das Zeugnis anderer als ergänzende Erkenntnisquelle zurückgreifen könnten. Auch die Wahrnehmung ist demnach nicht als autonom funktionierende Erkenntnisquelle zu betrachten[40], weshalb ein Vergleich zwischen testimonialen Akten und der Wahrnehmung nicht zu einem Argument für einen verminderten Status ersterer herangezogen werden könne.[41] Dieser letzte Punkt soll nun mit Hilfe eines Arguments aus der Wissenschaftstheorie weiter veranschaulicht werden.

Zu diesem Zweck soll eine Untersuchung von Thomas Bartelborth zur Problematik der Überprüfung von Theorien anhand von Daten herangezogen werden. Bartelborth vertritt die These, dass die klassische empiristische Auffassung, nach welcher allein anhand von empirischen Daten Theorien bestätigt bzw. widerlegt werden können, nicht haltbar sei. Den Grund hierfür sieht er darin, dass diese Auffassung die wichtige Rolle des Hintergrundwis-

---

[40]   Auch Coady geht auf diesen Punkt ein. Als Beispiel nennt er den Bericht eines Augenzeugen über den Besuch der britischen Queen an der Universität von Melbourne. Zwar konnte der Zeuge wahrnehmen, dass eine Person mit einem bestimmten Aussehen die Universität besuchte. Die Tatsache, dass es sich dabei um die *Queen* handelte, kann der Zeuge jedoch nur auf der Basis anderer Hintergrundüberzeugungen folgern. „His perceptions are at the source of the testimony but his belief that it was the Queen is dependent not merely on certain visual experiences but also on certain other beliefs which provided the identificatory framework with which he approached his visual experience and rightly interpreted it as an observation of the monarch." Coady, C. A. J. (1992), S. 147.

[41]   Vgl. Strawson, P. F. (1994), S. 25/26.

sens in der Beziehung zwischen Daten und Theorie vernachlässige. Bartelborth zufolge muss die Rechtfertigungsbeziehung in diesem Sinne als eine dreistellige gedacht werden: Sie muss Theorie, Daten und Hintergrundwissen gleichermaßen berücksichtigt und zueinander in Beziehung setzt. „Das Hintergrundwissen hat dabei eine andere Funktion als die zu testende Hypothese bzw. Theorie. Es wird herangezogen, um die Daten mit der Theorie in Verbindung zu bringen, beziehungsweise um die Daten zu interpretieren."[42]

Über diese allgemeine Feststellung hinaus zeigt Bartelborth detailliert auf, auf welchen Ebenen und in welcher Funktion das Hintergrundwissen in diesem Kontext relevant wird. Bartelborth geht dabei aus von einem kohärenztheoretischen Modell epistemischer Rechtfertigung und dem Verfahren des Schlusses auf die beste Erklärung zur Auswahl einer geeigneten Erklärung für Daten, die z. B. im Rahmen eines Experiments gewonnen werden. Für die Herstellung einer Verbindung zwischen Daten und Theorie kann festgestellt werden, dass das Hintergrundwissen auf drei Ebenen – nämlich für Hypothese, Daten und Theorie – eine wichtige Rolle spielt. Für den Bereich der Hypothese lässt sich gleich eine doppelte Bedeutung des Hintergrundwissens feststellen: Zum einen sind für das Schlussfolgern aus einer Hypothese, welches dann ihre empirische Erprobung z. B. im Rahmen eines Experiments ermöglicht, weitere Hilfsannahmen erforderlich, die sich auf das Hintergrundwissen stützen. Diese Annahmen müssen ihrerseits wiederum plausibel sein, was ebenfalls im Lichte des Hintergrundwissens festgestellt werden kann. Darüber hinaus wird auch die Plausibilität der Theorie selbst, für welche die Hypothese formuliert wurde, im Lichte weiterer Theorien bewertet. „Jedenfalls beeinflusst die vorher-Plausibilität [der Theorie, NM] zusammen mit unseren empirischen Daten unsere Entscheidung, ob wir die Hypothese akzeptieren oder zumindest für gut begründet halten."[43] Und schließlich wird das Hintergrundwissen auch zur Bewertung der erhobenen Daten herangezogen. So kann beurteilt werden, ob es sich um tatsächlich auftretende Regelmäßigkeiten handelt oder z. B. um Messfehler.[44]

Beispielsweise sei auf die Verwendung einer Nebelkammer als Teilchendetektor verwiesen. Durch die ionisierende Wirkung der Elektronen kondensiert der Wasserdampf in der Kammer, und die Spur des Elektrons wird sichtbar. Die Annahme, dass wir in einer Nebelkammer tatsächlich Elektronen (bzw. deren Spur beim Durchqueren der Kammer) beobachten können, basiert auf verschiedenen Hintergrundannahmen. Zu diesen zählen z. B., dass

---

[42]   Bartelborth, Th. (2004), S. 19.
[43]   Ebd., S. 25.
[44]   Vgl. ebd.

Elektronen eine ionisierende Wirkung auf die Gasmoleküle in der Kammer ausüben können, dass ionisierte Gasmoleküle geeignete Kondensationskerne bilden, dass geladene Teilchen durch ein magnetisches Kraftfeld in einer bestimmten Bahn gehalten werden können etc. Aber auch viel banalere Überzeugungen spielen eine Rolle, z. B. dass Wasserdampf in einem festen Behälter eingeschlossen werden kann und diesen nicht wie eine Säure zersetzt, dass nach der Durchführung des Experiments die Apparatur erst wieder in den Ausgangszustand versetzt werden muss, bevor eine Wiederholung ohne Störfaktoren möglich ist etc.

Bartelborth präzisiert darüber hinaus die Abhängigkeit zwischen Daten, Theorie und Hintergrundwissen durch seinen kohärenztheoretischen Ansatz. Dem zufolge ist eine neue Hypothese umso plausibler, je mehr ihre Integration die Kohärenz des vorgängigen Hintergrundwissens erhöht.[45] Hier zeigt sich somit eine Parallele zum *Weg der Reflexion* in Thagards Modell zur Rolle des Hintergrundwissens für die Rechtfertigung testimonialer Überzeugungen. Auch bei Thagard wurde vorgeschlagen, die von S mitgeteilte Proposition *p* dann in das Überzeugungssystem zu integrieren, wenn sie zur Erhöhung der Kohärenz dieses Systems beiträgt. Kann dieses Vorgehen hier jedoch auch für Beobachtungsüberzeugungen konstatiert werden, kann dieser Prozess der Rechtfertigung testimonialer Überzeugungen nicht mehr als ein Argument für eine Minderung des epistemischen Status des Zeugnisses anderer gegenüber jenem der Beobachtung herangezogen werden.

Sicherlich erinnern die Ausführungen in diesem Kapitel an die Diskussion um die *Theoriebeladenheit von Beobachtungsaussagen* – also die Frage, ob es *reine Wahrnehmungen* gibt oder ob jede Wahrnehmung bereits durch unser Wissen auf die eine oder andere Weise interpretiert ist. Nicht zuletzt auf Grund der Unterbestimmtheit des in dieser Debatte verwendeten Theoriebegriffs zeichnet sich zum derzeitigen Standpunkt der Diskussion keine klare Antwort auf diese Frage ab. Unstrittig dürfte nach der obigen Darstellung jedoch sein, dass für die Verwendung von Beobachtungsdaten in Rechtfertigungsbeziehungen in der Wissenschaft nicht bloße Wahrnehmungseindrücke ausschlaggebend sind, sondern vor dem Hintergrundwissen des Forschers interpretierte Daten. So argumentiert z. B. auch Christian Suhm in seiner Auseinandersetzung mit dem Schluss auf die beste Erklärung – seiner Auffassung nach eine der basalen Methoden der Wissenschaften – und dem damit zusammenhängenden Problem, auf welche Weise die Güte einer Erklärung festgestellt werden kann: „Auch wenn die Suche nach einem quantitativen

---

[45]   Vgl. ebd.

Maß für die Wahrscheinlichkeit von Erklärungshypothesen vergeblich sein dürfte, so ist es durchaus möglich, im Lichte theoretischer Hintergrundannahmen die Güte von Erklärungen im Sinne ihrer theoretischen Plausibilität zu beurteilen und zumindest eine relative Güteordnung vorzunehmen."[46]

4.3 Zusammenfassung

Das Ziel der Untersuchung in diesem Kapitel war die Analyse der Rolle des Hintergrundwissens für die Rechtfertigung testimonialer Überzeugungen. Während Vertreter anti-reduktionistischer Vorhaben die notwendige Überprüfung der Glaubwürdigkeit des Zeugen als durchaus vereinbar mit ihrer Position begreifen, sehen Proponenten lokalreduktionistischer Positionen hierin einen entscheidenden Punkt zur Stützung ihrer These, dass testimoniale Überzeugungen inferentiell gerechtfertigt werden müssen, dem Zeugnis anderer demnach kein basaler Erkenntniswert zugesprochen werden könne. Im Zuge der Analyse wurde mit Hilfe zweier Argumente gezeigt, dass diese Auffassung der Lokalreduktionisten so nicht haltbar ist.

Zum einen erwies sich in einer Auseinandersetzung mit dem Modell von Thagard und der Argumentation von Graham, dass die Berücksichtigung des Hintergrundwissens für eine präsumtive Rechtfertigung unproblematisch bleibt – entweder a) auf Grund der These, dass die Rechtfertigung von Überzeugungen durchaus durch mehrere Erkenntnisquellen erfolgen kann, was den epistemischen Status der je einzelnen beteiligten Quellen jedoch nicht mindert, oder weil b) die genannten Glaubwürdigkeitskriterien direkt als Annullierungsbedingung der Präsumtionsregel interpretiert werden.

Zum anderen konnte mit Hilfe der Argumentation für eine dreistellige Rechtfertigungsbeziehung zwischen Theorie, Daten und Hintergrundwissen in der Wissenschaft gezeigt werden, dass Hintergrundwissen nicht allein für die Rechtfertigung von testimonialen Überzeugungen relevant ist, sondern ebenso für jene von Beobachtungsdaten. Zieht man dies jedoch in Betracht, so liefert das Rekurrieren auf die notwendige Überprüfung der Glaubwürdigkeit des Zeugen in testimonialen Akten kein Argument mehr für eine Minderung des epistemischen Status dieser Erkenntnisquelle insbesondere gegenüber der Wahrnehmung.

Im Folgenden sollen nun die bisher erarbeiteten allgemeinen Ergebnisse zum Zeugnis anderer als epistemischer Quelle auf den Sonderfall der Medienberichterstattung angewendet werden.

---

[46]   Suhm, Ch. (2006), S. 421.

5 Der Sonderfall der Medienberichterstattung als testimonialer Akt

Die zentrale Frage, die in diesem Kapitel behandelt wird, lautet, ob und, wenn ja, inwiefern Medienberichte als Instanzen testimonialer Akte im Sinne der sozialen Erkenntnistheorie betrachtet werden können. Vor dem Hintergrund dieser Fragestellung gilt es, die soziale Erkenntnistheorie und die Medientheorie fruchtbar miteinander in Beziehung zu setzen. Von wenigen Ausnahmen[1] abgesehen, stellen diese Disziplinen bisher weitestgehend einen blinden Fleck füreinander dar. Ein Grund hierfür mag sicherlich in der unterschiedlichen wissenschaftlichen Methodik der beiden Disziplinen liegen: Dem in letzter Zeit v. a. analytisch geprägten Vorgehen der Epistemologie stehen auf medientheoretischer Seite sowohl empirisch gestützte Untersuchungen (z. B. der Produktionsprozesse und Wirkungsweisen der verschiedenen Medienformen, insbesondere in Form soziologisch geprägter Untersuchungen zur Rolle und Bedeutung der Medien in der Gesellschaft) als auch hermeneutische Methoden zur Analyse der Medieninhalte gegenüber.[2]

Eine Zusammenführung dieser unterschiedlichen Ansätze erscheint nicht ganz leicht – dies gilt insbesondere für die erkenntnistheoretische Nutzbarmachung der verschiedenen Interpretationsansätze von Medieninhalten –, erweist sich aber für den empirischen Teil der Medientheorie als nicht ausgeschlossen. Schließlich würde mit einem solchen Vorgehen nichts anderes versucht als das Verfolgen einer Methodik, wie sie in der Wissenschaftstheorie seit langem gang und gäbe ist. Letztere setzt sich explizit mit den empirischen Wissenschaften auseinander, um u. a. Entstehungsprozesse, Bedingungen, Umfang und Grenzen der wissenschaftlichen Erkenntnis zu analysieren. In der vorliegenden Untersuchung wird dafür plädiert, ein ähnliches

---

[1] Ansätze finden sich z. B. in der Auseinandersetzung von Alvin Goldman mit dem Internet als Informationsmedium im Rahmen seiner Theorie einer sozialen Epistemologie, vgl. Goldman, A. I. (1999), Kap. 6. Es kann ferner angenommen werden, dass insbesondere aus dem noch jungen Bereich der Medienphilosophie Beiträge zu dieser Thematik entstehen werden. Einen Überblick über Themen, die derzeit in dieser Disziplin verhandelt werden, bietet in essayistischer Form u. a. der Sammelband von Münker, S. / Roesler, A. / Sandbothe, M. (2003).

[2] Zu den Methoden der Medienwissenschaft vgl. Faulstich, W. (2002), Kap. 2.

Vorgehen auch in der sozialen Erkenntnistheorie im Hinblick auf ihre Auseinandersetzung mit der Medientheorie anzuwenden, da eine Beschäftigung
mit den Bedingungen, Quellen und Grenzen des menschlichen Wissens als
Kern der epistemologischen Untersuchungen auch die Medien berücksichtigen sollte.[3]

Für die vorliegende Untersuchung wurde als Ausgangspunkt in der sozialen Erkenntnistheorie die Thematik des Zeugnisses anderer gewählt. Nun gilt
es, auch den Bereich der in die Analyse einzubeziehenden Medienwissenschaft sinnvoll einzuschränken. Die Notwendigkeit einer solchen Einschränkung kann man sich schnell klar machen, wenn man zum einen bedenkt,
dass Medientheorien sich mit den vielfältigen technischen Medien wie Hörfunk, Fernsehen, Internet, Buch, Presse etc. befassen, die jeweils ganz unterschiedlichen Herstellungsprozessen unterliegen. Diese Prozesse üben einen
entscheidenden Einfluss auf Bedingungen und Möglichkeiten der Wissensgenese unter Nutzung dieser Quellen aus, wie sie in der erkenntnistheore-

---

[3]   Die Relevanz dieser Forderung wird z. B. an Untersuchungen deutlich, die aufzeigen,
wie mediale Bilder – insbesondere Fotographien in der Presse – die Erinnerung von Zeit-
zeugen beeinflussen. Christoph Hamann weist in diesem Zusammenhang beispielsweise darauf hin, dass die vielfach in den Medien reproduzierte Fotographie des Torhauses
des Konzentrationslagers Auschwitz-Birkenau des polnischen Fotographen Stanislaw
Mucha auch die Erinnerung ehemaliger Lagerhäftlinge beeinflusst und verfälscht hat.
Die Fotographie zeigt das Torhaus mit der Gleisanlage. Aufgenommen wurde das Foto innerhalb des Lagers, d. h. die im Bild sichtbare, geöffnete Tordurchfahrt weist nach
draußen. Die Auffächerung der Gleisanlage im Innern des Lagers wurde vielfach aber so
interpretiert, als würden Gleise aus verschiedensten Richtungen auf das Konzentrations-
lager zulaufen. D. h. die Fotographie wird von vielen Betrachtern so gedeutet, als handele es sich um eine Aufnahme vom äußeren Teil des Konzentrationslagers und nicht um
ein Foto aus dem Innenhof. Hamann hält fest: „Die visuelle Metaphorik der dreigleisigen
Anlage ist so überzeugend, dass selbst ehemalige Häftlinge in ihren Zeichnungen und
Gemälden diesen kontrafaktischen Perspektivwechsel wider besseres Wissen übernah-
men [d. h. die Innenperspektive des Fotos als Außenperspektive darstellten, NM]." Hamann, C. (2006), S. 291. Auf diesen Aspekt geht auch Susan Sontag kritisch ein, wenn
sie über die Wirkung von Fotographien schreibt: „Das Problem besteht nicht darin, daß
Menschen sich anhand von Fotos erinnern, sondern darin, daß sie sich nur an die Fotos
erinnern. Dieses Erinnern durch Fotos verdrängt allerdings andere Formen von Verstehen und Erinnern." Sontag, S. (2003), S. 103. Dass auch Experten davon ausgehen, dass
Medien im breiten Maße zur Meinungs- und damit auch zur Wissensbildung beitragen,
zeigen neben verschiedenen mediendidaktischen Versuchen, die audiovisuellen Medien
durch die Gestaltung entsprechender Sendungen für die Bildung von Kindern nutzbar
zu machen (beispielsweise mit den in der Bundesrepublik bekannten Kinderserien „Die
Sendung mit der Maus" oder „Löwenzahn"), v. a. die immer wieder scharf geführte Diskussion um die Korrelation zwischen real ausgeübter und medial dargestellter Gewalt in
der Gesellschaft.

tischen Betrachtung analysiert werden. Es macht einen Unterschied, ob ein epistemisches Subjekt die Behauptung aufstellt, aus einem etablierten Fachkompendium mit gutem Ruf wie z. B. der *Encyclopedia Britannica* eine bestimmte Proposition *p* gelernt zu haben oder aus einer Quelle mit weniger gutem Ruf z. B. dem Internetlexikon *Wikipedia*, in welchem prinzipiell jeder Nutzer einen Artikel selbst verfassen oder bestehende Einträge verändern kann.

Zum anderen muss man sich im Bereich der Medienwissenschaft die Tatsache bewusst machen, dass der Begriff des *Mediums* selbst in ganz unterschiedlicher Art und Weise von den verschiedenen Theoretikern verwendet wird. Werner Faulstich beschreibt diese Schwierigkeit sehr nachdrücklich folgendermaßen: „So wird in der Publizistikwissenschaft oft gar kein Unterschied gemacht zwischen Blatt und Heft und Buch. Bezeichnungen wie „Presse" (Zeitung, Zeitschrift) oder „Rundfunk" (Hörfunk, Fernsehen) unterschlagen wichtige Differenzen der jeweiligen Medien. Oder in der literaturwissenschaftlichen Medienwissenschaft wirft man oft Film- und Fernsehanalyse zusammen, so als würde es sich gar nicht um ganz verschiedene Medien handeln. Man spricht von Comics als Medium (obwohl es sich bei Comics doch um eine Literaturart handelt), von Bildmedien (obwohl zwischen Foto, Film, Fernsehen usw. enorme Unterschiede bestehen) oder vom Druck (der doch nur eine Vervielfältigungstechnik darstellt)."[4] Es kann festgehalten werden, dass unter dem Medienbegriff nicht allein die klassischen Massenmedien betrachtet werden, wie sie oben aufgeführt wurden, sondern prinzipiell alles, was die Funktion eines *Mittleren* (lat. *medius, a, um* Adj.: *der Mittlere, dazwischen liegend, vermittelnd*) zwischen einem Informationssender und einem Empfänger übernehmen kann.[5] In diesem Sinne muss insbesondere die menschliche Sprache selbst als ein Medium der zwischenmenschlichen Kommunikation begriffen werden. Und es ist leicht einzusehen, dass eine Analyse menschlicher Sprache als Medium zu ganz anderen Ergebnissen führen muss als die Untersuchung technischer Medien.

Aber auch eine Einschränkung auf den technischen Bereich führt noch zu einem zu breiten Untersuchungsgebiet mit sehr heterogenen Analyseergebnissen. Auch Telefon, Fax und E-Mail stellen technische Medien dar und unterscheiden sich nichtsdestotrotz in vielfältiger Weise von Hörfunk und Fernsehen – z. B. im Hinblick darauf, wie viele Personen jeweils miteinan-

---

[4] Faulstich, W. (2002), S. 77/78.

[5] Einen guten Überblick über die vielfältigen Vorschläge zur Definition des Mediumbegriffs und das damit verbundene Problem der unklaren Definition in den Medienwissenschaften bietet Werner Faulstich. Vgl. Faulstich, W. (2002), Kap. 1.1.

der kommunizieren und welche Möglichkeiten zur Interaktionen ihnen jeweils zur Verfügung stehen. Zur präziseren Fassung des Untersuchungsgegenstandes *Medium* soll daher in der vorliegenden Arbeit ausschließlich das *deutsche Fernsehen* als sog. Massenmedium betrachtet werden. Es ist – wie die anderen Massenmedien Hörfunk, Presse und Internet – gekennzeichnet durch seine Funktion als informationsspeicherndes und -verarbeitendes Distributionsmedium. Gegeben ist dabei ein nach wie vor überwiegend unidirektionaler Kommunikationsweg – vom Sender zum Empfänger. Eine Interaktion zwischen beiden ist – trotz vielfältiger Etablierungsversuche[6] – noch nicht konstitutives Moment dieses Mediums.

Eine weitere notwendige Eingrenzung des Untersuchungsgegenstandes erfolgt hinsichtlich der Programmsparten: Auch wenn das Unterhaltungsprogramm einen großen Bereich innerhalb des Fernsehens einnimmt, soll es mit Rücksicht auf die Frage nach einer erkenntnisrelevanten Funktion dieses Mediums nicht in den Analysebereich einbezogen werden. Vielmehr soll von dem Format der *Nachrichten* als demjenigen Bereich ausgegangen werden, welcher im Alltagsverständnis der meisten Rezipienten dieses Medium zum *Fenster zur Welt* werden lässt. Allerdings handelt es sich hierbei nicht bloß um einen Eindruck, den der Zuschauer von der telemedialen Berichterstattung gewinnt. Die genannte Metapher ist vielmehr Ausdruck des Bildes, das die Produzenten der Nachrichten selbst von ihrem Programm haben. So hält Henning Röhl, der von 1988 bis 1991 erster Chefredakteur von *ARD-aktuell* und damit der Redaktion war, in welcher das Angebot von TAGESSCHAU, *Tagesthemen* und *Wochenspiegel* produziert wird,[7] fest: „In der Schnelligkeit ist die Bildberichterstattung nahezu unschlagbar geworden. Das Fernse-

---

[6]   Eine Aufhebung dieser einseitigen Kommunikation wurde z. B. in der Form von Ratesendungen unternommen, bei denen sich Zuschauer per Telefon am aktuellen Programm beteiligen können. Eine weitere Entwicklung betrifft Versuche, verschiedene Medien miteinander zu koppeln, um ein höheres Maß an Interaktion zu ermöglichen. Dies betrifft im vorliegenden Kontext insbesondere die Verknüpfung von Fernsehsendungen mit weiteren Informationsangeboten, Experten-Chats, Diskussionsforen etc., die auf zugehörigen Internetseite von den Produzenten der Fernsehangebote bereitgestellt werden. Verwiesen sei in diesem Zusammenhang auf die Ausführungen im „Bericht 07/08" der ARD, in welchem u. a. darauf hingewiesen wird, dass den Zuschauern der TAGESSCHAU auf dem Internetportal der Sendung auch die Möglichkeit geboten werde, in einem *Blog* (Kurzform von *Weblog*, es handelt sich dabei um eine Art Forum, in dem Nutzer Nachrichten schreiben und veröffentlichen können, die von den Redakteuren der Sendung beantwortet werden) mit den Produzenten der Sendung zu kommunizieren. Vgl. „ARD Leitlinien 09/10" und „Bericht 07/08", S. 19, abrufbar unter: http://www.daserste.de/service/Leitlinien/, eingesehen am: 11. November 2008.

[7]   Vgl. Röhl, H. (1992), S. 33.

hen hat die Nachrichtengebung insgesamt verändert: Bilder sagen mehr als tausend Worte, Bilder informieren anders als Buchstaben oder Reporterbeschreibungen. Via Fernsehen verfolgen die Menschen rund um den Erdball die Ereignisse direkt.“[8] Das visuelle Element – d. h. die gezeigten Bilder vom berichteten Geschehen – bilden somit nach Röhls Auffassung die Ingredienz des Fernsehens, welche den Zuschauer per Nachrichtensendung am Fenster zur Welt platziert.

Anschaulich wird der Grund für diesen alltagspsychologischen Eindruck der Funktion des audiovisuellen Mediums auch an einem Resümee, das Karl Prümm am Beispiel der Berichterstattung über den Golfkrieg von 2003 über die Rolle des Fernsehens im Krieg zieht: „In Zeiten des Krieges steigert das Medium Fernsehen noch einmal sein Authentizitätsversprechen.“[9] Diese These, dass das Fernsehen den Zuschauer unmittelbar am berichteten Geschehen teilhaben lässt, unterlegt Prümm exemplarisch mit einer Analyse der ersten Nachrichtenbilder vom Konfliktgeschehen in Bagdad: Unmittelbar mit Beginn der Kampfhandlungen werden erste Live-Bilder des Geschehens gesendet. So eröffnet das *heute journal* des ZDF am 20. März 2003 seine Sendung mit einer Direktschaltung nach Bagdad. Ohne erläuternden Kommentar werden gleich zu Anfang (noch vor der Begrüßung der Zuschauer durch den Nachrichtensprecher) mehrere Aufnahmen der nächtlichen Stadt gezeigt. Die Funktion dieser Bilder im Nachrichtenkontext erläutert Prümm folgendermaßen: „Der Informationswert dieses Eingangsbildes ist eigentlich gering, er tendiert gegen Null: [...] Was hier dem Zuschauer vermittelt wird, dass die Bombenangriffe zum Zeitpunkt der Sendung erst einmal beendet sind und die Stadt gegenwärtig ruhig ist, das Alltagsleben scheinbar ungerührt weiterläuft, hätte keiner aufwändigen Live-Schaltung bedurft und hätte auch im Moderationstext gesagt werden können. Das Live-Bild funktioniert hier eher wie eine Geste, die dem Zuschauer gewährleistet, dass das Gesagte und das Gezeigte vom »authentischen« Geschehen durchdrungen sind, dass selbst in der Nachricht, die das Vergangene resümiert, die Berührung mit dem Gegenwärtigen und Realen nie abreißt.“[10]

Deutlich wird in diesem Beispiel, dass Fernsehnachrichten in ihrem Format so angelegt sind, dass sie vom Zuschauer als wahre Berichte über das Weltgeschehen aufgefasst werden sollen. In dieser Hinsicht scheinen sie zumindest aus Sprecher- bzw. Produzentensicht als testimoniale Akte intendiert zu sein. Diese Annahme wird auch gestützt durch das rechtliche Rah-

---

[8] Ebd., S. 35.
[9] Prümm, K. (2006), S. 218.
[10] Ebd.

menwerk, in welchem sich insbesondere die öffentlich-rechtlichen Sender in der Bundesrepublik Deutschland bewegen. So muss im Kontext der Fernsehnachrichten der im Rundfunkstaatsvertrag festgeschriebene *Informationsauftrag* der öffentlich-rechtlichen Sender berücksichtigt werden.[11] Festgehalten wird in diesem Gesetzeswerk z. B., dass in den Fernsehnachrichten eine klare Trennung von Nachricht und Kommentar zu erfolgen hat. Dies kann als Anzeichen für den Versuch der Etablierung einer objektiven Berichterstattung gewertet werden. Denn der Unterschied zwischen diesen beiden Formaten besteht darin, dass eine *Nachricht* als ein sachlicher Bericht angesehen wird, in dessen Rahmen lediglich Tatsachen wertungsfrei wiedergegeben werden, während in einen *Kommentar* subjektive Standpunkte mit einfließen, da der Kommentator das berichtete Geschehen selbst beurteilt und bewertet.[12] Für den Fall der TAGESSCHAU wurde diese Anforderung durch die Auslagerung des Kommentars in eine andere Sendung der ARD erfüllt: „Weil beim Deutschen Fernsehen in seinen Anfangszeiten besonders strikt auf die reinliche Trennung zwischen Nachricht und Kommentar geachtet wurde, die Programmmacher jedoch nicht als meinungslose Wesen angesehen werden sollten, versahen sie die *Tagesthemen* mit einem Kommentar."[13] Vor diesem Hintergrund soll daher der Untersuchungsgegenstand weiter eingeschränkt werden und zwar auf Nachrichten der öffentlich-rechtlichen Sender, insbesondere die 20.00-Uhr-Ausgabe der TAGESSCHAU der ARD. Motiviert wird diese Beschränkung auch durch die deutlichere Fokussierung dieser Fernsehnachrichtensendung auf die informierende Funktion (was sie stärker in die Nähe der epistemischen Kategorie des Zeugnisses anderer rückt) im Unterschied zu stärker auf Unterhaltung ausgerichteten Konkurrenzprodukten wie z. B. die Nachrichtensendungen privater Sender wie Pro7, Sat.1, RTL etc.[14]

Deutlich wird dieser Punkt aber nicht nur in den externen Rahmenbedingungen der Nachrichtenproduktion der öffentlich-rechtlichen Sender, sondern ebenso in den internen Grundsätzen der Nachrichtenproduzenten selbst. So formuliert Henning Röhl in seinem Buch „Die Macht der Nachricht. Hinter den Kulissen der Tagesschau"[15] die internen Richtlinien für die Produktion der TAGESSCHAU mit folgenden Maximen:

---

[11]   Auf diesen Punkt wird ausführlich im Kap. 5.3.1 eingegangen.
[12]   Vgl. Röhl, H. (1992), S. 87.
[13]   Ebd., S. 93.
[14]   Vgl. dazu auch die Ausführungen in Kap. 5.2.1 dieser Arbeit.
[15]   Vgl. Röhl, H. (1992).

- Die *Tagesschau* will zur Versachlichung von Politik beitragen: Nachrichten verbreiten heißt Tatsachen melden.

- Die *Tagesschau* will schnell und zuverlässig sein. Hat sie zu wählen, entscheidet sie sich für die Zuverlässigkeit.

- Was die *Tagesschau* veröffentlicht, hat sie zu verantworten, was sie verschweigt ebenfalls.

- Nachrichten, die sensationell sind, meldet die *Tagesschau*. Sensationen, die keine Nachrichten sind, meldet sie nicht.

- Die *Tagesschau* sendet für Millionen Zuschauer – nicht nur für Interessengruppen.

- Die *Tagesschau* will nicht indoktrinieren, sondern informieren.[16]

Auch diese Punkte weisen auf eine Nähe der TAGESSCHAU-Berichte zum erkenntnistheoretischen Begriff testimonialer Akte hin, wie er für die Sprecherseite im ersten Teil der Arbeit definiert wurde. Gestützt wird die Vermutung durch die Ansichten verschiedener Medientheoretiker zu diesem Punkt. So beschreibt beispielsweise Prümm die besondere Funktion, die dem Fernsehen in der gegenwärtigen Gesellschaft zukommt, folgendermaßen: „Dem Fernsehen ist so ganz selbstverständlich eine Funktion zugefallen, die im vorelektronischen Zeitalter von den Zeitungen wahrgenommen wurde – die Funktion einer *Beglaubigungsagentur*. Das Erscheinen im Diskurs des Fernsehprogramms verbürgt das Ereignis, setzt es auf die Agenda der Aufmerksamkeit, initiiert einen Diskurs und macht das Ereignis durch seine mediale Repräsentation erst »wirklich«."[17] Prümm beschränkt sich nicht auf die Nachrichtensendungen, jedoch wird aus dem Kontext des Zitats deutlich, dass es ihm im Wesentlichen um Informationssendungen geht, die auch die Nachrichten einschließen. Was ist aber mit der Rolle einer „Beglaubigungsagentur" gemeint, die Prümm dem Fernsehen zuschreibt? Offensichtlich geht es *nicht nur* darum, dass im Fernsehen Informationen vermittelt werden. Prümm formuliert hier eine viel stärkere These: Die im Fernsehen mitgeteilten Propositionen erhalten einen vermeintlich gerechtfertigten Status für den Rezipienten allein dadurch, dass jener sie über dieses Medium gewonnen hat – das Fernsehen *beglaubigt* die gesendeten Informationen, es gibt eine *Garantie für ihre Wahrheit*. Wie kann das aber geschehen?

In philosophischer Hinsicht muss natürlich gefragt werden, was Prümm damit meint, wenn er schreibt, dass die „mediale Repräsentation" im Fernse-

---

[16] Ebd., S. 59.
[17] Prümm, K. (2006), S. 218.

hen ein Ereignis erst *wirklich* mache. Denn sicherlich kann davon ausgegangen werden, dass das berichtete Ereignis auch ohne mediale Berichterstattung stattgefunden haben wird und nicht erst mittels dieser als Gegenstand der Welt konstituiert wurde. Gemeint ist viel eher, dass das Ereignis erst durch die Berichterstattung des Fernsehens für den Rezipienten wahrnehmbar geworden ist, und die Aufnahme des Ereignisses in der Medienberichterstattung auch mit einer bestimmten Bewertung desselben verbunden ist. Wird über ein bestimmtes Thema in der TAGESSCHAU berichtet, erscheint es dem Rezipienten auch als wichtig. Diese Annahme erfolgt vor dem Hintergrund der Überlegung, dass die Redakteure der Sendung aus den vielen verschiedenen Ereignissen in der Welt auswählen müssen, was sie in der Kürze ihrer Sendung zeigen wollen, und im Hinblick auf diese Entscheidungssituation werden sie, so die implizite Annahme, nur die wichtigsten Ereignisse für ihre Berichterstattung selektieren. Diese für Fernsehnachrichten charakteristischen Merkmale des Auswählens von Themen und der Präsentation der Meldungen auf eine bestimmte Art und Weise hat in der Medienwissenschaft zur Herausbildung einiger stark konstruktivistischer Ansätze zur Analyse und Beschreibung der Medieninhalte geführt. Damit findet sich eine weitere Schwierigkeit für das Vorhaben der Fruchtbarmachung von Ansätzen dieser Disziplin im Rahmen einer erkenntnistheoretischen Untersuchung, die vom klassischen Wissensbegriff ausgeht.

Darüber hinaus haben wir es bei der medialen Berichterstattung der Fernsehnachrichten nicht bloß mit rein sprachlichen Akten zu tun, welche dem paradigmatischen Fall des Zeugnisses anderer vergleichbar wären. Viele der telemedialen Berichte (und, historisch betrachtet, in wachsender Anzahl) werden mit unterschiedlichstem Bildmaterial (v. a. von Live-Übertragungen) gekoppelt und gesendet. Die Relevanz dieses visuellen Materials macht das eingangs angeführte Zitat von Prümm deutlich. Mit der Integration von Bildern scheint die Intention der Nachrichtenproduzenten noch über das Ablegen eines rein sprachlichen Zeugnisses hinauszuführen. Der *Zuschauer* erhält durch die verwendeten Nachrichtenbilder offenbar die Möglichkeit, *selbst Augenzeuge* des Geschehens zu werden. Die zeugnisgebende Instanz der Medienproduzenten tritt hinter diesem Moment der Unmittelbarkeit zurück, wird gleichsam unsichtbar für den Rezipienten. Sieht der Zuschauer doch – zumindest scheinbar – selbst, wie die Welt beschaffen ist – zwar durch ein technisches Medium vermittelt, aber dennoch mit dem Eindruck des Direkten, Unmittelbaren. Dass damit die Fernsehnachrichten unter dem Gesichtspunkt dieser Fenster-zur-Welt-Metapher in erkenntnistheoretischer Hinsicht nicht nur von großer Relevanz sind und die bisherige geringe philosophische Auseinandersetzung damit verwunderlich erscheint, sondern auch eine kritische Analyse und Hinterfragung der involvierten Berechtigungsstrukturen dringend erforderlich macht, steht außer Zweifel.

Vor diesem Hintergrund soll im folgenden Abschnitt eine doppelte Fragestellung verfolgt werden, die sich aus dem im ersten Teil der Arbeit entwickelten dualen Zeugnisbegriff ergibt. Zum einen geht es darum zu klären, ob und inwiefern die Berichte der TAGESSCHAU aus der Sicht der Produzenten als Zeugnisse im epistemologischen Sinne betrachtet werden können (Kap. 5.2). Die Frage lautet also, ob Medienberichte in diesem Sinne als eine Form von Sprecher-Zeugnissen (S-Zeugnissen) aufgefasst werden können.[18]

Im Rahmen dieser Untersuchung wurde die These aufgestellt, dass es nicht einen einheitlichen Begriff des Zeugnisses anderer gibt, sondern dass vielmehr davon ausgegangen werden muss, dass es eine Reihe divergierender Konzepte in diesem Bereich für die verschiedenen Anwendungsfälle gibt, die mittels einer Spezialisierungsrelation miteinander in Beziehung stehen. In diesem Sinne gilt es zu untersuchen, welche Ähnlichkeitsstrukturen zwischen dem angeführten paradigmatischen Fall eines S-Zeugnisse und der Berichterstattung der TAGESSCHAU festgestellt werden können. Zu diesem Zweck werden im Folgenden die Produktionsbedingungen, die Gestaltungskriterien und die Kommunikationsbedingungen dieser Fernsehnachrichtensendung genauer betrachtet, um zu sehen, welchen Einfluss diese auf die oben angeführten Bedingungen eines S-Zeugnisses haben.

Zum anderen geht es in einer zweiten Fragestellung darum festzustellen, auf welcher Basis ein Rezipient die Berichterstattung der TAGESSCHAU für glaubwürdig halten kann (Kap. 5.3). Es geht also um die Frage nach den Bedingungen, die vorliegen müssen, damit ein Rezipient in der Verwendung der Berichterstattung der TAGESSCHAU als Zeugnis gerechtfertigt ist.[19]

Zweifelsohne ist es in unserer alltäglichen epistemischen Praxis keine ungewöhnliche Antwort, wenn eine Person auf die Frage, »Woher weißt du, dass *p*?«, mit dem Satz reagiert, »Ich habe es in der TAGESSCHAU (in den Fernsehnachrichten) gesehen«. Allerdings erscheint die Zuschreibung von Aufrichtigkeit und Kompetenz als Rechtfertigungsgrundlage in diesem Falle schwierig. Dies beginnt schon mit der Frage, welchem epistemischen Subjekt genau vom Rezipienten diese Eigenschaften als Basis für dessen Glaubwürdigkeit zugesprochen werden: Ist der Referenzpunkt der einzelne Nachrichtenredakteur, der Nachrichtensprecher, der berichtende Korrespondent, das Kamerateam, welches die Bilder der Nachricht liefert, oder die

---

[18]   Vgl. die Definition von S-Zeugnissen in Kap. 2.4.1 dieser Arbeit.

[19]   Vgl. die Definition von H-Zeugnissen in Kap. 2.4.2 dieser Arbeit.

Programmverantwortlichen? Außerdem gilt es zu untersuchen, welche Anhaltspunkte dem Rezipienten für die Annahme der Aufrichtigkeit und Zuverlässigkeit seines Referenzobjekts zur Verfügung stehen. Eine Schwierigkeit besteht dabei darin, dass die berichteten Themen der TAGESSCHAU dem Durchschnittszuschauer normalerweise räumlich und in vielen Fällen auch epistemisch nicht zugänglich sind. D. h. er verfügt über kein eigenes Hintergrundwissen, auf dessen Basis er den Wahrheitsgehalt telemedialen Berichte beurteilen könnte.

Bevor wir uns jedoch mit der Klärung dieser beiden Fragestellungen befassen können, soll zunächst etwas dazu gesagt werden, wie der Sonderfall der Medienberichterstattung, zu der auch die Berichte der TAGESSCHAU gerechnet werden müssen, bisher im Rahmen der *Testimony*-Debatte behandelt wurde.

5.1 Bisherige Einordnung telemedialer Berichte

Philosophen, die sich mit der Thematik testimonialer Erkenntnis befassen, subsumieren den Fall der Fernsehnachrichten bisher relativ kommentarlos unter der Kategorie des Zeugnisses. Die Debatte wird nach wie vor fast ausschließlich bezüglich des paradigmatischen Falls der Face-to-Face-Kommunikation geführt. Der Sonderfall medialer Berichterstattung erfährt dabei nur selten eine genauere Untersuchung.

Diese kommentarlose Subsumierung ist erstaunlich, da bereits bei Coady, auf dessen Arbeit zum Zeugnisbegriff sich die überwiegende Mehrheit der nachfolgenden Analysen bezieht, eine differenziertere Betrachtung dieser Fälle testimonialer Akte angelegt ist. Zunächst sei darauf hingewiesen, dass Coady die von ihm vorgeschlagenen Definitionen natürlicher und formeller Zeugnisse nur als zwei Fälle testimonialer Akte in einer Klasse weiterer möglicher Kandidaten begreift. Er schreibt: „[...] I do not mean to imply that there is obviously only one such concept [des Zeugnisses, NM]. I shall define a concept of testimony which can then be used as an object of comparison and contrast with other common ways of talking about testimony or other uses of such terms as 'testimony' or indeed other types of discourse and judgement which seem to fall within the problem area."[20] Es scheint, als sei dieser Hinweis zu Beginn seiner Erläuterungen in der philosophischen Debatte nicht angemessen berücksichtigt worden. Viele berufen sich zwar auf Coadys Definitionen, kritisieren diese auch[21], gehen jedoch nicht auf

---

[20]   Coady, C. A. J. (1992), S. 25.
[21]   Vgl. z. B. die in Kap. 2.2.1.3 diskutierten Kritiken von Welbourne, Graham und Lackey.

den Punkt ein, dass es auch abweichende Fälle geben könnte, die nicht in den Anwendungsbereich natürlicher und formeller Zeugnisse fallen und die trotzdem nicht gegen Coadys Ansatz sprechen.

Abgesehen von dieser allgemeinen Anmerkung geht Coady aber noch genauer auf einige besondere Instanzen des Zeugnisses anderer ein. Interessant für den Untersuchungsgegenstand ist dabei insbesondere Coadys Unterscheidung zwischen „dokumentarischen" und „institutionellen Zeugnissen".[22] Unter ersteren fasst er schriftliche Quellen der unterschiedlichsten Form, wie sie z. B. von Historikern ausgewertet werden. Beispiele wären für diese Kategorie u. a. Geburten- und Sterberegister, Tagebücher, aber auch Zeitungsberichte. Coady hält fest, dass in vielen dieser Fälle eine große Nähe zum paradigmatischen Fall natürlicher Zeugnisse festgestellt werden könne. Ein Unterschied bestehe häufig allein in der Tatsache, dass der Sprecher oder Schreiber sich nicht bewusst sei, dass er ein Zeugnis mit seiner Äußerung ablege.[23] In diesem Sinne ist in Coadys Überlegungen bereits ein Aspekt angelegt, den Lackey für ihre Entwicklung eines dualen Zeugnisbegriffs stark macht und der auch dem in dieser Untersuchung vorgelegten Definitionsvorschlag zu Grunde liegt: Zeugnisse können offensichtlich von der konkreten Intention des Sprechers oder Schreibers unabhängig sein, da es in manchen Kontexten allein darauf ankommt, ob ein potentieller Hörer oder Leser bestimmte Äußerungen als testimoniale Akte auffasst.

Institutionelle Zeugnisse betreffen dagegen den großen Bereich institutioneller Zeichen z. B. Hinweis-, Straßen- und Verkehrsschilder, Fahrtzielangaben an öffentlichen Verkehrsmitteln, Angaben zum Autor auf Buchumschlägen etc. Es handelt sich also um konventionell festgelegte Zeichen, die dem Rezipienten bestimmte Informationen zur Verfügung stellen, welche ihm im weitesten Sinne zur Orientierung dienen. Coady spricht in diesem Zusammenhang auch von „frozen speechacts"[24], um die Ähnlichkeit zum paradigmatischen Fall natürlicher Zeugnisse hervorzuheben.[25]

Dokumentarische und institutionelle Zeugnisse weisen bereits einen Zusammenhang mit Medienberichten auf. Allerdings sind Coadys Ausführungen zu diesen Punkten nicht sehr ergiebig. Insbesondere bleibt unklar, ob er diese Phänomene unter seinem Begriff des natürlichen Zeugnisses behandelt

---

[22]   Vgl. Coady, C. A. J. (1992), S. 50/51.
[23]   Vgl. ebd., S. 50.
[24]   Diese Charakterisierung trifft allerdings sowohl auf dokumentarische als auch auf institutionelle Zeugnisse zu und kann nicht als ein klares Differenzierungskriterium zwischen beiden betrachtet werden.
[25]   Vgl. Coady, C. A. J. (1992), S. 51.

wissen will oder ob er für sie eine andere Analyse vorschlagen würde. In diesem letzten Falle bliebe offen, inwiefern diese Sonderfälle dann mit dem paradigmatischen Fall der natürlichen Zeugnisse in Beziehung ständen.

Wenden wir uns an diesem Punkt den Ausführungen einiger anderer Philosophen der *Testimony*-Debatte zu und betrachten genauer, wie diese den Sonderfall der Mediennutzung in diesem Kontext behandeln. Die Erläuterungen von Elizabeth Fricker weisen darauf hin, dass sie sich – anders als Coady – der beschriebenen Schwierigkeit zumindest bewusst ist, die sich im Hinblick auf eine Begriffsbestimmung des Zeugnisses anderer durch die verschiedenen Sonderfälle ergibt. „Rather than a sharply-delineated epistemic kind, we find with testimony a central paradigm, telling, and then cases which depart more or less form it, in epistemically relevant features."[26] Fricker hält fest, dass es nicht eine klar umrissene epistemische Art gebe, die unter den Begriff des Zeugnisses falle, sondern einen paradigmatischen Fall und eine ganze Reihe von Phänomenen, welche von diesem Paradigma in unterschiedlich starkem Maße abweichen. Neben den bereits von Coady genannten Beispielen[27] für solche Sonderfälle lassen sich weitere Phänomene anführen, bei denen der soziale Faktor die ausschlaggebende Rolle der Überzeugungsbildung darstellt und die damit auf die eine oder andere Weise zur Kategorie des Zeugnisses anderer gerechnet werden müssen.

In diesem Sinne plädiert auch Scholz für eine Ausweitung des Zeugnisbegriffs, um verschiedene Formen nonverbaler Kommunikation in dieser Kategorie abbilden zu können. „Wie wir vieles vom Hörensagen und aus Büchern wissen, so wissen wir viele Dinge aus Bildern, Piktogrammen, Fotografien, Filmaufzeichnungen oder aus dem Internet."[28] Mit diesen Ausführungen kommen wir den Medienberichten und damit auch den Berichten der TAGESSCHAU als Instanz des Zeugnisses anderer einen Schritt näher. Schließlich stellt die Verbindung von auditiven und visuellen Elementen ein entscheidendes Charakteristikum von Fernsehnachrichten dar. Die von Scholz angesprochenen Filmaufzeichnungen, Fotographien und Bilder spielen in diesem Informationsmedium eine wichtige Rolle, wie die nachfolgenden Ausführungen noch genauer zeigen werden.

Frickers kurze Anmerkung weist bereits in die Richtung, welche im zweiten Kapitel dieser Untersuchung als Lösungsstrategie für das Manko der *Testimony*-Debatte, die Sonderfälle – insbesondere jenen der Medienberichte – nicht ausreichend beachtet zu haben, vorgeschlagen wurde. Es erscheint

26   Fricker, E. (2004), S. 111.
27   Vgl. Coady, C. A. J. (1992), S. 51 ff.
28   Scholz, O. R. (2001), S. 357.

sinnvoll, unter dem Zeugnis anderer die Bezeichnung einer epistemologischen Kategorie zu verstehen, unter welcher verschiedene Phänomene gefasst werden, welche mittels einer *Spezialisierungsrelation* miteinander in Beziehung stehen. Ein solches Vorgehen würde es auch erlauben, telemediale Berichte als eine solche Instanz des Zeugnisses anderer anzusehen und genauer zu beschreiben.

Was bedeutet es aber, dass wir es bei verschiedenen epistemischen Phänomenen mit *Sonderfällen* testimonialer Akte zu tun haben, die vom paradigmatischen Fall abweichen? Einen ersten Unterschied benennt Fricker in ihren Ausführungen. Sie schreibt: „(T) [der paradigmatische Fall des Zeugnisses anderer, NM] itself picks out the central case of testimony, there being a cluster of fringe cases that depart from it more or less. Listening to the radio, and watching television and films, all furnish fringe instances of testimony, as does reading purportedly factual written material of all kinds. These differ from the central case (T) epistemically, since once the teller is not directly observable by the hearer, the latter's scope for evaluating her trustworthiness (her motives, and competence) is greatly reduced, or at least altered – no perceptual cues to this being available."[29] Das Verhältnis zwischen Sprecher und Hörer bildet demnach ein wichtiges Differenzierungsmerkmal solcher Sonderfälle zum klassischen Zeugnisbegriff, bei welchem angenommen wird, dass sich die beiden in einer direkten Interaktionssituation miteinander befinden. Anhaltspunkte für die Aufrichtigkeit und Kompetenz des Sprechers sind im paradigmatischen Fall dem Hörer unmittelbar durch Beobachtung zugänglich: Der Hörer kann unmittelbar wahrnehmen, ob der Zeuge seine Äußerung nur zögerlich vorbringt, weil er sich seiner Meinung nicht sicher ist, oder ob der Sprecher Anzeichen zeigt, die auf eine Täuschungsabsicht hinweisen, beispielsweise wenn er den Augenkontakt zu seinem Rezipienten vermeidet etc. Diese Anhaltspunkte stehen einem epistemischen Subjekt, das sich mit einer schriftlichen Quelle auseinandersetzt, nicht zur Verfügung. In der folgenden Untersuchung werden eine Reihe weiterer Besonderheiten diskutiert, die den Fall der TAGESSCHAU-Berichte in ähnlich entscheidender Weise vom paradigmatischen Fall testimonialer Akte unterscheiden.

Grundsätzlich soll die These vertreten werden, dass solche Berichte in der Tat einen Sonderfall des Zeugnisses anderer bilden. Ebenso wie das Ablegen eines Zeugnisses (S-Zeugnis) prinzipiell auch unter Zuhilfenahme unterschiedlicher Medien (z. B. schriftlicher Aufzeichnungen) erfolgen kann,

---

[29] Fricker, E. (2004), S. 112.

so kann auch ein Rezipient mediale Angebote als Zeugnisse betrachten (H-Zeugnis). Ausschlaggebend für die Betrachtung solcher Berichte unter dem Stichwort der testimonialen Erkenntnis ist dabei der soziale Rahmen einer Kommunikationssituation, in welcher sich Nachrichtenproduzenten und ihre Zuschauer befinden und welche damit den bestimmenden Faktor für die Überzeugungsbildung auf Seiten des Rezipienten bildet. Die relevanten Informationen sind dem Zuschauer nicht durch seine individuellen epistemischen Quellen zugänglich – auch wenn er sich ihrer (insbesondere der Wahrnehmung) für die Rezeption der Nachrichtensendung bedienen mag –, sondern nur durch die Mitteilungen der Nachrichtenproduzenten als Zeugnisgeber.

5.2 Anwendung des Zeugnisbegriffs auf die telemediale Berichterstattung

Nicht nur Vertreter der *Testimony*-Debatte ordnen der Mediennutzung eine erkenntniskonstituierende Funktion zu und sehen in den Medien damit eine potentielle Wissensquelle, diese Sicht wird auch von verschiedenen Medienproduzenten und -theoretikern geteilt.

Von besonderem Interesse ist eine erkenntnistheoretische Betrachtung der Mediennutzung insofern, da es u. a. eine Auseinandersetzung mit dem immer wieder geäußerten Verdacht der Manipulation – etwa durch einseitige Berichterstattung – und der „Meinungsmache" durch die Medien bedeutet. Diese Kritik ist nicht neu, verschärft sich aber im Zeitalter der Fernsehkultur, weil mit Hilfe von (wirklichen oder vermeintlichen Live-)Bildern eine größere Nähe zum Betrachter hergestellt werden kann. Die emotionalisierende und manipulierende Wirkung von Bildern ist größer als die von schriftlichen Medien. V. a. im Hinblick auf die Berichterstattung zu politischen Themen – z. B. der Kriegsberichterstattung – ist die Frage nach der „Meinungsmanipulation" durch die Medien zu einem brisanten und vieldiskutierten Thema geworden.

Die epistemologische Betrachtung von telemedialen Berichten der Nachrichtensendungen als testimonialen Akten macht es erforderlich, sich einige Besonderheiten dieses Mitteilungsformats vor Augen zu führen. Hierzu zählen insbesondere drei größere Themenbereiche: Zum einen müssen die zentralen Charakteristika der *Produktion* von Fernsehnachrichten genauer in den Blick genommen werden. Dies erscheint insbesondere vor dem Hintergrund erforderlich, dass die bisherige relativ unkommentierte Subsumierung der Nutzung verschiedenster Medien unter der Kategorie des Zeugnisbegriffs deutlich macht, dass die Komplexität der Produktionsabläufe und die damit zusammenhängenden Auswirkungen auf die Bedingungen, die für eine solche Quelle angenommen werden müssen, um beim Rezipienten zu Wissen führen zu können, nicht adäquat beachtet werden. Die Berichte der TAGES-SCHAU zeichnen sich durch eine Vielfalt an Charakteristika aus, welche sie vom paradigmatischen Fall der Face-to-Face-Kommunikation des Zeugnisses anderer unterscheiden und die im Wesentlichen auf die Produktionsbedingungen der Nachrichtensendungen zurückgeführt werden können. Dies lässt sich an der eingangs erwähnten Fenster-zur-Welt-Metapher als Beschreibung der Funktion von Nachrichtensendungen verdeutlichen. Eine solche Betrachtungsweise zu vertreten, heißt auch zu vernachlässigen, dass das Medium der Fernsehnachrichten keineswegs nur technisches Übertragungsinstrument visueller und auditiver Eindrücke ist. Vielmehr muss in diesem Medium ein interessengeleiteter Produktionsapparat gesehen werden, in welchem – zumindest mitbestimmt durch wirtschaftliche Interessen – Informationen ausgewählt, aufbereitet, kommentiert und in bestimmten Formaten sowie Kontexten gesendet werden.[30]

Zum anderen muss die besondere *Präsentationsform* von Fernsehnachrichten mit in den Blick genommen werden. Nachrichtensendungen weichen insofern vom paradigmatischen Fall testimonialer Akte ab, als sie eine Verbindung aus Bild- und Textinformationen darstellen. Die Übermittlung von (bewegten) Bildern vom berichteten Geschehen macht schließlich das besondere Charakteristikum von Fernsehnachrichten aus. Die Verwendung von Bildern als testimonialen Akten spielt in der bisherigen erkenntnistheoretischen Debatte jedoch kaum eine Rolle.[31] Zwei Aspekte erweisen sich in diesem Kontext als schwierig: Zum einen wird in der Epistemologie zumeist davon ausgegangen, dass Wissen stets einen propositionalen Gehalt aufweise. Ein *eindeutiger* propositionaler Gehalt kann in Bildern jedoch nicht übermittelt werden. So kann ein Hörer aus einer sprachlichen Mitteilung in präziser Weise erfahren, auf welchen Aspekt der Sprecher ihn genau aufmerksam machen möchte. Beispielsweise kann die Äußerung, »Das *rote* Auto ist verbeult«, dazu dienen, die Aufmerksamkeit des Hörers auf ein bestimmtes Auto, nämlich das rote, in einer Menge verschiedener Autos zu lenken und darauf hinzuweisen, dass gerade dieses verbeult ist. Dieselbe Szenerie als Bild dargestellt, würde dem Betrachter dagegen nicht verdeutlichen können,

---

[30] Vgl. Hickethier, K. (2001), S. 14.
[31] Scholz weist darauf hin, dass auch Bilder, Piktogramme, Fotografien und Filmaufzeichnungen die Rolle von Zeugnissen übernehmen könnten. Vgl. Scholz, O. R. (2001), S. 357.

ob der Maler ausdrücken wollte, dass das *rote Auto* verbeult oder das *verbeulte Auto* rot ist. Die Zuordnung von Subjekt und Prädikat ist im Falle von Bildern weniger eindeutig.

Die Kombination aus Bild- und Tonmaterial in den Fernsehnachrichten stellt ferner eine besondere Herausforderung für das Verstehen dar. Ginge man davon aus, dass die Wortmeldungen der TAGESSCHAU lediglich einen Kommentar im Sinne einer Erläuterung des gezeigten Bildmaterials darstellten, bestünde keine weitere Schwierigkeit. Wie sich zeigen wird, ist eine solche Kombination nicht immer die Regel. Erhält der Rezipient jedoch durch die Wortmeldung andere Informationen, als in den begleitenden Bildern dargestellt werden, ist die geforderte Verstehensleistung an ihn ungleich höher.

Schließlich gilt es die besonderen *Kommunikationsbedingungen*, welche im Falle der Rezeption von Nachrichtensendungen vorliegen, angemessen zu berücksichtigen, will man diese Mitteilungsform als Instanz testimonialer Akte analysieren. In diesem Bereich liegen ebenfalls verschiedene Besonderheiten dei telemedialen Berichterstattung vor, welche sie deutlich vom paradigmatischen Fall des Zeugnisses anderer unterscheiden. Während im Hinblick auf die Produktionsbedingungen der TAGESSCHAU insbesondere die Seite des Sprechers[32] in den Blick genommen wird, spielt hinsichtlich der Kommunikationsbedingungen zum einen die Art der Relation zwischen den beteiligten Individuen eine wesentliche Rolle und zum anderen die Tatsache, dass der Mitteilungsakt sich prinzipiell an eine Menge von Rezipienten richtet und nicht an eine konkrete Einzelperson als Hörer.

Die genannten Aspekte – die Produktionsbedingungen von Nachrichtensendungen, ihre Gestaltungskriterien sowie die Kommunikationsbedingungen – sollen im Weiteren in ihren wesentlichen Charakteristika beschrieben und die sich aus ihnen ergebenden Auswirkungen auf die Einordnung der Berichterstattung der TAGESSCHAU als testimonialen Akten erläutert werden. Zur Stützung der These, dass der TAGESSCHAU ein wesentlicher Stellenwert in der alltäglichen Informationsbeschaffung epistemischer Subjekte zukommt, sei zunächst etwas über die Relevanz und Verbreitung dieses Mediums im bundesdeutschen Sendegebiet gesagt.

---

[32]   Im Falle der Fernsehnachrichten muss dieser Begriff allerdings im übertragenen Sinne verstanden werden, da nicht eine konkrete Person die Mitteilung vollzieht, sondern ein ganzes Konglomerat von Akteuren an der Erstellung und Übermittlung der konkreten Meldung mitwirkt, wie in der nachfolgenden Analyse erläutert werden wird.

5.2.1 Relevanz und Verbreitung der TAGESSCHAU als Informationsmedium

Warum sollte man die Berichterstattung der TAGESSCHAU erkenntnistheoretisch untersuchen? Ein wesentlicher Grund hierfür besteht in der hohen Relevanz, welche ihr im Hinblick auf die alltägliche Überzeugungsbildung zugesprochen wird. So schreibt z. B. Henning Röhl: „Dennoch ist es nicht falsch, heute von einer Fernsehgesellschaft zu sprechen. Das Bildermedium hat einen hohen Stellenwert im Leben der Menschen. Sie verbringen oft mehr Zeit vor dem Bildschirm als am Arbeitsplatz. Ihre Rezeption von Realität geschieht vielfach über das Fernsehen."[33] Was bedeutet es, wenn Röhl festhält, dass die „Rezeption von Realität" vielfach über das Fernsehen geschehe? Das Fernsehen verbindet den Zuschauer mit der Welt und dies – im Gegensatz zu Hörfunk und Presse –, wie es scheint, in unmittelbarer Art und Weise. Durch den Schwerpunkt der Übermittlung von Bildern gewinnt der Zuschauer schnell den Eindruck, selbst dabei zu sein, selbst zu sehen, was passiert. Das Medium *Fernsehen* wird bei dieser Rezeption geradezu unsichtbar für den Nutzer. Darüber hinaus erweist sich diese Art, sich zu informieren, auch als ausgesprochen bequem. Im eigenen Wohnzimmer zur entspannten Vorabend-/Feierabendzeit erscheinen die Bilder auf dem Gerät, und der Rezipient muss nicht viel mehr tun als *zuzuschauen*. In dieser angenehmen Atmosphäre liefert die TAGESSCHAU ihre Berichte sozusagen frei Haus. Konzentriertes Lesen wie bei Zeitungen oder Zuhören wie beim Hörfunk sind nicht erforderlich. Die TAGESSCHAU läutet mit ihrer 20.00-Uhr-Ausgabe den Feier- und Fernsehabend ein. Der Zuschauer kann beginnen, sich nach dem Arbeitstag zu entspannen.

Vor diesem Hintergrund ist es nicht verwunderlich, dass das Fernsehen und mit ihm die TAGESSCHAU wesentlicher Bestandteil der Mediennutzung des bundesdeutschen Durchschnittsbürgers ist und darüber hinaus auch wichtigstes Medium, um sich über das Weltgeschehen zu informieren. „Vergleicht man die Nutzung von Zeitungen, Zeitschriften, Hörfunk und Fernsehen miteinander, dann nimmt das jüngste dieser Medien in fast allen Kategorien den vordersten Platz ein: 257 Minuten am Tag lief der Fernseher im Jahre 1990 im westdeutschen Durchschnittshaushalt. In 88 % aller Haushalte wurde das Fernsehgerät mindestens einmal am Tag eingeschaltet. 69 % der Erwachsenen (Personen vom 14. Lebensjahr an) haben im Durchschnitt einmal täglich vor dem Bildschirm gesessen. Ihre Sehdauer betrug dann 156 Minuten. In der Nutzungsdauer nimmt das Fernsehen nach dem Radio den zweiten Platz

---

[33] Röhl, H. (1992), S. 38.

ein, denn der Zeitaufwand des Durchschnittsradiohörers liegt bei etwa drei Stunden am Tag."[34] Diese Zahlen sind in den letzten Jahren weiter angestiegen. So lag der durchschnittliche Fernsehkonsum des Bundesbürgers im Jahr 2007 bei rund 208 Minuten täglich.[35] Trotz der Vielfalt an Fernsehprogrammen, die mittlerweile durch Kabel- und Satellitenempfang entstanden ist[36], liegen die öffentlich-rechtlichen Programme – das Gemeinschaftsprogramm der ARD (Arbeitsgemeinschaft der öffentlich-rechtlichen Rundfunkanstalten der Bundesrepublik Deutschland) und das Programm des ZDF – nach wie vor in der Gunst der Zuschauer vorn. Sie zählen neben RTL zu den einzigen Sendern, die in der aktuellen Untersuchung von Camille Zubayr und Heinz Gerhard eine zweistellige prozentuale Einschaltquote verzeichnen konnten (ARD mit 13,4 Prozent, ZDF mit 12,9 Prozent und RTL mit 12,4 Prozent).[37]

Insgesamt 62 Minuten der Gesamtnutzungsdauer des Fernsehens verwendeten die Zuschauer im Jahr 2007 dafür, sich mit Hilfe dieses Mediums zu informieren, also etwas weniger als ein Drittel des täglichen Fernsehkonsums. In diesem Bereich nimmt die Rezeption der TAGESSCHAU einen zentralen Platz ein: Diese Nachrichtensendung der ARD verfügt bereits seit längerem über eine konstante Einschaltquote von über dreißig Prozent.[38] „Nach wie vor und mit großem Abstand ist die „Tagesschau" der ARD die meistgesehene Nachrichtensendung. Die Hauptausgabe um 20.00 Uhr verfolgen im Ersten Programm, einigen Dritten, 3sat und Phoenix insgesamt 8,96 Millionen Zuschauer. Das ist ein etwa doppelt so großer Publikumskreis wie für die im ZDF und 3sat ausgestrahlte „heute"-Ausgabe um 19.00 Uhr, die 4,13 Millionen Zuschauer erreichte. An dritter Stelle stehen „RTL aktuell" mit 3,85 Millionen, gefolgt von den „SAT.1 News" (1,90 Millionen)."[39]

Die These, dass die Rezeption der TAGESSCHAU einen unangefochtenen Stellenwert im täglichen Fernsehverhalten des deutschen Durchschnittsmediennutzers einnimmt, wird auch dadurch gestützt, dass das abendliche Unterhaltungsprogramm der anderen Fernsehsender zeitlich in weiten Teilen

---

[34]   Röhl, H. (1992), S. 38. Ergänzt werden muss, dass sich die durchschnittlich längere Nutzung des Rundfunks auch dadurch ergibt, dass viele Menschen das Radio als *Sekundärmedium* nutzen. D. h. die Nutzung erfolgt nicht primär, um das gesendete Programm zu verfolgen, sondern erfolgt begleitend zu anderen Aktivitäten. Das Radio liefert damit nicht vielmehr als eine Art Geräuschkulisse im Alltag vieler Rezipienten.

[35]   Vgl. Zubayr, C. / Gerhard, H. (2008), S. 107.

[36]   Mit Hilfe von Satellitentechnik lassen sich derzeit durchschnittlich 86 Sender empfangen, mittels Kabelanschluss 51 und mittels Antenne 27. Vgl. ebd., S. 106.

[37]   Vgl. ebd., S. 108.

[38]   Vgl. van Rossum, W. (2007), S. 49.

[39]   Zubayr, C. / Gerhard, H. (2008), S. 113.

auf die Ausstrahlung der TAGESSCHAU abgestimmt ist. D. h. zum einen, von wenigen Ausnahmen abgesehen, dass keine Nachrichtensendungen auf anderen Programmen zeitgleich und damit in Konkurrenz zur TAGESSCHAU ausgestrahlt werden (ausgenommen ist hiervon natürlich die zeitgleiche Ausstrahlung der TAGESSCHAU selbst auf den dritten Programmen, auf 3sat und Phoenix) und zum anderen beginnt das Abendprogramm mit Filmen, Dokumentationen, Spiel- und Rateshows etc. auf den meisten anderen Sendern erst nach 20.15 Uhr, also nach dem Ende der TAGESSCHAU.[40]

Eine weitere repräsentative Befragung bestätigt zudem, dass der Hauptgrund für die Rezeption der TAGESSCHAU im Wunsch nach Informationen besteht. Ursula Dehm et al. haben 2004 Zuschauer nach ihren Gründen für die Nutzung verschiedener Sendeformate befragt. Dabei wurden die Antwortmöglichkeiten (Mehrfachnennungen waren zugelassen) in fünf Hauptkategorien eingeteilt: Orientierung, Emotionalität, Ausgleich, Zeitvertreib und soziales Erleben. Wenn man nur die häufigsten Antworten berücksichtigt, ergibt sich für die TAGESSCHAU dabei folgendes Bild:

1. 91 Prozent der Befragten gaben an, die Sendung zu sehen, weil sie neue Informationen bekämen;

2. 71 Prozent führten an, dass die TAGESSCHAU Dinge brächte, über die sie dann mit anderen reden könnten;

3. 68 Prozent der Personen gaben an, dass die Sendung ihnen Anregungen und Stoff zum Nachdenken gebe;

4. 67 Prozent bezeichneten die TAGESSCHAU als eine wertvolle Hilfe, wenn sie sich eine eigene Meinung bilden wollten;

5. 52 Prozent gaben an, dass die Rezeption der Sendung Gewohnheit für sie sei und

6. 48 Prozent führten an, dass sie gespannt dabei seien.[41]

---

[40] Vgl. Schäfer, S. (2007), S. 13 und 30. Sie führt ebenfalls an, dass die konkurrierenden Sender zwar auch eigene tägliche Nachrichtensendungen ausstrahlten, allerdings eine zeitliche Überschneidung mit der TAGESSCHAU bewusst vermeiden würden. Eine Ausnahme bildet hier lediglich die Nachrichtensendung von RTL II, die zeitgleich mit der TAGESSCHAU gesendet wird. Udo Michael Krüger weist in diesem Zusammenhang darauf hin, dass diese Überschneidung nur daher sinnvoll erscheine, da sich beide Nachrichtensendungen an unterschiedliche Zielgruppen richteten. „Der formale Rahmen [der RTL II News, NM] begünstigte somit ein Nachrichtenangebot, das besonders für jüngere Zuschauergruppen über attraktive Neuigkeiten aus dem Showbiz und der Musikszene sowie über Lifestyletrends berichtete und dabei auch mehr jüngere Akteure als die „Tagesschau" präsentierte." Krüger, U. M. (2007), S. 78.

[41] Vgl. Dehm, U. et al. (2005), S. 52, 54/55, 57/58.

Es zeigt sich in dieser Zusammenstellung, dass nicht allein der Faktor *Orientierung* eine Rolle bei der Nutzung der TAGESSCHAU spielt, sondern ebenso Zeitvertreib (e) und auch Emotionalität (f).

Haben wir auf diese Weise Anhaltspunkte dafür erhalten, zu welchen Zwecken Rezipienten die TAGESSCHAU einschalten, können des Weiteren auch Untersuchungsergebnisse angeführt werden, die belegen, dass in der subjektiven Einschätzung der Zuschauer die TAGESSCHAU auch das geeignete Mittel darstellt, um diese Zwecke – insbesondere jenen der Gewinnung von Informationen – zu erfüllen. „Passend zu der Reichweitenverteilung [gemeint sind die Einschaltquoten, NM] stellt sich die von den Zuschauern zugemessene Nachrichtenkompetenz der Programme dar. So zeigt sich, dass ca. zwei Drittel der Zuschauer auf die Frage >Welcher Sender hat die besten Nachrichten?< die ARD nennen. Mit deutlichem Abstand folgen das ZDF (2001: 44 Prozent), RTL (2001: 24 Prozent) und SAT.1 (2001: 10 Prozent)."[42] Ferner nennen 53 Prozent der Befragten in einer anderen Studie, die TAGESSCHAU als diejenige Fernsehnachrichtensendung, die sie für besonders glaubwürdig halten (im Gegensatz dazu wird ZDF-*heute* von nur 19 Prozent der Studienteilnehmer genannt).[43]

Zusammenfassend ergibt sich daraus: Das Fernsehen kann als wichtigstes *Primärmedium* des bundesdeutschen Durchschnittsrezipienten bezeichnet werden. Rund ein Drittel der Zeit des täglichen Fernsehkonsums wenden die Zuschauer dafür auf, sich zu informieren. In diesem Zusammenhang spielt die TAGESSCHAU eine zentrale Rolle. Die 20.00-Uhr-Ausgabe wird regelmäßig von über 30 Prozent der Deutschen gesehen. Sie erreicht damit mehr Zu-schauer als alle anderen Nachrichtensendungen anderer Programme und wird darüber hinaus von den Rezipienten für glaubwürdiger als die Konkurrenzprodukte gehalten.

Allgemein spricht dies dafür, die Berichte der TAGESSCHAU als testimoniale Akte zu betrachten. Darüber hinaus unterstreicht die Reichweite der Sendung, d. h. die Anzahl der Personen, von denen sie rezipiert wird, ihre Relevanz für eine erkenntnistheoretische Untersuchung, die sich der Frage widmet, inwiefern die TAGESSCHAU mit ihrem Informationsangebot zur Meinungsbildung der Zuschauer beiträgt und damit auf jeden Fall im Hinblick auf die Genese von Überzeugungen als epistemische Quelle dient. Wie steht es aber mit dem Rechtfertigungskontext? Die oben genannten Untersuchungsergebnisse zeigen, dass sich epistemische Subjekte im Alltag tatsächlich so verhalten, als sei die TAGESSCHAU eine epistemische Quelle.

---

[42] Maurer, T. (2005), S. 31.
[43] Vgl. ebd., S. 32.

Immerhin geben 67 Prozent der Befragten an, dass die TAGESSCHAU ihnen eine wertvolle Hilfe sei, wenn sie sich selbst eine Meinung bilden wollen. Es bleibt die Frage, ob dieses Verhalten auch gerechtfertigt ist. Ein Faktor, der dies zumindest problematisch erscheinen lässt, sind die Produktionsbedingungen, unter denen eine Ausgabe der TAGESSCHAU entsteht.

5.2.2 Einige Anmerkungen zur Produktion von Nachrichtensendungen am Beispiel der TAGESSCHAU

Die bisherige Darstellung macht deutlich, dass viele Rezipienten die Berichterstattung der TAGESSCHAU als wichtige Informationsquelle betrachten. Die Erfahrung zeigt, dass viele Fernsehzuschauer auf die Frage »Woher weißt du, dass *p*?« ohne zu zögern antworten würden: »Weil ich es in den Nachrichten gesehen habe.« Personen, die eine solche Antwort geben, scheinen zu glauben, dass sie aus der Berichterstattung der TAGESSCHAU Wissen gewinnen können. Von besonderer Relevanz für diese Überzeugung scheint dabei die bereits angeführte Fenster-zur-Welt-Metapher zu sein, d. h. die Zuschauer der Nachrichtensendungen gewinnen insbesondere durch die Bildberichterstattung den Eindruck, selbst Augenzeuge des Geschehens zu sein (wie die Bezeichnung *Zu-Schauer* ja auch schon andeutet). Zumindest sind diese medialen Berichte so gestaltet, dass der normale Rezipient davon ausgehen kann, dass die Produzenten des jeweiligen Beitrags Augenzeugen des Geschehens waren und der Zuschauer in diesem Sinne zwar nicht unbedingt selbst dabei war, sein Wissen aber doch sozusagen aus erster Hand erhält.

Eine erkenntnistheoretische Untersuchung muss jedoch über diese allgemeine Beurteilung in dem Sinne hinausgehen, als hinterfragt werden muss, aus welchen Gründen eine solche Einschätzung der TAGESSCHAU als Informationsquelle gerechtfertigt sein könnte bzw. welche Charakteristika der telemedialen Berichterstattung auch zu Schwierigkeiten für ihre Nutzung als epistemische Quelle führen können.

Eine allgemeine Charakterisierung des Sendeformats der TAGESSCHAU liefert Sabine Schäfer: „TAGESSCHAU-Sendungen bestehen aus Filmbeiträgen, Wortmeldungen und Moderationen; sie finden zu bestimmten Zeiten statt und haben eine definierte Sendedauer; sie wenden sich an ein Publikum."[44] In diesem Zitat wird zunächst einmal deutlich, dass ganz unterschiedliche Berichtsformen in einer TAGESSCHAU-Sendung zusammenge-

---

[44] Schäfer, S. (2007), S. 103. Schäfer liefert darüber hinaus eine ausführliche Darstellung der in der TAGESSCHAU verwendeten Sendeformate, also Wortmeldung, Nachricht im Film und Filmbericht, und deren Herstellungsprozesse. Vgl. ebd., Kap. 6.

fasst werden. Die Fenster-zur-Welt-Metapher kann nicht auf alle Bestandteile einer Nachrichtenausgabe gleichermaßen angewendet werden, da die Verwendung von Bildbeiträgen in unterschiedlichem Maße in diesen Berichtsformen zum Tragen kommt. Auch die Sendedauer und die Orientierung an einem Publikum müssen als weitere Merkmale berücksichtigt werden, will man die TAGESSCHAU als epistemische Quelle betrachten. Die vorgegebene Sendedauer bedeutet u. a., dass auf Seiten der Produzenten eine Auswahl getroffen werden muss, über welche Themen berichtet werden soll und über welche nicht. Auch in diesem Kontext wird damit das *Fenster* des Zuschauers, durch das er vermeintlich die Welt betrachtet, zunehmend kleiner: Er bekommt nicht alles zu sehen, was sich vielleicht in der Welt zugetragen hat, sondern nur das, was zuvor von einer Redaktion als berichtenswert ausgewählt wurde.

Diese Themenselektion richtet sich im Wesentlichen auch danach, welches Bild sich die verantwortlichen Redakteure von ihrem Publikum machen. Anders aber als in unserem Beispiel von Peter und Paul, die befreundet sind und daher einerseits über eine gewisse Menge geteilter Hintergrundüberzeugungen und andererseits über eine relativ genaue Kenntnis ihres Gegenübers (z. B. bezüglich allgemeiner Interessen und Abneigungen etc.) verfügen, sind die Rezipienten den TAGESSCHAU-Produzenten nicht persönlich bekannt. Die Redakteure können allenfalls aus Marktforschungsergebnissen[45] auf bestimmte Interessen ihrer Zuschauer schließen bzw. von ihren eigenen Interessen etc. ausgehen und diese im Hinblick auf ihren vermuteten Rezipientenkreis verallgemeinern.[46] Beispielsweise könnte ein Redakteur der TAGESSCHAU annehmen, dass Nachrichten aus dem europäischen Umland für den deutschen Zuschauer eher von Interesse seien als Berichte aus Südamerika.

Bei einem genaueren Blick auf die Produktionsbedingungen dieser Sendung kann schnell verdeutlicht werden, dass man es bei einer erkenntnistheoretischen Einordnung der Fernsehnachrichten mit einer weit komplexeren Ausgangslage zu tun hat, als die geläufige Fenster-zur-Welt-Metapher suggeriert. Um die hiermit verbundenen Schwierigkeiten, die sich für eine erkenntnistheoretische Betrachtung der Berichterstattung der TAGESSCHAU ergeben, verständlich zu machen, werden im Folgenden einige ausgewählte Aspekte der Produktionsbedingungen der TAGESSCHAU näher erläutert und

---

[45]   Vgl. dazu auch die Ausführungen von Horst Jaedicke in Jaedicke, H. (2002), S. 137-140.
[46]   Schäfer schildert dieses Vorgehen exemplarisch anhand der Aussagen verschiedener Interviewpartner aus der Redaktion der TAGESSCHAU, vgl. Schäfer, S. (2007), Kap. 9.3.

abschließend in ihren Auswirkungen auf eine Einordnung der telemedialen Berichterstattung als testimonialem Akt analysiert.

5.2.2.1 Produktions- und Sendezeit

Ein erster Punkt, der im Hinblick auf die Besonderheiten der Produktionsprozesse der TAGESSCHAU-Berichterstattung von Relevanz ist, betrifft die zeitliche Limitierung, die zum einen die Produktions- und zum anderen die Sendezeit auf einen bestimmten Zeitraum festlegt.

Nachrichtensendungen stehen einerseits innerhalb des Mediums *Fernsehen* untereinander in Konkurrenz und müssen sich andererseits aber auch gegen die Berichterstattung anderer Medien – insbesondere gegenüber dem Hörfunk – auf dem Markt behaupten. Ein wesentliches Kriterium in diesem Wettkampf liegt in der *Aktualität* der Meldungen begründet. Es gilt die Annahme, dass sich die Rezipienten dem Medium zuwenden werden, welches ihnen die aktuellste Berichterstattung bietet. Vor diesem Hintergrund kommt es bei der Produktion von Nachrichten insbesondere auf Schnelligkeit an, was auch bedeutet, dass für die Herstellung einer Ausgabe der TAGESSCHAU nur ein begrenztes Zeitfenster zur Verfügung steht. Über den Tag verteilt, werden mehrere Ausgaben der TAGESSCHAU ausgestrahlt, so dass auf aktuelle Ereignisse unmittelbar eingegangen werden kann. Dies wirkt sich auch auf die Arbeitsbedingungen in der Redaktion aus: „Fernsehnachrichtenjournalisten haben innerhalb der Redaktion einen strengen Zeitplan, der insbesondere durch die Sendezeitpunkte, verschiedene Redaktionskonferenzen und technische Produktionsabläufe vorgegeben wird [...]."[47] Eine Meldung muss also in der Regel bis zu einem bestimmten Zeitpunkt – dem Sendezeitpunkt – vollständig erstellt sein. Nun könnte man in naiver Weise annehmen, dass dies kein großes Problem darstelle, schließlich sind die Sendetermine ja hinlänglich bekannt, die Arbeitsprozesse routiniert und arbeitsteilig organisiert. Übersehen wird dabei jedoch, dass keineswegs bereits am Morgen des Sendetages feststeht, über welche Themen in den einzelnen Sendungen berichtet werden soll. Dies ergibt sich vielmehr im laufenden Tagesgeschäft.[48]

Als Beispiel für die Probleme, die sich aus der Begrenzung der Produktionszeit der Nachrichten ergeben, kann die Erstellung einer Wortmeldung

---

[47] Schäfer, S. (2007), S. 71, siehe auch die genauen Ausführungen dazu in ebd., Kap. 7.

[48] Ausnahmen bilden lediglich Meldungen bezüglich terminierter Ereignisse – wie z. B. Pressekonferenzen und Bundestagsdebatten –, die vorher angekündigt werden und auf die sich die Redakteure dementsprechend vorbereiten können. Vgl. Schäfer, S. (2007), Kap. 9.1.2.

dienen: Die wichtigste Informationsquelle für den Wortredakteur sind die Meldungen der Nachrichtenagenturen. Der Redakteur muss aus dem vielfältigen Angebot zunächst jene Meldungen herausfiltern, die er für berichtenswert hält. Ein Problem kann dann entstehen, wenn zu einer solchermaßen ausgewählten Meldung unterschiedliche Angaben von den Agenturen geliefert werden[49], z. B. wenn statistische Daten oder Durchschnittswerte eine Rolle in der Meldung spielen. Auf Grund des Zeitmangels im Herstellungsprozess der Nachrichtenmeldung ist eine ausführliche Recherche durch den zuständigen Redakteur der TAGESSCHAU zur Überprüfung der Meldung nur in den seltensten Fällen möglich. Ein alternativer Ausweg besteht dann darin, die Nachricht entsprechend vorsichtiger zu formulieren, indem z. B. statt der Angabe konkreter Zahlen nur Näherungswerte genannt werden,[50] oder die Meldung mit einem Hinweis auf die konkrete Quelle zu senden.

Eine weitere Schwierigkeit, die sich aus der Nutzung von Agenturmeldungen als Informationsquelle für die zeitlich limitierte Produktion von Nachrichtenmeldungen ergibt, besteht darin, dass die Agenturen ihre eigenen Meldungen stetig aktualisieren. Das bedeutet, dass eine im Laufe des Tages auf der Basis einer solchen Meldung produzierte Sendeeinheit nicht einmal erstellt und dann gesendet werden kann. Sie muss vielmehr stetig bis zum Sendetermin mit den Agenturmeldungen auf ihren Wahrheitsgehalt hin verglichen und ggf. ebenfalls aktualisiert werden.[51]

Die arbeitsteilige Produktion der TAGESSCHAU stellt die Redakteure aber nicht nur auf der Ebene der Wortmeldungen vor Herausforderungen. Auch die Herstellung von Bildbeiträgen und damit der weitaus wichtigere Teil der telemedialen Berichterstattung – denn so unterscheiden sich Fernsehnachrichten im Wesentlichen von jenen des Hörfunks – ist von dem engen Zeitfenster für die Erstellung der konkreten Meldung betroffen. Beispielsweise kann nicht immer sichergestellt werden, dass erst das relevante Bildmaterial zur Verfügung steht, für das dann ein kommentierender Text erstellt werden muss. Häufig treffen die Bilder zum Ereignis des Geschehens erst kurz vor der Sendung ein. Wenn die Entscheidung getroffen wurde, einen entsprechenden Bericht zu bringen, dann steht nicht genügend Zeit zur Verfügung, auf das Eintreffen der Bilder zu warten. Stattdessen muss der kommentieren-

---

[49]   In der Redaktion von *ARD-aktuell*, welche u. a. für die Produktion der TAGESSCHAU verantwortlich ist, werden verschiedene Nachrichtenagenturen als Informationsdienste genutzt. Vgl. Kap. 5.2.2.4 dieser Arbeit.

[50]   Schäfer gibt diese Problematik in einem Auszug eines Interviews mit einem Mitarbeiter in der Wortredaktion von *ARD-aktuell* wieder. Vgl. dazu Schäfer, S. (2007), S. 107/108.

[51]   Vgl. ebd., S. 109.

de Text in der Redaktion bereits vorher erstellt werden, damit beide Elemente des Beitrags termingerecht für die Nachrichtenausgabe zusammengeschnitten und gesendet werden können. Ein solches Vorgehen bedeutet, dass der zuständige Redakteur sozusagen "blind"texten muss. Er kann sich zwar evtl. im Vorwege mit dem zuständigen Reporter oder Korrespondenten vor Ort telefonisch über den Gehalt der Bilder verständigen (wenn es sich nicht wiederum um Bilder aus einem Informationsdienst der Agenturen handelt), aber letztlich ändert das nichts an der Tatsache, dass der Redakteur Bilder kommentiert, die er noch nicht kennt und dementsprechend auch nicht (genau) weiß, was sie zeigen. Eine Folge davon kann dann sein, dass Bild und Text nicht oder nicht besonders gut zusammenpassen.[52] Darüber hinaus besteht auch in diesem Zusammenhang das Problem, dass Bilder, die erst kurz vor dem Sendetermin eintreffen, nicht mehr vom zuständigen Redakteur auf ihren Wahrheitsgehalt hin überprüft werden können.

Neben diesen Schwierigkeiten, die sich aus dem engen Zeitfenster der Produktion ergeben, muss bei der Berichterstattung der TAGESSCHAU auch berücksichtigt werden, dass die Sendung selbst als Teil des gesamten Sendeprogramms der ARD einen nur begrenzten zeitlichen Umfang aufweist. Betrachten wir die 20.00-Uhr-Ausgabe der TAGESSCHAU, ergibt sich dabei folgendes Bild: „Zu den besonderen Merkmalen der *Tagesschau* gehört auch die komprimierte Form. Die einzelnen Meldungen sind kurz, die Korrespondentenberichte im Regelfall nicht länger als eine Minute und 45 Sekunden. [...] Zumal, da die 15 *Tagesschau*-Minuten in Wirklichkeit nur 13 Minuten bedeuten, weil Wetterbericht, Vorspann und Absage auch noch ihren Platz beanspruchen.“[53] Es ist leicht einsehbar, dass ein solches Format keinen Platz lässt für ausführliche Hintergrundberichte und umfangreiche Erläuterungen. Eine umfassende Information der Zuschauer mittels einer einzigen Sendung kann daher nicht das Ziel der Nachrichtenproduzenten sein. Vielmehr geht es darum, den Rezipienten einen Überblick über das Weltgeschehen zu verschaffen, oder, wie van Rossum den Chefredakteur der TAGESSCHAU Kai Gniffke wiedergibt, den Zuschauer in die Lage zu versetzen, dass er sagen kann, *das habe er schon mal gehört.*[54] Um wirklich zu verstehen, was berichtet wird, ist der Zuschauer darauf angewiesen, erstens die TAGESSCHAU stetig zu verfolgen, da sich erst aus der kontinuierlichen Berichterstattung über ein Thema ein einigermaßen schlüssiges Bild über das Geschehen ergibt. Und zweitens muss sich der Zuschauer auch auf andere Weise weiter

---

52   Vgl. Schäfer, S. (2002), S. 112/113.
53   Röhl, H. (1992), S. 53.
54   Vgl. van Rossum (2007), S. 54.

über die Themen informieren, um über das relevante Hintergrundwissen zu verfügen, welches die gesendeten Informationsbrocken in einen verstehbaren Gesamtzusammenhang einordnen.

Wenn beispielsweise darüber berichtet wird, dass die beiden Wahlkampfkandidaten Barack Obama und John McCain zum Gedenken an die Opfer der Terroranschläge vom 11. September 2001 „Ground Zero" besucht haben, muss der Zuschauer, um den Beitrag angemessen verstehen zu können, zumindest wissen, was es mit den Terroranschlägen im Jahre 2001 auf sich hatte, dass in den USA in nächster Zeit ein neuer Präsident gewählt werden soll und dass Obama und McCain die derzeit aussichtsreichsten Kandidaten für diesen Posten darstellen.[55] Zwar werden einige zusätzliche Informationen in der Sendung genannt, z. B. wie viele Menschen bei den Anschlägen ums Leben kamen und dass „Ground Zero" der Ort ist, an dem die beiden Türme des World Trade Centers standen, doch ohne die genannten Hintergrundinformationen wird der Zuschauer den Beitrag trotzdem nicht in seiner ganzen Tragweite verstehen können. Diese Problematik wird auch von Henning Röhl angesprochen, der selbst mehrere Jahre als Chefredakteur für die Produktion der TAGESSCHAU verantwortlich war: „Der Reporterbericht in der *Tagesschau* hat die besagte Durchschnittslänge von etwas mehr als anderthalb Minuten. Die 20.00-Uhr-Ausgabe enthält etwa 15 verschiedene Meldungen. Ausgeschrieben würde die gesamte Textinformation nicht einmal eine ganze Zeitungsseite füllen."[56] Eine umfassende Berichterstattung kann vor diesem Hintergrund nicht erwartet werden.

Die zeitliche Begrenzung der Sendedauer hat aber nicht nur Auswirkungen auf den Umfang der Berichterstattung und die Art der Präsentation der Themen, sondern bedeutet insbesondere auch die Notwendigkeit der Auswahl bestimmter Meldungen für die Sendung.

5.2.2.2 Auswahl von Nachrichten

Die Begrenzung der TAGESSCHAU-Sendezeit erfordert eine konkrete, aktuelle Auswahl der möglichen Themen für die einzelne Sendung. In diesem Zusammenhang stellt sich damit die Frage: Welches Ereignis ist es wert, als Nachricht gesendet zu werden? Unterschieden werden muss dabei zunächst zwischen Themenfeldern, die grundsätzlich in der Berichterstattung der TAGESSCHAU eine Rolle spielen, und Kriterien, die innerhalb dieser Themenfelder eine Auswahl von Meldungen ermöglichen.

---

[55]   Vgl. die Sendung vom 12.09.2008, 04.55 Uhr auf www.tagesschau.de.
[56]   Röhl, H. (1992), S. 85.

Horst Jaedicke benennt fünf Themengebiete, mit denen sich – seiner Auffassung nach – alle Fernsehnachrichtensendungen in ihrer Berichterstattung befassen, einschließlich des historischen Vorläufers der TAGESSCHAU im Kinoformat, der *Deutschen Wochenschau*. Zu diesen Themenfeldern rechnet er: Staatsgeschäfte, Massenveranstaltungen (z. B. im Sport), Kriege, Katastrophen und Kurioses.[57]

Ferner muss beachtet werden, dass die TAGESSCHAU als Informationssendung der öffentlich-rechtlichen Rundfunkanstalten gewissen rechtlichen Bestimmungen unterliegt[58], die auch vorgeben, welche Funktion ihr in der bundesdeutschen Gesellschaft zukommt. Die Nachrichten der öffentlich-rechtlichen Sender sollen dem Bürger in der demokratischen Gesellschaft die Möglichkeit eröffnen, sich durch eine neutrale und sachlich orientierte Quelle zu informieren, um sich auf der Basis dieser Berichterstattung eine eigene Meinung zum aktuellen (Welt-)Geschehen zu bilden.[59] Diese Aufgabenstellung spiegelt sich auch in der Auswahl der Themen wider, über die berichtet wird. Vorrang haben so in den Meldungen der TAGESSCHAU insbesondere politische Themen. So genannte Boulevardthemen, z. B. Meldungen über das Privatleben von prominenten Personen, werden dagegen eher vermieden. Udo Michael Krüger hält in seiner Untersuchung für die TAGESSCHAU für das Jahr 2007 folgende prozentuale Verteilung der Sendezeit auf einzelne Themenbereiche fest: Politik 48,6 Prozent, Gesellschaft/Justiz 11 Prozent, Sport 8 Prozent, Wetter 7,2 Prozent, Wirtschaft 7,1 Prozent, Sonstiges 5,2 Prozent, Wissenschaft/Kultur 5,1 Prozent, Unfall/Katastrophen 3,7 Prozent, Kriminalität 2,4 Prozent, Human Interest/Buntes 1,8 Prozent.[60] Krüger konstatiert ferner, dass „[a]uch im Jahr 2007 [...] öffentlich-rechtliche [sich] von privaten Nachrichtensendungen hauptsächlich durch die stärkere Gewichtung von politischen gegenüber nichtpolitischen Themen [unterschieden]."[61] Er bestätigt damit, dass die Themenwahl der Nachrichten der verschiedenen

---

[57] Vgl. Jaedicke, H. (2002), S. 173.

[58] Vgl. dazu auch Kap. 5.3.1 dieser Arbeit.

[59] Vgl. Schäfer, S. (2007), Kap. 9.3.2.

[60] Vgl. Krüger, U. M. (2008), S. 62.

[61] Ebd., S. 59. So lag der Anteil der Politikberichterstattung bei *RTL aktuell* lediglich bei 18,9 Prozent und bei *SAT.1 News* bei 20,3 Prozent. Demgegenüber nahm die Berichterstattung über nichtpolitische Themen bei diesen Sendungen einen wesentlich höheren Anteil ein: Die Sendedauer für Sportereignisse lag bei *RTL aktuell* bei 17,6 Prozent und für Human Interest/Buntes bei 16,2 Prozent, während *SAT.1 News* auf die Berichterstattung zu Human Interest/Buntes 19,8 Prozent der Gesamtsendezeit verwendete. In der Analyse findet sich darüber hinaus eine detaillierte Aufstellung darüber, über welche Themen und Ereignisse in den einzelnen Sendungen mit welcher Sendedauer im Laufe des Jahres 2007 berichtet wurde.

Sender „[...] als Teil des jeweiligen Gesamtprogramms betrachtet werden [muss]. Nicht allein die Ereignisse bestimmen die Nachrichtengebung, sondern ebenso die unterschiedlichen Programmstrategien, die sich aus den unterschiedlichen Zielvorgaben und gesellschaftlichen Funktionen der Sender ableiten."[62]

Aber auch wenn die Themenfelder solchermaßen eingegrenzt werden können, muss nichtsdestotrotz immer noch eine Auswahl aus dem umfangreichen Angebot getroffen werden. An dieser Stelle müssen also weitergehende Kriterien gefunden werden, die eine solche Auswahl steuern helfen. Als klassische Maxime des Journalismus gilt in diesem Zusammenhang: *Bad news are good news.* D. h. es kann davon ausgegangen werden, dass durch schlechte Nachrichten eher die Aufmerksamkeit der Zuschauer gewonnen werden kann, als durch gute. Dies hängt auch mit dem Sensationswert möglicher Bilder zu solchen Ereignissen zusammen. Es ist schlicht interessanter, die Bilder eines Hurrikans und seiner Folgen im Fernsehen zu sehen, als die Live-Übertragung einer Bundestagsdebatte zu verfolgen. Jaedickes obige Aufstellung legt nahe, dass der Faktor des Sensationellen bzw. Sehenswerten mindestens in vier der fünf von ihm genannten Themenfelder eine Rolle spielt.

Dieser Aspekt findet sich auch in den von Röhl formulierten fünf Kriterien wieder, welche von Relevanz beim Selektionsvorgang der Themen für die TAGESSCHAU sein können. Hierzu zählen der Neuigkeitswert der Meldung, Interesse und Belang, die Verfügbarkeit von begleitendem Bildmaterial, die allgemeine Nachrichtenlage und Konventionen.[63] Insbesondere die Punkte *Neuigkeitswert* und *Interesse* sowie der Hinweis auf die *Verfügbarkeit von begleitendem Bildmaterial* greifen den Aspekt des Sehenswerten bzw. Sensationellen wieder auf. Mit dem Aspekt der allgemeinen Nachrichtenlage ist gemeint, dass in Zeiten, in denen eher wenige Ereignisse von nationalem und internationalem Interesse stattfinden, auch solche Themen in den Nachrichten angesprochen werden, welche ansonsten eher selten Eingang in die Berichterstattung finden würden.[64] Mit dem Kriterium der Konventionen spricht Röhl dagegen eine Differenzierung der Themenwahl zwischen öffentlich-rechtlichen und privaten Sendern an. „Verbrechen und Kriminalgeschichten interessieren die Privaten mehr, auch kuriose Bilder und Mel-

---

[62]   Ebd., S. 83.
[63]   Vgl. Röhl, H. (1992), S. 77-79.
[64]   Beispielsweise können Hintergrundberichte zu bestimmten Themen leichter dann in einer Sendung platziert werden, wenn das tagesaktuelle politische Geschehen weniger Raum in der Berichterstattung einfordert.

dungen. [...] Sie [die öffentlich-rechtlichen Sender, NM] vermeiden Boulevardthemen; Politik, Wirtschaft und das Geschehen in aller Welt dominieren eindeutig ihre Sendungen."[65]

Ein weiteres Auswahlkriterium, welches mit den Punkten *Neuigkeitswert* sowie *Interesse und Belang* eng zusammenhängt, ist der Bezug einer Meldung zu aktuellen Trends. Der Berücksichtigung dieses Aspekts kommt dabei auch insofern besondere Bedeutung zu, als ökonomische Erwägungen – sprich die Positionierung gegenüber der eigenen Konkurrenz – hier eine wichtige Rolle spielen. „Dem Trend zu folgen ist auch aus ökonomischen Gründen ratsam: Ein Blatt, das die Geschichte weiterdreht, die gerade in ist, verkauft sich besser. Die Leser wollen mehr vom bekannten Stoff, das völlig Neue nur, wenn es Sensationen verspricht. Bei den Fernsehnachrichten ist es ähnlich: Nicht der Mut zum eigenen Thema, sondern das Bekenntnis zu dem, was alle haben, ist gefragt."[66]

Jaedicke verweist darüber hinaus auf die inhaltlichen Anforderungen an eine Nachricht. Er führt die sechs „W's" der Berichterstattung an, wie sie insbesondere im amerikanischen Raum propagiert werden. In einer Nachricht muss dementsprechend über folgende Aspekte eines Geschehens Auskunft gegeben werden: Wer, was, wann, wo, wie und warum. „Sie alle müssen bereits im ersten Abschnitt einer Meldung beantwortet werden, sodass der nachfolgende Text bei Bedarf ohne Verlust an Grundinformationen so lange von hinten her gekürzt werden kann, bis er in den vorgegebenen Raum passt."[67]

Neben diesen eher klassischen Kriterien der Themenwahl spielt auch das Sendeformat der TAGESSCHAU selbst eine Rolle. So tritt als weiteres Auswahlkriterium die Dramaturgie der Sendung hinzu, d. h. die Gestaltung des Ablaufs einer Ausgabe. Die interne Regelung sieht vor, dass zwischen zwei Bildberichten eine Wortmeldung gebracht werden sollte, um die Beiträge klar voneinander zu unterscheiden. Das kann auch dazu führen, dass auf Grund dieser Struktur evtl. eine weniger interessante Meldung im Wortbericht gesendet wird, auch wenn ein spannenderes Thema verfügbar gewesen wäre.[68] Schäfer benennt in diesem Sinne zwei „Ordnungsprinzipien" im Ablaufplan der TAGESSCHAU: „Zum einen wechseln sich Wort- und Bildbeiträge ab und zum anderen gibt es Blöcke von Nachrichten zu bestimmten Themengebieten, z. B. einen Block mit Inlands- und einen mit Auslandsnach-

---

[65] Röhl, H. (1992), S. 79.
[66] Ebd., S. 83/84.
[67] Jaedicke, H. (2002), S. 171.
[68] Vgl. Schäfer, S. (2007), S. 105.

richten."[69] Eine weitere Konsequenz dieser vorgegebenen Struktur besteht darin, dass z. B. keine Inlandsnachrichten im Auslandsnachrichtenblock gebracht werden dürfen, auch wenn dies zur Erläuterung des Geschehens sinnvoll wäre. Ähnlich wie beim Prinzip der Abwechslung zwischen Wort- und Filmbeitrag erfolgt durch die thematische Strukturierung der Sendung eine Einschränkung der Berichterstattung zu möglichen Themen.

Interessant ist ferner, dass die vermeintliche Relevanz eines ausgewählten Themas nicht nur darüber entscheidet, ob eine Meldung in der TAGESSCHAU gebracht wird, sondern auch darüber, in welchem Sendeformat sie ausgestrahlt wird. „[...] Themen [stehen] in der TAGESSCHAU in Konkurrenz zueinander [...]. Zum einen geht es bei dieser Konkurrenz darum, welche Themen überhaupt in die Sendung aufgenommen werden und welche nicht. Zum zweiten konkurrieren die Themen darum, in welcher Darstellungsform sie erscheinen, da die Darstellungsformen in einem hierarchischen Verhältnis zueinander stehen: Je wichtiger ein Thema den beteiligten Redakteuren erscheint, umso länger wird wahrscheinlich der Beitrag über das Thema sein und umso mehr Bilder wird er enthalten."[70] Da (bewegte) Bilder das wesentliche Alleinstellungsmerkmal der Fernsehnachrichten ausmachen, besteht auch das Bemühen, wichtige Meldungen mit Bildern zu unterlegen. In diesem Sinne wird die Beschaffung von und die Arbeit am Bild zu einem wichtigeren Teil des Herstellungsprozesses der TAGESSCHAU als die Erstellung von Wortmeldungen. Schäfer weist in diesem Zusammenhang aber zu Recht darauf hin, dass diese Bewertung – d. h. die Abwertung des Wortes gegenüber dem Bild – problematisch ist. Die meisten Bilder sind nicht selbsterklärend, sie können vom Zuschauer erst durch den begleitenden Text korrekt eingeordnet werden.[71] Beispielsweise wäre aus dem oben genannten Filmbeitrag zum Besuch von Obama und McCain am „Ground Zero" nicht deutlich geworden, dass es sich um diese Gedenkstätte handelt – jedenfalls nicht für einen Rezipienten, der den Ort nicht selbst schon einmal unmittelbar oder auf Bildern gesehen hat.

Die Themenfülle, welche die TAGESSCHAU-Redakteure (neben der zeitlichen Limitierung ihrer Sendung) zur Auswahl nötigt, und auch die Möglichkeit, diese Menge trotz ihres enormen Umfangs einigermaßen fristgerecht zu sichten und daraus geeignete Meldungen zu erstellen, ergeben sich aus der Einbindung der *ARD-aktuell*-Redaktion in ein komplexes Netzwerk aus In-

---

[69]   Ebd., S. 105/106.
[70]   Ebd., S. 115/116.
[71]   Vgl. ebd., S. 127 und 158.

formationszulieferern und -bearbeitern. Dieser Aspekt wird in den folgenden beiden Kapiteln genauer betrachtet.

5.2.2.3 Föderales Prinzip und Teamarbeit in der Redaktion

Die TAGESSCHAU ist eine Sendung der ARD. „Bei der ARD (Arbeitsgemeinschaft der öffentlich-rechtlichen Rundfunkanstalten der Bundesrepublik Deutschland) handelt es sich um eine nicht rechtsfähige Arbeitsgemeinschaft selbstständiger Anstalten des öffentlichen Rechts. Heutige Mitglieder sind alle neun (seit der Fusion von ORB und SFB zum Rundfunk Berlin-Brandenburg am 1. Mai 2003) Landesrundfunkanstalten sowie die Anstalt des Bundesrechts Deutsche Welle (DW)."[72] Die föderale Struktur der ARD geht zurück auf die Anfänge des deutschen Rundfunks nach dem Zweiten Weltkrieg. Die Alliierten hatten das bestehende zentralistische Rundfunksystem in Deutschland in dem Bestreben aufgelöst, die Verbreitung von Propaganda über ein Zentralmedium zukünftig zu verhindern. Der Neubeginn des deutschen Rundfunks erfolgte dann in Orientierung am Modell Großbritanniens, „das insbesondere gekennzeichnet ist durch die Einrichtung eines pluralistischen Rundfunkrates als zentralem Beschluss- und Kontrollgremium, das sich aus Vertretern unterschiedlicher gesellschaftlicher Gruppen zusammensetzt und dadurch Meinungsvielfalt und Unabhängigkeit in der Programmgestaltung und dem Betrieb des Senders gewährleisten soll [...]."[73] Diese Struktur hat sich über die Jahre hinweg erhalten, auch wenn sie heute vielleicht nicht mehr ganz so dringlich erscheint. Seit der Einführung des dualen Rundfunksystems – d. h. eines Systems mit einer Konkurrenzsituation zwischen öffentlich-rechtlichen und privaten Rundfunkanbietern – im Jahre 1984 besteht ein ausreichend vielfältiges Angebot unterschiedlichster Sender, das eine zentrale Vereinnahmung durch politische Akteure relativ unwahrscheinlich macht.

Ein Grund für die Beibehaltung der föderalen Struktur mag auch darin bestehen, dass durch die Zusammenarbeit der verschiedenen Sendeanstalten ein großes Netzwerk an Zulieferern entstanden ist, auf deren Ressourcen die ARD bei der Erstellung ihres Programms zurückgreifen kann. Von besonderer Relevanz ist dies für die tagesaktuelle Berichterstattung der TA-

---

[72] www.ard.de/intern/mitglieder/-/id=8146/cjedh0/index.html, eingesehen am: 15. August 2008. Im Einzelnen handelt es sich dabei um folgende Mitglieder: Bayerischer Rundfunk, Hessischer Rundfunk, Mitteldeutscher Rundfunk, Norddeutscher Rundfunk, Radio Bremen, Rundfunk Berlin-Brandenburg, Saarländischer Rundfunk, Südwestdeutscher Rundfunk, Westdeutscher Rundfunk und Deutsche Welle.

[73] Schäfer, S. (2007), S. 18/19.

GESSCHAU: „Die Korrespondenten im In- und Ausland liefern ihre Beiträge nach Hamburg [dem Sitz von *ARD-aktuell* und der Produktionsstätte der TAGESSCHAU, NM], zugeordnet sind sie jedoch den jeweiligen Landesrundfunkanstalten. Alle Beiträge für die *Tagesschau* und *Tagesthemen* aus Hessen werden also vom Hessischen Rundfunk zugeliefert. [...] Auch die Auslandsstudios sind an bestimmte Sender angebunden, von denen sie finanziert werden. Herr des Studios in Moskau ist der Chefredakteur des WDR in Köln. [...] So haben sich die einzelnen ARD-Sender die Welt aufgeteilt."[74]

Die Arbeitsteilung betrifft aber nicht nur die Organisation der ARD als Ganzes, sondern findet sich gleichermaßen als Teamarbeit in der Redaktion wieder.[75] Zuständig für die Produktion der TAGESSCHAU ist die Redaktion *ARD-aktuell*, welche eine Hauptabteilung des Norddeutschen Rundfunks[76] und eine Gemeinschaftsredaktion sämtlicher Landesrundfunkanstalten darstellt. Seit 1977/78 werden hier neben der TAGESSCHAU auch die *Tagesthemen* und der *Wochenspiegel* produziert sowie – seit 1995 – auch das *Nachtmagazin*. Im Jahr 2008 waren in der Redaktion und der angeschlossenen Produktion rund 240 Mitarbeiter beschäftigt.[77]

ARD-aktuell setzt sich, genau genommen, aus drei Redaktionen mit unterschiedlichen Aufgabenbereichen zusammen: Eine ist verantwortlich für den Text der Nachrichtensendungen, eine für die Bilder und eine für die Planung[78]. „Diese Teilung soll größtmögliche Aktualität gewährleisten, indem die Redaktion zu jeder Zeit personell in der Lage ist, Veränderungen, neue Informationen usw. zu verarbeiten."[79] Die Erstellung einer Nachrichtensendung erfordert dabei einerseits die Aufteilung der anfallenden Recherche- und Produktionsarbeiten von Meldungen innerhalb der einzelnen Bereiche von *ARD-aktuell* und andererseits die Zusammenarbeit zwischen den verschiedenen Bereichen, wenn z. B. ein Nachrichtentext zu einem Filmbericht erstellt werden muss. Darüber hinaus arbeiten die Redakteure von *ARD-aktuell* auch mit Korrespondenten und Reportern außerhalb der Redaktion zusammen, welche Berichte vor Ort – in Deutschland und der übrigen Welt – erstellen. Dazu gehören auch Kamerateams und technische Mitarbeiter,

---

[74]   Röhl, H. (1992), S. 150.

[75]   Vgl. Schäfer, S. (2007), Kap. 7.

[76]   Vgl. Röhl, H. (1992), S. 149.

[77]   Vgl. www.ard.de/intern/organisation/gemeinschaftseinrichtungen/ard-aktuell/-/id=54-472/6bjb8/, eingesehen am: 18. September 2008.

[78]   Eine wesentliche Aufgabe der Planungsredaktion besteht in der Koordinierung der terminierten Nachrichtenereignisse wie z. B. Pressekonferenzen und Bundestagsdebatten. Vgl. Schäfer, S. (2007), S. 134.

[79]   Ebd., S. 153.

welche für die Erstellung eines Filmbeitrags erforderlich sind. So führt Schäfer an, dass ein wesentlicher Grund für die Teamarbeit die Herstellung von Nachrichten auf der Basis von Filmberichten sei.[80] Soll das Gebot der Aktualität im Nachrichtengeschäft gewahrt werden, ist es erforderlich, die anfallende Arbeit zur Produktion einer Meldung effizient aufzuteilen.

Und schließlich spielen auch Informanten eine Rolle, welche die Redakteure bei ihrer Recherche als Informationsquellen nutzen. Bereits auf dieser Ebene wird deutlich, dass eine ganze Reihe von Personen an der Erstellung einer Meldung beteiligt sein kann.

Auch die Entscheidung, welche Meldungen gebracht und damit bearbeitet werden sollen, erfolgt in Gemeinschaft. Hierüber wird in den vielfältigen Redaktionskonferenzen, die im Laufe eines Tages bei *ARD-aktuell* durchgeführt werden, entschieden.[81] Um jedoch eine umfassende Berichterstattung über Ereignisse aus aller Welt ermöglichen zu können, ist das Redaktionsteam von *ARD-aktuell* darüber hinaus auf ein vielfältiges Netzwerk aus Kooperationspartnern angewiesen.

5.2.2.4 Kooperationen

Kooperationen der TAGESSCHAU-Redaktion erstrecken sich zum einen auf die Zusammenarbeit mit den in der ARD zusammengeschlossenen Landesrundfunkanstalten und eigenen externen Mitarbeitern sowie zum anderen auf national und international agierende Institutionen, welche Informationen in Wort und Bild zur kostenpflichtigen Nutzung bzw. im wechselseitigen Austausch anbieten.

Für die innerdeutsche Berichterstattung sind die regionalen Sendeanstalten von Bedeutung. „Der bundesdeutsche Raum wird durch die 31 Inlandsstudios der neun Rundfunkanstalten abgedeckt. Hinzu kommen in den großen Flächenländern, wie z. B. Nordrhein-Westfalen oder Niedersachsen, einige Regionalstudios [...]. Zudem gibt es das ARD-Hauptstadtstudio in Berlin-Mitte, in das ebenfalls alle Rundfunkanstalten Reporter entsenden, um über die nationale Nachrichtenlage, insbesondere die Bundespolitik, zu berichten."[82]

---

[80] Vgl. ebd., S. 159.
[81] Schäfer führt eine Liste dieser Sitzungen auf, vgl. ebd., S. 133. Im Zuge dieser Konferenzen wird sowohl über die Themenwahl und den Ablauf der einzelnen Sendungen gesprochen, als auch nach der Ausstrahlung eine kritische Bewertung der jeweiligen Sendung durchgeführt.
[82] Schäfer, S. (2007), S. 15.

Ferner verfügt *ARD-aktuell* über ein umfangreiches Korrespondentennetz in der ganzen Welt. Für das Jahr 1992 konstatiert Röhl dementsprechend: „Mit 38 Fernsehauslandskorrespondenten in 26 verschiedenen Ländern verfügt die ARD über eines der umfassendsten und anspruchsvollsten (auch teuersten!) Informationsnetze für die Auslandsberichterstattung."[83] Berichte aus dem Ausland werden dabei entweder mit eigenen Kamerateams vor Ort erstellt, oder die Korrespondenten greifen auf Filmbeiträge aus den Ländern zurück, in denen sie tätig sind.[84] Doch auch wenn die Ausstattung der TA-GESSCHAU-Redaktion in diesem Sinne als vergleichsweise umfangreich betrachtet werden kann, zeigen die genannten Zahlen, dass nicht in jedem Land der Welt eigene Mitarbeiter für eine mögliche Berichterstattung vorgehalten werden (können). Zwar werden Korrespondenten im Falle des Eintretens eines berichtenswerten Ereignisses von den Hauptredaktionen an den Ort des Geschehens geschickt[85], doch ist selbst mit dieser Strategie eine umfassende Berichterstattung über das Geschehen in der Welt nicht lückenlos möglich. Durch die Verteilung der Auslandsstudios in der Welt wird zudem deutlich, welche Relevanz *ARD-aktuell* Meldungen aus der jeweiligen Region für ihre Nachrichtensendungen zuschreibt. Während so in Europa insgesamt zwölf Auslandsstudios für Nachrichten sorgen, gibt es für ganz Südamerika nur ein einziges in Rio de Janeiro.

Um in Erfahrung zu bringen, ob es ein berichtenswertes Ereignis gibt, zu dem ein eigener Korrespondent zwecks Berichterstattung geschickt werden soll, bzw. um auch ohne eigene Mitarbeiter vor Ort von den verschiedenen Ereignissen tagesaktuell berichten zu können, kooperiert *ARD-aktuell* mit einer Reihe von Nachrichtenagenturen. „Zweifelsohne ist es für eine Fernsehnachrichtenredaktion wie ARD-aktuell, deren Schwerpunkt die nationale und internationale Berichterstattung bilden, nicht möglich, flächendeckend in der ganzen Welt vertreten zu sein. Bei der Ausrichtung ihrer Berichterstattung ist sie trotz eines umfangreichen Korrespondentennetzes auf die Verarbeitung von Agenturmeldungen angewiesen. Daraus ergibt sich aber, dass die in der TAGESSCHAU berichtete Welt zum großen Teil die Welt der Agenturmeldungen ist."[86] Die Nachrichtenagenturen stellen ihre Informa-

---

[83]   Röhl, H. (1992), S. 55/56. Derzeit werden auf der Internetseite der TAGESSCHAU 45 Korrespondenten in 26 Auslandsstudios aufgeführt.

[84]   Vgl. http://intern.tagesschau.de/html/index.php?c=cGFnZT1Lb3JyZXNwb25kZW50Z-W4=&h=0f51, eingesehen am: 20. September 2008.

[85]   Die Auslandsstudios werden in der Regel von den Landesrundfunkanstalten betrieben. Sie sind daher auch für die Entsendung der Korrespondenten verantwortlich. Vgl. ebd.

[86]   Schäfer, S. (2007), S. 127.

tionen als kostenpflichtiges Angebot den verschiedenen Medienproduzenten zur Verfügung.[87] Da ihre Angebote dementsprechend von vielen verschiedenen Medien als wichtigste Informationsquelle genutzt werden, erklärt sich so auch, dass es große Überschneidungen bzw. Übereinstimmungen der Meldungen verschiedener Sender und anderer Medien gibt. Die kontinuierliche Verbesserung der technischen Übertragungsmöglichkeiten hat ferner zu einem deutlichen Anstieg des Informationsangebots der Nachrichtenagenturen geführt. Insbesondere das Internet hat entscheidend zu dieser Entwicklung beigetragen.[88] Die Redakteure von *ARD-aktuell* können heute unmittelbar an ihrem Arbeitsplatz über den Computer die Meldungen der Agenturen einsehen und somit auf einen umfangreichen und stetig aktualisierten Pool an Informationen zurückgreifen.

Eine weitere Funktion, welche den Nachrichtenagenturen neben der Bereitstellung von Informationen zukommt, besteht darin, dass die Redakteure das Angebot verschiedener Agenturen als Rechercheinstrument zur Überprüfung einzelner Meldungen nutzen können. „Wichtig für jede Redaktion ist eine Vielzahl von Nachrichtenquellen, so daß die Möglichkeit besteht, die einzelnen Meldungen miteinander zu vergleichen. Zu den Basisquellen der Redaktion von ARD-aktuell gehören sieben ständig sendende Nachrichtenagenturen. Die beiden deutschen Agenturen dpa und ddp; der deutschsprachige Dienst der anglo-amerikanischen Agenturen ap und reuter; dazu reuter englisch, weil der englische Weltdienst oft schneller ist als sein deutscher Ableger, sowie der deutschsprachige Dienst der französischen Agentur afp. Hinzu kommt noch der deutsche Dienst von tass. Er spielt jedoch in der täglichen Arbeit kaum eine Rolle."[89]

Nachrichtenagenturen werden jedoch nicht allein für die Erstellung von Wortmeldungen genutzt, sondern spielen ebenso als Lieferanten von Bildmaterial eine wichtige Rolle. Zwar verfügt *ARD-aktuell* über ein eigenes Bildarchiv und eine eigene Grafikabteilung, in der Landkarten, Diagramme und andere Grafiken als Hintergrundbilder für Wortmeldungen erstellt werden können,[90] doch ist auch in diesem Bereich eine Zusammenarbeit mit

---

[87] Hinsichtlich des Angebotsumfangs der Nachrichtenagenturen halten Miriam Meckel und Klaus Kamps im Anschluss an Weischenberg und Hienzsch für das Jahr 1994 fest: „Heute übermitteln etwa 180 Nachrichtenagenturen weltweit mehr als dreizehn Millionen Wörter täglich, deutsche Nachrichtenagenturen etwa eine Million." Meckel, M. / Kamps, K. (1998), S. 14/15.

[88] Vgl. Schäfer, S. (2007), S. 163.

[89] Röhl, H. (1992), S. 59. Dpa steht für *Deutsche Presse-Agentur*, ddp für *Deutscher Depeschendienst*, ap für *Associated Press* und afp für *Agence France Press*.

[90] Vgl. Schäfer, S. (2007), S. 110, Fußnote 69.

Bildagenturen erforderlich, um Bilder und Filmbeiträge über die verschiedenen Ereignisse in der Welt tagesaktuell senden zu können. „Eine Nachrichtenredaktion kommt aber mit dem Material, das die eigenen Korrespondenten anliefern, nicht aus. Unverzichtbar ist der internationale Bilderaustausch. Für ARD und ZDF wird er zum größten Teil über die Zentrale der Eurovision oder EBU (European Broadcasting Union) in Genf abgewickelt. [...] Die wichtigsten Fernsehstationen in 35 Ländern nehmen an diesem Nachrichtenaustausch innerhalb der Europäischen Rundfunkunion teil."[91] An diesem Austausch von Bildmaterial sind aber nicht nur die verschiedenen Fernsehsender der einzelnen Länder beteiligt, sondern seit den sechziger Jahren auch vermehrt Fernsehnachrichtenagenturen. Die Relevanz, die diesen Agenturen dabei zukommt, wird deutlich, wenn man berücksichtigt, dass nach Angaben von ARD und ZDF der Anteil des verwendeten Fremdmaterials in ihren Nachrichtensendungen, das nicht aus den an der EBU beteiligten Ländern stammt, rund die Hälfte der Beiträge betrifft. Bei rund 56 Prozent der TA-GESSCHAU-Berichte wird Agenturmaterial eingesetzt.[92]

Diese Entwicklung ist dabei keinesfalls neu. Die TAGESSCHAU-Redaktion kooperiert bereits seit ihren Anfängen in den fünfziger Jahren mit verschiedenen Filmagenturen.[93] Trotzdem ist diese Produktionsweise dem Zuschauer nur selten in der vollen Tragweite bekannt, was zum Teil daran liegt, dass verwendetes Fremdmaterial nur in den seltensten Fällen als solches kenntlich gemacht wird (z. B. durch die Einblendung des Agenturlogos).[94]

Die Welt der Nachrichtenproduktion ist aber nicht nur durch umfangreiche Kooperationen gekennzeichnet, sondern ebenso durch eine wachsende Konkurrenz und den damit verbundenen Kampf um die in den Einschaltquoten wahrgenommene Zuschauergunst.

5.2.2.5 Konkurrenz

Viele der erläuterten Produktionsbedingungen der TAGESSCHAU ergeben sich aus der Konkurrenzsituation zu anderen Sendern und Medien, in welcher die Nachrichtenproduktion erfolgt. So betont Röhl: „Im Nachrichtengeschäft geht es heute vor allem um Konkurrenz und Schnelligkeit."[95] Hierbei

---

[91] Röhl, H. (1992), S. 56. Aktuelle Zahlen zu den aktiven und assoziierten Mitgliedern der EBU finden sich auf deren Website unter: http://www.ebu.ch/-en/ebu_members/actives/index.php, eingesehen am: 24. Februar 2009.

[92] Vgl. Stirnberg, U. (1998), S. 149.

[93] Vgl., ebd., S. 148.

[94] Vgl. ebd., S. 150.

[95] Röhl, H. (1992), S. 65.

gilt es zu beachten, dass es sich um einen historischen Entwicklungsprozess handelt, der in den letzten Jahren stetig an Dynamik gewonnen hat. War die TAGESSCHAU in der ersten Zeit ihres Bestehens insbesondere mit dem Konkurrenzdruck durch Printmedien und Hörfunk konfrontiert, trat 1963 mit der Einführung des Zweiten Deutschen Fernsehens (ZDF) erstmals eine andere Fernsehnachrichtensendung (*ZDF-heute*) in direkte Konkurrenz zur TAGESSCHAU.[96] Wesentlich verschärft wurde die Situation 1984 mit der Einführung des dualen Rundfunksystems, als die ersten privaten Fernsehsender ihren Betrieb aufnahmen und ebenfalls eigene Nachrichtensendungen in ihrem Programm anboten.

Seit der Einführung des dualen Rundfunksystems in Deutschland spielt in der kommunikationswissenschaftlichen Forschung die so genannte *Konvergenzthese* eine wichtige Rolle, deren Gültigkeit in empirischen Vergleichsstudien zwischen öffentlich-rechtlichen und privaten Sendern verschiedentlich untersucht wurde.[97]

Die Konvergenzthese beinhaltet zwei Aspekte: „Zum einen würde es für die privaten Programme notwendig sein, sich den Qualitätsstandards der öffentlich-rechtlichen im Informations- und speziell im Nachrichtenangebot anzunähern, um das Zuschauerinteresse zu gewährleisten. Andererseits würde die herrschende Konkurrenzsituation und die zunehmende Politisierung der Rundfunkgebühren dazu führen, dass sich die öffentlich-rechtlichen Programme dem privaten Rundfunk annähern müssten, um eine Abwanderung zu den privaten Unterhaltungsangeboten zu verhindern."[98] Torsten Maurer verweist in diesem Zusammenhang auf ein Studienergebnis, welches das Nachrichtenformat der TAGESSCHAU als „stilprägend" und damit als Leitbild für die Nachrichtensendungen der privaten Anbieter bezeichnet.[99] Es lassen sich aber ebenso Rückwirkungen der neuen Sendeformate der privaten Anbieter auf die Gestaltung der TAGESSCHAU nachweisen.

Ein wesentlicher Aspekt ist hier sicherlich die Diskussion bezüglich der Ablösung der klassischen Nachrichtensprecher durch Moderatoren in der 20.00-Uhr-Ausgabe der TAGESSCHAU.[100] Moderatoren verfügen, im Gegensatz zum klassischen Nachrichtensprecher, notwendig über eine journalistische Ausbildung. Zu ihren Aufgaben in der Sendung zählt z. B. auch das

---

[96]   Vgl. Jaedicke, H. (2002), S. 161/162.
[97]   Zur Konvergenzthese vgl. auch die Ausführungen von Krüger, U. M. (1998).
[98]   Maurer, T. (2005), S. 44.
[99]   Vgl. ebd., S. 47.
[100]   In den anderen Ausgaben der TAGESSCHAU wurde dieses Konzept bereits verwirklicht. Vgl. Schäfer, S. (2007), S. 118.

Führen von Interviews. Der entscheidende Unterschied zum Nachrichten-sprecher besteht aber in der Art der Präsentation der Meldungen durch den Moderator: Er liest die Nachrichten nicht wie der Sprecher vom Blatt ab, der damit auch deutlich macht, dass er fremderstelltes Material präsentiert. Der Moderator nutzt vielmehr einen Teleprompter, d. h. einen Monitor, von dem er den Text abliest und der für den Zuschauer hinter der Kamera unsichtbar bleibt. Auf diese Weise kann der Moderator einen vermeintlich direkten Augenkontakt mit dem Zuschauer herstellen (Teleprompter und Kamera liegen auf gleicher Augenhöhe) und die Sendung so aktiver und dynamischer gestalten.[101] Auch wenn die Hauptausgabe der TAGESSCHAU noch vom klassischen Nachrichtensprecher präsentiert wird, weist doch vieles darauf hin, dass sich dieses Gestaltungskonzept – auch unter dem Einfluss der privaten Sender, die von Anfang an auf Moderatoren gesetzt haben, – im Wandel befindet.[102]

Eine weitere Verschärfung der Angebotskonkurrenz trat mit den seit 1987 erfolgenden Etablierungsversuchen einiger Sender ein, die sich ausschließlich auf die Übertragung von Nachrichten konzentrieren.[103] Mit Hilfe von Satellitentechnik und Kabelnetz können ferner zunehmend auch fremdsprachige Nachrichtensender empfangen werden, gegenüber denen sich die TAGESSCHAU nun ebenfalls behaupten muss. Der wichtigste Konkurrent in diesem Bereich ist dabei sicherlich der amerikanische Sender CNN. „CNN hat alle Fernsehnachrichtenredaktionen herausgefordert und zum Teil die Entwicklungen der Sendungen beeinflußt. Zum Beispiel durch seine Schnelligkeit: Man kann es sich heute nicht mehr leisten, Berichte längere Zeit vor der Sendung zu überspielen. Die meisten Reporter machen ihre Geschichte erst unmittelbar vor Sendebeginn fertig. Es könnte sonst überholt sein, was sie zu erzählen haben. Von durchschnittlich fünf Reporterberichten in der 20-Uhr-Ausgabe der *Tagesschau* erreichen vier oder manchmal sogar alle fünf die Redaktion erst wenige Minuten vor der Sendung."[104]

Eine wichtige Folge der Konkurrenzsituation auf dem Nachrichtensektor besteht folglich darin, dafür Sorge zu tragen, dass die gebrachten Meldungen so aktuell wie möglich sind. CNN hat durch sein Konzept der Live-Berichterstattung den Druck, dieses Ziel zu erreichen, wesentlich erhöht. Um sich mit diesem Sender messen zu können, sind auch die TAGESSCHAU-

---

[101]   Vgl. ebd., S. 120.
[102]   Vgl. Schäfer, S. (2007), S. 121 und Jaedicke, H. (2002), S. 134/135.
[103]   Vgl. Jaedicke, H. (2002), S. 162/163. Zu den wichtigsten deutschsprachigen Konkurrenten für die TAGESSCHAU zählen in diesem Bereich heute die Sender n-tv und N-24.
[104]   Röhl, H. (1992), S. 243.

Produzenten darauf angewiesen, bei wichtigen Ereignissen ihre eigenen Reporter vor Ort zu haben.[105] Zwar könnten sie, wie oben erläutert, auf Fremdmaterial zurückgreifen, allerdings würde dies auch immer das Eingeständnis bedeuten, dass andere Sender näher am Geschehen sind, als es die TAGESSCHAU leisten kann.

Darüber hinaus führt der Zeitdruck, der durch die Aktualitätsforderung entsteht, auch dazu, dass immer weniger Zeit auf Recherche und Nachforschungen verwendet werden kann. Was live gesendet werden soll, kann nicht erst noch in der Redaktion auf den Wahrheitsgehalt hin überprüft werden.[106] Der Druck zur Live-Berichterstattung bildet sicherlich den vorläufigen Höhepunkt im Konkurrenzkampf um die Verbreitung von Nachrichten.

Eine weitere Konsequenz, die sich durch die Konkurrenzsituation auf dem Nachrichtenmarkt ergibt, besteht ferner in der allgemeinen Tendenz, dass Medienschaffende sich bei der Erstellung ihrer Sendung wesentlich daran orientieren, welche Meldungen konkurrierende Anbieter bringen. „Und zugleich bringt die Orientierung an der Einschaltquote den ständigen Vergleich des eigenen mit Konkurrenzprogrammen mit sich."[107] Das bedeutet zum einen, dass die Berichterstattung weniger am allgemeinen Geschehen der Welt ausgerichtet wird, sondern eher daran, was andere Medien berichten und somit für berichtenswert halten. Die Nachrichtenredakteure erfahren dies wiederum als Erwartungsdruck der Rezipienten: Wenn in einer Nachrichtensendung über ein bestimmtes Ereignis berichtet wird, das als wichtig präsentiert wird, erwarten die Zuschauer auch, in anderen Medien ebenfalls über diesen Sachverhalt informiert zu werden. Zum anderen hat eine solche wechselseitige Beeinflussung der Medien auch zur Folge, dass es – trotz des Sendeauftrags an die Öffentlich-Rechtlichen zur Gestaltung eines vielfältigen Informationsangebots – über kurz oder lang zu einer relativen Homogenisierung des inhaltlichen Angebots kommt. Wenn *ZDF-heute* über ein bestimmtes Thema berichtet, kann der Zuschauer in vielen Fällen davon ausgehen, dass er dieses auch in der TAGESSCHAU und in den Pressemeldungen des nächsten Tages wiederfinden wird. Verschärft wird diese Tendenz dann noch, wenn es um die Veröffentlichung bestimmter Bilder geht.

Gerhard Paul beschreibt diesen Vorgang sehr eindringlich an der Verbreitung der so genannten *Folterbilder* aus dem Gefängnis von Abu Ghraib in der Nähe von Bagdad im Jahre 2003. Die Bilder, die ursprünglich von beteiligten US-Soldaten mit Hilfe von Digitalkameras aufgenommen und dann per E-

---

[105] Vgl. ebd.
[106] Vgl. auch die Ausführungen in Kap. 5.2.4 dieser Arbeit.
[107] Schäfer, S. (2007), S. 57.

Mail an Freunde und Bekannte geschickt wurden, wurden erstmals im April 2004 vom TV-Sender CBS-News gesendet.[108] Danach verbreiteten sich die Bilder durch die Berichterstattung weiterer Medien in enormer Geschwindigkeit über den gesamten Globus. Paul spricht in diesem Zusammenhang auch von einer „visuellen Eskalation": „Printmedien und Networks überboten sich förmlich mit der Publikation von Scheußlichkeiten."[109] Je mehr gezeigt wurde, desto größer wurde der Druck für andere Medien, ebenfalls in dieses Geschäft mit den Folterbildern einzusteigen. Offenbar reichte es nicht, das moralisch verwerfliche Verhalten der amerikanischen Besatzungstruppen in Worte zu fassen. Wesentlich erschien allein die Verbreitung der schockierenden Bilder.

Die Orientierung an der Konkurrenz und die begrenzten Ressourcen an eigenen Korrespondenten und Reportern, die von den verschiedenen Ereignissen in der Welt berichten können, haben darüber hinaus noch eine weitere Folge: die Medienschaffenden entscheiden nicht nur darüber, wann etwas eine Nachricht ist, sondern auch darüber, wann etwas keine Meldung mehr wert ist. Themen, wie z. B. der Golfkrieg von 2003, spielen eine gewisse Zeit lang eine dominierende Rolle in der Berichterstattung, verschwinden dann aber ebenso schnell wieder aus den Nachrichten, wie sie in diese aufgenommen wurden. Paul schreibt in diesem Zusammenhang auch von dem „Exodus der Korrespondenten und Fernsehteams aus dem Irak"[110]. Die Berichterstatter werden an anderen Orten gebraucht, an denen sich die Konkurrenz meistens schon befindet, und werden daher von der Redaktion aus dem bisherigen Gebiet abgezogen. Themen, die über Wochen oder manchmal sogar Monate den Zuschauern als wichtig präsentiert wurden, verschwinden dann vom Tableau der Nachrichtensendungen.

Schließlich sei noch auf einen letzten Faktor kurz eingegangen, der den Wettkampf auf dem Nachrichtenmarkt seit einiger Zeit ebenfalls beeinflusst: Die technische Entwicklung konfrontiert die TAGESSCHAU seit einigen Jahren auch mit einem weiteren Konkurrenzmedium, nämlich den Nachrichtenangeboten im Internet.[111] Im Gegensatz zu Hörfunk und Printmedien ist dieses neue Medium in der Lage, die Vorteile der telemedialen Berichterstattung – d. h. die Kombination aus bewegten Bildern und Wortmeldungen – ungeschmälert abzubilden und darüber hinaus auch noch mit weiteren Informationen und Features – z. B. Diskussionsforen und weiterführenden Links

---

[108]   Vgl. Paul, G. (2005a), S. 181/182.
[109]   Ebd., S. 184.
[110]   Ebd., S. 208.
[111]   Vgl. Jaedicke, H. (2002), S. 167.

– zu kombinieren. Auf diese Herausforderung hat die Redaktion der TAGES-SCHAU mit der Einführung eines eigenen umfangreichen Online-Angebots reagiert, das den Nutzern seit 1996 zur Verfügung steht.[112]

Nach dieser Darstellung einiger der wichtigsten Produktionsbedingungen der TAGESSCHAU soll im Folgenden nun auf deren Auswirkungen auf eine mögliche Einordnung der telemedialen Berichterstattung als testimonialem Akt eingegangen werden.

5.2.2.6 Auswirkungen der Produktionsbedingungen auf den Zeugnischarakter der telemedialen Berichterstattung

Die genannten Produktionsbedingungen der Tagesschau haben entscheidenden Einfluss auf Inhalt und Präsentationsform der gesendeten Berichte. Dieser Aspekt wird medienwissenschaftlichen zumeist konstruktivistisch ausgelegt. D. h. es wird die These aufgestellt, die Medienschaffenden würden nicht über eine von ihnen unabhängige Realität berichten, sondern vielmehr eine eigene Medienwirklichkeit schaffen. In Bezug auf die Medienberichterstattung zum Irak-Krieg 2003 konstatiert Paul, etwas vorsichtiger als in obiger These formuliert: „Der Irak-Krieg erwies sich damit primär als ein mediales Konstrukt, das wenig mit den realen Ereignissen zu tun hatte."[113] Mit dieser Feststellung bezieht er sich insbesondere auf die Auswahl der berichteten Themen und der gezeigten Bilder vom Krieg. Während bestimmte Informationen weltweit von den verschiedenen Medien gleichermaßen verbreitet wurden, wurde anderes gar nicht gesendet. Dies hing insbesondere auch mit den von den Journalisten genutzten Informationsquellen und ihrer Zugangsmöglichkeit zum Kriegsgeschehen zusammen. Beispielsweise führte in der ersten Kriegsphase das von den US-Streitkräften in diesem Krieg praktizierte Vorgehen, ausgewählte Journalisten in die Truppenverbände zu integrieren, so dass diese direkt vom Geschehen berichten konnten (die so genannten „embedded journalists"), dazu, dass die Berichterstattung dieser Journalisten nur aus einer bestimmten Perspektive erfolgte: nämlich aus jener der angreifenden amerikanischen Truppen. Auf Grund der Distanz zwischen den kämpfenden Parteien und auch wegen militärischer Zensurmaßnahmen wurde die Perspektive der Gegner und die Auswirkungen dieser Angriffe jedoch weitestgehend aus der Berichterstattung ausgeblendet. Gesendet wurden dagegen „Momentaufnahmen isolierter militärischer Hand-

---

[112] Vgl. www.tagesschau.de, eingesehen am: 22. September 2008.
[113] Paul, G. (2005a), S. 224/225.

lungen"[114], deren Informationsgehalt gering, aber deren Unterhaltungswert umso größer war. Vor diesem Hintergrund ist Pauls obige Behauptung eines medial konstruierten Weltbilds zu verstehen: Der Medienrezipient bekommt lediglich ausgewählte Informationen und Bilder übermittelt. Er sieht nur, was er gezeigt bekommt, nicht jedoch all das, was sich wirklich zugetragen hat. Das Bild des Krieges, das er wahrnimmt, entspricht damit nicht den wirklichen Gegebenheiten in ihrer vollen Tragweite, sondern ist durch die Nachrichtengestaltungen präfiguriert.

Siegfried Weischenberg und Armin Scholl stellen in diesem Sinne folgende kritische Forderung an die Medienschaffenden: „Fernsehjournalisten, die sich (immer noch) für Wahr-Sager halten, müßten einmal darüber reflektieren, auf welche Wirklichkeiten sie sich selbst eigentlich beziehen: ihr Medium und seine Hierarchie, die Arbeitsbedingungen, die Produktionstechnik und die Darstellungsmittel, das Budget, die Konkurrenz und nicht zuletzt die Publikumswünsche. Dies sind die Wirklichkeiten der Berufstätigkeit und ihre Bedingungen, welche der „Wahrheit" (auch) im Fernsehjournalismus zugrunde liegen [...]."[115] In ähnlicher Weise kritisiert van Rossum die TAGESSCHAU als Informationsmedium: „Die Tagesschau hat im Laufe der Jahre ihre eigene Dramaturgie entwickelt. Das heißt, sie reagiert nicht auf die Welt, auf die Natur der zu vermittelnden Ereignisse und Strukturen, über die sie zu berichten vorgibt, sondern sie reproduziert sich vor allem selbst."[116] Diese Feststellungen machen die bisherige relativ unkommentierte Subsumierung der Mediennutzung unter dem paradigmatischen Fall testimonialer Akte fraglich, da sich eine solche insbesondere aus der Annahme zu ergeben scheint, dass Medienberichte von den Verantwortlichen als wahrheitsgetreu intendiert seien, d. h. dass die Intention verfolgt werde, das berichtete Geschehen auch so wiederzugeben, wie es sich tatsächlich zugetragen hat. Nachfolgend soll nun konkret auf Schwierigkeiten eingegangen werden, die sich aus den oben genannten Produktionsbedingungen der TAGESSCHAU für eine solche Sichtweise ergeben.

Der erste besprochene Faktor bezog sich auf die begrenzten zeitlichen Ressourcen der TAGESSCHAU sowohl für die Herstellung der Sendung, als auch bezüglich des zur Verfügung stehenden Zeitfensters der Sendung von nur 15 Minuten. „Diese formalen Vorgaben, die es nicht allein bei der Tagesschau gibt, haben Folgen für den Inhalt: Es kann nur wenig differenziert argumentiert werden. Allenfalls ein oder zwei Gedanken lassen sich in einer

---

[114] Ebd., S. 223.
[115] Weischenberg, S. / Scholl, A. (1998), S. 145.
[116] van Rossum, W. (2007), S. 96.

Meldung transportieren. Verkürzungen führen aber automatisch zu Unge-
nauigkeiten oder sogar zu Fehlern.“[117] Die kurze Sendezeit, verbunden mit
dem Anspruch, möglichst *alle* für relevant gehaltenen Meldungen in einer
Sendung zu bringen, führt dazu, dass Themen lediglich angesprochen bzw.
vermeldet werden können, für ausführliche Erläuterungen und Einordnun-
gen jedoch kein Platz in der Sendung ist. Will man die Berichte der TA-
GESSCHAU als testimoniale Akte betrachten, heißt das, dass diese Berichte
eigentlich nur eine Form der folgenden Art haben können: *Zum Zeitpunkt t*
hat Person x die Handlung y vollzogen. Eine Erklärung, warum *y* getan wurde und wer *x* ist etc., kann jedoch in der Regel nicht gegeben werden. D. h.
testimoniale Akte dieser Form setzen beim Rezipienten bereits ein umfangreiches Hintergrundwissen voraus, welches dieser einerseits durch die Konsultierung anderer Medien bzw. anderer Sendungen und andererseits durch
eine kontinuierliche Rezeption der TAGESSCHAU selbst erlangt haben kann.

Röhl weist darüber hinaus auf einen weiteren Faktor hin, der sich aus dem
großen Informationsangebot ergibt, das den Rezipienten durch eine am Gebot von Aktualität und Schnelligkeit orientierte Berichterstattung erreicht.
„Weil die Bilder so schnell verschwinden, wie sie gekommen sind, besteht
auch die Gefahr des Erinnerungsverlustes. Die eine Botschaft wird sofort
von der anderen abgelöst.“[118] Da stetig neue Informationen geboten werden,
kommt es auch zu einem Verlust an zeithistorischem Wissen – sowohl auf
Seiten der Medienproduzenten als auch auf Seiten der Nachrichtenkonsu-
menten. Themen werden von den Redakteuren aufgegriffen und gesendet.
Wenn es sich um längerfristige Ereignisse handelt, halten sich Meldungen
auch für eine gewisse Zeit in der Berichterstattung, verschwinden dann aber
wieder vom Tableau der berichtenswerten Ereignisse. Ein Beispiel hierfür
stellt die Berichterstattung über die Rinderseuche BSE dar. Eine Suche nach
dem Begriff *BSE* im Online-Archiv der TAGESSCHAU ergibt so z. B. für das
Jahr 2001 insgesamt 321 Einträge zu dem Thema, während im Jahr 2007 nur
noch viermal darüber berichtet wurde.

Relevant ist die Feststellung bezüglich des Auf-und-Abs der Themen im
Zusammenhang mit der Betrachtung der Fernsehberichterstattung als testi-
monialem Akt erneut vor dem Hintergrund der Fenster-zur-Welt-Metapher.
Es zeigt sich, dass es eine verfehlte Annahme wäre zu sagen, die TAGES-
SCHAU berichte über das tatsächliche Weltgeschehen (in vollem Umfang).
Die begrenzte Sendezeit und die Orientierung am Gebot der Aktualität zwin-
gen die Nachrichtenproduzenten vielmehr zu einer konsequenten Auswahl

---

[117] Röhl, H. (1992), S. 85.
[118] Ebd., S. 251.

der Themen, über die berichtet werden soll. Nun könnte man einwenden, dass auch in normalen Gesprächssituationen nicht immer alles erzählt werde, sondern eben nur das, was der Sprecher im Kontext für relevant hält. Dies ist ja auch die Forderung, die Grice in seiner Kooperationsmaxime aufstellt und deren Befolgung für den paradigmatischen Fall des Sprecherzeugnisses vorgeschlagen wurde.[119] Allerdings ist das Relevanzkriterium nicht der einzige Faktor, der bei der Themenselektion der TAGESSCHAU-Redakteure eine Rolle spielt.

Ein wichtiger Punkt im Hinblick auf eine kritische Beurteilung der Fernsehberichterstattung besteht ferner darin, dass nicht nur die Medienproduzenten bestimmte Themen für relevant erklären und sie in ihre Berichterstattung aufnehmen, sondern dass sich im selben Maße auch politische und gesellschaftliche Akteure darüber bewusst sind, dass diese Relevanzentscheidung der Medienproduzenten wesentlich zum öffentlichen Bild beiträgt, das von einem bestimmten Thema entsteht, und ihr eigenes Verhalten daher entsprechend gestalten. Es besteht demnach eine Wechselwirkung zwischen der Medienberichterstattung und anderen gesellschaftlichen Subsystemen. Insbesondere politische Akteure richten ihre Handlungen auch danach aus, dass diese im Rahmen von Fernsehnachrichten als Themen aufgegriffen werden können. Ein Aspekt ist hierbei z. B. die Terminierung wichtiger Ereignisse. Dies ermöglicht, dass Journalisten teilnehmen und über die Geschehnisse berichten können. Ein anderer Aspekt besteht darin, dass den Medienproduzenten Bilder vom Ereignis zur Verfügung stehen und gestellt werden. Ein Beispiel hierfür ist der Irak-Krieg des Jahres 1991: „Auch der Beginn der alliierten Luftangriffe gegen den Irak war unter Aspekten der öffentlichen Wirkung kalkuliert. [...] Es war wiederum kurz vor sieben Uhr abends amerikanischer Zeit, als die CNN-Reporter live über die ersten Bomben- und Raketeneinschläge in Bagdad berichteten. Die Sprecher des Weißen Hauses bestätigten etwa fünfzehn Minuten später den Angriff und kündigten für neun Uhr Washingtoner Zeit eine Fernsehansprache des Präsidenten an. Wiederum zur besten Fernsehzeit. Die Rede des Präsidenten war schon Tage vorher für diesen Auftritt geschrieben worden."[120] Die Redakteure der TAGESSCHAU berichten also nicht bloß über die Themen, die sie für relevant halten. Es wird vielmehr von weiteren Akteuren dafür Sorge getragen, dass bestimmte Ereignisse so stattfinden, dass sie auch angemessen in den Medien wiedergegeben werden können. Die Berichterstattung erfolgt in diesen

---

[119]   Vgl. die Ausführungen in Kap. 2.4.1 dieser Arbeit.
[120]   Röhl, H. (1992), S. 179.

Fällen nicht im klassischen neutralen Sinne, sondern erscheint durch politische und andere Akteure gesteuert.

Der Aspekt der Nichtbeachtung der erforderlichen Neutralität kann noch in einem weiteren Sinne als Kritikpunkt an der telemedialen Berichterstattung angebracht werden. Auch wenn es zum Sendeauftrag der öffentlichrechtlichen Rundfunkanstalten gehört, eine unabhängige Berichterstattung zu gewährleisten[121], wäre es vor dem Hintergrund der Notwendigkeit zur Themenauswahl mehr als nur eine grobe Vereinfachung anzunehmen, die TAGESSCHAU sei tatsächlich nur ein *Fenster zur Welt*. „Selbstverständlich gibt es keine meinungsfreie und nicht-interessengebundene Information. Bestimmte Wertesysteme prägen jeden Selektionsprozeß. [...] Unsere Nachrichten und Bilder sind zum Beispiel von den Prioritäten westlicher Industriestaaten geprägt. Die internationalen Nachrichtenagenturen produzieren ihren Stoff hauptsächlich für den anglo-amerikanischen Markt. [...] Ganze Kontinente und Milliarden von Menschen spielen im Informationsalltag nur eine beiläufige Rolle. Sie werden bei Katastrophen oder Kriegen zur Kenntnis genommen. Oder wenn wieder einmal für einen kurzen Zeitraum Mitleidsberichterstattung angesagt ist."[122]

Auch ist die Verfügbarkeit von Bildern ein klares Auswahlprinzip für Themen, über die in der Sendung berichtet werden soll. Es kann dabei der Fall auftreten, dass über bestimmte Ereignisse allein aus dem Grund berichtet wird, weil es gerade Bilder dazu gibt, z. B. Naturkatastrophen.[123] Das bedeutet im Umkehrschluss auch, dass über dasselbe Ereignis nicht berichtet worden wäre, wenn keine Bilder verfügbar gewesen wären.

Ein weiterer Punkt betrifft die Verwendung von Archivbildern. „Längst nicht alles, was auf dem Bildschirm gezeigt wird, stammt auch aus demselben Zusammenhang, in den es in dem Bericht hineingestellt wird. So läßt es sich zum Beispiel nicht vermeiden, daß manchmal tagesaktuelle Meldungen mit Bildern aus dem Archiv unterschnitten werden. Eine seriöse Redaktion sollte so etwas kenntlich machen."[124] Nicht immer sind relevante Bilder verfügbar, der Rückgriff aufs Archiv kann dann dazu führen, dass im Bild nicht das gezeigt wird, wovon der Bericht eigentlich handelt. Bild und Text der TAGESSCHAU-Berichte stimmen also nicht zwangsläufig überein, obwohl die Form der Berichterstattung suggeriert, dass dem Rezipienten in den Bildern das gezeigt werde, was Inhalt der Meldung ist. Röhl weist in dem Zitat

---

[121] Zum rechtlichen Rahmenwerk vgl. Kap. 5.3.1 dieser Arbeit.
[122] Röhl, H. (1992), S. 249.
[123] Vgl. Schäfer, S. (2007), S. 174/175.
[124] Röhl, H. (1992), S. 70.

darauf hin, dass im Zuge einer seriösen Berichterstattung die Verwendung
von Archivmaterial kenntlich gemacht werden sollte. Dem Rezipienten stehen jedoch nur wenige Möglichkeiten zur Verfügung zu überprüfen, ob die
zuständigen Redakteure dieser Forderung auch tatsächlich nachkommen.

Ungeeignetes Archivmaterial stellt aber nicht die einzige Schwierigkeit
dar, die mit der Verwendung von Bildern in den Fernsehnachrichten verbunden ist. So besteht ein wesentliches Problem insbesondere in der Vertrauenswürdigkeit des Bildmaterials. Die Mitarbeiter der TAGESSCHAU-Redaktion
verfügen auf Grund des Zeitdrucks bei der Herstellung der Sendung nicht
über die notwendigen Ressourcen, um mittels Recherche die Zuverlässigkeit von Bildmaterial stetig selbst zu überprüfen. In diesem Zusammenhang
schreibt Röhl: „Wesentliche Quellen für die Bildberichterstattung von ARD-
aktuell sind die Inlandsbüros in den Landesrundfunkanstalten und die Aus-
landskorrespondenten. Das Material aus den Inlandsbüros ist im Regelfall
selbstgedreht. Es ist deshalb eigentlich immer vertrauenswürdig.“[125] Röhl
verweist darauf, dass selbstgedrehtes Material – also Filmsequenzen, die von
den Redakteuren in direkter Absprache mit den Kamerateams und Reportern
vor Ort in Auftrag gegeben wurden bzw. die von den unmittelbar angeschlossenen Landesrundfunkanstalten geliefert werden – hier von Vorteil sei, da in
diesen Fällen die Redakteure auch sicher davon ausgehen könnten, dass die
Bilder tatsächlich das zeigen, was im Bericht thematisiert wird, und sie auch
nicht gestellt oder anderweitig manipuliert sind. Allerdings besteht für die
TAGESSCHAU-Produzenten nicht immer die Möglichkeit, auf solches Material zurückzugreifen. Bilder und Filmsequenzen werden von den TAGES-
SCHAU-Redakteuren häufig entweder aus Kooperationsverbünden – z. B. der
European Broadcast Union (EBU) – gewonnen oder von anderen Agenturen
oder fremden Kamerateams vor Ort eingekauft und anschließend in der Erstellung des Sendebeitrags durch eigene Korrespondenten kommentiert.[126]

Ein Beispiel aus dem Golfkriegsgeschehen des Jahres 2003 mag dieses
Vorgehen verdeutlichen: „Die ARD hat aus Sicherheitsgründen keinen Korrespondenten in Bagdad. Die Bilder werden von ungenannten »Einheimi-
schen« geliefert. Die Filme werden dann meistens von Patrick Leclercq in
Kairo zusammengesetzt, kommentiert und als Bericht aus Bagdad gesendet.“[127] Das bedeutet, dass es eine verfehlte Annahme wäre, in der TAGES-
SCHAU würde nur über Themen berichtet, die die Korrespondenten und Re-

---

[125]   Ebd., S. 63.
[126]   Vgl. die Ausführungen in Kap. 5.2.2.4 dieser Arbeit.
[127]   van Rossum, W. (2007), S. 55. Zum Verfahren der Erstellung von bildunterlegten Aus-
landsberichten vgl. auch Röhl, H. (1992), S. 68.

porter der Sendung selbst beobachtet hätten. Zwar erweckt die Berichterstattung der TAGESSCHAU den Eindruck beim Rezipienten, dass genau diese Ausgangslage vorlag (insbesondere dann, wenn der Zuschauer sich nicht über die vorherrschenden Produktionsbedingungen der Nachrichtensendung bewusst ist). Allerdings zeigt sich, dass Fernsehberichte oftmals eben nicht darauf beruhen, dass ein zuständiger Reporter des Mediums selbst Augenzeuge des berichteten Geschehens war. Vielmehr muss auch bei der Berichterstattung der TAGESSCHAU von Zeugnisketten ausgegangen werden. Problematisch ist dabei jedoch, dass der Ursprung des Materials und damit die Glaubwürdigkeit des ersten Zeugens oft unklar ist. Außerdem ist die Meldung, die den Rezipienten schließlich erreicht, eine Zusammensetzung von Informationen aus unterschiedlichen Quellen, bei denen nicht immer klar ist, ob die einzelnen Elemente tatsächlich denselben Gehalt vermitteln.

Ferner wird durch die Produktionsbedingungen, die besondere redaktionelle Struktur von *ARD-aktuell* und die explizite Gewichtung von Bildern bei der Erstellung von Meldungen auch eine Arbeitsatmosphäre geschaffen, die ihrerseits Einfluss auf eine neutrale und wahrheitsgemäße Berichterstattung hat. Schäfer hält hierzu fest: „Vom Standort der Fernsehnachrichten aus, die eine objektive und wahrheitsgemäße Berichterstattung durch Bilder herstellen sollen, erscheinen die Filmredakteurin oder der Planungsredakteur wichtiger für das Gelingen einer Fernsehnachrichtensendung als der Wortredakteur, auch wenn sie eher Managementaufgaben wahrnehmen und mit den journalistischen Tätigkeiten par excellence, nämlich recherchieren und texten, im Vergleich zum Wortredakteur nur noch marginal zu tun haben."[128] Die journalistische Arbeit des Überprüfens von Meldungen mittels Recherche erfährt damit eine klare Abwertung. Die Verfügbarkeit von Bildmaterial wird damit über das Kriterium einer wahrheitsgemäßen Berichterstattung gestellt. Dieser Faktor sollte kritisch bei der Betrachtung der telemedialen Berichterstattung als testimonialem Akt in den Blick genommen werden.

Das Gebot der Schnelligkeit in der Nachrichtenproduktion und die Nutzung von Agenturen als Informationsquelle vergrößern dieses Problem noch. Zwar wurde schon darauf hingewiesen, dass die Verwendung von Meldungen unterschiedlicher Nachrichtenagenturen auch dazu beitragen kann, den Wahrheitsgehalt bestimmter Beiträge mittels Vergleich der verschiedenen Berichte zu überprüfen, Röhl konstatiert in diesem Zusammenhang jedoch zu Recht: „Ein vielfältiges Agenturangebot bietet dem Nachrichtenredakteur eine gewisse Chance zur Verifizierung. Er kann unterschiedliche Quel-

---

[128] Schäfer, S. (2007), S. 158.

len miteinander vergleichen und hat die Möglichkeit zur Nachrecherche. Gelegentlich ist es allerdings auch ein Irrtum, zu meinen, eine Meldung stimme dann, wenn sie bei mehreren Agenturen fast gleichlautend erscheint. Es kann nämlich sein, daß sich alle auf dieselbe falsche Quelle berufen."[129] Auch hier finden wir also wieder den Faktor der Zeugniskette, verbunden mit der Schwierigkeit der unklaren Glaubwürdigkeit einzelner Glieder.

Die Nutzung von Agenturmeldungen als Informationsquelle ermöglicht mittels des vielfältigen von ihnen bereitgestellten Materials aber nicht nur eine Berichterstattung über unterschiedlichste Themen aus den verschiedensten geographischen Regionen, sie erschwert auch die Auswahl der Meldungen, die in einer Sendung gebracht werden sollen. Durch die Verbesserung der Übertragungstechniken ist es in den vergangenen Jahren zu einer erheblichen quantitativen Zunahme an Agenturmeldungen gekommen. „Während noch vor wenigen Jahrzehnten per Fernschreiber die Agenturmeldungen geliefert wurden, erscheinen die Meldungen heute per Internet direkt auf den Computern der Redakteure, was eine ständige Aktualisierung der Meldungen ermöglicht."[130]

Ein weiteres Problem entsteht, wenn unterschiedliche Agenturen dasselbe Ereignis melden, aber verschieden darstellen.[131] Die Redakteure müssen nun versuchen, mittels Recherche herauszufinden, welche der Meldungen wahrheitsgemäß ist. Dies ist aber auf Grund der begrenzten Produktionszeit der TAGESSCHAU nicht immer möglich.

Ein letzter Aspekt besteht schließlich darin, dass sich ein Thema in den Augen der Nachrichtenproduzenten eher als relevant erweist, weil andere Medien ebenfalls auf die dazu verfügbaren Bilder zurückgreifen und der Zuschauer daher erwartet, über dieses Ereignis ebenfalls in der TAGESSCHAU informiert zu werden. „Journalisten beobachten nicht die Welt, sondern fast ausschließlich andere Medien."[132] Auch dieser Punkt betrifft damit die artifizielle Zusammenstellung der Themen für eine Sendung, hat darüber hinaus aber ebenso Auswirkungen auf die Darstellungsweise einer Meldung. „Da

---

[129]   Röhl, H. (1992), S. 60.
[130]   Schäfer, S. (2007), S. 163.
[131]   Vgl. ebd., S. 167.
[132]   van Rossum, W. (2007), S. 38. Schäfer weist darauf hin, dass sich auf Grund der hohen Relevanz von Agenturmeldungen im Produktionsprozess der TAGESSCHAU die Themenwahl der Nachrichtenproduzenten durch die Rezeption dieser Informationsquellen stärker an anderen Medien orientiere denn am realen – d. h. medienunabhängigen – Weltgeschehen. Vgl. Schäfer, S. (2007), S. 127. Ferner hält sie fest, dass auch der Qualitätsmaßstab zur Beurteilung des fertigen Sendeprodukts in der Berichterstattung anderer Medien gesehen werde. Vgl. ebd., S. 160.

Fernsehnachrichten sich in Konkurrenz zueinander befinden und der Sieger dieses Wettbewerbs u. a. anhand der Höhe der Einschaltquote ermittelt wird, wenden die Journalisten die Berichterstattungsformen an, die ihnen beim Publikum, das den Fernsehapparat ein- oder ausschaltet, am erfolgsträchtigsten erscheinen."[133]

Zusammenfassend ergibt sich daraus ein Bild von Einflussfaktoren und Idealen der telemedialen Berichterstattung, auf das Schäfer deutlich hinweist. Sie führt aus, dass die Produzenten der TAGESSCHAU sich in einem Spannungsfeld von Wirtschaft und Politik befänden. Zum einen sind die verschiedenen Gremien der TAGESSCHAU mit politischen Akteuren besetzt, gleichzeitig soll die Berichterstattung aber unabhängig und sachlich erfolgen. Zum anderen stehen die TAGESSCHAU-Produzenten in einem Konkurrenzverhältnis zu anderen Sendern und Medien (Zeitungen, Hörfunk) mit ihren jeweiligen Nachrichtenangeboten. Hierdurch gewinnen Faktoren wie Aktualität, Schnelligkeit und Unterhaltungswert der Meldungen einen hohen Stellenwert im Wettstreit um den Zuschauer und stehen dem Gebot der wahrheitsgemäßen Berichterstattung mit dem Erfordernis einer gründlichen Recherche gegenüber.[134]

5.2.3 Einige Gestaltungskriterien der TAGESSCHAU

Die TAGESSCHAU zeichnet sich nicht nur durch bestimmte Produktionsbedingungen, sondern auch durch spezifische Gestaltungskriterien aus. Die Präsentation der Nachrichtensendung ist dabei zum Teil Folge der Produktionsbedingungen, z. B. auf Grund der beschränkten Sendezeit und der damit verbundenen Kürze der einzelnen Beiträge, zum Teil auch Resultat der Anforderungen des audiovisuellen Mediums *Fernsehen*, in dessen Rahmen sie ausgestrahlt wird. So bietet dieses Medium die Möglichkeit, bewegte Bilder in Form von Filmsequenzen zu übermitteln, was zu der bereits beschriebenen Fokussierung auf eine Bildberichterstattung und, damit einhergehend, zu der Hierarchisierung von Meldungen führt. Für Meldungen, die von der TAGESSCHAU-Redaktion für besonders wichtig gehalten werden, wird außerdem zunehmend eine Bebilderung der Beiträge gefordert, auch wenn keine aussagekräftigen Bilder zur Verfügung stehen, was zur Verwendung von Symbol- und Schlüsselbildern führt – z. B. in Form vorfahrender Staatslimousinen etc.

---

[133] Schäfer, S. (2007), S. 203.
[134] Vgl. ebd., S. 201.

Insbesondere die Erzählstruktur der Fernsehnachrichten sowie die Kombination aus Bild und Text spielen ferner als Gestaltungselemente eine wichtige Rolle.[135] Beide Komponenten werden im Folgenden genauer betrachtet und hinsichtlich ihrer Auswirkungen auf die Betrachtung der telemedialen Berichterstattung als testimonialem Akt untersucht.

5.2.3.1 Narrative Strukturen der Fernsehnachrichten

Knut Hickethier argumentiert dafür, dass Fernsehnachrichten als „audiovisuelle Erzählungen" aufgefasst werden sollten.[136] Eine wesentliche Rolle kommt dabei dem *Nachrichtensprecher* zu, wie wir ihn in der 20.00-Uhr-Ausgabe der TAGESSCHAU finden. Er präsentiert dem Zuschauer nicht nur die einzelnen Meldungen, sondern ordnet diese auch für den Rezipienten, fügt die einzelnen Berichte in einen größeren Zusammenhang ein und schafft Übergänge zwischen den einzelnen Nachrichten.[137] Auch wenn der Schwerpunkt der telemedialen Berichterstattung auf der Übermittlung von Bildern liegt, kommen diese doch nicht ohne die Erklärungen aus, die der Sprecher oder die Reporter vor Ort liefern. Bilder sind nicht selbsterklärend.

Durch die Person des Sprechers wird zudem eine Personalisierung der Nachrichtensendung erreicht.[138] D. h. der Zuschauer hat den Eindruck, dass eine einzelne Person ihm direkt berichtet. Der hinter dem Sprecher stehende Produktionsapparat wird für den Rezipienten durch diese zentrale Figur gleichsam verdeckt. Die auf diese Weise erreichte Personalisierung sorgt u. a. dafür, dass der Zuschauer stärker an die Sendung gebunden wird. Die Nachrichtensendung ist durch die Figur des Sprechers so gestaltet, dass eine Art persönliches Vertrauensverhältnis zwischen dem Sprecher und den Rezipienten entstehen kann. Schließlich ist es leichter, den Berichten einer konkreten Person zu vertrauen (dem Sprecher) als einer anonymen Produkti-

---

[135] Viele der angesprochenen Gestaltungskriterien gelten dabei nicht allein für die TAGES-SCHAU, sondern sind Kennzeichen von Fernsehnachrichten im Allgemeinen. Dies gilt insbesondere vor dem Hintergrund der Angleichung von Nachrichtensendungen anderer Sender an die typischen Charakteristika der TAGESSCHAU. Empirische Untersuchung verweisen immer wieder darauf, dass die Berichterstattung der TAGESSCHAU von den Rezipienten im hohen Maße für glaubwürdig gehalten wird. Dies liegt u. a. an ihrer seriösen Präsentationsform. Eine Anpassung an die Gestaltungsrichtlinien der TAGES-SCHAU bedeutet für konkurrierende Nachrichtenanbieter damit auch den Versuch, die eigene Sendung glaubwürdiger zu gestalten.

[136] Vgl. Hickethier, K. (1998), S. 186.

[137] Vgl. ebd., S. 187.

[138] Vgl. ebd., S. 188.

onsgemeinschaft, bestehend aus einer Vielzahl von Redakteuren, Filmteams, Reportern, Korrespondenten usw.

Hickethier konstatiert, dass der Sprecher in der Nachrichtensendung klassische Aufgaben eines Erzählers übernehme: „Er (oder die hinter ihm stehende Redaktion, die dem Erzähler zuarbeitet und als zweite Erzählinstanz dem Zuschauer unsichtbar bleibt) hat für die Zuschauer das Geschehen sortiert und berichtet nur noch das, was als „wesentlich" gelten soll, woraus im Umkehrschluß Zuschauer entnehmen, daß alles, was ihnen präsentiert wird, auch wichtig ist. Der Nachrichtenerzähler oder die Nachrichtenerzählerin rafft das zeitliche Geschehen, sie vermittelt die Zuschauer auch an die unterschiedlichen Orte des Geschehens."[139]

Die Berichterstattung besitzt dabei einen offenen Charakter, d. h. es wird keine erläuternde Vorgeschichte zu den präsentierten Ereignissen angeboten, sondern meist unmittelbar vom aktuellen Geschehen berichtet.[140] Auch der Ausgang vieler Nachrichtenerzählungen bleibt offen, da Ereignisse von einem bestimmten Punkt an oft nicht mehr als berichtenswert eingestuft und auf Grund der beschränkten Sendezeit von anderen Meldungen in den TA-GESSCHAU-Ausgaben verdrängt werden.

Darüber hinaus weisen Fernsehnachrichten durch die oftmals in ihnen enthaltenen Langzeitberichterstattungen – z. B. über Kriege oder immer wiederkehrende innenpolitische Streitfragen (beispielsweise die Problematik der zunehmenden Arbeitslosigkeit) – auch einen *seriellen Charakter* auf. Diese Langzeiterzählungen können von unterschiedlicher Dauer sein. Sie können abgebrochen und zu bestimmten Zeitpunkten wieder aufgenommen werden.[141] Die Aufrechterhaltung solcher Langzeitberichte ist dabei für die Medienproduzenten mit einer Reihe von Schwierigkeiten verbunden, die insbesondere im Falle der Kriegsberichterstattung deutlich werden. Exemplarisch sei auf die Berichterstattung über den Zweiten Golfkrieg von 1991 verwiesen, einen Krieg, über den Paul Virilio schreibt: „Als *erster totaler elektronischer Weltkrieg* entscheidet sich der Golfkrieg nicht allein an der Frontlinie eines geographischen Horizonts, sondern vor allem auf den Monitoren, den Kontrollbildschirmen und den Fernsehgeräten in der ganzen Welt."[142] Die Kriegsberichterstattung bietet zwar einerseits die Chance auf spektakuläre Bilder und aktuelle Meldungen, andererseits unterliegt sie aber schon seit jeher festen Beschränkungen, die auf die Interessen der kriegführenden Kon-

---

[139] Ebd.
[140] Vgl. ebd., S. 195.
[141] Vgl. ebd., S. 193.
[142] Virilio, P. (1997), S. 35.

fliktparteien zurückgehen. So sollen beispielsweise keine strategisch wichtigen Informationen an die Öffentlichkeit gelangen, und auch Bilder von Opfern des Krieges dürfen nur in bestimmten Kontexten gesendet werden. Zur Verdeutlichung dieses Punktes betrachten wir ein Beispiel aus dem Golfkrieg von 1991 einmal genauer:

Das entscheidende Mittel zur Kontrolle und Lenkung der Medienberichterstattung durch das Militär und die westlichen Politiker im Zweiten Golfkrieg war das sog. *Pool-System.*[143] Es wurde zwar nicht im Zweiten Golfkrieg erfunden, hier aber in entscheidendem Maße perfektioniert. Am 28. November 1990 wurde der Einsatz des Pool-Systems als offizielle Leitlinie der amerikanischen Medienpolitik in diesem Konflikt in Washington bestätigt.

Das Pool-System im Zweiten Golfkrieg bedeutete eine detailliert ausgearbeitete militärische Strategie für den Umgang mit den Medien. Diese Strategie war bestimmt von zwei Leitideen, die sich aus den Erfahrungen des Militärs mit den Medien in vorausgegangenen Konflikten ergaben: Einerseits sollten die militärischen Aktionen der Westmächte nicht durch die Medien gefährdet werden, also militärische Geheimnisse gewahrt bleiben – auch mit Mitteln der Zensur. Andererseits sollte die durch den rigiden Ausschluss der Öffentlichkeit verursachte negative Kritik während des Grenada- und des Panama-Konflikts vermieden werden. Es war also ein Mittelweg gefragt, der das Informationsbedürfnis der Bürger und v. a. der Medienproduzenten befriedigte, ohne jedoch wesentliche Informationen preiszugeben. Als Ergebnis intensiver Verhandlungen wurde am 14. Januar 1991 zwischen den Vertretern des US-Verteidigungsministeriums und jenen verschiedener Medien ein Katalog von *Grundregeln* bezüglich der Themen der Berichterstattung verabschiedet, der sämtliche sensitive militärische Daten von der Verbrei-

---

[143] Judith R. Baroody hat eine umfassende Studie über die genaue Situation der Korrespondenten im Zweiten Golfkrieg und der wechselseitigen Beeinflussung von Medien und Militär vorgelegt. Vgl. Baroody, J. R. (1998), S. 185 ff. Im Kontext der verschiedenen Phasen der Berichterstattung zu diesem Geschehen hebt Baroody die entscheidende Rolle des Militärs hervor: „In this war, the technological capabilities of television to broadcast live briefings from Washington and Riyadh gave the military a measure of power never before enjoyed: to pre-empt the media in telling the story of the war both verbally through descriptions and visually through images of precision-guided-bombs." In diesem Sinne wurde versucht, die Sichtweise der alliierten Militärs zu der dominierenden Perspektive auf den Krieg für die Öffentlichkeit zu machen. Unterstützt wurde diese medienstrategische Zielsetzung der alliierten Konfliktparteien auch dadurch, dass unabhängige Nachrichten im Umfeld des Golfkrieges kaum verfügbar waren. Ebd., S. 71.

tung ausschloss.[144] Das Pool-System ging jedoch weit über eine solche Vereinbarung hinaus: Es beinhaltete, dass sich kein Journalist ohne militärische Eskorte im Konfliktgebiet aufhalten durfte. Tatsächlich hatte nur eine kleine Anzahl von Journalisten, hauptsächlich amerikanischer Herkunft, Zugang zu den Pools. „There were fewer than 100 reporters to cover half a million men and women in the military."[145] Die einzelnen Pools wurden militärischen Einheiten zugeordnet, und die Möglichkeit der darin eingebundenen Journalisten zur Berichterstattung war damit nicht nur räumlich auf ein enges Territorium begrenzt ohne die Möglichkeit, sich durch die eigene Inaugenscheinnahme ein umfassenderes Bild von der Lage zu machen, sondern war außerdem noch von dem persönlichen Gusto der jeweiligen Befehlshaber vor Ort abhängig.

Diese umfassenden Zensurbestimmungen führten letztlich zu der Problematik, dass in der Langzeitberichterstattung über diesen Konflikt trotz des öffentlichen Interesses an der Thematik keine bzw. nur wenige neue Meldungen generiert werden konnten, da der Zugang zu dem entscheidenden Material und den Schauplätzen von den Militärs nicht gestattet wurde. Es entstand ein Mangel an Informationen, welcher wiederum die Medienrezipienten in ein noch engeres Abhängigkeitsverhältnis zu ihrer medialen Informationsquelle trieb. Ignacio Ramonet, Direktor der in Paris erscheinenden Monatszeitschrift „Le Monde diplomatique", beschreibt diesen Zusammenhang folgendermaßen: „Und sie zeigten uns so viele Bilder, dass jedermann den Krieg zu sehen glaubte. Bis wir begriffen, dass wir ihn gar nicht sahen, dass die Bilder nur das Schweigen verhüllten [...]. In Tat und Wahrheit verbargen die Bilder den Krieg [...]."[146] Eine andere Perspektive auf die Geschehnisse am Persischen Golf zu erhalten, war beinahe unmöglich, weil einer objektiven Berichterstattung von Seiten der Militärs massiv entgegen gewirkt wurde. Nur wenigen Journalisten gelang es, während des Krieges außerhalb der Pools zu arbeiten und ihr Material zu senden. Gerade die Übermittlung der Berichte stellte für die freien Reporter ein Problem dar, weil sie, wenn sie nicht selbst über ein Sendegerät verfügten, auf die vom Militär aufgebaute und nur bedingt für die Medien bereitgestellte mediale Infrastruktur angewiesen waren. Das Ausmaß dieser pragmatischen Hürde wird deutlich, wenn man beachtet, dass auf Grund der in diesem Krieg extremen Konkurrenzsituation zwischen den verschiedenen Pressevertretern der Druck zur Live-Reportage enorm war.

---

[144] Eine genaue Auflistung erfolgt u. a. bei Kempf, W. (1994), S. 7/8.
[145] Burkhart, J. (1997), S. 22.
[146] Ramonet, I. (1999), S. 62.

Dieses kurze Beispiel zur Berichterstattung über den Zweiten Golfkrieg veranschaulicht die Problematik einer kontinuierlichen Langzeitberichterstattung. Hickethier weist darauf hin, dass in solchen Situationen „Füllmeldungen und Stellvertreter-Nachrichten" zum Einsatz kämen. Im Golfkrieg waren dies insbesondere so genannte *Human-Interest-Stories* – also Berichte z. B. über die Schicksale einzelner Soldaten und der anfänglich im Irak festgehaltenen westlichen Geiseln und die Reaktionen ihrer Angehörigen – sowie Experteninterviews mit Politikern und Vertretern des Militärs. „Erzähltechnisch ist die Funktion solcher Elemente klar: sie halten den Erzählfluß aufrecht, sie signalisieren dem Zuschauer, daß diese Erzählung auch weiterhin bedeutend sei, auch wenn sich gerade nichts ereignet. Für den Zuschauer bedeuten solche Nicht-Nachrichten im Erzählfluß, daß der Erzählzusammenhang weiterhin Bestand hat, aber nichts Bemerkenswertes geschehen ist, und er das konkret Gezeigte getrost vergessen kann."[147] Hickethier spricht in diesem Zusammenhang auch davon, dass die Rezeption der Fernsehnachrichten als eine Art „Kontrollsehen" betrachtet werden könne. „Der Zuschauer klinkt sich in die laufende Erzählung der Welt daraufhin ein, ob für ihn Wichtiges zu erfahren ist. Ist dies nicht der Fall, können Erzähldetails vergessen werden, weil er aus der Sendung die Gewißheit gewonnen hat, daß der [S]tatus quo erhalten bleibt und seine eigene Lebenswelt nicht tangiert wird."[148]

In einer Ausgabe der TAGESSCHAU bündeln sich dann die verschiedenen Erzählstränge[149], so dass der Rezipient überblicksartig – auf Grund der kurzen Sendedauer der einzelnen Beiträge – über das (vermeintlich) Wichtigste der verschiedenen Erzählungen auf dem Laufenden gehalten werden kann.[150] Damit zusammenhängend, ist die Funktion der einzelnen Sparten wie Innenpolitik, Wirtschaft, Sport etc. der TAGESSCHAU zu sehen, auch wenn deren strukturierende Leistung als vermeintliche Organisationsleistung des Sprechers durch den Rezipienten wahrgenommen wird. „Die Sparten bilden ein unsichtbares Raster, das mit immer neuen Meldungen oder der Aktualisierung alter Meldungen gefüllt wird. Diese Meldungen bedienen sich immer wieder stereotyper Erzählelemente wie Ankunft und Abfahrt, die Politikerreise [...]. Alle diese Erzählmuster lassen sich letztlich nach dem Schema 'Bestätigung des [S]tatus quo' und Irritation des 'Status quo' sortieren."[151] Der Rezipient erhält durch die Berichterstattung der TAGESSCHAU-

---

[147]   Hickethier, K. (1998), S. 193.
[148]   Ebd., S. 195.
[149]   Vgl. Hickethier, K. / Bleicher, J. K. (1998), S. 376.
[150]   Vgl. Hickethier, K. (1998), S. 194/195.
[151]   Hickethier, K. / Bleicher, J. K. (1998), S. 376/377.

Redakteure und -sprecher also nicht bloß eine Übersicht über das kontinuierliche Geschehen, sondern auch eine Orientierung über die Entwicklungsrichtung – im positiven (Bestätigung) oder im negativen Sinne (Irritation) – der einzelnen Erzählungen.

Die Besonderheit der Erzählstruktur der Fernsehnachrichten besteht darüber hinaus in der Verbindung zwischen Bild und Text, welche ein weiteres wichtiges Gestaltungselement der TAGESSCHAU-Sendung darstellt.

5.2.3.2 Die Verbindung zwischen Bild und Text

Eine wesentliche Besonderheit von Fernsehnachrichten besteht in dem audiovisuellen Format, in welchem sie präsentiert werden. D. h. der Rezipient erhält nicht nur Informationen durch einen gesprochenen oder geschriebenen Nachrichtentext (der im Bild eingeblendet wird), sondern darüber hinaus auch durch vielfältig eingesetztes Bildmaterial. Zu den verschiedenen Nachrichtenformaten, die im Rahmen einer TAGESSCHAU-Sendung eingesetzt werden, gehören Wortberichte, Nachrichten im Film und Filmberichte. In allen Formaten wird dabei eine Kombination aus Wort und Bild präsentiert. Wie können diese Zusammenstellungen nun konkret aussehen?

Bei Wortberichten werden zusätzlich zum verlesenen Nachrichtentext im Hintergrund mittels Bluescreen-Verfahren Standbilder eingeblendet. Hierbei kann es sich um Fotographien, Informationsgrafiken, Landkarten oder computererzeugte Symbolbilder handeln. Diese Bilder werden durch kurze Beschriftungen ergänzt. Filmbeiträge – als Hauptmerkmale der beiden anderen TAGESSCHAU-Formate – können dagegen eine Vielzahl von unterschiedlichen Bildmaterialien beinhalten. Neben Filmsequenzen aus unterschiedlichen Quellen, können ebenso Standbilder, Computeranimationen und weiteres Material in einem Beitrag zusammengeschnitten werden. Außerdem kann es auch vorkommen, dass in den Filmberichten selbst wiederum Bilder thematisiert werden, z. B. wenn darüber berichtet wird, wie Politiker oder hochrangige Militärs anhand von Grafiken erläutern, welche Strategie die gegnerische Konfliktpartei im Geschehen verfolgt hat.[152] Im Falle von Filmberichten und Nachrichten im Film ist es des Weiteren häufig so, dass auch die Wortinformationen, die den Rezipienten erreichen, aus verschiedenen Quellen stammen. So werden oft neben dem Sprechertext, der den Beitrag im Off (also von einem Sprecher, der für den Zuschauer nicht im

---

[152] Ein Beispiel wäre die Berichterstattung über die Präsentation von US-Außenminister Colin Powell bezüglich vermeintlicher Massenvernichtungswaffen im Irak, vgl. Kap. 5.2.5 dieser Arbeit.

Bild sichtbar ist) kommentiert, so genannte O-Töne verwendet. Dabei handelt es sich um Wortbeiträge der Personen, von denen die Berichte handeln oder die in den Beiträgen mit thematisiert werden, und die im gesprochenen Originalton zum Bildmaterial hinzugefügt werden. Allerdings müssen der Zeitpunkt der Äußerung und der Zeitpunkt des Filmbeitrags nicht unbedingt überein-stimmen. Beispielsweise kann ein Politiker nicht nur dann zu Wort kommen, wenn er im Interview gezeigt wird. Es ist auch möglich, einzelne Aussagen aus einem Interview oder anderen Kontexten (z. B. Aussagen, die im Rahmen von Parlamentsdebatten aufgezeichnet wurden) illustrierend zu anderen Bildern einzusetzen. Es zeigt sich also, dass die Kombination aus Wort und Bild in den Fernsehnachrichten auf vielfältige Art und Weise realisiert werden kann.

Es wurde schon darauf hingewiesen, dass hinsichtlich der Gestaltung der TAGESSCHAU in den vergangenen Jahren eine Tendenz festgestellt werden kann, dem Einsatz von Bildmaterial in der Berichterstattung ein Primat einzuräumen. Trotzdem kommen die verwendeten Bilder nicht ohne Kommentierung aus. In diesem Sinne hält Hickethier fest: „Dem diffusen, zumeist emotional wirkenden Bild wird durch den verbalen Text Richtung und Deutung gegeben: Wer und was zu sehen ist, wird festgelegt, wie das Geschehen zu verstehen ist, was es bedeutet, wird in der Regel durch einen im O-Ton erzählenden Betroffenen oder durch einen außenstehenden Erzähler (Korrespondenten, Reporter, Kommentator) erklärt und vermittelt. Der verbale Text liefert für das Visuelle einen *Deutungsrahmen*."[153] Offenbar besteht ein Spannungsverhältnis zwischen der Notwendigkeit des erläuternden Textes und der Tatsache, dass die Verwendung von Bildern und Filmberichten in den vergangenen Jahren kontinuierlich zugenommen hat.[154] Diese Entwicklung legt die Annahme nahe, dass die (bewegten) Bilder für die Fernsehnachrichten einen bestimmten Mehrwert darstellen, den die Journalisten

---

[153] Hickethier, K. (1998), S. 199. Ähnlich formuliert auch Schäfer diesen Punkt: „In der Welt der TAGESSCHAU, die im Wesentlichen durch Bilder gekennzeichnet ist, wird der Wortredaktion nur mehr ein relativ geringer Stellenwert beigemessen, obwohl es in der Regel die Wortredakteure sind, die das >Wesentliche<, die Nachricht des Tages formulieren und durch ihre Texte die gezeigten Bilder häufig erst verständlich machen." Schäfer, S. (2007), S. 209.

[154] So schreibt z. B. Brosius: „Während lange Zeit Nachrichten primär in Textform verbreitet wurden, zeigt sich in den letzten Jahren ein Trend zur Visualisierung. Nachrichtenbilder prägen zunehmend die Fernsehnachrichten. Dies wird nicht nur an ihrer steigenden Präsenz deutlich, sondern auch an ihrer Funktion für die Nachrichtenauswahl: ohne Bilder keine Meldung. In einzelnen Fällen scheint das Bild den Nachrichtentext vollkommen in den Hintergrund zu drängen." Brosius, H.-B. (1998), S. 215.

ihnen zuschreiben, auch wenn das Bildmaterial nicht ohne die Deutung der Nachrichtensprecher vom Zuschauer richtig verstanden werden kann. Worin könnte dieser Mehrwert aber bestehen?

Hans-Bernd Brosius verweist in diesem Zusammenhang auf die unterschiedliche Funktion von Nachrichtenbildern und -texten, wenn er schreibt: „Zuschauer werden durch Bild *und* Ton angesprochen, allerdings auf unterschiedliche Weise. Der Ton, also der Nachrichtentext, vermittelt die eigentlichen Informationen. Die Bilder verleihen den Nachrichten Authentizität, Bilder scheinen die Realität ungefiltert im Sinne einer Eins-zu-Eins-Beziehung wiederzugeben."[155] Angesprochen wird damit wiederum die Fenster-zur-Welt-Metapher: Nachrichtenbilder vermitteln dem Zuschauer den Eindruck, selbst Augenzeuge des Geschehens zu sein. Die Korrespondenten und Sprecher der TAGESSCHAU scheinen dem Rezipienten mittels der Nachrichtenbilder unmittelbar zu *zeigen*, was in der Welt geschieht. Ihre Berichte liefern scheinbar nur die Erklärungen dafür, was der *Zu*-Schauer in der Sendung zu sehen bekommt. Brosius' Zitat und auch die Ausführungen Hickethiers legen weiterhin nahe, dass das verwendete Bildmaterial zwar einen gewissen Mehrwert an Authentizität mit sich bringt, im Prinzip aber verzichtbar sei, da die wesentlichen Informationen über den Nachrichtentext vermittelt werden. Sollte man also sagen, das Bildmaterial sei für das Verstehen der Fernsehnachrichten prinzipiell irrelevant und würde demnach auch für den Zeugnischarakter der telemedialen Berichte nichts austragen?

Dass eine solche Schlussfolgerung verfrüht wäre, zeigen die vielfältigen kommunikationswissenschaftlichen Studien, die sich insbesondere mit dem Einfluss des Bildmaterials auf die kognitiven Leistungen des *Verstehens* und *Behaltens* von Fernsehnachrichten durch den Rezipienten befassen.[156] Offensichtlich gehen Medientheoretiker und ebenso die Medienproduzenten davon aus, dass das Bildmaterial nicht nur einen Authentizitätseindruck vermitteln, sondern darüber hinaus auch im illustrierenden Einsatz zum Nachrichtentext die Verstehensleistung der Rezipienten in einem positiven Sinne beeinflussen soll. Der Rezipient soll nicht nur aus den verbalen Mitteilungen der Nachrichtensprecher Informationen gewinnen können, sondern ebenso aus den gesendeten Bildern. So kann der Zuschauer z. B. aus den Bildern zum Beitrag über den Besuch der US-Wahlkampfkandidaten Barack Obama und John McCain am „Ground Zero"[157] feststellen, wie diese Personen

---

[155] Brosius, H.-B. (1998), S. 213.
[156] Vgl. z. B. die Untersuchungen zu diesem Punkt in dem Sammelband Bentele, G. / Hess-Lüttich, E. W. B. (Hrsg.) (1985).
[157] Vgl. die Sendung vom 12. September 2008, 04.55 Uhr auf www.tagesschau.de.

aussehen und wie sie sich an der Gedenkstätte verhalten – z. B. ob sie Betroffenheit zeigen etc., also zusätzliche Informationen gewinnen, die im Wort-
beitrag zu der Filmsequenz nicht angesprochen werden. Allerdings wird mit
diesem Beispiel schon die Schwierigkeit deutlich, die sich für das Verstehen von audiovisuellen Nachrichten ergibt. Zum einen kann der Rezipient
diese zusätzlichen Informationen nur dann gewinnen, wenn er die angesprochenen Personen in dem Filmbeitrag auch korrekt identifizieren kann, d. h.
schon über das notwendige Hintergrundwissen für diese Verstehensleistung
verfügt, da es im Nachrichtentext keine entsprechenden Erläuterungen dazu
gibt. Zum anderen ist die Frage, ob der Rezipient sowohl die Informationen
aus den Bildern als auch jene aus dem Nachrichtentext, die ja gleichzeitig
präsentiert werden, adäquat aufnehmen und verarbeiten kann.

Im Zusammenhang mit den Produktionsbedingungen der TAGESSCHAU
wurde erläutert, dass das verwendete Bildmaterial aus den unterschiedlichsten Quellen stammen kann und dass die Kommentierung der Bilder nicht unbedingt durch diejenige Person erfolgt, die sie aufgenommen hat. Der Zeitdruck der Nachrichtenproduktion führt darüber hinaus häufig zu dem Fall,
dass der vermeintlich erläuternde Text oder, wie Hickethier es nennt, der
„Deutungsrahmen" der Bilder von den Redakteuren erstellt wird, bevor die
Bilder überhaupt in der Hauptredaktion eintreffen und von den Produzenten der Nachrichtentexte in Augenschein genommen werden können. Ferner
gibt es eine ganze Reihe von Ereignissen, über die berichtet wird, die sich
aber nur schwer bebildern lassen. „Vieles, was optisch reizvoll ist, informiert
zudem nur oberflächlich. Abstrakte Politik etwa läßt sich nun einmal schwer
in Bilder fassen. Hieraus resultieren Standard- und Schlüsselbilder: Emp-
fangsrituale, Pressekonferenzen, vorfahrende Limousinen, etc. Solche Bilder
sollen wohl Authentizität suggerieren, doch demonstrieren sie für sich genommen lediglich einen Hang der Redakteure zum Bild. Zudem weisen entsprechende Kameraeinstellungen und Bildsequenzen häufig weder zeitliche,
noch räumliche, noch logische Beziehungen zueinander auf."[158] Die Folge
dieser Vorgehensweise ist, dass Bild und Text der verschiedenen Meldungen
in unterschiedlichem Maße zueinander in Beziehung stehen. „Theoretisch
lassen sich die Fernsehbilder auf einem Kontinuum abtragen, das von einem absoluten Gegensatz zum Text über eine fehlende Beziehung zum Text

---

[158]   Meckel, M. / Kamps, K. (1998), S. 26/27. Dazu auch Brosius: „Solche Bilder werden
gesendet, weil es natürlich schwierig ist, bestimmte Inhalte visuell zu illustrieren. Die
Bilder sind dennoch immer gleich und haben einen eher geringen Informationsgehalt.
Sie unterstützen den Eindruck von Aktualität und Authentizität des Berichts, haben aber
nur selten eine direkte Beziehung zum Nachrichtentext." Brosius, H.-B. (1998), S. 218.

hin zur vollständigen Redundanz mit dem Text reicht."[159] In den Kommunikationswissenschaften wird dies als *Text-Bild-Schere* bezeichnet, womit das Auseinanderklaffen von Text- und Bildinformation in einem Beitrag gemeint ist.

An diesem Punkt verkehrt sich damit der vermeintliche Vorteil der audiovisuellen Berichterstattung der Fernsehnachrichten, die verschiedenen Sinne der Zuschauer anzusprechen und damit ein breiteres Spektrum an Informationen zu vermitteln als andere Medienarten, ins Gegenteil. „Damit stellt sich die Frage, ob durch TV-Nachrichten Informationen lediglich zugänglich gemacht werden, oder ob sie auch ausreichend verständlich und erinnerbar dargeboten werden, um Wissen zu erschließen und soziales Handeln zu ermöglichen."[160] Dies ist natürlich eine zentrale Frage, wenn die Berichterstattung der TAGESSCHAU als testimoniale Akte – also als Erkenntnisquelle für den Rezipienten – betrachtet werden sollen. Sie wird im Folgenden im Zusammenhang mit dem Einfluss der anderen erörterten Gestaltungskriterien der TAGESSCHAU genauer untersucht.

5.2.3.3 Auswirkungen der Gestaltungskriterien auf den Zeugnischarakter der telemedialen Berichterstattung

Die narrative Struktur der TAGESSCHAU kommt dem Vorhaben einer Subsumierung telemedialer Berichte unter der Kategorie des Zeugnisses anderer entgegen, da es auch im paradigmatischen Fall testimonialer Akte darum geht, dass einem Hörer etwas *erzählt*, etwas *berichtet* wird. Allerdings hat eine solche Auffassung von Fernsehnachrichten auch Auswirkungen darauf, inwiefern die telemedial übermittelten Berichte vom Rezipienten für wahr gehalten werden können – im Sinne der Annahme eines unmittelbaren Bezugs des Berichteten zur Wirklichkeit. „Sie [die Fernsehnachrichten, NM] sind, auch wenn sie den Anspruch erheben, Realität „unverstellt" abzubilden, nie die Realität selbst. Der Begriff der Nachrichtenerzählung schließt eine Geschehens- und Darstellungssukzession, eine Perspektive der Darstellung (auch von wechselnden Standpunkten aus) und vor allem die Herstellung einer Ordnung durch die Darstellung ein."[161] Die Erzählstruktur der Fernsehnachrichten stellt ein gestalterisches Element dar. Es wird also nicht einfach wiedergegeben, was in der Welt beobachtet wurde. Vielmehr unterliegt die Berichterstattung bestimmten Gestaltungsrichtlinien, die sich aus

---

[159] Brosius, H.-B. (1998), S. 219.
[160] Machill, M. / Köhler, S. / Waldhauser, M. (2006), S. 480.
[161] Hickethier, K. (1998), S. 186.

der Erzählperspektive der Nachrichtenredakteure ergeben. Fernsehnachrichten bilden damit die berichtete Wirklichkeit nicht in einem Eins-zu-Eins-Verhältnis einfach ab, sondern bringen die einzelnen Meldungen in eine bestimmte Form und die Menge der Meldungen in eine bestimmte Reihenfolge. Eine wichtige Funktion in diesem Zusammenhang kommt dabei der Person des Nachrichtensprechers zu.

Zu dem Präsentationsstil der Nachrichten durch den Sprecher gehört in der TAGESSCHAU neben einem seriösen Auftreten, der sich in der Kleidung und dem Präsentationsrahmen (der Kulisse) widerspiegelt[162], auch ein besonderer Sprachstil, der die Glaubwürdigkeit der verlesenen Nachrichten unterstreichen soll. „Auf der sprachlichen Ebene wird die Informationsvermittlung durch den Gebrauch von *Sprachformeln* geprägt. Damit wird eine 'Versachlichung' und Entemotionalisierung angestrebt und der Schein von Objektivität erzielt. Daß gerade bei der *Tagesschau* das Gemeldete von vielen Zuschauern für offiziell und real im Sinne einer unumstößlichen Tatsache gehalten wird, ist deshalb im wesentlichen ein Inszenierungsergebnis, weil sich im Kern der Inhalt der Nachrichtensendungen der verschiedenen Programme nur begrenzt unterscheidet."[163]

Will man die telemedialen Berichte als Zeugnisse auffassen, muss man berücksichtigen, dass die klassischen Glaubwürdigkeitskriterien der Aufrichtigkeit und Kompetenz nicht einfach in der aus dem paradigmatischen Fall bekannten Form auf diese Berichtsform übertragen werden können. Die Ausführungen zeigen vielmehr, dass die Nachrichtenproduzenten ihre Berichterstattung bewusst nach diesen Kriterien gestalten, um die Glaubwürdigkeit ihrer Meldungen zu erhöhen. D. h. die vermeintliche Aufrichtigkeit und Kompetenz der Nachrichtensprecher wird bewusst durch Sprachstil, Erscheinungsbild, Kulisse etc. inszeniert. Der Zuschauer kann damit nicht einfach auf Anzeichen hoffen, die gegen diese klassischen Glaubwürdigkeitskriterien sprechen, da sie im Produktionsprozess bewusst ausgeschaltet bzw. auf ein Minimum reduziert werden.

Darüber hinaus muss mit dem Wissen um die narrative Struktur der TAGESSCHAU auch die konstruktivistische These der Medienwissenschaften, dass (zumindest einige) Nachrichtenereignisse nicht passieren, sondern ge-

---

[162] Hickethier und Bleicher verweisen in diesem Zusammenhang auf die standardisierte Kulisse der Nachrichtensendungen. Ein wichtiges Gestaltungselement ist dabei der Schreibtisch, an dem die Sprecher sitzen, dem symbolischen Ort „der Auseinandersetzung mit dem Wissen und des produktiven Schreibens". Hickethier, K. / Bleicher, J. K. (1998), S. 372.

[163] Ebd., S. 373.

macht werden, berücksichtigt werden. Die präsentierten Berichte gelten nach dieser Auffassung immer nur als gewollte Darstellungen der Realität, sind jedoch niemals in einem unmittelbaren Abbildungsverhältnis zur Wirklichkeit zu sehen.[164]

Allerdings muss einschränkend festgehalten werden, dass die konstruktivistische These nicht zu weit gefasst werden darf: Medien schaffen keine vollständig von der Außenwelt unabhängige Realität. Die Wirkung ihrer Berichterstattung ist eine andere. Zum einen beein-flusst ihre Präsentation bestimmter Meldungen die Wahrnehmung und damit die Bewertung bestimmter Ereignisse durch den Rezipienten. Was die TAGESSCHAU-Redakteure zur Berichterstattung auswählen, wird vom Zuschauer schon deswegen als wichtig wahrgenommen, weil er über andere Ereignisse in der Welt, über die nicht berichtet wird, auch nichts erfährt. Die Auswahl der Nachrichten, die den Rezipienten tatsächlich erreicht und von ihm zur Kenntnis genommen wird, wird dabei jedoch nicht ausschließlich von den Redakteuren der TAGESSCHAU getroffen. Auch der Rezipient selbst hat seinen Anteil daran, wie Hickethier festhält. „Der Zuschauer ist auch nicht an allen Teilerzählungen in gleicher Weise interessiert. Er sieht und hört also über einige Sequenzen der Nachrichtensendung hinweg, wenn er schon bei den ersten Sätzen erkennt, daß ihn ein Thema nicht interessiert."[165] Der Rezipient nimmt also nicht alle Berichte der Fernsehnachrichten gleichermaßen als Zeugnisse an. Er wählt vielmehr aus, was für ihn selbst von Interesse und Relevanz ist. Hier zeigt sich, wie bereits in der Definition des Zeugnisbegriffs in dieser Untersuchung festgehalten wurde, dass eine vom Sprecher als Zeugnis intendierte Äußerung vom Hörer nicht als solche aufgefasst werden muss. Eine dualistische Auffassung des Zeugnisbegriffs kommt daher auch der Betrachtung der Berichterstattung von Fernsehnachrichten als testimonialen Akten entgegen.

Zum anderen trifft die konstruktivistische These in dem Sinne zu, als andere gesellschaftliche Akteure – z. B. Politiker, Vertreter von Interessenverbänden und Wirtschaftsinstitutionen etc. – ihr Handeln in Fällen, in denen sie eine Berichterstattung durch die Fernsehnachrichten wünschen, so gestalten, dass eine Berichterstattung möglich wird. Ein einfaches Beispiel besteht in der Terminierung von Pressekonferenzen, die eine Vorbereitung beider Seiten auf dieses Ereignis und damit einen gezielten Austausch von Informationen ermöglicht. Der konstruktivistischen These der Medientheorie kann daher in dem Sinne zugestimmt werden, dass die *Präsentation* von Ereignissen und Entscheidungen durch gesellschaftliche Akteure in manchen Fällen

---

[164] Vgl. Hickethier, K. (1998), S. 202.
[165] Ebd., S. 194.

unmittelbar an der Möglichkeit der Medienberichterstattung orientiert ist und dass es diese Präsentationsform – kontrafaktisch gesprochen – nicht geben würde, wenn es nicht auch eine bestimmte Art der Berichterstattung über sie gäbe. Allerdings sollte man nicht soweit gehen anzunehmen, dass es die hinter diesen Präsentationen stehenden *Ereignisse* ebenfalls nicht geben würde, wenn die Medien nicht darüber berichteten. Es besteht kein Grund zu der Annahme, dass beispielsweise keine Politik betrieben würde, wenn es nicht die uns bekannte Berichterstattung über sie in den Medien gäbe. Sie würde sich wahrscheinlich nur anders darstellen, um von den Personen wahrgenommen werden zu können, an die sie sich richtet. In diesem Sinne gilt für den Zeugnischarakter der telemedialen Berichterstattung, dass der Rezipient sich darüber bewusst sein sollte, dass die mitgeteilten Gehalte zwar eine artifizielle Erscheinungsform haben können, nichtsdestotrotz aber auch eine Aussage über Ereignisse in der realen Welt beinhalten.

Die Gestaltungskriterien der TAGESSCHAU umfassen aber nicht nur die Textebene der Nachrichten, sondern im audiovisuellen Medium des Fernsehens insbesondere auch die Verbindung zwischen Bild und Text bzw. Ton. Eine interessante Fragestellung im Zusammenhang mit der Betrachtung telemedialer Berichte als testimoniale Akte betrifft dabei die Korrelation dieses Gestaltungskriteriums mit der Möglichkeit des Verstehens und Behaltens von Nachrichten. Für den paradigmatischen Fall des S-Zeugnisses wurde gefordert, dass der Sprecher seine Mitteilung *verständlich* formulieren soll, indem er bemüht ist, die Griceschen Konversationsmaximen zu beachten.[166] Wenn der Rezipient die Mitteilung des Sprechers nicht versteht, kann er dessen Aussage auch nicht als Zeugnis nutzen, weil er aus dem Gehalt der Mitteilung nichts lernen kann. Wie verhält es sich nun im Falle der Berichterstattung der TAGESSCHAU? Genügen die TAGESSCHAU-Berichte dieser Forderung nach einer verständlichen Mitteilung? Achten die Redakteure der Sendung darauf, ihre Mitteilungen verständlich zu gestalten? Und welchen Einfluss hat insbesondere die Verbindung zwischen Bild und Text auf die Verständlichkeit von Nachrichtensendungen?

Marcel Machill et al. sehen die Leistung der TAGESSCHAU-Redakteure in diesem Zusammenhang eher kritisch. Sie verweisen auf die Ergebnisse einer repräsentativen Umfrage aus dem Jahr 2003, die besagt, dass „88 Prozent der Deutschen die Nachrichten der »Tagesschau« nicht oder nur zum Teil [verstehen]".[167] Welche Ursachen können für diesen geringen Erfolg bei der Vermittlung der Informationen durch die TAGESSCHAU ausgemacht

---

[166]   Vgl. die Ausführungen in Kap. 2.4.1 dieser Arbeit.
[167]   Machill, M. / Köhler, S. / Waldhauser, M. (2006), S. 480.

werden? Zwei Punkte erscheinen im Hinblick auf die Beantwortung dieser Frage wichtig zu sein. Einerseits handelt es sich dabei um die Eruierung der Faktoren, die tatsächlich einen Einfluss auf die kognitiven Leistungen des Rezipienten haben, und andererseits muss beachtet werden, welche Funktionen den Gestaltungskriterien von Seiten den TAGESSCHAU-Produzenten selbst zugeschrieben werden.

Zum ersten Punkt führt Brosius an, dass sich in verschiedenen Studien zum Verstehen und Behalten von Fernsehnachrichten drei Faktoren herauskristallisiert hätten, denen ein maßgeblicher Einfluss auf die kognitiven Leistungen des Rezipienten zugeschrieben wird. Zu diesen Einflussgrößen zählen: a) Faktoren bezüglich des Rezipienten, b) Faktoren bezüglich der Beziehung zwischen dem mitgeteilten Gehalt und dem Rezipienten sowie c) Faktoren bezüglich der Gestaltung der Nachrichtenbeiträge.[168] Es wird deutlich, dass der Gestaltung der Nachrichtenbeiträge zwar auch eine Mitwirkung an der Verstehens- und Behaltensleistung des Zuschauers zugeschrieben, dass aber auch angenommen wird, dass dieser Faktor nicht allein ausschlaggebend sein kann. Betrachten wir dazu die von Brosius genannten Faktoren etwas genauer: Der Punkt (a) umfasst insbesondere das jeweilige Vorwissen des Rezipienten sowie sein Interesse am Inhalt der Meldung. Je größer das Vorwissen des Zuschauers bezüglich eines bestimmten Themas ist, desto besser ist auch seine Verstehensleistung hinsichtlich einer entsprechenden Meldung in den Fernsehnachrichten. Auch der allgemeine Bildungsstand (die Art der Schulbildung), das Alter und das Geschlecht spielen eine Rolle ebenso wie die Art der Mediennutzung und die Motivation des Zuschauers, sich die jeweilige Sendung anzusehen.[169] „Ein Informationsbedürfnis und ein instrumentelles Verständnis von Nachrichten (Man kann daraus etwas für sich selbst lernen) erleichtern das Verstehen der angebotenen Informati-

---

[168] Vgl. Brosius, H.-B. (1990), S. 37. Auch Röhl spricht von einem ganzen Bündel von Ursachen, welches für die Erinnerungsleistung des Rezipienten verantwortlich sei. Dazu zählen z. B. auch der Bildungsstand des Zuschauers, sein Interesse am Thema der Nachricht und die Situation, in der er die Nachricht aufnimmt. Vgl. Röhl, H. (1992), S. 155. Lutz Goertz und Klaus Schönbach verweisen darüber hinaus in ihrer empirischen Untersuchung darauf, dass folgende Faktoren ebenfalls eine Rolle bezüglich des Verstehens und Behaltens von Fernsehnachrichten spielen können: die Regelmäßigkeit, mit der eine bestimmte Nachrichtensendung vom Rezipienten gesehen wird, das subjektive Gefallen einer konkreten Nachrichtensendung und die Aufmerksamkeit, mit der der Rezipient eine bestimmte Sendung verfolgt, ob die Sendung also eher neben anderen Tätigkeiten oder konzentriert verfolgt wird (dies entspricht dem Situationsfaktor, den Röhl anspricht). Vgl. Goertz, L. / Schönbach, K. (1998), S. 117 und 124.

[169] Vgl. Brosius, H.-B. (1990), S. 40.

on.“[170] Dieser Aspekt macht deutlich, dass die Intention des Zuschauers, die Berichterstattung der TAGESSCHAU als Zeugnis – also als Erkenntnisquelle – aufzufassen, Einfluss darauf hat, ob er die rezipierten Meldungen auch behält und versteht. Erst eine solche Intention macht es für den Zuschauer relevant, die Meldungen kognitiv zu verarbeiten. Will er sich vom Nachrichtenangebot lediglich unterhalten lassen, besteht für ihn nicht die Notwendigkeit, die Berichte aufmerksam zu verfolgen, um sich zu einem späteren Zeitpunkt wieder an sie erinnern zu können. Zwar besteht die Möglichkeit, dass der Rezipient *zufällig* etwas aus der Berichterstattung lernt, wenn er die Sendung nicht mit dieser Intention verfolgt, aber ein solcher Wissensgewinn wäre weder sicher noch steuerbar – weder von Seiten der Zeugnisgebers noch von Seiten des Rezipienten. Auch hier greift damit wieder das im ersten Teil der vorliegenden Untersuchung entwickelte dualistische Zeugniskonzept, denn ein Grund für dessen Entwicklung bestand u. a. in der Feststellung, dass ein Sprecher (in diesem Falle die TAGESSCHAU-Redakteure) zwar eine Mitteilung mit der Intention des Zeugnisablegens vorbringen könne, der Hörer (hier also der Rezipient der Fernsehnachrichten) die Äußerung aber trotzdem nicht als ein solches einstufen und verwenden muss.[171]

Eng damit zusammmen hängt der Faktor (b) der Beziehung zwischen dem Nachrichtengehalt und dem Rezipienten: „Meldungen, die subjektiv betroffen machen, für die der Rezipient sich interessiert, die er zu seinem eigenen Leben in Beziehung setzen kann, werden wesentlich besser verstanden als die übrigen Meldungen einer Sendung.“[172] Auch diese Feststellung stimmt mit dem Konzept des H-Zeugnisses überein. Denn es wurde gesagt, dass der Hörer im Normalfall eine Mitteilung eher als Zeugnis werten und als ein solches nutzen wird, wenn der mitgeteilte Gehalt für ihn selbst von Relevanz ist.

Der zweite Punkt, der für die Beurteilung des Gestaltungskriteriums der Verbindung zwischen Bild und Text im Hinblick auf die kognitiven Leistungen des Rezipienten eine Rolle spielt, besteht in der Funktion, welche die Medienproduzenten diesem Kriterium zuschreiben. Lutz Goertz und Klaus Schönbach halten zu diesem Aspekt fest, dass diesem Gestaltungsmerkmal von Fernsehnachrichten eine doppelte Funktion zukomme: Einerseits soll es zu einer Verbesserung der Verständlichkeit der gesendeten Nachrichten beitragen und damit die Informationsübermittlung unterstützen. Andererseits wird es aber auch dazu eingesetzt, das Angebot für die Zuschauer allgemein

---

[170]   Ebd., S. 40/41.
[171]   Vgl. die Ausführungen in Kap. 2.4 dieser Arbeit.
[172]   Brosius, H.-B. (1990), S. 41.

attraktiver zu machen, was u. a. heißen kann, die Beiträge *unterhaltender* zu gestalten. Für die Nachrichtenproduzenten gelte es nun, beide Aspekte sinnvoll miteinander zu verbinden, ohne dass die eine oder die andere Funktion benachteiligt werde.[173] In den bisherigen Ausführungen wurde bereits deutlich, dass eine zu starke Konzentration auf den unterhaltenden Charakter der Fernsehnachrichten ihrer Funktion als Zeugnis eher abträglich ist. Zum einen besteht die Gefahr, dass die Rezipienten die Nachrichtenbeiträge nicht mehr als Zeugnisse einstufen und daher auch nicht die kognitiven Leistungen erbringen, die die Nutzung einer Erkenntnisquelle erfordern. Zum anderen würde eine zu starke Orientierung am unterhaltenden Element der Meldungen auch auf Seiten der TAGESSCHAU-Redakteure dazu führen, dass sie selbst ihre Funktion als Zeugnisgeber nicht in adäquatem Maße erfüllen, da sie ihre Berichte nicht in der erforderlichen verständlichen Form präsentieren. Zwar ist die Frage, ob tatsächlich ein unmittelbarer Zusammenhang zwischen der visuellen Gestaltung der Meldung durch eine Bebilderung des Beitrags und der Verstehens- und der Behaltensleistung der Rezipienten besteht, in den Kommunikationswissenschaften umstritten[174], trotzdem zeigen verschiedene Studien, dass hinsichtlich der kognitiven Verarbeitung von Fernsehnachrichten der Art der Verbindung zwischen Bild und Text ein relevanter Anteil zukommt.

In dem Zusammenhang wurde die Problematik der „Text-Bild-Schere"[175] angeführt. Röhl hält dazu fest: „So wissen wir, daß bei den Zuschauern Nachrichtenfilme am besten im Gedächtnis haften bleiben, wenn Bild und gesprochenes Wort übereinstimmen und die Aussage noch durch ein Insert (Schrifteinblendung) unterstützt wird. Die reine Wortmeldung, vom Sprecher im Studio verlesen, hat weniger Aussichten, behalten zu werden."[176] In ganz ähnlicher Weise schreibt Brosius: „Text-Bild-Korrespondenz kann die

---

[173] Vgl. Goertz, L. / Schönbach, K. (1998), S. 111.

[174] Vgl. Brosius, B.-H. (1990), S. 38. Brosius diskutiert in diesem Kontext u. a., dass die Feststellung der Behaltens- und Verstehensleistung der Rezipienten von Fernsehnachrichten auch von der Art der angewandten Untersuchungsmethodik abhänge. D. h. unterschiedliche Verfahren der Wissensüberprüfung führen in den verschiedenen Studien auch zu unterschiedlichen Ergebnissen, so dass diese auf die jeweilige Untersuchungsmethode (z. B. gestützte vs. frei Wiedergabe der in den Nachrichten vermittelten Informationen durch den Rezipienten) relativiert werden müssen. Vgl. ebd., S. 41-43.

[175] Hickethier kommentiert diese Problematik kritisch. Er spricht von einem „Scheinproblem", da durch Bild und Wort je spezifische Informationen in den Fernsehnachrichten vermittelt würden, und es auf Grund der unterschiedlichen Medialität grundsätzlich keine Übereinstimmung des vermittelten Gehalts geben könne. Vgl. Hickethier, K. (1998), S. 199/200.

[176] Röhl, H. (1992), S. 155.

Informationsvermittlung in Fernsehnachrichten also optimieren. Dies gilt allerdings nur dann [...], wenn die Bilder eng an den Nachrichtentext angelehnt sind und diesen tatsächlich illustrieren. Standardnachrichtenbilder, die Aktualität und Authentizität suggerieren, den Text aber nicht unterstützen, haben keinen positiven Einfluß auf das Behalten. Ihre Funktion kann nicht in der Optimierung der Informationsvermittlung bestehen. Die Suggerierung von Aktualität und Authentizität der Nachrichten führt bei den Zuschauern möglicherweise dazu, daß sie die Nachrichten interessanter finden und deshalb bis zum Ende verfolgen. Für die Informationsleistung sind diese Sorte Bilder irrelevant."[177] Offenbar kommt es also darauf an, dass Bild- und Textinformation möglichst redundant präsentiert werden, damit tatsächlich eine Optimierung der Informationsübermittlung und damit des Verstehens und Behaltens von TAGESSCHAU-Berichten erzielt werden kann. Sind die beiden Informationsstränge innerhalb des Beitrags nicht in dieser Weise miteinander korreliert, können Nachrichtenbilder die Verstehens- und Erinnerungsleistung des Rezipienten dagegen sogar beeinträchtigen.[178]

Brosius und auch andere Medienwissenschaftler führen nichtsdestotrotz zwei verschiedene Erklärungsansätze an, warum Bilder zumindest für eine bessere Erinnerungsleistung der Rezipienten sorgen können: Auf der einen Seite wird davon ausgegangen, dass redundante Bildinformationen „eine zusätzliche Gedächtnisspur" zum Nachrichtentext erzeugen, da die Verarbeitung der Information sowohl das Sprach- als auch das Sehzentrum des Gehirns gleichermaßen anspricht. Stimmen Bild- und Textinformation überein, wird der Gedächtniseindruck damit stärker. Auf der anderen Seite kann die Bebilderung von Nachrichten die Aufmerksamkeit des Rezipienten erhöhen, so dass durch eine intensivere Auseinandersetzung mit der präsentierten Information auch die Erinnerungsleistung erhöht wird.[179]

Man kann also den Effekt der Nachrichtenbilder auf die kognitiven Leistungen des Zuschauers differenziert nach den Auswirkungen auf das Verstehen und auf das Behalten betrachten. Die Bebilderung von Nachrichtenbeiträgen kann unterschiedlich auf diese beiden kognitiven Leistungen wirken – insbesondere dann, wenn Bild- und Textinformation nicht übereinstimmen. „Bilder haben offensichtlich auf die oberflächliche Erinnerung an Themen einen größeren Einfluß als auf tiefergehende Verstehensprozesse."[180] Dies liegt sicherlich daran, dass über den visuellen Kanal bestimmte Informatio-

---

[177]   Brosius, H.-B. (1998), S. 222.
[178]   Vgl. Brosius, H.-B. (1990), S. 38.
[179]   Vgl. ebd., S. 39.
[180]   Ebd., S. 43.

nen besser vermittelt werden können als andere. „Offenbar werden nur die visuell illustrierten Orte, Personen und Sachverhalte besser behalten, die ja in der Regel die verbalen Informationen sind, die auch bebilderbar sind. Das Verstehen von Zusammenhängen, für die eine Bebilderung nur schwer möglich ist, wird nicht gefördert."[181] Weiter oben wurde darauf hingewiesen, dass viele Berichte über Ereignisse mit so genannten Standardnachrichtenbildern unterlegt werden, da die Geschehnisse selbst nur schwer in Bildern wiederzugeben sind. Ein Beispiel hierfür sind politische Entscheidungsprozesse. Zwar kann im Bild eine Parlamentsdebatte gezeigt werden oder auch Aufnahmen von Gebäuden, in denen staatliche Institutionen wie das Bundeskanzleramt lokalisiert sind, diese Bilder sagen aber nichts über den eigentlichen Inhalt aus. Der Rezipient wird sich nach der Betrachtung eines solchen Beitrags in der TAGESSCHAU eher daran erinnern, dass er das Bundeskanzleramt im Fernsehen gesehen hat. Er wird sich aber wahrscheinlich nicht daran erinnern, was darüber gesagt wurde, welche Entscheidung die Bundeskanzlerin gerade getroffen haben soll. Röhl spitzt diese Feststellung noch zu, wenn er schreibt: „Je fetziger Fernsehbilder daherkommen, desto mehr verdrängt das Gewicht des optischen Eindrucks das Verständnis der Worte. Der intellektuelle Erkenntnisprozeß geht mit dem emotionalen nicht Hand in Hand. Fernsehaufmerksamkeit bedeutet deshalb keineswegs auch zugleich Verständnis."[182] Nachrichtenbilder können also auch vom gesprochenen Text ablenken und damit das Verstehen der Meldung erschweren.

In der bisherigen Argumentation ist davon ausgegangen worden, dass die wesentlichen Informationen im Text der Nachrichten zu finden sind. Auf dieser Basis wurde die Forderung erhoben, dass die Bilder zum Text passen müssen. Brosius macht aber darauf aufmerksam, dass diese Lesart nicht die einzig mögliche ist. Es sei schließlich auch denkbar, dass dem Rezipienten die eigentlichen Informationen im Nachrichtenbild angeboten werden und nicht im Text. „Damit hat die empirische Forschung die Gewichtsverlagerung auf das Bild in zweierlei Hinsicht noch nicht nachvollzogen: Zum einen ist zu fragen, ob auf der Seite der Nachrichtenproduktion das Primat des Nachrichtentextes noch gilt. Sehen Journalisten nach wie vor den Nachrichtentext als die eigentliche Informationsquelle an? Zum anderen ist nach der Nachrichtenwirkung zu fragen. Beziehen Rezipienten die Informationen aus dem Text oder aus den Bildern, und um welche Art von Informationen handelt es sich?"[183] Dass die Nachrichtenredakteure den übermittelten

---

[181] Brosius, H.-B. (1998), S. 221.
[182] Röhl, H. (1992), S. 156.
[183] Brosius, H.-B. (1998), S. 216.

Bildern oftmals eine andere Funktion zuschreiben als die bloße Illustration des gesprochenen Textes werde nach Brosius auch dann besonders deutlich, wenn Bild- und Textinformation eben nicht übereinstimmen.[184] Funktionszwecke, die dann eine Rolle spielen können, bestehen z. B. in der Vermittlung von Authentizität und / oder Aktualität sowie in der Generierung von Interesse an der Meldung und in der Symbolhaftigkeit der Bilder.[185] Da auf die Funktion der Nachrichtenbilder noch genauer im Kapitel 5.3.4 eingegangen wird, soll es an dieser Stelle bei der Feststellung belassen bleiben, dass mit der Kombination von Wort und Bild im Nachrichtenbeitrag ein wesentliches Unterscheidungsmerkmal der telemedialen Berichterstattung zum paradigmatischen Fall des Zeugnisses anderer vorliegt, das nicht nur Auswirkungen im Hinblick auf die kognitiven Leistungen des Rezipienten hat, sondern auch Fragen dazu aufwirft, in Bezug auf welchen vermittelten Gehalt der Zuschauer den Bericht als Zeugnis verwendet bzw. ob er die Meldung überhaupt als Zeugnis wertet oder nicht. Dass diese Fragen nicht wie in einer normalen Gesprächssituation durch eine einfache kommunikative Interaktion der beteiligten Akteure gelöst werden können (also durch Nachfragen und das Angebot weiterer Erklärungen etc.), wird nachfolgend in der Analyse der besonderen Kommunikationssituation thematisiert, der die Fernsehnachrichten unterliegen.

5.2.4 Die Kommunikationsbedingungen der TAGESSCHAU

Betrachtet man die Berichterstattung der Fernsehnachrichten unter der Fragestellung ihres Zeugnischarakters genauer, ergeben sich insbesondere aus dem speziellen Verhältnis zwischen Sender und Empfänger eine Reihe von Fragen bezüglich des möglichen epistemischen Status solcher Berichte. Wie lässt sich diese besondere Kommunikationssituation deskriptiv fassen?

Im Vergleich zu Situationen der Face-to-Face-Kommunikation, dem paradigmatischen Fall testimonialer Akte, zeigen sich Unterschiede auf verschiedenen Ebenen des Kommunikationsprozesses. Diese betreffen die Anzahl der beteiligten Individuen[186], die Möglichkeit der Interaktion zwischen Sen-

---

[184] Vgl. ebd., S. 218/219.

[185] Vgl. ebd., S. 217. Weitere Funktionen von Nachrichtenbildern identifizieren auch Lutz Huth und Ulrich Schmitz in ihren empirischen Nachrichtenanalysen. Vgl. Huth, L. (1985), S. 132-135 und Schmitz, U. (1985).

[186] Üblicherweise werden in der Debatte um das Wissen aus dem Zeugnis anderer Situationen betrachtet, in denen *ein* Sprecher mit *einem* Hörer kommuniziert. Natürlich muss zugestanden werden, dass auch im Falle der Face-to-Face-Kommunikation Fälle auftreten können, in denen *ein* Sprecher *mehrere* Hörer adressiert z. B. im Rahmen von Vorträ-

der und Empfänger, die unterschiedliche organisatorische bzw. institutionelle Verfasstheit von Sender und Empfänger, die wechselseitige Unbestimmtheit der genauen Charakteristika des jeweiligen Kommunikationspartners für Sender und Empfänger – einschließlich der damit in der Kommunikationssituation verbundenen Zielsetzungen, Absichten, Interessen und Rahmenbedingungen.

Bereits der Ausdruck *Massen*medium zeigt an, dass ein wesentliches Charakteristikum des Fernsehens darin besteht, ein möglichst breites und umfangreiches Spektrum an Rezipienten mit den jeweils angebotenen Programmen anzusprechen. Prinzipiell jeder, der über ein entsprechendes Empfangsgerät verfügt bzw. Zugang zu einem solchen hat, kann an dem offerierten Informationsangebot der Sender partizipieren. Allerdings ist damit noch nicht gesagt, dass mit dieser notwendigen Zugangsvoraussetzung auch eine entsprechende Kommunikationssituation etabliert wird. Letztlich bleibt es eine Entscheidung des Empfängers, ob er an dem Angebot teilnehmen möchte, sprich, ob er sein Gerät auch einschaltet und das Angebot aktiv verfolgt. Ebenso bleibt die Auswahl aus dem vielfältigen medialen Angebot dem Rezipienten überlassen. Selbst die Einschränkung auf bestimmte Formate, wie z. B. der Nachrichtensendungen, und einen speziellen Markt beispielsweise aller Rezipienten in der BRD, die über einen Kabelanschluss verfügen, lässt noch ein breites Spektrum an unterschiedlichsten Informationsangeboten bestehen. Der Rezipient kann zwischen Sendungen auswählen, die nicht nur zu verschiedenen Tageszeiten, sondern auch von verschiedenen Sendern ausgestrahlt werden und sich hinsichtlich der Sendedauer, der Themenschwerpunkte und der Informationstiefe zum Teil deutlich voneinander unterscheiden. Beispielsweise umfasste im Jahre 2006 der Anteil politischer Meldungen an der Gesamtsendezeit einer Nachrichtensendung durchschnittlich 51 Prozent in der TAGESSCHAU, 41 Prozent in *ZDF-heute*, 24 Prozent in den *SAT.1 News* und nur 19 Prozent in *RTL aktuell*.[187]

Eine qualitative Lesart des Begriffs *Massenmedium*, welche auf eine Unterscheidung zwischen Medien für die Massen vs. solchen für die Elite ab-

---

gen etc. Demgegenüber ist es jedoch im Kontext telemedialer Berichte der Standardfall, dass die Nachrichtenproduzenten ein breites Publikum mit ihrem Angebot ansprechen wollen. Auch haben wir es in diesem Rahmen nicht mit *einem* Zeugnisgeber zu tun, sondern mit einer Vielzahl von Personen, die an der Erstellung einer Meldung im Regelfall beteiligt sind. Dies wurde im Zusammenhang mit den Produktionsbedingungen der TAGESSCHAU verdeutlicht.

[187] Vgl. Krüger, U. M. (2007), S. 60.

zielt,[188] lässt sich in der heutigen Medienlandschaft dagegen nicht mehr sinnvoll vertreten. Aktuelle Studien zeigen, dass unabhängig vom jeweils spezifischen Bildungsstand und sozialen Umfeld unter den genutzten Medien das Fernsehen und das Radio mit einigem Abstand vor allen weiteren Medienformen rangieren.[189]

Im Gegensatz zum klassischen Fall testimonialer Akte, wie er in der Debatte um das Wissen aus dem Zeugnis anderer verhandelt wird, verläuft somit die Berichterstattung der Fernsehnachrichten und damit auch der TA-GESSCHAU nicht interpersonell von Individuum zu Individuum. Vielmehr wird ein breites Massenpublikum von den Medienschaffenden mit ihrem Angebot angesprochen. Darüber hinaus ist auch die Seite des Senders dadurch gekennzeichnet, dass in der Analyse nicht wie im Falle direkter Kommunikation ein einzelner konkreter Sprecher als Verantwortlicher der Mitteilung ausgemacht werden kann. Vielmehr haben wir es mit komplexen, ausdifferenzierten, marktwirtschaftlich orientierten Produktionsgemeinschaften zu tun.[190] In diesem Sinne kann ein entsprechend asymmetrisches Verhältnis zwischen Sender und Empfänger konstatiert werden: Während die Senderseite sich durch einen komplexen Organisationsgrad auszeichnet, stehen demgegenüber auf Empfängerseite wenig bis gar nicht institutionell organisierte Individuen.[191]

Allerdings muss festgehalten werden, dass der *Eindruck*, den der Rezipient durch die Vermittlungsform der TAGESSCHAU-Nachrichten erhält, ein anderer ist. Durch die Person des Nachrichtensprechers, welcher in der 20.00-Uhr-Ausgabe der Sendung nach wie vor die Meldungen verkündet, wird suggeriert, dem Rezipienten säße tatsächlich ein individueller Gesprächspartner gegenüber, welcher ihm die entsprechenden Informationen vermittele. „Das Fernsehen suchte und fand den Mensch-zu-Mensch-Kontakt, die direkte Ansprache [...]."[192] Dieser Eindruck wird auch durch Inszenierungsrichtlinien

---

[188]   Auf eine solche Möglichkeit macht z. B. Wolf (2006) aufmerksam. Vgl. Wolf, C. M. (2006), S. 29.

[189]   Eine im Jahre 2006 durchgeführte Studie zum Informationsverhalten der Deutschen, in deren Rahmen bundesweit 1200 Personen im Alter ab 14 Jahren befragt wurden, ergab so z. B., dass gemessen an der Nutzungsdauer (mind. mehrmals pro Woche) das Fernsehen mit 95 Prozent und der Hörfunk mit 86 Prozent die am stärksten nachgefragten Medien waren. Diese klare Vorrangstellung dieser Medien wird auch nicht durch eine differenzierterer Betrachtung der Befragten nach ihrem Bildungsstand relativiert. Vgl. Blödorn, S. et al. (2006), S. 630/631.

[190]   Vgl. die Ausführungen in Kap. 5.2.2.4 dieser Arbeit.

[191]   Vgl. hierzu Wolf, C. M. (2006), S. 30.

[192]   Jaedicke, H. (2002), S. 107.

der Sendung, z. B. die statische Kameraeinstellung auf den Sprecher, verstärkt. „Die statische Körperhaltung der Sprecher, die direkte Zuschaueransprache und der frontale Blick zum Zuschauer suggerieren eine direkte, die Grenze zwischen Medium und Lebensraum des Zuschauers überschreitende Kommunikation."[193]

Seit März 1959 wird dieses Konzept der Nachrichtenvermittlung, in dem so genannte *Sprecher* die Meldungen verlesen, in der TAGESSCHAU genutzt.[194] Die Sprecher wechseln sich dabei im Wochenrhythmus ab. Benötigt werden für jede Ausgabe der Sendung mindestens zwei Sprecher, einer, der die Nachrichten im Studio vor der Kamera verliest, und einer, der die Nachrichtenfilme hinter der Kamera (im Off) kommentiert.[195] Für den Rezipienten sind sie das *Gesicht* der TAGESSCHAU. „Dagmar Berghoff und Co., die mit ihrem Kopf und ihrer Stimme die Nachrichten der *Tagesschau* »verkaufen«, gelten nach außen hin als die eigentlichen Macher dieser Sendung."[196] Die faktische Unpersönlichkeit der Nachrichtenvermittlung wird durch diese Gestaltungsart für den Rezipienten überspielt. Für ihn kehren, im Gegenteil, Abend für Abend vertraute Gesichter auf den Bildschirm zurück, die mit einem seriösen Erscheinungsbild in einer neutralen Weise die Meldungen des Tages verkünden.

Eine wesentliche Differenz zwischen Sender- und Empfängerseite besteht darüber hinaus in den *Motiven* für Angebot und Nachfrage von Fernsehnachrichten. Während die Nutzerseite durch eher *weiche* individuelle Faktoren wie das Bedürfnis nach Information oder Unterhaltung charakterisiert werden kann, zeichnet sich die Angebotsseite zumeist durch starke ökonomische Gesichtspunkte in ihrer Tätigkeit als Medienschaffende aus.[197] Die Nutzer

---

[193] Hickethier, K. / Bleicher, J. K. (1998), S. 372/373.

[194] Vgl. Jaedicke, H. (2002), S. 105. Hier findet sich auch eine Liste der verschiedenen Sprecher der TAGESSCHAU von der ersten Versuchsphase 1951 bis zum Programm von 2001. Vgl. ebd., S. 217/218.

[195] Vgl. ebd., S. 131.

[196] Röhl, H. (1992), S. 48.

[197] Bei der Untersuchung der Nachrichtensendungen der audiovisuellen Massenmedien muss natürlich genauer zwischen den privaten und den öffentlich-rechtlichen Sendeanstalten unterschieden werden. Zumindest dem Grundsatz nach sollten die ökonomischen Erwägungen im Umfeld der öffentlich-rechtlichen Sendeanstalten eine weniger dominante Rolle spielen, als dies für ihre Konkurrenten der privaten Sender der Fall ist. Weitere Aspekte wie eine Grundversorgung der Nutzer mit Informationen, wie sie sich aus dem Konzept der öffentlich-rechtlichen Sender ergibt, sollten für erstere von höherer Relevanz sein. Nichtsdestotrotz sind entsprechende Überlegungen aber auch im Zusammenhang mit den öffentlich-rechtlichen Sendern anzustellen. Schließlich hängt die Legitimierung der Erhebung und Zuteilung von Rundfunkgebühren, aus denen sie

der Medien müssen in diesem Sinne auch als deren *Kunden* betrachtet werden, was wiederum Auswirkungen auf die Gestaltung des Informationsangebots hat. Die Orientierung an den (vermeintlichen) Interessen der Nutzer, um unter ökonomischen Gesichtspunkten eine möglichst effektive Kundenbindung zu ermöglichen, erfolgt dabei auf der Basis verschiedener Faktoren:

a) Zum einen gilt es, Themen von übergreifendem öffentlichem Interesse zur Verfügung zu stellen. Ein Beispiel hierfür wäre u. a. die Berichterstattung über die Fußball-Weltmeisterschaft in Deutschland im Jahre 2006.[198]

b) Zum anderen geht es darum, zielgruppengerechte Informationen zu verbreiten. Dies beinhaltet insbesondere eine bevorzugte Berichterstattung über landesspezifische Themenstellungen, da natürlicherweise hier ein stärkerer Bezug zum angesprochenen Publikum besteht als bei internationalen Meldungen, bei welchen kein unmittelbarer Bezug zum jeweiligen Lebensumfeld der Zielgruppe vorhanden ist. Beispielsweise werden so in den TAGESSCHAU-Berichten eher ausländische Konflikte thematisiert, bei welchen die Frage nach einer Beteiligung der deutschen Bundeswehr an humanitären Missionen etc. eine Rolle spielt, als solche, welche völlig unabhängig sind von politischen Entscheidungen in der Bundesrepublik oder von internationalen Gremien, in denen deutsche Politiker vertreten sind. Auch Udo M. Krüger hält fest, dass eine Relation zwischen der Sendung eines Beitrags und dessen Relevanz der beschriebenen Art für den deutschen Durchschnittszuschauer für die Berichterstattung des Jahres 2006 der deutschen Fernsehnachrichten festgestellt werden kann: „Die Berichterstattung über internationale Politik (8 375 Min) nahm 2006 etwa ebenso viel Raum ein wie die über deutsche Politik. Die Bedeutung der internationalen Politikberichterstattung erklärt sich zum einen aus der Verflechtung nationaler Politik in globale Zusammenhänge und dem wachsenden Einfluss internationaler und supranationaler Institutionen. [...] Aber auch in den Nachrichten der deutschen Sender gewinnen internationale Politikthemen umso mehr an Bedeutung, je größer die Be-

---

finanziert werden, auch davon ab, ob ihr Angebot überhaupt auf eine adäquate Nachfrage trifft. Zu den Auswirkungen der Orientierung der öffentlich-rechtlichen Sender am Kriterium der Einschaltquote vgl. auch Lebert, S. / Willeke, S. (2009), S. 13-17.

[198]   Auf die Berichterstattung über dieses Ereignis wurde in den Nachrichtensendungen der öffentlich-rechtlichen und der privaten Sendeanstalten im Jahr 2006 am meisten Sendezeit verwendet. Vgl. Krüger, U. M. (2007), S. 73.

teiligung deutscher Politik an globalen Wirtschaftsprozessen sowie durch Präsenz in Kriegs- und Krisenregionen wird."[199]

c) Außerdem können die TAGESSCHAU-Produzenten aber auch neue Interessen bei ihren Rezipienten forcieren und nicht nur auf vermeintlich bestehende Strömungen innerhalb der Zielgruppen reagieren.[200] Was kann in dieser Hinsicht das Interessante einer Meldung ausmachen – also den Aspekt, der dazu geeignet ist, die Aufmerksamkeit der Nutzer im vielfältigen Angebotsmarkt zu gewinnen und zu halten? Einerseits spielt hier die altbekannte Maxime *bad news are good news* eine entscheidende Rolle. Die Berichterstattung über Konflikte, Krisen, Kriege, Naturkatastrophen etc. ist meist besser dazu geeignet, Interesse – v. a. via Betroffenheit – bei den Rezipienten hervorzurufen als positive Meldungen. Dies hängt andererseits damit zusammen, dass bei diesen Themenkomplexen der Einsatz von Bildmaterial eine größere Rolle spielt, was den Unterhaltungswert solcher Meldungen als Beiträge der audiovisuell ausgestrahlten TAGESSCHAU deutlich erhöht. Diese Steigerung des Unterhaltungswerts der Meldungen durch die Verfügbarkeit integrierbaren Bildmaterials lässt sich auch an der Art und Weise der Berichterstattung der privaten Sender, die wesentlich stärker am Unterhaltungseffekt der Meldungen ausgerichtet sind als die öffentlich-rechtlichen Sender[201], über das internationale Geschehen ablesen: „Geht es um Konfliktgeschehen, visualisierbare Krisen- oder Bedrohungsereignisse, beteiligen sich auch die privaten Nachrichten an der internationalen Berichterstattung vergleichsweise umfangreich. Geht es dagegen um nichtaktionistisches Konfliktgeschehen in symbolischer oder verbaler Präsentation, das wenig visuelles Reizpotenzial enthält, aber in vielen Fällen Hintergrundinformationen zum Verständnis erfordert, fällt der Umfang der Berichterstattung in den privaten Nachrichten geringer aus."[202] Das verwendete Bildmaterial, v. a. in Form von Filmsequenzen, stellt ja gerade das entscheidende Charakteristikum der Fernsehnachrichten im Vergleich zu anderen Informationsangeboten (z. B. Berichten in Tageszeitungen oder im Radio) dar.

---

[199] Krüger, U. M. (2007), S. 69.

[200] Meckel und Kamps unterscheiden darüber hinaus auch zwischen „Ereignissen" und „Pseudo-Ereignissen", die die Grundlage einer Berichterstattung bilden können, „[...] zwischen Vorgängen also, die „unabhängig" vom Journalismus existieren und solchen, die durch die Chance auf Medienberichterstattung erst entstehen." Meckel, M. / Kamps, K. (1998), S. 18.

[201] Vgl. Krüger, U. M. (2007), S. 59/60 und 72/73.

[202] Ebd., S. 70.

Schwierigkeiten für die TAGESSCHAU-Redakteure ergeben sich in diesem Umfeld insbesondere dann, wenn zu einem bestimmten Thema eine Langzeitberichterstattung durchgeführt werden soll, wie z. B. im Rahmen des Zweiten Golfkrieges im Jahre 1991 oder des Kosovo-Konfliktes 1998. Ist ein solches Ereignis erst einmal zu einem Gegenstand des öffentlichen Interesses geworden und wird die Berichterstattung mit dem Anspruch einer gewissen Dramaturgie durchgeführt, führt der Druck der Live-Nachrichten häufig dazu, dass die Medienschaffenden ihrem eigenen Anspruch nicht mehr gerecht werden können. Eine unveränderte Sachlage in einem politischen Geschehen – mag es allgemein auch noch so dramatisch sein – bedeutet auch, dass keine interessanten Meldungen generiert werden können, und dass v. a. keine neuen Bilder entstehen, die gesendet werden können.

Als Ursache hierfür kann eine Reihe unterschiedlicher struktureller Faktoren bei der Medienproduktion angesehen werden. Ramonet fasst einige von diesen, die in direktem Zusammenhang mit der Problematik der Live-Berichterstattung stehen, wie folgt, zusammen: „Der »Zeuge« wird in der *Live*-Ideologie zum absoluten Wert erhoben, und folglich soll jeder Journalist zu einem Zeugen werden. Er wird an fremde Orte geschickt, deren Sprache er nicht spricht und deren sozio-politischen Kontext, deren Geschichte und deren Kultur er nicht kennt, und kaum ist er dort angekommen, nimmt sein Sender schon Kontakt zu ihm auf und fragt ihn nach seinen ersten, spontanen Eindrücken.‟[203]

Neben dieser Orientierung am vermeintlichen Unterhaltungswert einzelner Meldungen können zum anderen Interessenschwerpunkte durch die Medien auch in dem Sinne selbst geschaffen werden, dass sich die verschiedenen Anbieter an den Themengebieten der Berichte konkurrierender Anbieter orientieren. Ramonet formuliert diese Tatsache etwas ironisch folgendermaßen: „Der Nachahmungseffekt ist eine Art Fieber, das die verschiedensten

---

[203] Ramonet, I. (1999), S. 42. Bettina Gaus, Korrespondentin der „tageszeitung‟ für Zentral- und Ostafrika, schildert dieses Phänomen anschaulich an einem Beispiel aus der somalischen Stadt Belet Huen im Frühjahr 1993. Zusammen mit einem Bundeswehrkontingent treffen in dieser Zeit verschiedene Reporter in der Stadt ein, die von ihren Redaktionen damit beauftragt wurden, über den Einsatz der Bundeswehr in Somalia zu berichten. Gaus beschreibt, wie sie sich diesem „Medientross‟ anschließt und die falsche Wahrnehmung der Sachlage bei den ortsfremden Medienvertretern erlebt. „Die eigene Erwartungshaltung, verknüpft mit dem Anblick des Unbekannten. In somalischen Kleinstädten und Dörfern sitzen Straßenverkäuferinnen meist am Boden oder allenfalls auf einem niedrigen Hocker. Das hatte ursprünglich gewiss etwas mit Armut zu tun, ist aber inzwischen ganz einfach Tradition. Wer jedoch daran gewöhnt ist, dass ein Markt aus festen Ständen besteht, dem genügt bereits diese scheinbar karge Ausstattung als Indiz für die Richtigkeit seiner vorgefassten Meinung.‟ Gaus, B. (2004), S. 22.

Medien plötzlich überfällt und sie allein aufgrund der Tatsache, dass die anderen Medien, namentlich die Qualitätsmedien, einem (beliebigen) Ereignis große Bedeutung beimessen, dazu treibt, loszustürmen, um über dasselbe Ereignis zu berichten."[204] Ähnliche Beobachtungen hinsichtlich der Arbeitsbedingungen der Medienschaffenden schildert auch Bettina Gaus: „Kein Redakteur bekommt Ärger, weil er eine Idee für eine originelle Reportage oder einen aufrüttelnden Bericht nicht gehabt hat, auf die sonst niemand gekommen ist. Aber es kann ziemlich große Probleme nach sich ziehen, wenn eine Meldung nicht in der Zeitung steht, die alle anderen für wichtig gehalten haben. [...] Wer Nachrichten hört oder liest, will sich informieren – und als informiert gelten. Zusatzleistungen werden erfreut registriert. Die Grundversorgung mit Berichten über die Themen, die auch überall sonst vorkommen, wird jedoch als selbstverständlich vorausgesetzt."[205]

Die Sichtweise vieler TAGESSCHAU-Redakteure, ihre Rezipienten primär als Kunden zu betrachten, führt damit dazu, ihr Angebot gemäß den (vermeintlichen) Anforderungen und Erwartungen ihrer Empfänger zu gestalten. Bisher wurde eine Reihe von Faktoren angesprochen, die für eine solche Gestaltung der thematischen Ausrichtung der Berichterstattung relevant sind bzw. sein können. Es zeigte sich, dass die Medienschaffenden sich hierbei sowohl von einem öffentlichen Interesse für bestimmte Themen leiten lassen, als auch das Interesse für andere Themen selbst erst konstituieren. Darüber hinaus wurde deutlich, dass insbesondere auch die Orientierung und die Interaktion der Medien untereinander zur Herausbildung bestimmter Schwerpunkte in der Berichterstattung führen.

Zu den Kommunikationsbedingungen der TAGESSCHAU gehört darüber hinaus die Art der Interaktion zwischen Sender und Empfänger im Prozess der Informationsübermittlung. Im Bereich der Fernsehnachrichten handelt es sich bei der fraglichen Kommunikationssituation vorwiegend um eine unidirektionale Informationsübermittlung mit Hilfe eines technischen Mediums.[206] Das Fernsehen steht damit im Gegensatz zu anderen Medienarten, die eine (inter)aktive bzw. aktivere Nutzung ermöglichen. Die Rolle des Fernsehrezipienten besteht in erster Linie in jener eines passiven Konsumen-

---

[204] Ramonet, I. (1999), S. 25.

[205] Gaus, B. (2004), S. 54/55.

[206] Natürlich besteht die Möglichkeit, dass ein Zuschauer nach einer Sendung sich mit den Programmverantwortlichen per Telefon oder postalisch in Verbindung setzt, um diesen etwas mitzuteilen. Solche Zuschauerreaktionen erfolgen aber zumeist außerhalb des Mediums *Fernsehen*, weshalb die Informationsvermittlung im Allgemeinen ausschließlich vom Sender zum Empfänger verläuft und nicht umgekehrt.

ten.[207] Mangels einer direkten Rückkopplung sind sich Sender und Empfänger wechselseitig unbekannt. Wenn überhaupt, sind sie für einander auf Seiten des Senders nur über Marktforschungsergebnisse[208] oder auf Seiten des Empfängers durch die Berichterstattung über die Produktionsprozesse der Medien zugänglich. Die oben beschriebene *Annahme* bzw. *Konstruktion* von Nutzerinteressen durch die TAGESSCHAU-Redakteure kann als unmittelbares Resultat dieser einseitigen Kommunikation begriffen werden.

Die Informationsübermittlung durch das Fernsehen erfolgt darüber hinaus auch unspezifisch. Dieses Massenmedium zeichnet sich dadurch aus, dass die Produzenten von Sendungen das Anliegen verfolgen, ihre Informationen möglichst breit zu streuen. Das bedeutet auch, dass der Rezipient sich bei Interesse an einem bestimmten Thema aus dem breit gefächerten Angebot die für ihn relevanten Informationen heraussuchen muss. Insbesondere die Art und Weise der Einbindung einzelner Beiträge im Gesamtangebot der TAGESSCHAU macht es für den Zuschauer schwierig, gezielt die für ihn relevanten Informationen abzurufen. Zwar lassen sich auch hier bestimmte Grundstrukturen der Sendungen feststellen, z. B. die relativ feste Abfolge von allgemeinen Meldungen, der Berichterstattung zu Sportereignissen und dem Wetter in den Fernsehnachrichten der öffentlich-rechtlichen Sender, allerdings kann nicht im Vorwege bestimmt werden, zu welchem genauen Zeitpunkt und ob überhaupt ein bestimmtes Thema, welches den Rezipienten interessiert, in den Nachrichten behandelt werden wird. Ein *gezieltes Suchen* nach Informationen, wie es insbesondere im Internet möglich ist, ist in den Fernsehnachrichten daher ausgeschlossen. Der Rezipient muss vielmehr die gesamte Sendung verfolgen, um herauszufinden, ob etwas Relevantes für ihn unter den Meldungen dabei war. Wie die Ausführungen zum „Kontrollsehen" gezeigt haben, heißt das aber nicht, dass der Rezipient nicht trotzdem eine Auswahl hinsichtlich der Meldungen treffen kann, die ihn interessieren und die er sich auch merkt.[209]

Die besondere Relevanz der Aktualität der Beiträge kann darüber hinaus dazu führen, dass kurzfristig anderen Themen ein sehr viel größerer Raum

---

[207]   Sicherlich gibt es einige Sendeformate, die so angelegt sind, dass sie mit diesem klassischen Konzept brechen. Sie bilden allerdings noch immer die Ausnahme. Vgl. hierzu die Ausführungen in Kap. 5, Fußnote 6 dieser Arbeit.

[208]   Evtl. können sie noch auf die Ergebnisse von Zuschauerumfragen zurückgreifen, wie sie beispielsweise in der Zeitschrift „Media Perspektiven" veröffentlicht werden, die im Auftrag der Arbeitsgemeinschaft der ARD-Werbegesellschaften herausgegeben wird. Vgl. http://www.media-perspektiven.de/mp_ueber_uns.html, eingesehen am: 01. März 2009.

[209]   Vgl. Kap. 5.2.3.1 dieser Arbeit.

innerhalb der Gesamtsendezeit zur Verfügung gestellt wird. Auf Grund dieses Umstand und der Tatsache, dass die meisten Einzelberichte von nur geringem zeitlichem Umfang innerhalb der Gesamtsendung sind, wird der Rezipient sich üblicherweise, wie bereits angemerkt, die gesamte Ausgabe der TAGESSCHAU ansehen. Dabei erhält er zusätzlich eine Vielzahl weiterer nicht angeforderter, komprimierter Informationen. Diese zusätzlichen Informationen rekurrieren auf die laufende Medienberichterstattung zu anderen Themen bzw. stellen neue Ausgangspunkte einer weiteren Berichterstattung dar, wenn ein Thema gerade neu in den Medien aufgegriffen wurde.

Im Folgenden gilt es nun zu klären, welche Auswirkungen ein solches Verhältnis zwischen Sender und Empfänger auf die Beurteilung der Berichterstattung der TAGESSCHAU als Zeugnis haben kann.

5.2.4.1 Auswirkungen der Kommunikationsbedingungen auf den Zeugnischarakter der telemedialen Berichterstattung

Ein wichtiger Faktor, welcher die bisherige Subsumierung der Berichterstattung der TAGESSCHAU unter der Kategorie des Zeugnisses anderer sicherlich begünstigt hat, besteht in der besonderen Präsentationsform der Meldungen mit Hilfe eines Nachrichtensprechers. Dieses Gestaltungskonzept ermöglicht damit auch eine Personalisierung der Fernsehnachrichten. Viele Sprecher sind über einen langen Zeitraum bei der TAGESSCHAU beschäftigt. Rezipienten, welche die Sendung regelmäßig verfolgen, sehen daher immer wieder dieselben Akteure vor der Kamera. Diese Kontinuität der Sprecherpersonen in der Sendung, verbunden mit der Tatsache, dass Nachrichtensprecher selbst zunehmend zum Gegenstand von Prominentenberichten werden[210], wirkt unmittelbar auf der psychologischen Ebene des Rezipienten, indem so der Eindruck einer persönlichen Bekanntschaft mit der Person des jeweiligen Nachrichtensprechers entsteht. Es sind nicht Fremde, die die Nachrichten verkünden und die sich in bestimmten Strukturen bewegen, stattdessen sieht der langjährige Rezipient in ihnen vielmehr bekannte Personen. Auf diese Weise entsteht eine Analogie zu einem persönlichen Vertrauensverhältnis.

---

[210] Beispiele wären die öffentlichen Debatten, die über das Verhalten der Sprecherinnern Susan Stahnke (im Hinblick auf die Veröffentlichung von Aktfotos) und Eva Herman (bezüglich der Veröffentlichung ihres Buches und der darin geäußerten Auffassung über die Rolle der Frau in der Gesellschaft etc.) geführt wurden.

Unterstützt wird das auf diese Weise konstruierte Vertrauen der Rezipienten in die Nachrichtensprecher als vermeintlich unmittelbares Gegenüber in dieser Kommunikationssituation darüber hinaus durch das seriöse Auftreten der Sprecher.[211] Nicht nur das Erscheinungsbild der Sprecher ist dabei so gewählt, dass es Ernsthaftigkeit und Glaubwürdigkeit ausstrahlt, auch der Vortragsstil ist entsprechend geprägt.

Eine Identifizierung der Nachrichtensprecher als vermeintliche Kommunikationspartner durch den Rezipienten hat natürlich Konsequenzen für die Betrachtung der telemedialen Berichterstattung als testimonialem Akt. Nachrichtensprecher sind letztlich *nur ein* Glied in einer testimonialen Kette, sie sind nicht selbst Zeugen des Geschehens gewesen, über das sie berichten, werden von den Rezipienten vielfach aber als solche angesehen. „Die Nachrichten werden nicht von Redakteuren moderiert, sondern von Sprechern vorgetragen. [...] Sie sind keine Redakteure oder Moderatoren, sie verlesen Nachrichten, die von anderen geschrieben werden."[212] Die geschilderten Produktionsbedingungen der TAGESSCHAU haben deutlich gemacht, dass es verfehlt wäre anzunehmen, die gesendeten Berichte kämen tatsächlich immer aus erster Hand. Die Materialien der Meldungen stammen vielfach von Agenturen oder aus anderen fremden Quellen, setzen sich aus Komponenten mit unterschiedlicher Herkunft zusammen, und der Nachrichtensprecher hat an ihrer inhaltlichen Entstehung überhaupt keinen Anteil, wie das nachfolgende Zitat von Röhl zeigt: „In der Redaktion spielen die *Tagesschau*-Sprecher kaum eine Rolle. Sie sind alle freie Mitarbeiter, kommen kurz vor der Sendung, holen die Manuskripte ab und gehen sie noch einmal mit dem zuständigen Redakteur durch. Stilistische Anregungen werden akzeptiert, redaktionelle Mitsprache haben sie nicht und wollen sie auch gar nicht haben. Sie nehmen auch nicht an Redaktionskonferenzen teil."[213] Nachrichtensprecher berichten nur darüber, was andere ihnen mitgeteilt haben, wobei die Herkunft der Meldungen durchaus kritisch zu betrachten ist. Die Person des Nachrichtensprechers als einzige Quelle der Glaubwürdigkeit der TAGES-SCHAU-Berichte zu bewerten, erscheint daher problematisch. Der Zuschauer kann sich nicht allein darauf verlassen, die Berichterstattung der TAGES-SCHAU dann für wahrheitsgetreu halten zu können, wenn ihm keine Anzeichen für ein unglaubwürdiges Verhalten bei der Person des Nachrichtensprechers auffallen. Gestik, Mimik, Tonfall und Erscheinungsbild des Sprechers sind in diesem Sinne nicht aussagekräftig, da es zum Beruf des Nachrich-

---

[211] Vgl. Röhl, H. (1992), S. 47.
[212] Ebd.
[213] Ebd., S. 47/48.

tensprechers als einem öffentlichen Akteur vor einer Fernsehkamera gehört, entsprechend *glaubwürdig* zu *wirken.*

Die Einstufung der telemedialen Berichte als Zeugnisse glaubwürdiger Personen auf der Basis der Beurteilung der Nachrichtensprecher sollte auch deshalb kritisch betrachtet werden, da es sich bei der Personalisierung der Berichterstattung um eine bewusste Strategie der Produzenten der TAGES-SCHAU handelt, die Glaubwürdigkeit ihrer Berichte zu erhöhen. Dieses Präsentationskonzept wird nämlich nicht allein bei der Verlesung der Meldungen im Studio verwendet, sondern ebenso bei Reportagen von den Orten des Geschehens. Hier ist es der Reporter, der für die nötige persönliche Komponente Sorge trägt. „Der Auftritt des Reporters im Bild kann auch deshalb erwünscht sein, weil auf diese Weise ein persönlicher Bezug zur Nachricht hergestellt wird. Der Korrespondent spricht unmittelbar zum Zuschauer: So entwickelt sich auch eine personale Beziehung zwischen Reporter und Rezipient. Der Korrespondent im »On« stellt außerdem unter Beweis, daß er vor Ort ist. Er läßt den Zuschauer unmittelbar am Geschehen teilhaben. Der Aufsager aus der Kulisse verleiht dem Bericht Authentizität und damit Glaubwürdigkeit."[214] Eine solche Präsentation kann Anlass für eine verfehlte (wenn wohl auch seitens der Produzenten gewünschte) Verallgemeinerung durch den Rezipienten sein: Wenn in einigen Berichten durch das Auftreten des Reporters vor der Kamera verdeutlicht wird, dass dieser beim berichteten Ereignis direkt vor Ort war, somit also selbst gesehen hat, was er dem Rezipienten mitteilt, liegt es nahe anzunehmen, dass dies grundsätzlich für alle Berichte der TAGESSCHAU vorausgesetzt werden kann. Dass dies jedoch nicht der Fall ist, dass vielmehr der umgekehrte Fall gilt, also selbstgedrehtes Material auf Grund der begrenzten personalen Ressourcen eher selten Verwendung findet, wurde in der obigen Darstellung der Produktionsbedingungen gezeigt. Deutlich wird damit, dass in der Analyse telemedialer Berichte als Form testimonialer Akte trotz der scheinbaren Analogie zum paradigmatischen Fall des Zeugnisses anderer die besonderen Produktionsbedingungen der TAGESSCHAU nicht ausgeblendet werden dürfen.

Darüber hinaus wurde im Zuge der Thematisierung des Verhältnisses zwischen Sender und Empfänger von Fernsehnachrichten auch gezeigt, dass diese Kommunikationssituation durch besondere Charakteristika geprägt ist, die im paradigmatischen Fall testimonialer Akte nicht vorherrschen. Ein Analogieschluss zum paradigmatischen Fall wäre demnach zumindest verfrüht. Zu den besonderen Merkmalen zählt insbesondere der quantitative Unterschied. Nachrichtensendungen werden von einer Produktionsgemeinschaft erstellt

---

[214] Ebd., S. 91.

und von einem breiten Massenpublikum rezipiert. Für die Beurteilung des
medialen Kommunikationspartners durch den Rezipienten sollten zwei Faktoren eine Rolle spielen: Zum einen handelt es sich bei den gesendeten Meldungen nicht um das Wort eines einzelnen Augenzeugen. Der Bericht ist
vielmehr Ergebnis einer testimonialen Kette, die sich aus der kooperativen
Erstellung einer Nachrichtensendung ergibt. Zum anderen fließen in einem
Bericht (insbesondere in längeren Filmbeiträgen) Informationen aus unterschiedlichen Quellen, also von unterschiedlichen Zeugnisgebern zusammen.
Dies kann zwar in einigen Fällen die Glaubwürdigkeit der Meldung erhöhen,
wenn z. B. zur Überprüfung des Wahrheitsgehalts einer Nachricht durch den
TAGESSCHAU-Redakteur mittels Recherche verschiedene, unabhängige Informationsquellen zu Rate gezogen wurden. In anderen Fällen kann es aber
auch den gegenteiligen Effekt haben. Beispielsweise wenn Filmmaterial verwendet wird, dessen Vertrauenswürdigkeit nicht klar ist, und mit sendereigenen Kommentaren versehen wird.

Die Ausrichtung auf ein Massenpublikum hat ferner Auswirkungen auf
die Entscheidung der Nachrichtenproduzenten darüber, was für ihr Publikum
von Relevanz ist. „Wenn man Fernsehnachrichtenjournalisten nach den Kriterien für ihre Themenauswahl befragt, dann verweisen sie immer wieder auf
die Bedürfnisse, die sie beim Publikum vermuten. [...] Dabei umfasst das Publikum breite Bevölkerungsschichten, denn die TAGESSCHAU hat kein von
Vornherein ausgewähltes Zielpublikum sondern richtet sich an alle Fernsehzuschauer."[215] Da Sender und Empfänger einander unbekannt sind, sind die
TAGESSCHAU-Redakteure eher auf Vermutungen bezüglich der Interessen
ihrer Rezipienten angewiesen, denn auf tatsächliches Wissen davon. In den
obigen Ausführungen wurde gezeigt, inwiefern die Nachrichtenproduzenten
auf diese unsichere Ausgangsbasis ihrer Relevanzentscheidungen reagieren,
d. h. welche Strategien zur Themenwahl ihnen trotzdem zur Verfügung stehen. Schäfer hält dazu fest: „Nachrichten sollen nach allgemeiner Auffassung ein Publikum sachlich, ausgewogen, neutral, objektiv usw. über Dinge
informieren, die dieses Publikum betreffen. Dabei ist dieses Publikum nicht
spezifiziert, sondern umfasst sozusagen das ganze Staatswesen der Bundesrepublik Deutschland, d. h. alle Bürger. Mit anderen Worten: Nachrichten
sollen eine universell gültige Wahrheit liefern."[216] Bei diesem Punkt gilt es
nun Folgendes zu beachten: Hinsichtlich des paradigmatischen Falls testimonialer Akte wurde gesagt, dass eine Bedingung auf Seiten des Sprechers
(S) darin bestehe, dass S Einfluss auf das Überzeugungssystem des Hörers

---

[215]   Schäfer, S. (2007), S. 179.
[216]   Ebd., S. 29.

(H) auf verschiedene Art und Weise nehmen wolle: Entweder, indem er eine neue Proposition mitteilt, oder H durch die Mitteilung zur Revidierung einer bestehenden Überzeugung bringt oder H in einer bestehenden Überzeugung bestärkt oder H durch die Mitteilung zur Aufgabe einer bestehenden Meinung bewegt. Ist dem Zeugnisgeber wie im Falle der telemedialen Berichterstattung sein Empfänger jedoch unbekannt, kann er zwar auch diese Bedingung erfüllen, handelt aber auf der Basis von Vermutungen und nicht auf Grund von Hintergrundwissen über den Empfänger.

Dem Aspekt, dem Rezipienten etwas Neues mitzuteilen, versuchen die Produzenten der TAGESSCHAU durch die Aktualität ihrer Nachrichten nachzukommen. Allerdings können sie bei diesem Punkt nicht sicher sein, ob ihre Zuschauer die fragliche Information nicht doch schon durch andere Medien erfahren haben. Ebenso unsicher ist es, ob es den Redakteuren der TAGES-SCHAU gelingt, den Zuschauer durch ihre kontinuierliche Berichterstattung zu einem Thema in einer Meinung zu bestärken. Schließlich kann in diesem Fall nicht sichergestellt werden, dass der Rezipient die laufende Berichterstattung tatsächlich auch stetig verfolgt und in diesem Sinne über die relevante Information auch bereits verfügt.

Ein weiterer Unterschied zwischen der telemedialen Berichterstattung und dem paradigmatischen Fall des Zeugnisses anderer besteht in der Distanz zwischen den Kommunikationspartnern und damit in der Möglichkeit zur Interaktion. Fernsehnachrichten erreichen den Rezipienten vermittels eines technischen Mediums, das keine Rückmeldung bezüglich der gesendeten Inhalte vorsieht (vom Umschalten auf andere Programme einmal abgesehen). D. h. der Zuschauer hat nicht die Möglichkeit, direkt nachzufragen, wenn ihm eine bestimmte Information unklar geblieben ist, und dadurch evtl. gezielt weitere Informationen zu erhalten.[217] Eine normale Gesprächssituation würde demgegenüber eine solche Möglichkeit zulassen.

Außerdem muss berücksichtigt werden, dass die Berichterstattung der TA-GESSCHAU ein Informations*angebot* an den Rezipienten darstellt. Da es sich um keine direkte Kommunikationssituation handelt, also keine unmittelbare Interaktion zwischen Sender und Empfänger stattfindet, ist seitens der TAGESSCHAU-Produzenten auch nicht automatisch sicherzustellen, dass ihr

---

[217] Meckel und Kamps sprechen hier auch von einem „Ablaufzwang", d. h. der Zuschauer hat keinen Einfluss auf den kontinuierlichen Informationsfluss, der ihn durch die Fernsehnachrichten erreicht. Er kann die Sendung nicht an einer Stelle anhalten oder zurückspulen, wenn er etwas nicht richtig verstanden hat (es sei denn natürlich, er hat die Sendung auf Video oder DVD aufgezeichnet, was allerdings nicht den Normalfall darstellen dürfte). Vgl. Meckel, M. / Kamps, K. (1998), S. 21.

Angebot auch tatsächlich genutzt wird. Dem Rezipienten steht es vielmehr offen, die Sendung zu verfolgen oder auch nicht oder sich lieber durch andere Nachrichtensendungen der Konkurrenz zu informieren etc. Und auch wenn er sich dazu entschlossen hat, die TAGESSCHAU als Informationsmedium zu nutzen, heißt das nicht, dass er zwangsläufig die gesamte Sendung verfolgen muss. Vielleicht interessiert ihn auch bloß der Wetterbericht am Schluss der Sendung, und er schaltet bewusst erst zu diesem Zeitpunkt ein. Diese Möglichkeit der Auswahl und somit der individuellen Zusammenstellung des gewünschten Informationsangebots durch den Rezipienten lässt sich leichter mit einem Konzept des Zeugnisbegriffs erfassen, welcher nicht auf die Perspektive des Sprechers eingeengt ist, sondern ebenso die Anforderungen auf Seiten des Hörers berücksichtigt. Der Rezipient muss nicht die ganze Nachrichtensendung als Zeugnis behandeln, er kann auch nur den Bericht, der für ihn von Interesse ist, aus dem gesamten Informationsangebot als ein solches auswählen.

Ein letzter wichtiger Punkt besteht schließlich in der Intention der TAGESSCHAU-Produzenten hinsichtlich ihrer Berichte im Gegensatz zur Intention des Zeugnisgebers im paradigmatischen Fall testimonialer Akte. Auch hier spielt es wiederum eine Rolle, dass dem Rezipienten *nicht eine* Person gegenübersteht, sondern eine Produktionsgemeinschaft, die gemeinschaftlich die Erstellung der gesendeten Berichte übernimmt. Auf Grund dieser Tatsache muss der Empfänger auch davon ausgehen, dass neben einer allgemeinen Intention einer neutralen und wahrheitsgetreuen Berichterstattung, wie sie in den rechtlichen Rahmenbedingungen des öffentlich-rechtlichen Rundfunks als Zielsetzung festgehalten wird, auch die Intentionen der einzelnen Beteiligten eine Rolle spielen. Zu diesen kann gehören, die Produktion einer Meldung fristgerecht zu erledigen, eigene Ansprüche an die Gestaltung eines Beitrags umzusetzen, in Bezug auf die eigenen Ressourcen an Zeit und Arbeitskraft möglichst effizient vorzugehen etc.[218] Außerdem muss der Re-

---

[218]   Eine gute Darstellung der Intentionen, die einen einzelnen Journalisten in seiner Arbeit anleiten können, bietet Bettina Gaus. Beispielsweise hält sie fest: „Außenstehende finden oft schwer nachvollziehbar, was für die meisten Reporter und Reporterinnen in Krisengebieten selbstverständlicher Bestandteil ihres beruflichen Alltags ist: dass nämlich die Arbeit unter schwierigen Bedingungen und in oftmals schwer zugänglichen Regionen auch ein sportliches Element enthält. Nicht gerade in einer Situation, in der Elend oder Grausamkeit einem den Atem stocken lassen. Aber das ist selbst in einem Krieg nicht immer der Fall. Wenn es einem gelingt, als erste Journalistin einen Augenzeugenbericht aus einem Ort zu schicken, den bisher kein Kollege erreicht hatte, aber viele hatten erreichen wollen; wenn man ein Exklusivinterview mit einem Rebellenführer bekommen hat, der sich nur selten sprechen lässt; wenn man endlich herausbekommen hat,

zipient berücksichtigen, dass die TAGESSCHAU das Produkt einer unter ökonomischen Gesichtspunkten agierenden Institution darstellt.[219] D. h. für die
Chefredakteure der Sendung spielen Faktoren wie die folgenden eine Rolle:
sich gegen die Konkurrenz zu behaupten, ökonomisch effizient zu agieren,
die Sendung so zu gestalten, dass sie für möglichst viele Rezipienten attrak-
tiv erscheint usw. Neben der Intention der Einflussnahme auf das Überzeugungssystem des Rezipienten, wie sie weiter oben als Bedingung für den
paradigmatischen Fall des Sprecherzeugnisses entwickelt wurde, treten im
Sonderfall telemedialer Berichte somit eine ganze Reihe weiterer Absichten hinzu, deren sich der Rezipient für die Beurteilung der Glaubwürdigkeit
dieser Berichte bewusst sein sollte.

5.2.5 Zusammenfassung

Fassen wir zusammen, was die Untersuchung der Charakteristika der TA-
GESSCHAU– Produktionsbedingungen, Gestaltungskriterien und Kommunikationsbedingungen – für die epistemologische Einordnung dieser Informationsquelle gebracht hat.

Zunächst einmal hat die Betrachtung der Produktionsbedingungen der TA-
GESSCHAU insbesondere deutlich gemacht, dass die weit verbreitete Fenster-
zur-Welt-Metapher als Beschreibung für die Funktion der Berichterstattung
der Fernsehnachrichten in mehrfacher Weise unangemessen ist. Es kann weder davon ausgegangen werden, dass der Rezipient durch die telemediale
Berichterstattung selbst *Augenzeuge* des berichteten Geschehens wird, noch
lässt sich die These aufrechterhalten, dass zumindest der unmittelbare Berichterstatter der TAGESSCHAU tatsächlich immer selbst in Augenschein genommen hat, wovon seine Meldung handelt. In den meisten Fällen liegt
stattdessen eine Zeugniskette vor, deren einzelne Bestandteile (Bilder und
gesprochener Text) auch noch von unterschiedlichen Personen stammen und
erst am Ende der Kette in einem einheitlichen Bericht zusammengeführt werden. Der Grund hierfür besteht v. a. in dem komplizierten Netzwerk von
sendereigenen Mitarbeitern und fremden Kooperationspartnern, die an der
Erstellung einer einzelnen Nachricht beteiligt sind. Das Vorliegen einer solchen komplexen Zeugniskette im Falle der telemedialen Berichterstattung

---

von wem eine bestimmte Bürgerkriegsfraktion unterstützt wird: Dann sind das Erfolgs-
erlebnisse." Gaus, B. (2004), S. 65.

[219] Zu den möglichen Auswirkungen ökonomischer Erwägungen auf den Wahrheitsgehalt
und damit auf die Glaubwürdigkeit der Berichterstattung vgl. die Ausführungen in Kap.
5.3.2 dieser Arbeit.

spricht dagegen, dass der Rezipient den TAGESSCHAU-Redakteuren im Zusammenhang mit ihren Berichten eine Kompetenz zuschreiben kann, die auf der Basis eigener Beobachtung eines Ereignisses beruht. Das Merkmal der Kompetenz kann im Falle von Fernsehberichten im Normalfall nur auf anderem Wege Eingang in die Beurteilung der Glaubwürdigkeit der Nachrichtenredakteure finden, nämlich durch die Einhaltung journalistischer Standards und Normen – z. B. einer neutralen und objektiven Berichterstattung, die durch die Absicherung des Wahrheitsgehalts der gesendeten Meldung durch eigene Recherche oder durch die Kenntlichmachung der verwendeten Quellen (im Falle von Agenturmeldungen) etc. zustande gekommen ist.

Aber auch ein solches Kompetenzkriterium erweist sich als problematisch für eine *generelle* Beurteilung der TAGESSCHAU-Berichterstatter. Ursache für diese Feststellung ist der ökonomische Rahmen, in welchen die Berichterstattung der ARD als öffentlich-rechtlichem Sender eingebunden ist. Denn die Konkurrenzsituation der TAGESSCHAU zu anderen Fernsehnachrichten und zu der Berichterstattung anderer Massenmedien hat Einfluss auf die Nachrichtenproduktion. V. a. der Zeitdruck, unter dem die Meldungen einer Sendung recherchiert, bearbeitet und zusammengestellt werden müssen, sowie die Orientierung an der Berichterstattung der Konkurrenz bei der Themenauswahl für die eigene Sendung führen häufig zu einer Vernachlässigung der Überprüfung des Wahrheitsgehalts einzelner Meldungen zugunsten vermeintlicher Aktualität. Schäfer kritisiert diese Entwicklung, wenn sie schreibt, dass diese Vorgehensweise: „[...] in einen Journalismus mündet, in dem das Management der Technik mittlerweile schon oft die Suche nach Wahrheit dominiert."[220]

Ferner muss im Zusammenhang mit der epistemologischen Beurteilung von Berichten der Fernsehnachrichten festgehalten werden, dass in den Medienwissenschaften die Informationsvermittlung durch telemediale Berichte vielfach unter einem konstruktivistischen Gesichtspunkt betrachtet wird. Es wird die These vertreten, dass die Welt, die der Zuschauer durch die Nachrichten zu Gesicht bekommt, nicht die Welt sei, wie sie wirklich ist, sondern die Welt, wie sie durch die Medienberichterstattung *gemacht* werde. So konstatiert Hickethier im Hinblick auf den Eindruck einer vermeintlich unmittelbaren Teilhabe an einem Geschehen durch eine Live-Berichterstattung kritisch: „Dem Aufbau eines Informationsnetzes mit Korrespondenten, Übertragungskanälen, Redaktionen, Sendeplätzen, der Bestimmung von Sendeformaten und Sendelängen, der apparativen Ausstattung, der Einrichtung von

---

[220] Schäfer, S. (2007), S. 213.

Studios, der Entwicklung von Übertragungsroutinen und der Benutzung von erprobten Darstellungsformen liegt bereits eine enorme Gestaltungsarbeit zu Grunde. Sie bestimmt bereits strukturell, was darstellbar ist und was nicht, was gezeigt werden kann und vor allem, was nicht gezeigt wird, wovon nicht berichtet und nicht erzählt wird."[221] Die Wahrnehmung des Rezipienten wird damit sozusagen *strukturell* durch die Medien beeinflusst.

Auch wenn man diese konstruktivistische These nicht zu weit fassen sollte, da davon ausgegangen werden kann, dass letztlich doch reale Ereignisse in der Welt als kausale Ursachen für die Berichterstattung vorliegen, stellen insbesondere der Faktor der Auswahl der Nachrichten durch die Redakteure der TAGESSCHAU sowie die Gestaltung der Meldungen, d. h. im Falle von Bildmaterial auch die Auswahl des gezeigten Bildausschnitts, sicherlich ein konstruktivistische Element in der Berichterstattung der Fernsehnachrichten dar. Unter diesem Gesichtspunkt muss daher die Fenster-zur-Welt-Metapher ebenfalls zurückgewiesen werden. Der Zuschauer sieht nicht, wie die Welt wirklich ist, sondern erhält nur einen Eindruck davon, was ihm die Produzenten der TAGESSCHAU zeigen wollen. Die Wahrnehmung des Rezipienten ist damit nicht objektiver Art, sondern der gezeigte Gehalt ist bereits subjektiv durch die Medienproduzenten interpretiert.

Darüber hinaus wurde im Zusammenhang mit den Gestaltungskriterien der TAGESSCHAU darauf hingewiesen, dass diese entscheidenden Einfluss auf die kognitiven Leistungen des Verstehens und Behaltens des Rezipienten haben. Will man die telemediale Berichterstattung als Instanz des Zeugnisses anderer sehen, gilt es, diesen Punkt v. a. für die Produzentenseite kritisch zu betonen. Sollen Fernsehnachrichten aus Produzentensicht mehr sein als bloße Attraktionspunkte für die Aufmerksamkeit der Zuschauer, muss ihre Gestaltung entsprechend geplant und umgesetzt werden. Dieser Punkt betrifft insbesondere auch den vermehrten Einsatz von Bildmaterial in den Nachrichten. Es wurde darauf hingewiesen, dass eine Verbesserung der Verstehensleistung durch den Einsatz von Bildern im Wesentlichen dann erreicht werden kann, wenn die Informationen, die den Rezipienten durch die Worte des Nachrichtensprechers und durch das präsentierte Bildmaterial erreichen, weitestgehend redundant sind. Werden dagegen über diese beiden Kanäle unterschiedliche Informationen vermittelt, fällt ein Erinnern und Verstehen der Nachrichten ungleich schwerer. Verfolgen die TAGESSCHAU-Redakteure mit ihren Beiträgen aber das Ziel, Einfluss auf das Überzeugungssystem ihrer Rezipienten im Sinne einer Informationsvermittlung zu nehmen (wie es

---

[221]   Hickethier, K. (1998), S. 197.

für den Fall von S-Zeugnissen typisch wäre), arbeiten sie dem Erfolg dieser Zielsetzung selbst entgegen, wenn sie die Gestaltung der Meldungen nicht entsprechend vornehmen.

Ferner stellt ein übermäßiger Einsatz von Bildmaterial ein Problem für die Verwendung von Fernsehnachrichten als Zeugnisse auf Seiten der Rezipienten dar. Susan Sontag formuliert diesen kritischen Punkt folgendermaßen: „Die Bilderflut sorgt dafür, daß die Aufmerksamkeit locker, beweglich und gegenüber den Inhalten relativ gleichgültig bleibt. Der Bilderfluß verhindert, daß eine Rangordnung zwischen den Bildern entsteht. Entscheidend beim Fernsehen ist, daß man umschalten kann, daß es normal ist, zwischen den Programmen zu wechseln, unruhig zu werden, sich zu langweilen. [...] Ein reflektierteres Sicheinlassen auf den Inhalt setzt ein gewisses Maß an intensiver Aufmerksamkeit voraus – also das, was durch die Erwartung gerade geschwächt wird, die wir den medienvermittelten Bildern entgegenbringen."[222] Zu viele Bilder verhindern ein konzentriertes Sich-Einlassen auf die einzelnen Meldungen und verringern damit die Wahrscheinlichkeit, dass die telemedialen Berichte vom Rezipienten auch als Informationsquelle betrachtet und als solche genutzt werden. In solchen Fällen unterliegt der Informationscharakter dem Unterhaltungswert der Sendung. Beginnt eine Ausgabe der TAGESSCHAU den Rezipienten zu langweilen, wird er evtl. zu einem anderen Programm umschalten, d. h. er wird sich nicht länger mit den Nachrichten als Zeugnissen auseinander setzen.

Schließlich hat die Untersuchung der Kommunikationssituation – also des Verhältnisses zwischen Sender und Empfänger – gezeigt, dass auch durch diese eine ganze Reihe von Besonderheiten entstehen, welche die telemediale Berichterstattung von der Face-to-Face-Gesprächssituation des paradigmatischen Falls des Zeugnisses anderer unterscheidet. Insbesondere die Vielzahl der involvierten Akteure – sowohl auf Seiten der Nachrichtenproduzenten als auch auf Seiten der Rezipienten – stellt ein wesentliches Differenzkriterium dar. So halten Meckel und Kamps ebenfalls fest, dass eine Nachricht „häufig das Ergebnis eines vielschichtigen Kommunikationsprozesses [ist]".[223] Diese komplexe Struktur der Fernsehnachrichtenerstellung bedeutet für den Rezipienten v. a., dass er es in diesem Informationsprozess mit verschiedenen Intentionen der beteiligten Personen zu tun hat. Im Gegensatz zum paradigmatischen Fall testimonialer Akte steht ihm nicht ein Zeugnisgeber mit der klaren Intention gegenüber, durch die Informationsvermittlung Einfluss auf sein Überzeugungssystem nehmen zu wollen. Zwar ist die Intention der wahrheitsgemäßen und neutralen Berichterstattung im Falle

---

[222]   Sontag, S. (2003), S. 123.
[223]   Meckel, M. / Kamps, K. (1998), S. 18.

der Fernsehnachrichten nicht aus der Luft gegriffen, sondern ist schriftlich im Rundfunkstaatsvertrag als Aufgabe dieser Institution fixiert. Trotzdem macht es die Vielzahl der beteiligten Akteure schwierig, überhaupt eine konkrete Person zu identifizieren, welche diese Intention verfolgen mag.

Wichtig ist in diesem Zusammenhang ferner, dass der Rezipient nicht fälschlicherweise den Nachrichtensprecher der TAGESSCHAU als den alleinigen und ausschlaggebenden Zeugnisgeber identifiziert. Wie oben gezeigt wurde, stellt dieser lediglich das letzte Glied in einer Zeugniskette dar, deren einzelne Komponenten zum Teil aus ganz unterschiedlichen Quellen stammen. Der Nachrichtensprecher selbst hat an der Erstellung dieser Nachrichten keinen Anteil, er verliest nur mehr die fertigen Meldungen. Außerdem kann angenommen werden, dass auf Grund dieses Entstehungsprozesses der Meldungen, der Sprecher sich selbst gar nicht als Teil einer Zeugniskette sehen wird. Auch wenn beim paradigmatischen Fall des Zeugnisses anderer ebenfalls Zeugnisketten keine Seltenheit darstellen, so muss im Falle der Fernsehnachrichten doch kritisch ergänzt werden, dass für den Nachrichtensprecher als Person die Absicht der Informationsvermittlung als Einflussnahme auf das Überzeugungssystem der Rezipienten bestenfalls eine untergeordnete Rolle spielen wird. Für ihn wird vielmehr die Erfüllung seiner beruflichen Rolle im Vordergrund stehen. Diese intentionale Basis unterscheidet den Fall der Fernsehnachrichten damit deutlich von anderen testimonialen Ketten.

Des Weiteren ist das seriöse Auftreten des Nachrichtensprechers als Teil der Inszenierung der TAGESSCHAU als Informationssendung der ARD zu betrachten. Der Zuschauer kann damit nicht berechtigterweise auf der Basis des Erscheinungsbilds und des Verhaltens des Nachrichtensprechers auf die Glaubwürdigkeit dieser Person als Zeugnisgeber und damit auf die Zuverlässigkeit der Berichterstattung schließen.

Erschwerend tritt hinzu, dass ferner Akteure, die nicht zum journalistischen Bereich gehören, Einfluss auf die Berichterstattung ausüben können. Hierzu zählt insbesondere die Öffentlichkeitsarbeit von Verbänden, Parteien und anderen Institutionen. An diesem Punkt ließe sich damit noch einmal der Vorwurf der Meinungsmanipulation aufgreifen: Folgen die Nachrichtenredakteure dem Inszenierungskonzept dieser gesellschaftlichen Akteure auf Grund der Anforderungen von Aktualität und Unterhaltungswert – z. B. wegen der besseren Verfügbarkeit von Bildmaterial etc. – unkritisch, lassen sie sich auch zum Sprachrohr dieser Akteure machen. Die Zeugnisse, die den Rezipienten dann erreichen, finden ihren Ursprung nicht mehr in der Informationsabsicht der Reporter, sondern in der Steuerung der öffentlichen Meinung durch diese Akteure. Besonders aussagekräftig sind in diesem Zusammenhang stets Berichte über Krisen- und Konfliktfälle. Beispielsweise wurde Anfang Februar 2003 darüber berichtet, wie der damalige US-Außenminister Colin Powell dem UN-Sicherheitsrat verschiedene Bilder als Belege dafür präsentierte, dass der Irak über Massenvernichtungswaffen verfüge. Diese angeblichen Beweise dienten u. a. den USA als Rechtfertigung für den Beginn des Kriegs gegen den Irak. Zur Qualität des präsentierten Materials merkt Gerhard Paul kritisch an: „Die von Powell eingeblendeten Satellitenaufnahmen waren de facto Momentaufnahmen sowie Bilder aus der Vogelperspektive auf Trucks, Fabriken, Depots und Bunkeranlagen, denen man ihr Inneres nicht ansah und die damit jeder Interpretation Tür und Tor öffneten. Die Bilder sprachen somit nicht unmittelbar aus sich heraus und lieferten selbst keine klaren Aussagen, sondern bekamen eine vermeintliche Aussagekraft erst durch die Deutung der „imagery specialists" des CIA[224] und des referierenden Ministers, d. h. durch ihre Legende."[225]

Die hier deutlich werdende Einflussnahme von politischen (und anderen) Akteuren auf die Berichterstattung der Fernsehnachrichten und damit einhergehend auf die Überzeugungsbildung der Rezipienten spricht für die im Zusammenhang mit H-Zeugnissen im ersten Teil der Arbeit entwickelte kontextabhängige Konzeption.[226] Da Fernsehnachrichten als Informationsmedien auch in bestimmten Fällen als ein politisches Instrument der Einflussnahme auf die öffentliche Meinung angesehen werden müssen, unterliegen die Nachrichtenproduzenten strengeren Bedingungen für die Übernahme von Zeugnissen (im obigen Beispiel vom US-Außenminister). Eine kritische Distanz zu diesen Quellen erscheint hier, wie auch im Falle wissenschaftlicher Arbeiten, geboten zu sein. Im Gegensatz zum Rezipient der Fernsehnachrichten verfügen die Nachrichtenproduzenten selbst eher noch über die Möglichkeit, mittels Recherche (durch journalistische Erfahrung und ein umfangreiches Netzwerk an Korrespondenten und Reportern, die auch entfernte Schauplätze des Geschehens überprüfen können, etc.) Desinformationskampagnen, wie sie im Beispiel veranschaulicht wurden, aufzudecken.

Aus den obigen Darstellungen wird ersichtlich, dass im Falle telemedialer Berichte immer wieder die Frage nach den in diesem Umfeld gültigen Glaubwürdigkeitskriterien auftritt. Die vorherrschende Kommunikationssituation und die Produktionsbedingungen lassen es fraglich erscheinen, ob

---

[224]   Die Bilder waren mit entsprechenden Kommentaren von CIA-Mitarbeitern versehen worden.

[225]   Paul, G. (2005a), S. 37.

[226]   Vgl. die Ausführungen in Kap. 2.4.2 dieser Arbeit.

die Kriterien von *Aufrichtigkeit* und *Kompetenz* auch in diesem Kontext in einer relevanten Form Anwendung finden können. Wie gelingt es den TAGESSCHAU-Redakteuren, ihre Rezipienten von der angeblichen Wahrheit ihrer Meldungen zu überzeugen? Wird dies überhaupt intendiert? Spielt Wahrheit eine Rolle? Worauf stützt sich das Vertrauen der Medienrezipienten? Welche Glaubwürdigkeitskriterien werden von den Rezipienten tatsächlich zu Rate gezogen? Die Auseinandersetzung mit den Produktions- und Kommunikationsbedingungen der TAGESSCHAU hat bereits einige Hinweise darauf geliefert, warum Rezipienten dieser Informationsquelle vertrauen und welche Schwierigkeiten damit verbunden sind. Im nachfolgenden Kapitel soll dieser Punkt nun im Detail systematisch untersucht werden.

5.3 Gründe für das Vertrauen in die Berichterstattung der TAGESSCHAU

Die Ausführungen zur Relevanz und Verbreitung – insbesondere die Feststellung einer nach wie vor konstanten Einschaltquote von ca. 35 Prozent[227] – zeigen, dass die TAGESSCHAU als führende Informationsquelle in der deutschen Medienlandschaft betrachtet werden kann. Nimmt man dies jedoch an, scheint dies auch zu bedeuten, dass die TAGESSCHAU ein entscheidendes Vertrauen der Rezipienten bezüglich ihrer Berichterstattung genießt. Eine zusätzliche Stützung erhält diese These, wenn man weitere statistische Erhebungen berücksichtigt, die zeigen, dass die Mehrzahl der Zuschauer die TAGESSCHAU auch tatsächlich zum *Zweck der Informationsgewinnung* einschaltet.[228]

Doch auch wenn die angeführten statistischen Zahlen nahe legen, dass die Rezipienten die TAGESSCHAU für ein glaubwürdiges Informationsmedium halten, heißt dies noch nicht, dass die telemediale Berichterstattung auch tatsächlich vergleichbar ist mit den Aussagen eines aufrichtigen und kompetenten Zeugen. Machill et al. merken dazu an, dass Umfragen bezüg-

---

[227] Es muss allerdings festgehalten werden, dass, auch wenn Einschaltquoten häufig als Maßstab für Erfolg und Relevanz eines Senderprodukts angeführt werden, sich aus ihnen im Prinzip keine Aussagen über eine tatsächliche aufmerksame Mediennutzung ableiten lassen, d. h. darüber, ob das Produkt auch tatsächlich den Rezipienten, für den es erstellt wurde, erreicht. Van Rossum fasst dieses Problem pointiert zusammen: „Um es so schlicht zu sagen, wie es ist: Quote bedeutet nichts anderes als gemessener Strom in Fernsehern, der nach Programmen spezifiziert wird, die gerade eingeschaltet sind. Das ist alles. Quote bedeutet weder Interesse noch Zustimmung. Niemand weiß, ob vor dem laufenden Gerät überhaupt jemand sitzt." van Rossum, W. (2007), S. 63.

[228] Vgl. die Ausführungen in Kap. 5.2.1 dieser Arbeit.

lich der Informationsleistung von Medien mit Vorsicht zu behandeln seien. Die Angaben der Studienteilnehmer, dass sie durch die TAGESSCHAU gut informiert würden, können nämlich auch durch psychologische Faktoren beeinflusst sein. So würden die befragten Personen mit ihren Aussagen auch zum Ausdruck bringen, dass sie als informierte Rezipienten angesehen werden wollen. Auch werde eher das Gefühl, informiert zu sein, kommuniziert und weniger Angaben bezüglich eines konkreten Wissenszuwachses, welcher nur durch das Abfragen der vermittelten Informationen festgestellt werden könnte und nicht durch die allgemeine Frage, ob die TAGESSCHAU gut informiere.[229]

Berücksichtigt werden muss an dieser Stelle ebenso der Gegensatz, der offensichtlich zwischen der Selbstsicht der Medienschaffenden – als Anbieter objektiver, neutraler Informationen[230] – und der häufig konstruktivistischen Einordnung der Medienprodukte durch Medienkritiker und -theoretiker[231] besteht. Insbesondere im Zusammenhang mit Kriegs- und Krisenberichterstattungen thematisieren letztere immer wieder einen Manipulationsverdacht gegenüber den Medienberichten. Allerdings beschränkt sich die kritische Sichtweise nicht nur auf diesen Bereich. Medienwissenschaftler nehmen im Hinblick auf die Berichterstattung der Fernsehnachrichten die oben beschriebenen Produktionsbedingungen zum Anlass, grundsätzlich eine kritische Haltung gegenüber den medialen Berichten einzunehmen. V. a. der Faktor der Auswahl der Themen sowie die Auswahl und das Arrangement des präsentierten Bildmaterials lässt sie häufig von einer „Medienrealität" sprechen. Das bedeutet zum einen, dass behauptet wird, dass die Berichte der Fernsehnachrichten nicht in einem unmittelbaren Abbildungsverhältnis zur medienunabhängigen Realität stehen. Der Rezipient bekommt durch die Nachrichten nur einen ausgewählten und bearbeiteten Ausschnitt der Welt zu Gesicht. Zum anderen wird festgehalten, dass dieses vermittelte Bild vom Weltgeschehen nur eines unter mehreren möglichen sei. Würden die Redakteure ihre Auswahl anders treffen, würden dem Zuschauer andere Berichte präsentiert. Im Gegensatz zur medienunabhängigen Welt ist die „Medienrealität" damit nicht absolut, sondern gestaltbar. Meckel und Kamps formulieren dieses Phänomen folgendermaßen: „Damit [in Bezug auf die Produktions- und Gestaltungsbedingungen der Fernsehnachrichten,

---

229   Vgl. Machill, M. / Köhler, S. / Waldhauser, M. (2006), S. 480.
230   Dies wird beispielsweise auch in den Leitlinien der Pressearbeit (im Pressekodex etc.) deutlich, vgl. Kap. 5.3.1 dieser Arbeit.
231   Vgl. z. B. Meckel, M. (1998b), S. 257. Sie spricht davon, dass Fernsehnachrichten das Weltgeschehen nicht abbilden, sondern „konstruierte Weltbilder" übermitteln.

NM] sind Medienwirklichkeiten stets kontingent, d. h. immer *anders denkbar.*"[232]

Seit einigen Jahren treten als zusätzlicher Faktor für eine kritische Betrachtung der Fernsehnachrichten auch die Möglichkeiten digitaler Bildbearbeitung hinzu.[233] Nicht mehr nur die Auswahl des Bildausschnitts, der gezeigt werden soll, spielt heutzutage eine Rolle für die Glaubwürdigkeitsbeurteilung des Materials, sondern auch die Möglichkeit, ein Bild oder einen Film künstlich am Computer nachzubearbeiten. Hier bietet sich damit ein weiterer Anknüpfungspunkt für eine konstruktivistische Deutung von Medienberichten an: Nachrichtenbilder zeigen nicht die Wirklichkeit, sie werden *gemacht* und spiegeln damit in erster Linie die Intentionen ihres Produzenten wider.[234] Diese Feststellung ist besonders vor dem Hintergrund des Umgangs der Rezipienten mit Nachrichtenbildern relevant: „Bilder haben Dokumentationscharakter. Ihr Wahrheitsgehalt wird im Vergleich zum Text deutlich weniger bezweifelt."[235] Während sich der Rezipient beim Nachrichtentext leicht klar machen könne, dass es sich bei diesem um eine beschreibende Leistung der Journalisten handele und damit um die Wiedergabe einer subjektiven Sicht auf das Geschehen, erweckten Nachrichtenbilder beim Zuschauer den Eindruck, selbst Augenzeuge zu sein, was den Bildern einen objektiven Charakter verleihe, so Brosius.[236] Wenn der Rezipient die Authentizität der ihm präsentierten Bilder aber noch weniger überprüfen kann als den verbal vermittelten Inhalt der Fernsehnachrichten, stellt die Beurteilung der generellen Zuverlässigkeit von Nachrichtenbildern ein ambivalentes Unterfangen dar.

Die Selbstsicht der Medienproduzenten, die Einschätzung der Rezipienten und die Beurteilung von Medientheoretikern bezüglich der Glaubwürdigkeit von telemedialen Berichten führen somit zu durchaus unterschiedlichen Ergebnissen, auch wenn in vielen Bereichen insbesondere von Seiten der Nachrichtenredakteure eine Angleichung an die Erwartungen ihrer Zuschauer er-

---

[232] Meckel, M. / Kamps, K. (1998), S. 19.

[233] Einige interessante Beispiele digital nachbearbeiteter Fotographien, die in den Medien veröffentlicht wurden, besprechen Illies, F. / Köver, Ch. / Ströbele, C. / Sußebach, H. zusammen mit einer Gegenüberstellung des manipulierten Bilds mit dem Originalfoto. Vgl. Illies, F. / Köver, Ch. / Ströbele, C. / Sußebach, H. (2008), S. 28-45.

[234] Susan Sontag schreibt im Zusammenhang mit Fotographien zu diesem Punkt: „Im Englischen wird ein deutlicher Unterschied gemacht zwischen Zeichnungen und Gemälden, die »gemacht«, und Fotos, die »aufgenommen« werden. Aber das fotografische Bild [...] kann doch kein einfaches Abbild, kein »Durchschlag« von etwas Geschehenem sein. Es ist immer ein Bild, das jemand gewählt hat; Fotografieren heißt einen Ausschnitt wählen, und einen Ausschnitt wählen heißt Ausschließen." Sontag, S. (2003), S. 55/56.

[235] Brosius, H.-B. (1998), S. 217.

[236] Vgl. ebd., S. 213.

folgt. Fragt man also nach den Glaubwürdigkeitskriterien, die im Hinblick auf die Berichterstattung der Fernsehnachrichten der öffentlich-rechtlichen Sender in Betracht gezogen werden müssen, erscheint es auf Grund dieser Konstellation notwendig, zunächst eine Differenzierung zwischen *objektiven* und *subjektiven* Kriterien vorzunehmen. Zu den objektiven Kriterien zählen insbesondere jene Faktoren, welche sich aus dem juristischen Rahmen dieser Berichterstattung ergeben. Die subjektiven Kriterien umfassen dagegen eine Menge von Faktoren, die sich einerseits aus der Gestaltung der Nachrichtensendungen und andererseits aus alltagspsychologischen Annahmen über die Funktion und den Status dieser Sendungen ergeben. Im konkreten Einzelfall wird ein Rezipient wahrscheinlich eine je individuelle Mischung aus diesen Kriterien angeben, abhängig davon, inwieweit er sich persönlich mit den Gründen für sein Vertrauen in die Berichterstattung der TAGESSCHAU bewusst auseinander gesetzt hat.

Im Folgenden sollen einige dieser objektiven Kriterien und subjektiven Faktoren genauer analysiert werden, wobei kein Anspruch auf Vollständigkeit erhoben wird. Gesucht werden Auswege aus einem Dilemma der Fernsehnachrichten als Erkenntnisquelle, das Schäfer folgendermaßen auf den Punkt bringt: „Nachrichten sind aber kein Selbstzweck [...]; sie zielen ab auf ein »allgemeines« oder »öffentliches Interesse« und sollen den Meinungsbildungsprozess beim »Leser, Hörer, Zuschauer« unterstützen. D. h. Nachrichten werden für ein Publikum produziert, das daran *glauben* muss, dass es in den Nachrichten über die aktuellen und relevanten Sachverhalte wahrheitsgemäß und objektiv unterrichtet wird. *Überprüfen* kann es den Wahrheitsgehalt oder die Objektivität von Nachrichten häufig nicht."[237] Thematisiert werden Aspekte, welche der Rezipient im Normalfall auf die Frage anführen könnte, warum er der Berichterstattung der TAGESSCHAU vertraue. Dabei wird auch auf Probleme eingegangen, die sich aus den verschiedenen möglichen Standpunkten zu dieser Frage für eine Betrachtung telemedialer Berichterstattung als einer Instanz des Zeugnisses anderer ergeben.

5.3.1 Normative Aspekte

Ein allgemeiner und – nach der obigen Klassifizierung auch – objektiver Aspekt, warum ein Rezipient die Berichterstattung der TAGESSCHAU in dem Sinne für glaubwürdig halten kann, dass er von einer wahrheitsgemäßen Berichterstattung der Medienproduzenten ausgeht, liegt auf der normativen Ebene begründet. Journalistische Arbeit allgemein und die Nachrichtengestaltung der öffentlich-rechtlichen Sender insbesondere findet innerhalb ei-

---

[237] Schäfer, S. (2007), S. 28.

nes konkreten rechtlichen Rahmens statt. Hierzu zählt z. B. der *Pressekodex*, welcher vom Deutschen Presserat in Zusammenarbeit mit den Presseverbänden beschlossen wurde und seit 1973 in Kraft ist.[238] In der Präambel des Kodex heißt es: „[...] Journalisten müssen sich bei ihrer Arbeit der Verantwortung gegenüber der Öffentlichkeit und ihrer Verpflichtung für das Ansehen der Presse bewusst sein. Sie nehmen ihre publizistische Aufgabe fair, nach bestem Wissen und Gewissen, unbeeinflusst von persönlichen Interessen und sachfremden Beweggründen wahr. Die publizistischen Grundsätze konkretisieren die Berufsethik der Presse. [...]"[239] Mit der Einhaltung des Pressekodex verpflichten sich Journalisten damit einerseits gegenüber der Öffentlichkeit und andererseits gegenüber der Institution *Presse* selbst. Der Kodex stellt eine konkrete Formulierung des Berufsethos der im journalistischen Bereich Tätigen dar.

Im Hinblick auf die Beurteilung von telemdialen Berichten als testimonialen Akten ist ferner Ziffer eins des Kodex interessant, sie lautet: „Wahrhaftigkeit und Achtung der Menschenwürde: Die Achtung vor der Wahrheit, die Wahrung der Menschenwürde und die wahrhaftige Unterrichtung der Öffentlichkeit sind oberste Gebote der Presse. Jede in der Presse tätige Person wahrt auf dieser Grundlage das Ansehen und die Glaubwürdigkeit der Medien."[240] In diesem Punkt wird die obige Annahme bezüglich der Intention der Nachrichtenschaffenden normativ festgehalten: Medienschaffende *sollen* ihre Berichterstattung wahrheitsgemäß durchführen. Zusammengenommen mit den in der Präambel festgehaltenen Grundsätzen bedeutet dies v. a., dass die journalistische Berichterstattung unabhängig von persönlichen Interessen zu erfolgen hat. Mit dem Regelwerk des Pressekodex wird damit der Versuch unternommen, die Aufrichtigkeit von Journalisten als Zeugen vor der Öffentlichkeit für das berichtete Geschehen formal einzufordern und verpflichtend festzuschreiben.[241] Diese Festschreibung der wahrheitsgemäßen Berichterstattung als Kriterium journalistischer Tätigkeit scheint damit

---

[238] Seit dem 1. Januar 2007 gilt eine überarbeitet Fassung, welche den alten Kodex um einige Punkte ergänzt hat, die sich insbesondere aus Beschwerden bezüglich journalistischer Tätigkeit gegenüber dem Presserat ergeben haben. Vgl. www.presserat.de/Pressekodex.8.0.html, eingesehen am 05. August 2008.

[239] Deutscher Presserat (2006), S. 3.

[240] Ebd., S. 4.

[241] Der Pressekodex erhält seine normative Kraft durch eine Selbstverpflichtungserklärung, welche Medieninstitutionen bindend für ihre einzelnen Mitglieder vor dem Deutschen Presserat ablegen können. Der Rat übernimmt auch die Funktion, Beschwerden bezüglich Verstöße gegen diesen Kodex entgegenzunehmen und zu ahnden. Vgl. www.presserat.de/Beschwerde.beschwerde.0.html, eingesehen am: 05. August 2008.

durchaus eine Basis für die Zuschreibung der Intention der Aufrichtigkeit der Nachrichtenredakteure bilden zu können.

Allerdings mag man dieser Annahme gegenüber einwenden, dass es sich bei dem Kodex lediglich um ein Werk mit *selbstverpflichtendem Charakter* handele. Auch wenn Verstöße gegen diesen Kodex durch Beschwerden beim Deutschen Presserat kundgetan werden können, steht doch nur eine eher geringe sanktionierende Kraft hinter dieser Institution. Die Mittel, die dem Presserat dabei zur Verfügung stehen, reichen von einem bloßen Hinweis auf eine mangelhafte Berichterstattung bis zur öffentlichen Rüge mit Abdruckverpflichtung, d. h. die Rüge des Presserates muss in dem Medium, welches sie betrifft, publik gemacht werden.[242] Dieses Instrumentarium zielt darauf ab, dass die Medienschaffenden auf den guten Ruf ihrer Produkte bedacht sind, und daher bemüht sein werden, keinen Anlass für eine Beschwerde zu liefern.

Der Pressekodex ist jedoch nicht das einzige Regelwerk, welchem die Berichterstattung der öffentlich-rechtlichen Sender unterliegt. Es kann vielmehr festgehalten werden, dass eine ganze Reihe formal juristischer Verträge die Berichterstattung des Rundfunks in der Bundesrepublik Deutschland regelt. Auf die rechtlichen Rahmenbedingungen der Gestaltung der Sendeprogramme weist die ARD selbst auf ihrer Internetseite hin. Angeführt werden das *Grundgesetz* und die *Rundfunkurteile des Bundesverfassungsgerichts* als Ausgangspunkte der juristischen Einbettung. „Laut Grundgesetz ist es Aufgabe des Rundfunks und anderer Medien, den Bürgern eine freie und umfassende Meinungsbildung zu ermöglichen. Darum gehört zu den Grundrechten auch »die Freiheit der Berichterstattung durch Rundfunk«."[243] Die Umsetzung dieser Leitmaxime erfolgt wiederum im Rahmen speziellerer rechtlicher Werke. Hierzu zählen insbesondere die formulierten juristischen Vorgaben im Artikel 1 des *Staatsvertrags über den Rundfunk im vereinten Deutschland*, dem so genannten *Rundfunkstaatsvertrag*[244]. Von Interesse für die vorliegende Untersuchung sind dabei v. a. die Ausführungen zur Funktion und zur Gestaltung der Berichterstattung. Bereits in der Präambel des

---

[242]   Vgl. www.presserat.de/Beschwerde.beschwerde.0.html, eingesehen am: 28. August 2008.

[243]   www.ard.de/intern/organisation/rechtsgrundlagen/-/id=54434/13b80qd/index.html, eingesehen am: 28. August 2008.

[244]   Geregelt werden in diesem juristischen Rahmenwerk darüber hinaus auch die Anforderungen, welche an die privaten Rundfunkanbieter in der Bundesrepublik Deutschland gestellt werden. In diesem Zusammenhang spricht man auch von einem „dualen Rundfunksystem", welches aus dem Angebot öffentlich-rechtlicher und privater Sendeanstalten besteht.

Rundfunkstaatsvertrags heißt es: „Öffentlich-rechtlicher Rundfunk und privater Rundfunk sind der freien individuellen und öffentlichen Meinungsbildung sowie der Meinungsvielfalt verpflichtet."[245] Gemeint ist hiermit, dass
die öffentlich-rechtlichen Sender mit ihrem Informationsangebot (und der
Verpflichtung, dieses Angebot möglichst vielfältig zu gestalten) einen Beitrag zur Meinungsbildung leisten sollen. Allerdings sollen sie keine fertigen
Meinungen präsentieren und im Sinne einer Indoktrination verbreiten, sondern durch die Informierung der Zuschauer und -hörer eine Basis für deren
eigene Meinungsbildung schaffen.

Interessant für den Aspekt der Glaubwürdigkeit der Nachrichtensendungen ist ferner der Paragraph 10, Absatz 1 desselben Vertrags. Er besagt: „Berichterstattung und Informationssendungen haben den anerkannten journalistischen Grundsätzen, auch beim Einsatz virtueller Elemente, zu entsprechen. Sie müssen unabhängig und sachlich sein. Nachrichten sind vor ihrer
Verbreitung mit der nach den Umständen gebotenen Sorgfalt auf Wahrheit
und Herkunft zu prüfen. Kommentare sind von der Berichterstattung deutlich zu trennen und unter Nennung des Verfassers als solche zu kennzeich-
nen."[246] Dieser Paragraph sagt damit etwas über die angestrebten Qualitätsmerkmale der Berichterstattung aus: Mit dem Hinweis auf die „anerkannten
journalistischen Grundsätze" wird u. a. auf den Pressekodex verwiesen, welcher die Journalisten zur wahrheitsgemäßen Berichterstattung anhält. Verstärkt wird dieser Punkt noch durch die Forderung nach einer angemessenen Überprüfung der Meldungen auf ihren Wahrheitsgehalt vor ihrer Verbreitung. Es wird nicht nur der Journalist vor Ort in die Pflicht genommen,
sondern auch die Redakteure im Sender. Von beiden Seiten wird gefordert,
dass sie sich um eine wahrheitsgetreue Berichterstattung bemühen sollen.
Kann dies nicht als guter Grund betrachtet werden, den Produzenten der TA-
GESSCHAU die Erfüllung des Glaubwürdigkeitskriteriums der Aufrichtigkeit
zuzuschreiben?

Bevor diese Frage jedoch beantwortet werden kann, soll zunächst noch auf
einige weitere rechtliche Punkte eingegangen werden. In dem angeführten
Paragraphen wird ja nicht nur eine Forderung nach wahrheitsgetreuer Berichterstattung festgeschrieben. Es wird darüber hinaus auch verlangt, dass
die Nachricht „sachlich" und „unabhängig" sein soll. Und auch diese Forderung wird durch einen Zusatz verstärkt, nämlich den Anspruch, dass Kommentare und Berichterstattung klar voneinander zu trennen seien. Hier geht
es darum, dass von den Medienschaffenden gefordert wird, ihre Produkte so

---

[245]   Staatsvertrag über den Rundfunk im vereinten Deutschland (2006), S. 4.
[246]   Ebd., S. 10.

zu gestalten, dass sie als *neutrale* Basis für die Meinungsbildung der Rezipienten dienen können.

Auch im Paragraph 11 des Vertrags wird dieser Auftrag der öffentlich-rechtlichen Sender erneut deutlich formuliert. Die Rundfunkanbieter sollen „durch die Herstellung und Verbreitung von Hörfunk- und Fernsehprogrammen als Medium und Faktor des Prozesses freier individueller und öffentlicher Meinungsbildung"[247] dienen. Dieser Punkt wird im zweiten Absatz desselben Paragraphen folgendermaßen spezifiziert: „Der öffentlich-rechtliche Rundfunk hat in seinen Angeboten und Programmen einen umfassenden Überblick über das internationale, europäische, nationale und regionale Geschehen in allen wesentlichen Lebensbereichen zu geben. Er soll hierdurch die internationale Verständigung, die europäische Integration und den gesellschaftlichen Zusammenhalt in Bund und Ländern fördern. Sein Programm hat der Information, Bildung, Beratung und Unterhaltung zu dienen. Er hat Beiträge insbesondere zur Kultur anzubieten."[248] In diesem Abschnitt wird nicht nur festgehalten, welche Inhalte zum Programm der öffentlich-rechtlichen Sender gehören sollen, sondern auch zu welchem Zweck die Sender ihre Beiträge herstellen und verbreiten sollen. Schließlich werden im dritten Abschnitt desselben Paragraphen die Grundsätze formuliert, nach denen die Erfüllung des genannten Auftrags an die Sender zu erfolgen hat. Angeführt werden dabei die folgenden: Objektivität und Unparteilichkeit der Berichterstattung sowie die Berücksichtigung der Meinungsvielfalt und der Ausgewogenheit der Angebote und Programme.[249]

Zieht man diese Rechtsgrundlage der medialen Berichterstattung in Betracht, könnte man in der Tat zu der Auffassung gelangen, dass den Nachrichten der TAGESSCHAU, objektiv gesehen, eine hohe Glaubwürdigkeit auf der Basis einer aufrichtigen Berichterstattung der TAGESSCHAU-Redakteure zugeschrieben werden sollte.[250] Das Räsonnement des Rezipienten könnte damit folgende Form aufweisen:

(R-1)   1. Die Berichterstattung der TAGESSCHAU ist als glaubwürdig einzustufen, wenn der mitgeteilte Gehalt mit den Tatsachen übereinstimmt.

---

[247] Ebd., § 11, Abs. 1, S. 11.

[248] Ebd., Abs. 2.

[249] Vgl. ebd., Abs. 3.

[250] In dieser Hinsicht argumentiert auch Schäfer, wenn sie schreibt: „Die hier angestrebten hohen Ideale einer freiheitlich-demokratischen Grundordnung verdeutlichen die moralische Verpflichtung, die der Medienberichterstattung sowohl von der Politik als auch vom Journalismus selbst zugeordnet wird." Schäfer, S. (2007), S. 18.

2. Wenn der mitgeteilte Gehalt mit den Tatsachen übereinstimmt, ist die Berichterstattung wahr.

3. Eine unmittelbare Überprüfung der Übereinstimmung zwischen Gehalt und Tatsachen ist nicht möglich.

4. Aber die Produzenten der TAGESSCHAU sind durch das rechtliche Rahmenwerk (Rundfunkstaatsvertrag etc.) auf eine wahrheitsgemäße Berichterstattung festgelegt.

5. Wenn die Produzenten der TAGESSCHAU sich nicht an dieses Rahmenwerk halten, sind sie Sanktionen ausgesetzt (Beschwerde beim Presserat, Imageverlust, Abwanderung von Zuschauern etc.).

6. Also werden die Produzenten der TAGESSCHAU die Erfüllung des rechtlichen Rahmenwerks anstreben.

7. Also ist die Berichterstattung der TAGESSCHAU wahrscheinlich wahrheitsgemäß.

8. Also ist die Berichterstattung der TAGESSCHAU wahrscheinlich glaubwürdig.

Auch wenn diese Überlegungskette auf den ersten Blick schlüssig erscheinen mag, haben wir doch bei der Darstellung der Produktionsbedingungen der TAGESSCHAU gesehen, dass insbesondere die Faktoren der beschränkten zeitlichen Ressourcen und die kooperative Art und Weise der Herstellung der Nachrichten in einem Spannungsverhältnis stehen zu den journalistischen Qualitätsstandards der wahrheitsgetreuen, sachlichen und neutralen Berichterstattung, wie sie auch in den rechtlichen Bestimmungen von den Medienproduzenten gefordert werden. Der entscheidende Punkt ist dabei, dass die Rahmenbedingungen der Nachrichtenproduktion von solcher Art sind, dass die daran beteiligten Redakteure und Journalisten mit einem Dilemma konfrontiert werden: Entweder entscheiden sie sich dafür, den journalistischen Standards den Vorzug zu geben. Diese Wahl hätte aber häufig zur Folge, dass bestimmte Meldungen nicht termingerecht gesendet werden können, da Recherchearbeiten nun einmal Zeit kosten. Dies scheint vor dem Hintergrund der Forderung nach Aktualität als Qualitätsmerkmal und Wettbewerbsfaktor für Fernsehnachrichten kaum eine relevante Option darzustellen. Oder die Redakteure und Journalisten legen das Primat auf die Kriterien der Aktualität und der Neuigkeit, was aber oft nur für den Preis der Vernachlässigung der Überprüfung des Wahrheitsgehalts einzelner Meldungen zu haben ist. Auch dieses Extrem scheint keine gute Wahl darzustellen, da sie die obigen rechtlichen Anforderungen an die Berichterstattung der öffentlich-rechtlichen Rundfunkanbieter unterläuft. Was mit diesem Dilemma deutlich wird, ist, dass es in der Diskussion bezüglich der wahrheitsgemäßen Berichterstattung der Fernsehnachrichten gar nicht primär darum geht, den Medienproduzenten eine böswillige Täuschungsabsicht gegenüber ihren Rezipienten zu unterstellen. Vielmehr muss die zentrale Frage geklärt werden, wie sich die verschiedenen Anforderungen, die sich aus den ökonomischen Erwägungen der Produktionsbedingungen und den Qualitätsmerkmalen der Fernsehnachrichten als tatsächlicher Erkenntnisquelle ergeben, sinnvoll miteinander vereinbaren lassen.[251]

Inwiefern kann unter diesen Bedingungen davon ausgegangen werden, dass die Medienschaffenden sich an die Forderungen des juristischen Rahmenwerkes halten? Auch wenn diese empirische Frage im Rahmen dieser Arbeit nicht im Detail beantwortet werden kann, kann zumindest angeführt werden, dass es klare Hinweise dafür gibt, dass von den Programmverantwortlichen der ARD angestrebt wird, diese Vorgaben einzuhalten. Ein Anhaltspunkt hierfür besteht in den *ARD-Leitlinien* und im *ARD-Bericht*[252], zu deren Erstellung und Veröffentlichung die ARD seit 2004 alle zwei Jahre staatsvertraglich verpflichtet ist.[253] Im Rahmen des Berichts wird dargestellt, inwiefern die ARD den Anforderungen des Rundfunkstaatsvertrags bisher gerecht geworden ist. In der Präambel zum „Bericht 07/08" und den „Leitlinien 09/10", die in einem Dokument zusammengefasst sind, wird festgehalten, dass „[j]ournalistische Qualitätsmerkmale wie unabhängige Recherche, sorgfältige Auswahl, sachkundige Aufbereitung, objektive Darstellung und anschauliche Vermittlung [...] insbesondere die Informationsangebote

---

[251]   Mit diesem Punkt setzen sich in der philosophischen Diskussion insbesondere Vertreter der Medienethik auseinander. Einen guten Überblick über die Debatte bezüglich der Forderung nach einer wahrheitsgemäßen Berichterstattung bietet Wunden, W. (Hrsg.) (2005).

[252]   Vgl. „ARD Leitlinien 09/10" und „Bericht 07/08", abrufbar unter: http://www.daserste.de/service/Leitlinien/, eingesehen am: 11. November 2008.

[253]   Vgl. ebd., S. 10. Die rechtliche Basis besteht dabei im § 11, Abs. 4 des Staatsvertrags über den Rundfunk im vereinten Deutschland. Dort heißt es: „[...] Die in der ARD zusammengeschlossenen Landesrundfunkanstalten, das ZDF und das Deutschlandradio veröffentlichen alle zwei Jahre, erstmals zum 1. Oktober 2004, einen Bericht über die Erfüllung ihres jeweiligen Auftrags, über die Qualität und Quantität der Angebote und Programme sowie die geplanten Schwerpunkte der jeweils anstehenden programmlichen Leistungen."

der ARD [prägen]."[254] Zu diesen Informationsangeboten gehört klarerweise auch die TAGESSCHAU. Neben dieser Konstatierung des vermeintlichen Ist-Zustandes, wird darüber hinaus in den Leitlinien unter dem Punkt „Information" auch formuliert, welche Verpflichtungen sich die ARD selbst für ihr künftiges Informationsangebot auferlegt. „Die ARD verpflichtet sich dazu, in der ganzen Bandbreite der journalistischen Formen über alle wichtigen politischen, wirtschaftlichen und gesellschaftlich relevanten Themen zu berichten und sich dabei an die Grundsätze der Objektivität und politischen Unabhängigkeit, Nachhaltigkeit, Ausgewogenheit und Meinungsvielfalt zu halten."[255]

Was tragen diese Punkte nun zur Lösung des Dilemmas, das aus dem Spannungsverhältnis von Produktionsbedingungen und rechtlichen Anforderungen entsteht, bei? Zunächst einmal kann festgehalten werden, dass mit der Verpflichtung zur Veröffentlichung eines solchen Tätigkeitsberichts und der Leitlinien für die Programmgestaltung sich die Medienschaffenden einem Risiko in dem Sinne aussetzen, dass diese Dokumente die Feststellung einer Verletzung der darin festgehaltenen Punkte ermöglichen. Die Berichtspflicht der ARD stellt damit eine Basis für mögliche öffentliche Kritik am Programm dar. Eine solche Kritik würde aber zu einem erheblichen Imageschaden für die ARD und ihre einzelnen Programminhalte führen. Insofern kann davon ausgegangen werden, dass ein aufrichtiges Bemühen um die Einhaltung der formulierten Punkte bestehen wird.

Ein Problem, das in dieser Formulierung bereits anklingt, liegt nun in der Frage nach den verantwortlichen Akteuren. Bericht und Leitlinien stellen eine Selbstverpflichtung der *Institution* der ARD dar. Diese Institution besteht aber aus einer Vielzahl von Einzelakteuren. Kann man sagen, dass jedes einzelne Individuum, das zur Institution gehört, mit diesen öffentlichen Dokumenten auch dieselben darin formulierten Verpflichtungen eingegangen ist? In Rekurs auf das eben Gesagte bezüglich der Vermeidung eines Imageverlusts kann zumindest davon ausgegangen werden, dass zum einen die Richtlinien der Programmgestaltung innerhalb des Unternehmens der ARD – und damit auch innerhalb der Redaktion der TAGESSCHAU– bekannt gemacht werden. Zum anderen kann angenommen werden, dass die Personen in diesem Unternehmen vermittels ihres Status als Mitarbeiter auch auf die Einhaltung dieser Richtlinien verpflichtet sind (eine Möglichkeit für die Festschreibung einer solchen Verpflichtung bestünde z. B. in der Formulierung eines entsprechenden Passus im Arbeitsvertrag). D. h. auch, dass zumindest

---

[254] „ARD Leitlinien 09/10" und „Bericht 07/08", S. 12.
[255] Ebd., S. 72.

grob fahrlässige oder bewusst vorgenommene Verstöße gegen diese Richtlinien durch einen Mitarbeiter von der Managementebene der Institution ARD sanktionierbar sind – z. B. durch die Kündigung des Arbeitsvertrags etc. In diesem Sinne werden auch die einzelnen Individuen – je nach Arbeitskontext – zur Einhaltung der allgemeinen Richtlinien der ARD angehalten sein. Verstöße können damit zwar nicht ausgeschlossen werden, aber durch ihre Sanktionierbarkeit wird ihr Auftreten zumindest unwahrscheinlicher.

Der angesprochene Aspekt des Imageverlusts der TAGESSCHAU und damit auch der ARD als Institution durch einen Verstoß gegen die formulierten Richtlinien und den juristischen Rahmen des öffentlich-rechtlichen Rundfunks weist darauf hin, dass an diesem Punkt so etwas wie *institutionelle Glaubwürdigkeit* ins Spiel kommt und ausschlaggebend wird. Dieser Punkt spielt ebenfalls für die Ausführungen des folgenden Kriteriums zur Beurteilung der Glaubwürdigkeit der TAGESSCHAU eine wichtige Rolle und wird im Folgenden genauer erläutert.

5.3.2 Vertrauen aus Gewohnheit?

Umfrageergebnisse bezüglich der Informationsleistung wirken auch auf die Produzenten der Sendung zurück. Wird ihr Produkt von den Zuschauern als gut beurteilt, gewinnen sie den Eindruck, den an sie gerichteten Informationsauftrag auch kompetent zu erfüllen. In diesem Sinne schreibt van Rossum zum Aspekt der Sozialisation der Zuschauer: „Im Laufe der Jahrzehnte hat man sich Generationen von Zuschauern herangezogen, die behaupten, durch die *Tagesschau* gut informiert zu werden. Und umgekehrt glaubt die *Tagesschau* deshalb, glänzend zu informieren."[256]

Hebt man, wie van Rossum oder wie Schäfer[257], auf die Sozialisation der Zuschauer ab, heißt dies, dass neben den weiter oben genannten psychologischen Faktoren noch weitere Einflussgrößen auf Zuschauerbefragungen zur Glaubwürdigkeit des Mediums eine Rolle spielen. Betrachtet man die lange Geschichte der TAGESSCHAU im deutschen Fernsehen und die Tatsache, dass diese Nachrichtensendung (zusammen mit den Sendungen des ZDF) lange Zeit (bis zur Einführung des dualen Rundfunksystems 1984) das einzige Angebot dieser Art im deutschen Fernsehen war, ist es leicht einzusehen, dass die TAGESSCHAU auch einen prägenden Einfluss auf ihre Zuschauer ausgeübt hat. Es besteht sozusagen eine mediengeschichtliche Tradition, die TAGESSCHAU als diejenige Sendung im deutschen Fernsehen anzusehen, in

---

[256]   van Rossum, W. (2007), S. 49.
[257]   Vgl. Schäfer, S. (2007), S. 11.

welcher der Rezipient über die wichtigen Ereignisse in der Welt wahrheitsgemäß und in kompetenter Weise unterrichtet wird. Schäfer spricht auch vom „Mythos der Glaubwürdigkeit", der die TAGESSCHAU umgebe.[258]

Unterstützt wird diese Bewertung durch einige Merkmale der TAGESSCHAU selbst, an denen die Produzenten der Sendung bewusst über die Jahre hinweg festgehalten haben. Röhl formuliert den Eindruck des Rezipienten, der durch eine solches Festhalten an bestimmten Kriterien entstehen kann, folgendermaßen: „Weil sie so viel Bekanntes mitserviert, fühlen sich die meisten Zuschauer gerade bei dieser Sendung aufgehoben. Die *Tagesschau* bleibt in ihren Augen immer zuverlässig, denn selbst die überraschendste Meldung wirkt irgendwie bekannt, weil sie in so vertrauter Verpackung daherkommt. »Homefeeling« nennt man in der neudeutschen Mediensprache dieses Gefühl, das sich auch beim *Tagesschau*-Zuschauer einstellt."[259] Zu diesen vertrauenschaffenden, da kontinuierlich auftretenden Merkmalen der TAGESSCHAU zählt z. B. der über die Jahrzehnte hinweg immer gleichgebliebene Sendetermin.[260] Für den Akt des Sich-Informierens ist es nicht nur wichtig, zwischen relevanten und irrelevanten Informationen unterscheiden zu können, sondern mindestens ebenso wichtig ist es zu wissen, wo die relevanten Informationen zu finden sind.

Ferner zählen zu den konstanten Präsentationsmerkmalen gestalterische Elemente im Kontext der Meldungen: „Der Zuschauer findet immer die gleichen Informationen wie Landkarten, Fotos und Schlagzeilen am angestammten Platz. Die Markenartikel *Tagesschau* und *Tagesthemen* haben das überschaubarste Layout aller Fernsehnachrichtensendungen in Deutschland. Sie wirken gelegentlich etwas statisch, steif und unbeweglich. Das liegt auch an den immer ähnlichen Kameraeinstellungen. Die Kameras im ARD-aktuell-Nachrichtenstudio werden automatisch gesteuert. Ihr präziser Blickwinkel ist durchaus beabsichtigt."[261] Solch ein (relativ) fester Gestaltungsrahmen kann vertrauensfördernd wirken. Die Rezipienten werden nicht durch stetig neue Präsentationskonzepte überrascht, die ihnen abverlangen würde, die Art der Informationsvermittlung stets neu zu dekodieren (z. B. indem erst herausgefunden werden muss, wann genau auf die relevanten Informationen abgehoben wird oder wo zusätzliche Informationen in den kurzen Nachrichtenbeiträgen präsentiert werden).

---

[258] Vgl. ebd., S. 205.
[259] Röhl, H. (1992), S. 51/52.
[260] Röhl spricht in diesm Kontext von einer vierzigjährigen Tradition. Vgl. ebd. S. 43.
[261] Ebd., S. 46.

Änderungen der Nachrichtenpräsentation werden, wenn überhaupt, nur in einem recht konservativen Sinne durchgeführt, also so, dass möglichst wenig Veränderung im klassischen Konzept auftritt. Ein Beispiel hierfür ist das Festhalten am Verlesen der Nachrichten vom Blatt statt des Einsatzes von Teleprompten, was mittlerweile das übliche Verfahren in Sendungen anderer Nachrichtenanbieter darstellt.

Zu diesen „vertrauensbildenden Maßnahmen" zählt ebenso die Person des Nachrichtensprechers. Das kontinuierliche Auftreten derselben Sprecherpersonen, verbunden mit dem seriösen Erscheinungsbild und der sachlich neutralen Sprache der Vermittlung, stellt ein wesentliches Element der TAGESSCHAU dar, mit dessen Hilfe der Eindruck einer glaubwürdigen Informationsvermittlung erzielt werden soll. Es entsteht eine Analogie zu einem persönlichen Vertrauensverhältnis.[262]

Dass die TAGESSCHAU offensichtlich erfolgreich mit diesem Konzept der vertrauensbildenden Informationsvermittlung ist, zeigt sich daran, dass sich konkurrierende Sendungen an den Gestaltungsrichtlinien der TAGESSCHAU orientieren. Der Erfolg dieser Sendung wird auch für die Zuschreibung von Glaubwürdigkeit durch die Rezipienten verantwortlich gemacht[263], und die Glaubwürdigkeit der Berichterstattung stellt wiederum einen zentralen Faktor für die Zuschauerbindung dar. Es wird davon ausgegangen, dass die kontinuierlich hohe Einschaltquote der TAGESSCHAU einen Ausdruck dafür bildet, dass die Zuschauer die Sendung für glaubwürdig halten. Es wird angenommen, dass die Glaubwürdigkeit das zentrale Merkmal einer Informationssendung sei, welches die Zuschauer zur Rezeption der Sendung bewege. Tragen die Gestaltungsrichtlinien zur Erhöhung dieser Zuschauerhaltung bei, scheint dies für konkurrierende Nachrichtenanbieter Grund genug zu sein, die Präsentation ihrer Sendung an ähnlichen Prinzipien auszurichten.

Ein Grund für das Vertrauen in die TAGESSCHAU-Berichterstattung mag darin bestehen, dass die Rezipienten generell dem Medium *Fernsehen* eine hohe Zuverlässigkeit hinsichtlich der vermittelten Informationen zuschreiben. „Medienvergleiche bestätigen immer wieder, daß die Bundesbürger die Fernsehberichterstattung am ehesten für objektiv und glaubwürdig halten. Sie führt bei allen Umfragen mit großem Abstand vor der Tageszeitung und

---

[262]   Vgl. die Ausführungen zur Person des Nachrichtensprechers in Kap. 5.2.4.1 dieser Arbeit.

[263]   Vgl. Schäfer, S. (2007), S. 58.

dem Hörfunk."[264] Diese Konstatierung betrifft eine *relative* Glaubwürdigkeit der Fernsehnachrichten im Vergleich zu anderen Medien.[265]

Weiterhin besteht ein wichtiger Faktor, der dafür spricht, auch die telemediale Berichterstattung in einem allgemeinen Sinne als zuverlässig zu
betrachten, in der Annahme einer *institutionellen Glaubwürdigkeit*. Die zunehmende Vergrößerung des Angebots an Fernsehnachrichten auf dem deutschen und – durch die Einspeisung ausländischer Nachrichten durch Kabel-
und Satellitentechnik – auf dem internationalen Markt führt dazu, dass die
Rezipienten sich verstärkt auf der Basis der Tradition für eine ihnen bekannte Informationssendung entscheiden. „Die Rezipienten schließen, gerade weil sie die Kompetenz der Nachrichtenjournalisten nicht beurteilen
können, verstärkt über das angenommene Image der Nachrichtensendung
auf die faktische Qualität."[266] Außerdem wurde weiter oben darauf hingewiesen, dass die TAGESSCHAU als Sendung und damit auch die in ihrem
Rahmen erfolgende Berichterstattung ein Produkt der öffentlich-rechtlichen
Rundfunkanbieter darstellt. Dieses Produkt muss gewissen Anforderungen
genügen, damit es von der angesprochenen Zielgruppe auch als solches angenommen wird.[267] Machill et al. weisen in diesem Zusammenhang darauf
hin, dass den Hauptnachrichtensendungen eines Fernsehsenders eine besondere Funktion zukomme: Sie ziehen nicht nur viele Zuschauer an, sondern
seien insbesondere auch „imageprägend" für das jeweilige Programm.[268] Eine stetige falsche Berichterstattung würde den Ruf der TAGESSCHAU als zuverlässiges Informationsmedium unterminieren[269] und so zu einer Abwanderung der Zuschauer zu anderen Nachrichtensendungen oder Medien führen. Zieht man ferner die Funktion der Sendung als Attraktionspunkt der
ARD im Hinblick auf die Zuschauerbindung in Betracht, würde eine kontinuierlich falsche Berichterstattung nicht nur dem Image der TAGESSCHAU
schaden, sondern dem gesamten Programm der ARD. Es liegt damit im Interesse der TAGESSCHAU-Produzenten selbst, dass die Zuschauer *zumindest
den Eindruck gewinnen*, vermittels der Sendung wahrheitsgemäß über das

---

[264] Röhl, H. (1992), S. 39.
[265] Dieser Punkt wird auch durch Schäfer unterstützt, wenn sie darüber hinaus anführt, dass,
einer Umfrage von 2001 zufolge, insbesondere die TAGESSCHAU als diejenige Informationsquelle angeführt wird, welcher die (befragten) Bundesbürger am ehesten Glauben
schenken. Vgl. Schäfer, S. (2007), S. 11.
[266] Ruhrmann, G. / Woelke, J. (1998), S. 107.
[267] Wiederum wird meist mit der Anführung der gemessenen Einschaltquoten dafür argumentiert, dass den Medienproduzenten dieses Vorhaben auch gelänge.
[268] Vgl. Machill, M. / Köhler, S. / Waldhauser, M. (2006), S. 479.
[269] Vgl. auch Hickethier, K. (1998), S. 200.

Geschehen in der Welt unterrichtet zu werden. Mit dem Stichwort der institutionellen Glaubwürdigkeit ist demnach gemeint, dass ein Rezipient annimmt, dass eine kontinuierlich falsche Berichterstattung der Sendung und auch dem Sender einen starken Imageverlust zufügen würde, und daher davon ausgegangen werden könne, dass dies den Interessen der Nachrichtenproduzenten zuwiderlaufe. Hat sich eine Sendung, wie die TAGESSCHAU, erst einmal auf dem Markt etabliert und soll diese Position langfristig gehalten werden, kann angenommen werden, dass sich die Nachrichtenredakteure um eine wahrheitsgemäße Berichterstattung bemühen werden.

Fassen wir zusammen, welche Form das Räsonnement des Zuschauers in diesem Zusammenhang wahrscheinlich aufweisen wird:

(R-2)   1. Die Berichterstattung der TAGESSCHAU ist als glaubwürdig einzustufen, wenn der mitgeteilte Gehalt mit den Tatsachen übereinstimmt.

2. Wenn der mitgeteilte Gehalt mit den Tatsachen übereinstimmt, ist die Berichterstattung wahr.

3. Eine unmittelbare Überprüfung der Übereinstimmung zwischen Gehalt und Tatsachen ist nicht möglich.

4. Die Präsentation der TAGESSCHAU-Berichte macht einen vertrauenserweckenden Eindruck.

5. Eine kontinuierlich falsche Berichterstattung, würde dem Image der TAGESSCHAU als glaubwürdiger Informationssendung einen erheblichen Schaden zufügen.

6. Die TAGESSCHAU hat den langjährigen Ruf einer glaubwürdigen Informationssendung.

7. Also hat sich die Berichterstattung der TAGESSCHAU über einen langen Zeitraum hinweg als zuverlässig erwiesen.

8. Also ist die Berichterstattung der TAGESSCHAU wahrscheinlich wahrheitsgemäß.

9. Also ist die Berichterstattung der TAGESSCHAU wahrscheinlich glaubwürdig.

Die Schwierigkeit in dieser Überlegungskette stellt sicherlich die Annahme (4) dar. Nur weil eine Mitteilung in einer vertrauenserweckenden Form präsentiert wird, heißt dies noch nicht, dass der mitgeteilte Gehalt auch tatsächlich wahr ist. Jeder halbwegs clevere Lügner wird ebenfalls diese Strategie wählen, um sein Gegenüber von der Wahrheit seiner Mitteilung zu überzeugen, obwohl er in der vorliegenden Kommunikationssituation eine klare Täuschungsabsicht verfolgt. Für die Betrachtung telemedialer Berichte als Instanz des Zeugnisses anderer ist daher die *institutionelle Glaubwürdigkeit* von größerer Bedeutung.

Diese in Betracht zu ziehen, bietet darüber hinaus den Vorteil, den ökonomischen Aspekt der Fernsehnachrichten nicht als widersprüchlich zum angenommenen Ziel der wahrheitsgemäßen Berichterstattung der Nachrichtenproduzenten ansehen zu müssen. Philip Kitcher weist auf einen ähnlichen Punkt im Zusammenhang mit der Analyse sozialer Einflussfaktoren auf die wissenschaftliche Forschung hin.[270] Er hält fest, dass die Orientierung von Wissenschaftlern an externen Faktoren – wie z. B. ihrer Reputation, der Einwerbung von Forschungsgeldern etc. – durchaus nicht zu einer Wertminderung ihrer wissenschaftlichen Arbeit führen müsse. Im Gegenteil, die Ausrichtung der Forschung an diesen Gesichtspunkten kann genauso gut dazu führen, dass sich die Forscher um wahrheitsgetreue Arbeitsergebnisse und eine den Richtlinien guter wissenschaftlicher Arbeitsweise entsprechenden Darstellung derselben bemühen werden. Denn auch in diesem Kontext gilt, dass ein betrügerisches Verhalten – z. B. durch die Fälschung von Forschungsergebnissen – einen nachteiligen Effekt auf diese Einflussfaktoren der Forschungsarbeit hätte. Beispielsweise kann davon ausgegangen werden, dass einem Forscher, von dem bekannt würde, dass er absichtlich nicht die Standards der guten wissenschaftlichen Arbeitsweise befolgt, Anträge auf Forschungsgelder wohl eher nicht bewilligt werden. Die Ausrichtung an ökonomischen Gesichtspunkten muss also nicht der Einhaltung veritistischer Normen widersprechen. Auf diesen Punkt verweist der Aspekt der institutionellen Glaubwürdigkeit im Zusammenhang mit der Berichterstattung der TAGESSCHAU. Von dieser Warte aus betrachtet, bietet sich die institutionelle Glaubwürdigkeit als sinnvolles Kriterium für die Beurteilung der Glaubwürdigkeit der telemedialen Berichterstattung als Instanz des Zeugnisses anderer an.

5.3.3 Rezeption von Fernsehnachrichten als zuverlässiger Prozess der Überzeugungsbildung

Geht man einmal davon aus, dass die rechtlichen Rahmenbedingungen der Nachrichtenproduktion der öffentlich-rechtlichen Sender nicht allen Rezi-

---

[270] Vgl. Kitcher, Ph. (1993), Kap. 8.

pienten bekannt sind und die angeführten Überlegungen zur institutionellen Glaubwürdigkeit mit dem Argument abgelehnt werden könnten, dass die öffentlich-rechtlichen Sender nicht denselben Marktprinzipien unterworfen seien wie die privaten Anbieter, da sie nicht in erster Linie auf Werbeeinahmen angewiesen seien, stellt sich die Frage, welche weiteren Anhaltspunkte oder Annahmen einem Rezipienten für die Beurteilung der Glaubwürdigkeit der Berichterstattung der TAGESSCHAU zur Verfügung stehen.

Eine Möglichkeit bestünde darin, die Nachrichtenübermittlung der TAGESSCHAU reliabilistisch zu betrachten. Eine solche externalistische Perspektive bietet den Vorteil, dass die Gründe für die Rechtfertigung der Überzeugung dem epistemischen Subjekt nicht kognitiv zugänglich sein müssen. Gefordert wird vielmehr nur, dass in objektiver Hinsicht eine Verbindung zwischen den Tatsachen in der Welt und den durch diese verursachten Überzeugungen bestehen soll. „Die Überzeugungen müssen nur in einer besonderen Beziehung zu den Tatsachen stehen, von denen die Überzeugungen handeln. Dabei ist an natürliche objektive Beziehungen gedacht, wie dem Zusammenhang zwischen einem beobachtbaren Ereignis und einer ihm entsprechenden Beobachtungsüberzeugung, die über *geeignete Sinneswahrnehmungen* miteinander verbunden sind. Eine solche Beziehung muß nur tatsächlich bestehen, aber das epistemische Subjekt muß noch nicht einmal die geringste Ahnung vom Bestehen dieses Zusammenhangs haben, um in seiner Meinung gerechtfertigt zu sein. Derartige externe Bedingungen oder Tatsachen stellen meist auf den *kausalen* oder *naturgesetzlichen* Zusammenhang zwischen den in Frage stehenden Tatsachen und der sie ausdrückenden Überzeugung ab.“[271]

Diese Spezifikation externalistischer Rechtfertigungsansätze macht deutlich, dass wir, wenn wir diesen Weg weiter verfolgen wollen, unsere Ausgangsfrage neu stellen müssen. Bisher wurde stets danach gefragt, was ein Rezipient auf die konkrete Frage, aus welchen Gründen er die Berichterstattung der TAGESSCHAU für glaubwürdig halte, antworten könnte. Es handelte sich demnach um eine Fragestellung aus internalistischer Perspektive.[272] Im externalistischen Ansatz wird davon ausgegangen, dass unser Rezipient zwar in seiner Überzeugung bezüglich der Glaubwürdigkeit der telemedialen Berichte gerechtfertigt sein könnte, allerdings ohne unbedingt in der Lage zu sein, die eben genannte Frage nach seinen Gründen auch tatsächlich beantworten zu können. Ausschlaggebend wäre für einen Reliabilisten allein,

---

[271]   Bartelborth, Th. (1996), S. 84.

[272]   Zur Unterscheidung zwischen internalistischen und externalistischen Rechtfertigungsmodellen vgl. die Ausführung von Steup, M. (2004), S. 404.

dass die Informationsvermittlung der TAGESSCHAU, objektiv gesehen, einen zuverlässigen Prozess darstellt.[273] „Eine reliabilistische Rechtfertigung hat demnach ein anderes Thema als die internalistische. Sie fragt nicht mehr danach, was *ich* tatsächlich für Gründe für eine meiner Meinungen habe und welche anderen Meinungen *ich* für sie anführen kann, sondern danach, welche Zusammenhänge zwischen dieser Meinung und bestimmten Tatsachen in der Welt objektiv bestehen."[274] Da es in diesem Kapitel aber darum geht, herauszufinden, welche *Gründe* ein Rezipient anführen könnte, wenn er seine Meinung verteidigen will, die Berichterstattung der TAGESSCHAU für glaubwürdig zu halten, bietet es sich an dieser Stelle an, nicht auf eine rein reliablistische Variante einzugehen, sondern auf eine Mischform aus internalistischen und externalistischen Elementen, wie sie z. B. von William P. Alston und von Matthias Steup vorgeschlagen wurde.[275] Insbesondere Steup weist darauf hin, dass der Aspekt der Zuverlässigkeit der Überzeugungsbildung wesentlich für die Rechtfertigung des epistemischen Subjekts sei.[276] Zwar könne gezeigt werden, dass – im Gegensatz zum Postulat rein reliabilistischer Ansätze – die Zuverlässigkeit des Überzeugungsbildungsprozesses allein weder hinreichend noch notwendig sei[277], allerdings könne aus die-

---

[273] Es gibt verschiedene Ausprägungen des reliabilistischen Ansatzes. Für einen Überblick vgl. z. B. Goldman, A. I. (2008b), Abschnitt 1 und 2. Im Rahmen der Ausführungen in diesem Kapitel wird jedoch nur auf die Position eingegangen, die als so genannter „Prozess-Reliabilismus" als Rechtfertigungstheorie bekannt geworden ist. Der Grund für diese Wahl besteht darin, dass es sich bei dieser Form um die Variante handelt, die laut Goldman am meisten diskutiert wird. Vgl. ebd., Abschnitt 2.

[274] Bartelborth, Th. (1996), S. 96.

[275] Vgl. Alston, W. P. (1988) und Steup, M. (2004).

[276] Vgl. Steup, M. (2004), S. 407.

[277] Vgl. ebd., S. 406. Für die Verteidigung dieser Ansicht hebt Steup auf zwei skeptizistische Gedankenexperimente ab. Der Leser wird aufgefordert, sich eine Welt vorzustellen, in der ein cartesianischer Dämon dafür Sorge trage, dass die Bewohner dieser Welt zwar über zuverlässige Sinneserfahrungen verfügen, diese ihnen aber als unzuverlässig erscheinen. D. h. die Bewohnern dieser „Reverse Evil Demon World" wären zwar nach einem radikal reliabilistischen Ansatz, der besagt, dass die Zuverlässigkeit des Überzeugungsbildungsprozesses de facto für die Rechtfertigung einer Überzeugung hinreichend sei, in ihren Meinungen gerechtfertigt. Sie verfügen aber auch über einen starken Grund anzunehmen, dass ihre Überzeugungsbildungsprozesse nicht zuverlässig sind. Diese Konstellation spricht dafür anzunehmen, dass die Bewohner dieser Welt grundsätzlich nicht in ihren Überzeugungen gerechtfertigt seien. Eine Konsequenz wäre die Forderung, dass die Bewohner für eine Rechtfertigung zumindest nicht über Gründe verfügen, die gegen die Zuverlässigkeit ihrer Sinneserfahrungen sprechen. An diesem Punkt setzt das zweite Gedankenexperiment der „Standard Evil Demon World" an: Es wird angenommen, dass in einer solchen Welt die Sinneserfahrungen der Bewohner unzuverlässig seien, ihnen selbst aber als zuverlässig erscheinen. In diesem Fall erscheint es

ser Konstatierung nicht die Konsequenz der Irrelevanz des Zuverlässigkeitsaspekts gezogen werden. Entscheidend sei vielmehr, auf welche Art und Weise auf die Zuverlässigkeit der Überzeugungsbildung im Rechtfertigungsprozess eingegangen werde. Unterschieden werden muss an dieser Stelle zwischen dem Postulat einer *de facto Zuverlässigkeit* und *Belegen für die Zuverlässigkeit* des Überzeugungsbildungsprozesses. Während erstere nach Steups Argumentation weder notwendig noch hinreichend für eine Rechtfertigung erscheint, sind letztere in dieser Hinsicht durchaus entscheidend. An diesem Punkt werden damit externalistische – die Forderung nach Zuverlässigkeit – und internalistische Elemente – die Forderung nach Belegen – der Rechtfertigung miteinander verbunden.

Formuliert man den Belegbegriff nun in nicht-epistemischen Termen, so dass eine Zirkularität in der Explizierung des Rechtfertigungsbegriffs vermieden wird, ergibt sich nach Steup folgende Definition der von ihm favorisierten Rechtfertigung: „A subject's sense experiences are a source of justification for her iff she has a memory impression of a track record of both perceptual and memorial success."[278] Das epistemische Subjekt hat also in dem Sinne einen Beleg für die Zuverlässigkeit seines Überzeugungsbildungsprozesses, als es über einen Erinnerungseindruck verfügt, der es in der Annahme einer erfolgreichen Nutzung seiner Erinnerung und seiner Sinneswahrnehmung bestätigt. Verfügt der Rezipient TAGESSCHAU-Berichte nun über einen Erinnerungseindruck, der ihn darin bestätigt, dass seine Wahrnehmung von den und seine Erinnerung an die mitgeteilten Gehalte in den meisten Fällen wahrheitszuträglich – also erfolgreich – waren?

Eine solche Explizierung würde auch mit dem von Goldman vorgeschlagenen Kriterium übereinstimmen, wie der Begriff der Zuverlässigkeit in reliabilistischen Ansätzen zu verstehen ist. Die Zuverlässigkeit eines Prozesses ergibt sich seiner Auffassung nach aus der Rate, mit welcher ein Überzeugungsbildungsprozess zu wahren Überzeugungen führt.[279] D. h. der Grad der Zuverlässigkeit ist umso höher, je größer die Menge an wahren Überzeugungen ist, zu denen ein bestimmter Prozess der Überzeugungsbildung führt. Angewendet auf die Berichterstattung der TAGESSCHAU bedeutet dies, dass

---

plausibel anzunehmen, dass die Bewohner in ihren Überzeugungen gerechtfertigt sind, auch wenn die reliabilistische Forderung nach einem de facto zuverlässigen Prozess der Überzeugungsbildung nicht erfüllt ist. Dies zeige, laut Steup, dass die de facto Zuverlässigkeit des Überzeugungsbildungsprozesses auch keine notwendige Bedingung für eine Rechtfertigung sei.

[278] Ebd., S. 408.
[279] Vgl. Goldman, A. I. (2008b), Abschnitt 2.

diese dann als glaubwürdig einzustufen wäre, wenn der Zuschauer durch ihre Rezeption zu überwiegend wahren Meinungen gelangen würde.

Fassen wir diese Punkte in einer Überlegungskette zusammen, die ein Rezipient annehmen könnte, ergäbe sich wahrscheinlich folgendes Räsonnement bezüglich der Glaubwürdigkeit der TAGESSCHAU-Berichterstattung:

(R-3)   1. Die Berichterstattung der TAGESSCHAU ist als glaubwürdig einzustufen, wenn der mitgeteilte Gehalt mit den Tatsachen übereinstimmt.
2. Wenn der mitgeteilte Gehalt mit den Tatsachen übereinstimmt, ist die Berichterstattung wahr.
3. Eine unmittelbare Überprüfung der Übereinstimmung zwischen Gehalt und Tatsachen ist nicht möglich.
4. Die Ursache für die Überzeugungsbildung, dass *p*, ist die TAGESSCHAU-Berichterstattung, dass *p*.
5. Der Prozess der Überzeugungsbildung auf der Basis der Nachrichtenübermittlung durch die TAGESSCHAU erscheint zuverlässig.
6. Der Rezipient verfügt über einen Erinnerungseindruck, der ihn in der Annahme der Zuverlässigkeit der TAGESSCHAU-Berichterstattung bestätigt.
7. Also ist die Berichterstattung der TAGESSCHAU wahrscheinlich wahrheitsgemäß.
8. Also ist die Berichterstattung der TAGESSCHAU wahrscheinlich glaubwürdig.

Bei dieser Kette von Annahmen können nun jedoch verschiedene Schwierigkeiten konstatiert werden. Ein wesentlicher Punkt in diesem Sinne ist die Fraglichkeit der Annahme (6). Sie scheint auf den ersten Blick in einem Spannungsverhältnis zur dritten Annahme zu stehen. Hier wurde gesagt, dass eine Überprüfung des Wahrheitsgehalts der telemedialen Berichte dem Rezipienten im Normalfall nicht möglich sei. Wie oben deutlich wurde, hängt der in der sechsten Bedingung geforderte Erinnerungseindruck in seiner bestätigenden Kraft aber davon ab, dass er Ausdruck für eine Erfolgsrate ist. Eine solche Erfolgsrate kann aber nur festgestellt werden, wenn der Rezipient Wissen darüber hat, dass die Mehrzahl der rezipierten TAGESSCHAU-Berichte mit den Tatsachen übereinstimmte, also der Wahrheit entsprach. Es stellt sich erneut die Frage, wie der Rezipient zu dem Wissen bezüglich der Wahrheit dieser Propositionen gelangen soll.

Nun könnte man einwenden, dass die Feststellung der Erfolgsrate nur dann ein aussichtsloses Unterfangen darstellt, wenn der Rezipient dies tatsächlich allein bewerkstelligen müsste. Faktisch könne er aber auf eine Hilfestellung durch die Medien selbst rechnen. Ein wichtiger Teil der Medienberichterstattung stellt schließlich insbesondere im Rahmen von Krisen- und Kriegsberichterstattung die Thematisierung der Zuverlässigkeit der Berichterstattung konkurrierender Anbieter sowie die kritische Reflexion der Möglichkeiten der eigenen wahrheitsgemäßen Berichterstattung dar. Insbesondere wenn konkrete Zensurbestimmungen durch staatliche Institutionen und Militärs die Berichterstattung der Medien über Krisen und Kriege einschränkt, wird dies häufig zu einem eigenen Themenkomplex in der Medienberichterstattung selbst. Mira Beham geht auf diesen Punkt beispielsweise im Zusammenhang mit der medialen Berichterstattung im Zweiten Golfkrieg 1991 genauer ein. Sie hält fest, dass das Zusammenwirken des Drucks zur Live-Berichterstattung mit dem durch die Militärs beschränkten Zugang zu den Ereignissen und damit zu den wesentlichen Informationen über den Krieg zu einer „professionelle[n] Ohnmacht durch die karge Nachrichtenlage" geführt habe.[280] In dieser Situation hätten insbesondere die Nachrichtenproduzenten des Fernsehens sich darum bemüht, die für Berichte über das Geschehen einmal etablierte Sendezeit mit anderen, peripheren Informationen zum Thema zu füllen, da relevante Neuigkeiten vom Kriegsgeschehen als Meldungen nicht zur Verfügung standen. Einen Aspekt dabei bildete zeitweilig auch die Thematisierung der Zensur und damit auch die Medienberichterstattung selbst.[281]

Wird in dieser Art und Weise selbstreferentiell durch die Medien über ihre eigenen Arbeitsbedingungen berichtet, könnte man dies doch als Anhaltspunkt für den Evaluationsprozess des Rezipienten bewerten. Der Eindruck eines zuverlässigen Informationsübermittlungsprozesses und damit die angesprochene Erfolgsrate der Wahrnehmung sowie der Erinnerung des Zuschauers könnte durch diese selbstreferentielle Thematisierung der Glaubwürdigkeit in den Medien unterstützt werden. Allerdings hält Gregor Halff zu diesem Punkt kritisch fest, dass mit einem solchen Vorgehen der Medien zwar der Anspruch zur Herstellung einer gewissen Transparenz verknüpft sei[282], dass aber diese selbstreferentielle Berichterstattung letztlich nicht die

---

[280]   Beham, M. (1996), S. 116.
[281]   Vgl. ebd., S. 117.
[282]   Vgl. Halff, G. (1998), S. 128.

Feststellung der Übereinstimmung der Medienberichte mit den Tatsachen zum Gegenstand habe. Vielmehr gehe es u. a. darum, die Einhaltung gewisser journalistischer Standards wie z. B. Neutralität und Fairness sowie die Trennung von Information und Kommentar etc. zum Thema zu machen. Medienberichte würde dann als glaubwürdig angesehen, wenn diese Standards eingehalten werden. Diese Handlungsnormen des journalistischen Bereichs gelten aber nicht in einem objektiven Sinne, sondern müssen selbst als von Menschen für einen bestimmten Bereich konstituierte Normen aufgefasst werden.[283] Auch in diesem Kontext treffen wir damit wiederum auf ein konstruktivistisches Element, das zur Stellung der Frage nach der Wahrheit der Medienberichte als Grundlage für die Zuschreibung von Glaubwürdigkeit mahnt.

Vor diesem Hintergrund bleibt die Forderung der Bedingung (6) – die Feststellung einer Erfolgsrate der Wahrnehmung und Erinnerung des Rezipienten als Explikandum für den geforderten Beleg der Zuverlässigkeit der TAGESSCHAU-Berichte – als Ausgangspunkt für einen zuverlässigen Überzeugungsbildungsprozess problematisch. Weder steht dem Rezipienten die Möglichkeit zur Verfügung, die Übereinstimmung der meisten mitgeteilten Berichte mit den Tatsachen selbst zu überprüfen, noch kann er sich darauf verlassen, durch die selbstreferentielle Thematisierung der Arbeitsbedingungen der Medienberichterstattung einen zweifelsfreien Anhaltspunkt zur Stützung seiner Evaluation zu erhalten. Unterstützt wird diese skeptische Perspektive noch durch einen Aspekt, die Verbindung zwischen Rechtfertigung und Rationalität, auf den Bartelborth hinweist: „Wenn ich mich in meinen (Handlungs-)Entscheidungen wesentlich auf bestimmte Annahmen über die Welt stütze – und das gilt insbesondere für wichtige Entscheidungen –, dann sollte ich gute Gründe für diese Annahmen haben, sonst handele ich irrational."[284]

Wollen wir weiterhin an dem Versuch festhalten, für die Beurteilung der Glaubwürdigkeit der TAGESSCHAU-Berichte durch den Rezipienten auf das Kriterium eines Belegs für die Zuverlässigkeit der Berichterstattung zu setzen, müssen wir uns nach weiteren Gründen umsehen, die ein epistemisches Subjekt in der Annahme bestärken könnten, dass es über solche Belege verfüge. Eine Möglichkeit, die sich im Falle von Fernsehnachrichten anbietet, besteht in dem Verweis auf die gesendeten Nachrichtenbilder – also Fotographien und Filmsequenzen. Im Hintergrund stände dann die Annahme, dass wenn die Welt anders als in den Berichten gewesen wäre, den Zuschauer

---

[283] Vgl. ebd., S. 131/132.
[284] Bartelborth, Th. (1996), S. 101.

auch andere Bilder erreicht hätten und von daher die Berichte als zuverlässig angesehen werden können. Auf diesen Punkt soll im Folgenden genauer eingegangen werden.

5.3.4 Bilder als Belege

Ein besonderes Charakteristikum der TAGESSCHAU als Fernsehnachrichtensendung besteht darin, dass den Rezipienten die übermittelten Informationen nicht allein durch Wortmeldungen erreichen, sondern ihm zusätzlich entsprechendes Bildmaterial der unterschiedlichsten Form geboten wird. Schäfer führt dazu aus, dass neben den eingeblendeten Standbildern im Hintergrund bei Wortmeldungen insbesondere zwei Formen der Bildberichterstattung Verwendung finden: „zum einen Berichte von Reportern und Korrespondenten und zum anderen Nachrichten im Film (NiF) [...].“[285] V. a. diese *bewegten* Bilder der Nachrichtensendung machen das Besondere dieser Art der Informationsübermittlung aus.

Dieses Gestaltungsmerkmal ist auch die Ursache für die bereits angesprochene Fenster-zur-Welt-Metapher[286], wie sie häufig im Zusammenhang mit Fernsehnachrichten verwendet wird. Das Kriterium des Bildes als Beleg wird dabei nicht nur von vielen Rezipienten angeführt, sondern entspricht auch der Sichtweise der Medienschaffenden. „Fernsehjournalisten sind sich darüber einig, dass Nachrichtensendungen im Fernsehen in erster Linie auf Bildbeiträgen basieren [...]: Das ist es, was sie vom Hörfunk unterscheidet und was ihnen eine höhere Glaubwürdigkeit sichert als anderen Medien.“[287]

Das visuelle Material, etwa im Format von Bildern im Zuge einer Live-Berichterstattung, vermittelt dem Zuschauer den Eindruck, selbst (Augen-)Zeuge der berichteten Ereignisse zu sein. Informationen, welche den visuellen Berichten entnommen werden, und damit auch das hierauf rekurrierende Wissen von der Welt, scheinen ihre Rechtfertigung aus der eigenen, tatsächlich aber nur mittelbaren „Augenzeugenschaft“[288] des Zuschauers zu beziehen. „Fernsehbilder sind insofern immer besonders glaubwürdig, weil Rezipienten ihnen einen *un*mittelbaren (visuellen) Bezug zu den ihnen zugrun-

---

[285]   Schäfer, S. (2007), S. 111.

[286]   So hält Gregor Halff in Bezug auf die Frage nach dem Grund für die Glaubwürdigkeit des Fernsehens fest, dass dies häufig anthropologisch bzw. anthropozentrisch erklärt werde. „Es [das Fernsehen, NM] sei zum Leitmedium geworden, weil es das anthropogene Grundbedürfnis nach Fern-Sehen befriedige und durch seine Reizintensität als eigenes Zu-Sehen erscheinen ließe.“ Halff, G. (1998), S. 129.

[287]   Schäfer, S. (2007), S. 66/67.

[288]   Auf diesen Aspekt weist auch Schäfer hin, vgl. Schäfer, S. (2007), S. 29.

deliegenden Vorgängen bzw. Sachverhalten zuweisen."[289] In diesem Sinne können Nachrichtenbilder der angesprochenen Form[290] auch als *natürliche Zeichen* verstanden werden. Zeichen dieser Art stehen in einer natürlichen Beziehung, d. h. in einer empirischen Korrelation zu dem von ihnen bezeichneten Gegenstand (oder Ereignis).[291] Unter dieser Betrachtungsweise können sie auch als *Anzeichen* verstanden werden.[292]

Im Falle der Nachrichtenbilder hieße dies, dass die übermittelten Bilder für den Rezipienten ein Anzeichen dafür darstellen, dass das berichtete Geschehen auch genauso stattgefunden hat, wie es in den Bildern zu sehen ist. Legt man dementsprechend eine kausale Theorie[293] der Deutung der Nachrichtenbilder zu Grunde, dann stellen die gefilmten Ereignisse in der Welt die Ursache für die Entstehung der zugehörigen Bilder dar, und die gesendeten Nachrichtenbilder scheinen dem Rezipienten einen guten Grund für die Annahme der Zuverlässigkeit der Berichterstattung zu liefern. „Dennoch ist es unstreitig, daß Fernsehnachrichten dem Medienkonsumenten am glaubwürdigsten erscheinen, daß im Falle widersprüchlicher Berichterstattung am ehesten dem Fernsehen geglaubt wird. Und dafür gibt es eine Erklärung: Die Informationen werden nicht eindimensional transportiert. Zum gesprochenen Satz kommt das Bild. Der Zuschauer kann sich so selbst ein Bild von einem Ereignis machen – oder es wird ihm eines gemacht. Das Bild macht den Beobachter vor dem Schirm zum Augenzeugen. Es erzeugt eine scheinbare Authentizität, die alle anderen Formen der Informationsvermittlung hintanstellt. Der immer wieder zitierte Zuschauersatz, »ich habe es doch im Fernsehen gesehen«, drückt die subjektive Überzeugung aus, daß das, was zu sehen war, auch stimmen muß."[294]

Selbst wenn man an diesem Punkt kritisch anführen muss, dass es sich bei dieser Augenzeugenschaft des Zuschauers nur um eine vermeintliche handelt, beinhalten insbesondere Filmberichte ein weiteres Charakteristikum, das die Glaubwürdigkeitszuschreibung mittels Nachrichtenbildern dennoch unterstützt: In Nachrichtenfilmen wird häufig nicht bloß das Geschehen ge-

---

[289] Meckel, M. (1998a), S. 207.

[290] Zu unterscheiden wären von diesen z. B. Informationsgrafiken oder Symbolbilder, wie sie zur Illustration von Wortmeldungen verwendet werden, nicht jedoch fotographische Bilder, die ebenfalls zu den natürlichen Zeichen gezählt werden.

[291] Vgl. Scholz, O. R. (1991), S. 78.

[292] Beispielsweise ist Rauch normalerweise als natürliches Zeichen ein Anzeichen für Feuer.

[293] Zu den Leistungen und Grenzen einer kausalen Bildtheorie vgl. Scholz, O. R. (1991), Kap. 3.

[294] Röhl, H. (1992), S. 39/40.

zeigt, von welchem der Bericht handelt, sondern sie beinhalten auch Sequenzen, die den Korrespondenten oder Reporter am Ort des Geschehens zeigen.[295] Wenn schon nicht der Zuschauer selbst Augenzeuge ist, könnte man argumentieren, dass die Sendung von Bildern zu einem Geschehen doch zumindest dafür spreche, dass die Produzenten der Nachricht das berichtete Geschehen selbst beobachtet haben.[296]

An dieser Stelle muss festgehalten werden, dass die Konzentration auf die Rolle von Nachrichten*bildern* ein besonderes Charakteristikum nicht nur der TAGESSCHAU qua Nachrichtensendung, sondern auch ihrer Berichterstattung als Instanzen des Zeugnisses anderer darstellt. Üblicherweise werden Zeugnisse in der epistemologischen Betrachtung überwiegend nur als rein sprachliche Äußerungsakte verstanden. In den obigen Ausführungen zeigt sich nun jedoch, dass gerade im Rahmen von Fernsehnachrichten das eingesetzte Bildmaterial die telemediale Berichterstattung zum Zeugnis für das berichtete Geschehen zu machen scheint.

Vor dem Hintergrund der obigen Überlegungen haben wir nun die Möglichkeit, die im vorangegangenen Kapitel aufgeführte Kette von Annahmen des Rezipienten zu vervollständigen und so eine Verbindung zwischen internalistischen und externalistischen Elementen einer möglichen Rechtfertigung für die Zuschreibung von Glaubwürdigkeit zu schaffen:

(R-4)   1. Die Berichterstattung der TAGESSCHAU ist als glaubwürdig einzustufen, wenn der mitgeteilte Gehalt mit den Tatsachen übereinstimmt.

2. Wenn der mitgeteilte Gehalt mit den Tatsachen übereinstimmt, ist die Berichterstattung wahr.

3. Eine unmittelbare Überprüfung der Übereinstimmung zwischen Gehalt und Tatsachen ist nicht möglich.

4. Die Ursache für die Überzeugungsbildung, dass *p*, ist die TAGESSCHAU-Berichterstattung, dass *p*.

5. Der Prozess der Überzeugungsbildung auf der Basis der Nachrichtenübermittlung durch die TAGESSCHAU erscheint zuverlässig.

6. Der Rezipient verfügt über einen Erinnerungseindruck, der ihn in der Annahme der Zuverlässigkeit der TAGESSCHAU-Berichterstattung bestätigt.

---

[295]   Vgl. Schäfer, S. (2007), S. 117.
[296]   Vgl. Halff, G. (1998), S. 129.

7. Ein Anhaltspunkt für die Zuverlässigkeit besteht in den übermittelten Nachrichtenbildern zum Bericht, dass *p*.

8. Wenn die Welt anders gewesen wäre, als im Bericht dargestellt, wären auch andere Bilder gesendet worden.

9. Es besteht kein Widerspruch zwischen den gesendeten Nachrichtenbildern und dem Bericht der TAGESSCHAU.

10. Also ist die Berichterstattung der TAGESSCHAU wahrscheinlich wahrheitsgemäß.

11. Also ist die Berichterstattung der TAGESSCHAU wahrscheinlich glaubwürdig.

Mit der Annahme, Nachrichtenbilder stellten einen Beleg dafür dar, dass die Berichterstattung der TAGESSCHAU wahrheitsgemäß und damit glaubwürdig sei, sind nun aber eine ganze Reihe von Problemen verbunden, zieht man die Produktionsbedingungen der Fernsehnachrichten in Betracht.

Wenden wir uns zunächst noch einmal der These zu, dass zumindest die Korrespondenten oder Reporter selbst Augenzeugen des berichteten Geschehens seien. Zumindest für das Format der Filmberichte, die von den Mitarbeitern der TAGESSCHAU erstellt werden, kann diese Annahme zugestanden werden.[297] Die Korrespondenten und Reporter vor Ort sollen eigene Rechercheergebnisse präsentieren. Sie werden in der Tat als Augenzeugen des berichteten Geschehens betrachtet.[298] Filmberichte in diesem Sinne machen aber nur einen kleinen Teil der Meldungen der TAGESSCHAU aus. Auch wenn *ARD-aktuell* über ein vergleichsweise großes Korrespondentennetz verfügt, sind diese Ressourcen nichtsdestotrotz begrenzt, führt man sich den Anspruch vor Augen, dass die wichtigsten Meldungen *aus aller Welt* in der Sendung gebracht werden sollen.[299] Um diesem Anspruch trotzdem gerecht werden zu können, bestehen verschiedene Kooperationsbeziehungen zum Austausch von Bild- und Textmaterial sowie die Zusammenarbeit mit

---

[297] Dass selbst eine eigene Inaugenscheinnahme des berichteten Geschehens nicht in jedem Fall hinreichend für eine wahrheitsgemäße Berichterstattung ist, stellt eine Schwierigkeit dar, die auf mangelndes Hintergrundwissen der betreffenden Korrespondenten zurückgeführt werden kann. Dieser Punkt wird ausführlich in Kap. 5.3.6 dieser Arbeit thematisiert.

[298] Vgl. Schäfer, S. (2007), S. 147.

[299] Zum Umfang des Korrespondentennetzes der TAGESSCHAU vgl. die Ausführungen in Kap. 5.2.2.4 dieser Arbeit.

externen Reportern und Kamerateams. Die Produzenten der TAGESSCHAU sind damit keineswegs immer selbst Augenzeuge des berichteten Geschehens.

Darüber hinaus ist das Format der Nachricht im Film von zwei Problematiken betroffen: Erstens kann der Fall eintreten, dass relevantes Bildmaterial erst kurz vor der Sendung verfügbar ist und noch bearbeitet werden muss, und zweitens ist es manchmal unklar, was die Bilder aus den fremden Quellen eigentlich genau zeigen.[300] Gerade der erste Punkt erschwert die dem Gebot der Aktualität unterworfene Erstellung der Fernsehnachrichtensendung. Auch wenn der Normalfall in rationaler Hinsicht so sein sollte, dass die Texte zum Bildmaterial erst nach dessen Sichtung erstellt werden sollten, tritt durch die beschriebene Problematik oft gerade der umgekehrte Fall ein. D. h. es werden häufig erst die Texte erstellt und dann wird das Bildmaterial – nach seinem Eintreffen – entsprechend geschnitten. Mit dieser Vorgehensweise soll das relativ späte Eintreffen relevanter Bilder kompensiert werden, um eine reibungslose Produktion der Sendung und die Einhaltung des festen Sendetermins zu ermöglichen. Ein Arbeitsprozess, der zeitlich auf diese Weise geordnet ist, kann aber auch dazu führen, dass Bilder und Text abschließend nicht oder nicht gut zusammenpassen.

Außerdem kann man sich die Frage stellen, ob Nachrichtenbilder tatsächlich die Funktion natürlicher Zeichen übernehmen können bzw. ob man darin gerechtfertigt ist, diese Bilder als solche Zeichen zu betrachten. Infrage gestellt werden damit die Annahmen (7) und (8) der Überlegungskette. Scholz merkt an, dass ein wesentliches Charakteristikum natürlicher Zeichen darin bestehe, dass sie aus sich heraus Bedeutung besäßen.[301] Es bedürfte also keines menschlichen Einwirkens (keiner Handlung und auch keiner Absicht), um den Nachrichtenbildern eine Bedeutung beizulegen, wenn sie tatsächlich natürliche Zeichen darstellen. Der Rezipient könnte unmittelbar aus den Bildern selbst die von ihnen transportierte Bedeutung *herauslesen*. Allerdings scheint insbesondere die konstruktivistische These vieler Medienwissenschaftler gegen diesen Punkt zu sprechen. Dieser Auffassung zufolge sind Nachrichtenbilder keine natürlichen Zeichen, sondern das Ergebnis eines intentionalen Prozesses der Nachrichtenredakteure. „Die Bilder wecken die Illusion, als Augenzeuge am Geschehen teilzunehmen, die Kameraführung führt zwar das Auge des Rezipienten, macht aber den Eindruck, man könne sich selbst vor Ort umschauen. Die verschiedenen Möglichkeiten, mit denen die Kamera ein Ereignis aufnehmen kann, und die technischen Möglichkei-

---

[300]   Vgl. Schäfer, S. (2007), S. 113.
[301]   Vgl. Scholz, O. R. (1991), S. 78.

ten der Aufbereitung des Materials, bleiben für den Rezipienten undurchsichtig."[302] Angesprochen wird hier, dass Nachrichtenbilder nicht einfach wie zufällige Schnappschüsse des aktuellen Geschehens aufgefasst werden können. Vielmehr liegen ihnen bestimmte Gestaltungskriterien zu Grunde. Der Redakteur des Beitrags will dem Zuschauer etwas Bestimmtes zeigen, und vor dem Hintergrund dieser intentionalen Entscheidung wird die Aufnahme gemacht. Es wird ein bestimmter Bildausschnitt gewählt, durch die Kamerabewegung und -einstellung werden bestimmte Elemente im Bildausschnitt hervorgehoben etc. Auch die Art der ausgewählten Bilder für die Sendung in der TAGESSCHAU lässt sich auf eine intentionale Entscheidung der Nachrichtenredakteure zurückführen. Dieser Aspekt betrifft z. B. Bilder von Kriegen und Katastrophen, die nicht in der Drastik gezeigt werden, in der sich das berichtete Geschehen wirklich ereignet hat. Susan Sontag formuliert den Grund, auf dem eine solche Entscheidung basiert, folgendermaßen: „Die Fernsehnachrichten, die sich an ein sehr viel größeres Publikum richten [als die Presse, NM] und daher auch sensibler auf den Druck von Werbekunden reagieren, arbeiten unter noch strengeren, größtenteils selbstauferlegten Beschränkungen im Hinblick auf das, was sich »schicklicherweise« senden läßt und was nicht."[303] In diesem Sinne sind die Nachrichtenbilder durchaus nicht unabhängig von menschlicher Mitwirkung.

Besonders deutlich wird dieser Punkt, wenn man die Möglichkeit zur Manipulation des Bildmaterials in Betracht zieht. „Für Fotos und Filme gibt es keine sprachlichen Barrieren. Nicht immer ist die Herkunft von Bildern klar erkennbar. Sie bieten zudem immer nur Ausschnitte der Wirklichkeit. Sie können sinnentstellend montiert und unterschiedlich interpretiert und kommentiert werden. Weil die Fälschungsmöglichkeiten so zahlreich sind, kommt es ganz besonders auf die Zuverlässigkeit von Bildquellen an."[304] V. a. die heutigen technischen Möglichkeiten der digitalen Bildbearbeitung stellen einen wichtigen Grund für eine kritische Einstellung zum Nachrichtenbild als Belegquelle für die Glaubwürdigkeit der Berichterstattung dar. Insbesondere ergibt sich die Forderung, dass bei der Verwendung digitaler Computerbilder diese als solche kenntlich gemacht werden müssen und „[...] daß also die virtuelle Realitäten als journalistische und weitreichend technikgestützte Konstruktionen von Wirklichkeit, nicht aber als „Abbilder" der Welt angeboten werden."[305] Auch wenn die Ausführungen zur institutionel-

---

[302] Brosius, H.-B. (1998), S. 218.
[303] Sontag, S. (2003), S. 81/82.
[304] Röhl, H. (1992), S. 63.
[305] Meckel, M. (1998a), S. 208.

len Glaubwürdigkeit[306] verdeutlicht haben, dass es nicht im Interesse der Nachrichtenproduzenten liegt, ihr Image durch solchermaßen manipulierte Bilder zu schädigen, die Redakteure im Regelfall also auf die Verwendung solchen Materials verzichten werden, bleibt es doch geraten, dass der Rezipient eine kritische Haltung gegenüber den Nachrichtenbildern beibehält. Dies gilt insbesondere vor dem Hintergrund, dass von den TAGESSCHAU-Redakteuren Bildmaterial verwendet wird, welches aus fremden Quellen stammt, deren Zuverlässigkeit sie selbst nicht ausreichend beurteilen können.

Aber auch wenn man von solch extremen Fällen einmal absieht, besteht noch ein weiteres Problem für das Verständnis von Nachrichtenbildern als natürliche Zeichen. Dieser Punkt betrifft den Aspekt der Auswahl der Bilder im Kontext der Gewichtung von Nachrichtenbeiträgen. Schäfer weist in diesem Zusammenhang darauf hin, dass die Bebilderung von Beiträgen auch einen Ausdruck für die Bewertung der Relevanz der Beiträge durch die Journalisten darstelle. Da die Unterlegung eines Berichts mit Bildmaterial zu einer höheren Aufmerksamkeit des Zuschauers führt, steht das Bemühen im Vordergrund, für relevant gehaltene Beiträge auch entsprechend zu gestalten. Das führt u. a. dazu, dass Berichte zu Themen, die üblicherweise kaum für aussagekräftige Bilder sorgen – z. B. Pressekonferenzen oder Bundestagsdebatten – trotzdem mit Bildern versehen werden.[307] Die Verwendung von Standardnachrichtenbildern[308] als Kompensation des Bildermangels in solchen Fällen stellt ein Problem für die These von Nachrichtenbildern als natürlichen Zeichen dar, weil diese Bilder meist nur über einen geringen Informationswert verfügen. Es stellt sich damit die Frage nach der Bedeutung, welche solche Bilder als natürliche Zeichen aus sich heraus haben sollten. Offenbar ist ihre Funktion eher illustrierender Art. Ohne den kommentierenden Text könnte der Rezipient diese Bilder wohl nicht als Anzeichen für das berichtete Ereignis verstehen.

Außerdem besteht die Gefahr, dass durch diese Art von Nachrichtenbildern ein falsches Verständnis von dem berichteten Geschehen bei den Rezipienten befördert wird. Besonders deutlich wird dieses Problem, wenn von den Nachrichtenredakteuren die Strategie der Personalisierung des Geschehens gewählt wird, um ein abstraktes Ereignis besser bebildern zu können. „Durch die Bilder verstärkt sich zudem der Eindruck, Politik werde von einzelnen Personen betrieben. Nicht das Ministerium (das sich schlecht bildlich

---

306 Vgl. Kap. 5.3.2 dieser Arbeit.
307 Vgl. Schäfer, S. (2007), S. 66.
308 Vgl. die Ausführungen in Kap. 5.2.3.2 dieser Arbeit.

darstellen läßt), der Minister plant einen Gesetzesentwurf, nicht der politische Konsens zwischen einem komplizierten (aber schlecht visualisierbaren) Gefüge von Gruppierungen, sondern der Bundeskanzler legt die Politik fest."[309] In diesen Fällen kann der Rezipient die Nachrichtenbilder nicht als unmittelbares Anzeichen für das berichtete Geschehen nutzen, da das Bildmaterial nicht mit dem Nachrichtentext übereinstimmt. Klaffen Bild- und Textinformation in einer Meldung auseinander, kann der Fall eintreten, dass das gebotene visuelle Material eine erkenntnisdominierende Funktion übernimmt und damit zu einem falschen Verstehen der Meldung beiträgt.[310]

Die obigen Ausführungen legen zum einen nahe, dass Nachrichtenbildern nicht grundsätzlich die Funktion natürlicher Zeichen zugeschrieben werden kann, und zum anderen stellen sie auch nicht durchgängig einen Beleg für die Augenzeugenschaft des Berichterstatters und damit für dessen superiores Wissen bezüglich des berichteten Geschehens dar. Bartelborth geht auf diesen Punkt im Hinblick auf den Begriff der epistemischen Rechtfertigung im Allgemeinen ein, wenn er auf das Problem aufmerksam macht, dass häufig die *Genese* und die *Rechtfertigung* einer Überzeugung miteinander vermengt bzw. verwechselt werden.[311] Betrachtet man Nachrichtenbilder als die Ursache für die Annahme der Glaubwürdigkeit der TAGESSCHAU-Berichterstattung, muss man berücksichtigen, dass die *Ursache* nicht notwendigerweise auch einen *hinreichenden Grund* für diese Annahme darstellt. Zwar gibt es einige Fälle, bei denen ein solcher Schluss gerechtfertigt wäre – z. B. bei Filmberichten von Korrespondenten der TAGESSCHAU, die das berichtete Geschehen selbst dokumentiert haben und deren übermittelte Bilder mit dem Nachrichtentext auch übereinstimmen –, allerdings gilt dies eben nicht für alle Berichte der TAGESSCHAU. Und es ist im Einzelfall für den Rezipienten schwer zu entscheiden, ob eine rezipierte Meldung zu dieser Klasse gehört oder nicht. Wenden wir uns daher einem weiteren Kriterium zu, welches den Rezipienten in seiner Annahme der Glaubwürdigkeit der TAGESSCHAU-Berichterstattung evtl. unterstützen könnte.

5.3.5 Kohärenz der telemedialen Berichterstattung

Im Zusammenhang mit der Erläuterung der narrativen Struktur der Fernsehnachrichten wurde auf zwei Aspekte hingewiesen, die mit der These der

---

[309] Brosius, H.-B. (1998), S. 218.

[310] Besonders deutlich wird dieser Punkt, wenn man den Fall betrachtet, dass eine aktuelle Meldung mit Archivbildern illustriert wird. Das verwendete Bildmaterial bezieht sich in diesem Kontext klarerweise nicht unmittelbar auf das berichtete Geschehen.

[311] Vgl. Bartelborth, Th. (1996), S. 98.

Kohärenz[312] der telemedialen Berichterstattung unmittelbar zusammenhängen. Der erste Punkt betrifft die Gestaltung der einzelnen TAGESSCHAU-Beiträge anhand einer narrativen Struktur. Röhl hält dazu fest: „Im Fernsehen werden Geschichten erzählt, auch in den Informationssendungen."[313] Diese Auffassung setzt voraus, dass dem Zuschauer in den Nachrichtenbeiträgen der TAGESSCHAU kohärente Erzählungen präsentiert werden und nicht sozusagen bloß einzelne Informationshappen. Die Präsentation von Geschichten erfordert bestimmte dramaturgische Elemente wie einen Spannungsbogen, einen konkreten Beginn und ein Ende der Erzählung etc. – Faktoren, die im Rahmen einer einzelnen Informationshandlung nicht unbedingt erforderlich sind. Im Gegensatz zur Übermittlung singulärer Informationen kann eine solche *Nachrichtengeschichte* dann auch das Merkmal der Kohärenz aufweisen.

Der zweite Punkt bezüglich der narrativen Struktur der TAGESSCHAU besteht darin, dass Fernsehnachrichten insgesamt einen seriellen Charakter zu besitzen scheinen.[314] Dieser Aspekt wird insbesondere an Langzeitberichterstattungen – z. B. im Falle von Kriegsberichterstattungen – deutlich. Die Präsentation der Erzählung erfolgt hier über einen längeren Zeitraum hinweg. In diesem Sinne werden in den einzelnen Nachrichtenbeiträgen Anknüpfungspunkte für immer neue Berichte zu dem Geschehen geboten. Sie werden in der laufenden Berichterstattung entweder still vorausgesetzt, oder es wird direkt auf sie verwiesen, indem in neuen Nachrichtenbeiträgen auf ältere Meldungen Bezug genommen wird. Diese Art der Berichterstattung als kohärente Erzählung aufzufassen, setzt aber auf jeden Fall voraus, dass der Zuschauer die Berichterstattung auch kontinuierlich verfolgt, damit ihm die Zusammenhänge der Erzählung verständlich sein können.

Kohärentistische Aspekte in der Berichterstattung spielen aber nicht nur auf der Ebene der Strukturierung der Einzelbeiträge und der TAGESSCHAU-Sendung insgesamt eine Rolle, sondern werden ebenfalls auf der Ebene der so genannten *öffentlichen Meinung*[315] von Bedeutung. Eine Grundfunktion der Journalisten kann in der *Herstellung von Öffentlichkeit* gesehen werden,

---

[312] Unter Kohärenz wird hier interne Stimmigkeit und Vernetztheit verstanden, verbunden mit dem Bestehen wechselseitiger Stützungsbeziehungen (insbesondere Erklärungsbeziehungen) sowohl zwischen den Bestandteilen einer einzelnen Meldung als auch zwischen den thematisch verwandten Berichten der TAGESSCHAU und auch anderer Medien. Zum Kohärenzbegriff vgl. Bartelborth, Th. (1996), Kap. IV.

[313] Röhl, H. (1992), S. 93.

[314] Vgl. die Ausführungen in Kap. 5.2.3.1 dieser Arbeit.

[315] Zum Begriff der öffentlichen Meinung vgl. Faulstich, W. (2002), S. 216/217. Faulstich weist in diesem Zusammenhang darauf hin, dass die Vagheit dieses Begriffs durchaus

wie Horst Pöttker festhält.[316] Zu dieser Funktion gehört neben der eigenen offenen Haltung gegenüber Neuigkeiten, die potentiell veröffentlicht werden können, auch eine Grundpflicht zum Publizieren. D. h. Informationen, die von Relevanz für den gesellschaftlichen Diskurs erscheinen, sind durch die Medienschaffenden bekannt zu machen, damit ein öffentlicher Austausch über diese stattfinden kann. Nun wird der *Markt der öffentlichen Meinung* aber nicht von einem Informationsmedium allein bedient. Vielmehr existiert eine Vielzahl unterschiedlichster Informationsangebote (verschiedener Informationssendungen wie Nachrichten, Dokumentationen etc. und verschiedener Informationsmedien wie Tagespresse, Hörfunk, Internet etc.), die dem Nutzer prinzipiell zur Verfügung stehen. Doch trotz dieser Vielfalt wurde im Zusammenhang mit den Produktionsbedingungen der TAGESSCHAU darauf hingewiesen, dass es zwischen den verschiedenen Informationsanbietern zu vielfältigen Verflechtungen kommt. Zum einen orientieren sich die Medienproduzenten am Informationsangebot ihrer Konkurrenz, um keinen Trend in der Berichterstattung zu verpassen. Zum anderen greifen die Verantwortlichen vieler Informationsmedien auch auf dieselben Quellen (z. B. in Form von Agenturmeldungen) zurück, wenn sie ihre eigenen Nachrichten erstellen. Dies hat für den durchschnittlichen Mediennutzer den Effekt, dass er wahrscheinlich mit einem recht homogenen Informationsangebot konfrontiert werden wird. Die Informationsvermittlung der Medien als Basis zur Herausbildung einer öffentlichen Meinung liefert damit ein in den meisten Fällen recht kohärentes Bild über das berichtete Geschehen.

Auf diesen Punkt geht auch Susan Sontag ein. Sie schreibt: „Strenggenommen gibt es kein kollektives Gedächtnis – das Kollektivgedächtnis gehört in die gleiche Familie von Pseudobegriffen wie die Kollektivschuld. Aber es gibt die kollektive Unterrichtung. Das Gedächtnis ist immer individuell und nicht reproduzierbar – es stirbt mit dem einzelnen. Was man als kollektives Gedächtnis bezeichnet, ist kein Erinnern, sondern ein Sicheinigen – darauf, daß *dieses* wichtig sei, daß sich eine Geschichte so und nicht anders zugetragen habe, samt den Bildern, mit deren Hilfe die Geschichte in unseren Köpfen befestigt wird."[317] Die Berichterstattung der Medien bildet häufig die Basis dieses von Sontag beschriebenen Prozesses des Sicheinigens darauf, was als relevant zu gelten hat. Es sind die Berichte der Medien und damit auch jene der TAGESSCHAU, die den Rezipienten als diejenigen Ereig-

---

auch positiv gesehen werde, da er so die Möglichkeit unterschiedlichster Interpretationen – je nach Kontext und Bedarf – für die verschiedenen Akteure offen lasse.

[316] Pöttker, H. (1999), S. 220.
[317] Sontag, S. (2003), S. 99/100.

nisse in der Welt präsentiert werden, die als von allgemeinem öffentlichen Interesse gelten. Die kohärente Berichterstattung liefert zudem oftmals die Grundlage für die Annahme der Zuschauer, dass sich die Ereignisse genau so zugetragen haben, wie sie in den Medien dargestellt werden. Und durch die Medienberichte erhalten die Rezipienten auch die von Sontag angesprochenen Bilder, mit deren Hilfe das Weltgeschehen memoriert wird, denn nur in den seltensten Fällen wird eine eigene Inaugenscheinnahme möglich sein.

Ein Beispiel für einen solch prägenden Einfluss eines Medienbildes liefert Gerhard Paul in seiner Untersuchung zu der Fotographie von Nick Ut.[318] Gemeint ist das Bild des Mädchens Kim Phúc aus dem Vietnamkrieg des Jahres 1972, welches das Kind schreiend und nackt aus seinem von Napalmbomben zerstörten Dorf fliehend auf einer Straße zeigt. Paul verweist darauf, dass dieses Bild eine umfangreiche Rezeptionsgeschichte aufweise. Es wurde nicht nur im Zusammenhang mit und zur Zeit des Vietnamkrieges vielfach in den Medien reproduziert, es wurde auch in den nachfolgenden Jahrzehnten immer wieder in unterschiedlichsten Kontexten veröffentlicht.[319] Mit Bezug auf dieses Bild spricht Paul auch davon, dass es sich in das „visuell[e] Gedächtnis" vieler Menschen eingebrannt habe[320] und durch die entkontextualisierte Verwendung schließlich zu einem „reduzierte[n] Symbol des schmutzigen Vietnamkrieges"[321] geworden sei.

Ein Räsonnement des TAGESSCHAU-Rezipienten bezüglich der Glaubwürdigkeit der Sendung basierend auf Kohärenzerwägungen könnte demnach die folgende Form haben:

(R-5)   1. Die Berichterstattung der TAGESSCHAU ist als glaubwürdig einzustufen, wenn der mitgeteilte Gehalt mit den Tatsachen übereinstimmt.

2. Wenn der mitgeteilte Gehalt mit den Tatsachen übereinstimmt, ist die Berichterstattung wahr.

3. Eine unmittelbare Überprüfung der Übereinstimmung zwischen Gehalt und Tatsachen ist nicht möglich.

4. Die Berichterstattung der TAGESSCHAU hat sich als kohärent und damit als in sich stimmig herausgestellt.

---

[318]   Vgl. Paul, G. (2005b).
[319]   Vgl. ebd., Abschnitt 4.
[320]   Vgl. ebd., Einleitung.
[321]   Vgl., ebd., Abschnitt 4.

5. Es ist unwahrscheinlich, dass eine langfristig kohärente Berichterstattung aufrechterhalten werden kann,
wenn die berichteten Tatsachen falsch sind.
6. Die Berichterstattung der TAGESSCHAU stimmt
darüber hinaus in kohärenter Weise mit jenen anderer Medien überein.
7. Also ist die Berichterstattung der TAGESSCHAU
wahrscheinlich wahrheitsgemäß.
8. Also ist die Berichterstattung der TAGESSCHAU
wahrscheinlich glaubwürdig.

Bei dieser Kette von Annahmen erweist sich insbesondere der Übergang
von der Feststellung einer kohärenten Berichterstattung zu der Annahme der
wahrheitsgetreuen Berichterstattung als problematisch. In der Erkenntnistheorie wurde von verschiedenen Autoren darauf aufmerksam gemacht, dass
Kohärenz kein adäquates Wahrheitskriterium darstellt. Schließlich können
z. B. auch Märchen als kohärente Erzählungen aufgefasst werden, was ihren
Gehalt damit aber noch lange nicht zu einer faktischen Tatsache macht.[322]
Was diese Feststellung für die Nutzung von Medien als Informationsquelle
bedeutet, wird in folgendem Beispiel eines Interviews von Redakteuren der
deutschen „tageszeitung" (taz) mit dem Politologen Christopher Daase deutlich. Es veranschaulicht die schwierige Relation zwischen Medienberichterstattung und öffentlicher Meinung. Daase wurde zu einer Stellungnahme
bezüglich des Terrornetzwerks „al-Qaida" gebeten und zu einer Einschätzung, inwiefern es sich hierbei um eine neue Form des Terrorismus handele
(in Abgrenzung z. B. zur RAF). Daase führt dazu an: „Ich glaube, dass al-
Qaida zumindest durch die Antiterrorprogramme der Regierungen und die
Medienberichterstattung klarere Konturen bekommt, als das Netzwerk tatsächlich hat. Unser Bild des Phänomens ist zu einem großen Teil von uns
selbst konstruiert. [...]" Und an späterer Stelle, bezüglich der Frage, ob die
Medien dabei helfen könnten, al-Qaida die Bedeutung zu nehmen, sagt er:
„Vermutlich schon. Ein geringerer Hype würde dazu beitragen, dass al-Qaida
unterminiert wird. Außerdem sollten in den Medien die regionalen Unterschiede des islamistischen Terrorismus klarer gemacht werden. Das könnte helfen, al-Qaida zu entzaubern."[323] Daase, als Experte für internationale Politik, konstatiert in diesem Interview, dass die Medien dazu beitrügen,

---

[322] Vgl. z. B. Bartelborth, Th. (1996), S. 59.
[323] Vgl.: „»Wir wissen nicht einmal, was al-Qaida ist«, sagt Christopher Daase". In: *Die
tageszeitung (taz)*, vom 29./30.01.2005, S. 12.

die Wahrnehmung ihrer Rezipienten über das Phänomen „al-Qaida" in entscheidendem Maße zu beeinflussen. Die Medienberichterstattung konstruiere dabei ein Bild der Terrororganisation, das nicht adäquat sei. Dezentral agierende, voneinander relativ unabhängige Gruppen würden in der Berichterstattung als zentral organisierte Einheit dargestellt. Der Effekt solcher Berichterstattung bestehe nicht nur darin, dass das Terrornetzwerk größer und damit auch bedrohlicher erscheine, als es vielleicht tatsächlich ist, sondern auch darin, dass die Mitglieder der einzelnen Terrorgruppen selbst eine veränderte Selbstwahrnehmung erfahren können. Sie sähen sich selbst als Teil eines größeren Verbundes, was wiederum Einfluss z. B. auf die Ausdauer in ihren Aktivitäten haben könne. Daases konstruktivistische These und deren Folgen stellen aber nur dann ein Problem dar, wenn angenommen wird, dass die Medienberichterstattung über al-Qaida wenig differenziert erfolgt, wenn also ein kohärentes Bild von diesem Terrornetzwerk durch die mediale Berichterstattung gezeichnet wird. Hätten die Rezipienten die Möglichkeit, die Beschreibungen des Terrornetzwerks anhand von unterschiedlichen Berichterstattungen miteinander zu vergleichen, in denen auch auf die von Daase angesprochenen besonderen Merkmale der einzelnen agierenden Gruppen hingewiesen würde, entstände nicht die Schwierigkeit der Pauschalisierung. Es zeigt sich also, dass eine kohärente Berichterstattung nicht als entscheidendes Kriterium für die Wahrheit der Berichte herangezogen werden kann.

Das Problem, das in diesem Kontext auftritt, wird von Erik J. Olsson in allgemeinerer Form auf den Punkt gebracht. Olsson untersucht die Frage nach dem Zusammenhang zwischen Kohärenz und Wahrheit. Als einen paradigmatischen Fall für Kohärenz sieht er dabei übereinstimmende Zeugenaussagen an (in unserem Falle wären dies also übereinstimmende Medienberichte).[324] Der Ausgangspunkt seiner Analyse besteht in der Analyse der These, dass die Übereinstimmung von Zeugenaussagen die wahrscheinliche Wahrheit der Mitteilungen erhöhen könne. „Could it at least be shown that agreement implies truth? While a positive answer to this question would lend considerable plausibility to the general thesis that coherence implies truth, further investigation of other forms of coherence would be needed to settle the matter. The situation would be quite different if the answer turned

---

[324]   Den Ausgangspunkt dieser Überlegung stellt für ihn die Feststellung dar, dass der Begriff der Kohärenz in der bisherigen Forschungsliteratur nur unzureichend definiert sei. Der Fall übereinstimmender Zeugenaussagen scheint aber ein paradigmatisches Beispiel für Kohärenz darzustellen. Vgl. ebd., S. 16. Mit Olssons generellem Ansatz habe ich mich bereits an anderer Stelle kritisch auseinander gesetzt. Vgl. Mößner, N. (2007b), S. 381-385.

out to be negative. [...] More carefully put, this eventuality would confront the coherence theorist with a dilemma: either she would have to concede that coherence in general does not imply truth or she would have to loosen the conceptual tie between agreement and coherence. Thus, either coherence does not imply truth or it is 'robbed of all significance'."[325] Olssons Untersuchung dieses Dilemmas der Kohärenztheoretiker mit Hilfe des wahrscheinlichkeitstheoretischen Modells konvergierender Zeugenaussagen von Michael Huemer führt ihn zu dem Schluss, dass Kohärenz allein tatsächlich kein relevantes Kriterium für die wahrscheinliche Wahrheit der Zeugenaussagen darstellen kann. Damit kohärentistische Erwägungen eine relevante Rolle im Beurteilungsprozess von Zeugenaussagen spielen können, müssen eine Reihe weiterer Bedingungen erfüllt sein als die bloße Kohärenz der Aussagen.[326] Zu diesen Bedingungen zählen insbesondere die folgenden: a) die konditionale Unabhängigkeit der Zeugenaussagen voneinander und b) die anfängliche Wahrscheinlichkeit jeder einzelnen Zeugenaussage.[327]

Was bedeutet dies nun für die Beurteilung der Berichterstattung der TAGESSCHAU? Zunächst einmal muss der einfache Schluss von der Konstatierung einer kohärenten Berichterstattung zur Wahrheit dieser Berichte aufgegeben werden. Kohärenz allein ist als Wahrheitsindikator nicht ausreichend. Ziehen wir nun die von Olsson benannten weiteren Bedingungen der Unabhängigkeit der Zeugen und die jeweilige anfängliche Wahrscheinlichkeit ihrer Aussagen in Betracht, wird deutlich, dass kohärentistische Erwägungen dieser Art für die Beurteilung der TAGESSCHAU-Berichterstattung eher zu einem negativen Ergebnis führen. Dies hängt damit zusammen, dass das kohärente Bild der Medienberichte auf dem Informationsmarkt im Wesentlichen eine Folge wirtschaftlicher Verflechtungen ist. D. h. die Zeugen sind keineswegs in dem geforderten Sinne voneinander unabhängig. Auch wenn Olsson zugesteht, dass eine vollständige Unabhängigkeit der Zeugen voneinander nicht erforderlich sei,[328] zeigen die Produktionsbedingungen der TAGESSCHAU doch, dass in vielen Fällen die Abhängigkeit der einzelnen

---

[325] Olsson, E. J. (2005), S. 22.
[326] Vgl. ebd., S. 31.
[327] Vgl. ebd., S. 32. Ergänzt werden muss an dieser Stelle, dass kohärentistischen Erwägungen nur dann eine Funktion zukommt, wenn die anfängliche Wahrscheinlichkeit der verschiedenen Zeugenaussagen sich zwischen eins und null bewegt. Hätte man es dagegen mit Zeugenaussagen zu tun, die bereits eine Anfangswahrscheinlichkeit von eins aufweisen, wäre es für die Wahrheitszuträglichkeit irrelevant nach dem Grad ihrer Übereinstimmung zu fragen, da die Wahrscheinlichkeit der Zeugenaussage bereits den Grad der Gewissheit erreicht hat. Vgl. ebd., S. 30.
[328] Vgl. ebd., S. 113.

Medienberichte voneinander zu groß ist, als dass Kohärenzerwägungen in diesem Sinne eine wahrheitszuträgliche Beurteilung zuließen.

Darüber hinaus ist auch die Bedingung der Anfangswahrscheinlichkeit der Berichte für die Beurteilung der TAGESSCHAU-Nachrichten problematisch (und sicherlich nicht nur für diese): Denn welche Wahrscheinlichkeit sollten wir diesen Berichten zuschreiben, wenn es doch gerade um die Frage nach der Glaubwürdigkeit der Nachrichten-Redakteure und damit um jene nach der Wahrheit ihrer Berichte geht?

Olssons Ausführungen zeigen aber auch, dass Kohärenz nicht grundsätzlich als Anhaltspunkt für den Rezipienten abzulehnen ist. Denn auch wenn im positiven Sinne mittels einer probabilistischen Analyse verdeutlicht werden kann, dass Kohärenz in keinem der angesprochenen Sinne wahrheitszuträglich ist, kann doch *Inkohärenz* ein Hinweis darauf sein, dass die Berichterstattung nicht wahrheitsgemäß ist. Die Tatsache, dass die kritische Auseinandersetzung mit der Rolle der Medien (in unserem Beispiel des Interviews mit Christopher Daase) wiederum in den Medien selbst erfolgte, veranschaulicht diesen Punkt. Der Mediennutzer selbst kann nicht überprüfen, inwiefern die Berichterstattung über al-Qaida der Wahrheit entspricht oder nicht. Er kann aber zu einer kritischen Haltung gegenüber dem Bild, das in den Medien gezeichnet wird, kommen, wenn er differenzierte Informationen in der Berichterstattung vorfindet, die gegen die einheitliche Darstellung sprechen (wie in dem obigen Interview in der „taz"). Allerdings liefert die Konstatierung einer inkohärenten Berichterstattung beim Vergleich mehrerer Informationsquellen allein keinen Hinweis darauf, welcher der in die Betrachtung einbezogenen Berichte nicht den Tatsachen entspricht. Die Feststellung von Inkohärenz kann damit für den Rezipienten lediglich ein Ausgangspunkt für weitere Recherchen sein, um herauszufinden, welcher Bericht tatsächlich mit den Tatsachen übereinstimmt.

Welche weiteren Annahmen bezüglich der Berichterstattung der TAGESSCHAU könnte ein Rezipient nun machen, wenn er nach seinen Gründen gefragt wird, deren Berichterstattung für glaubwürdig zu halten?

5.3.6 TAGESSCHAU-Berichte als Expertenberichte?

Ein letzter Punkt, den ein Rezipient auf die Frage nach seinen Gründen, die Berichterstattung der TAGESSCHAU für glaubwürdig zu halten, anführen könnte, besteht darin, dass er zumindest den subjektiven Eindruck hat, bei diesen Berichten handele es sich um Aussagen von Experten. Dieser Eindruck wird durch die Gestaltung der Fernsehnachrichten unterstützt, wie auch Hickethier und Bleicher festhalten: „Der Sprecher erscheint als Experte, der am Schreibtisch sitzend, den Zuschauern mit Papieren in der Hand die Welt vermittelt und erklärt."[329]

Da aber im Zusammenhang mit der Erörterung der Gestaltungsrichtlinien gezeigt werden konnte, dass die Art der Informationsübermittlung lediglich ein Teil der Inszenierung der TAGESSCHAU als Informationssendung darstellt und damit – ebenso wie das Erscheinungsbild und der Habitus des Nachrichtensprechers – nicht als zuverlässiges Kriterium für die Glaubwürdigkeitsbeurteilung herangezogen werden kann, stellt sich die Frage, ob es weitere Anhaltspunkte für den Rezipienten gibt, die ihn *in objektiver Hinsicht* in seiner Meinung bestärken können, dass es sich im Falle telemedialer Berichte um Expertenaussagen handele.

Zur Klärung dieser Fragestellung ist es erforderlich, zunächst festzustellen, was unter dem Begriff des Experten verstanden werden soll. Ein erster Schritt der Annäherung kann über die Betrachtung des *Arguments aus der Autorität* erfolgen. Wesley C. Salmon hält dazu fest, dass ein solches Argument nur dann zu einer gültigen Konklusion führen kann, wenn es sich bei dem vermeintlichen Experten um eine *verlässliche* Autorität handele.[330] Das Merkmal der Verlässlichkeit kann einer Person oder einer anderen Informationsquelle dann zugeschrieben werden, wenn sich deren Aussage auf Tatsachen gründet, die im Prinzip auch von anderen epistemischen Subjekten überprüft werden können und die für den Rezipienten einen guten Grund darstellen, die jeweilige Konklusion für wahr zu halten. In der Erörterung von Fällen möglicher Fehlanwendungen dieser Argumentationsform zeigt Salmon ferner, dass ein weiterer wichtiger Aspekt für die Gültigkeit dieses Arguments darin besteht, dass eine Einschränkung auf den Kompetenzbereich des Experten notwendig ist. D. h. es wäre verfehlt, die Aussage einer Autorität zur Rechtfertigung beliebiger Annahmen heranzuziehen, denn eine rechtfertigende Kraft kann nur für Aussagen auf solchen Gebieten bestehen, für die die angeführte Autorität tatsächlich auch ein Experte ist und über entsprechende Erfahrungsdaten verfügt.[331] So wird ein Elementarteilchenphysiker schwerlich eine kompetentere Aussage zu Fragen des Klimawandels abgeben können, als jeder andere Laie dies auch hätte tun können.

Bestehendes Wissen auf einem bestimmten Gebiet scheint aber für den Begriff des Experten nicht ausreichend zu sein. Bezeichnen wir jemanden als Experten, dann meinen wir normalerweise mehr, als dass die entsprechen-

---

[329] Hickethier, K. / Bleicher, J. K. (1998), S. 373.
[330] Vgl. Salmon, W. C. (1983), S. 185.
[331] Vgl. ebd., S. 187-189.

de Person nur über eine große Anzahl von wahren, gerechtfertigten Meinungen auf einem bestimmten Gebiet verfügt. Wir erwarten auch, dass sie dieses Wissen in kompetenter Weise zur Lösung von Problemen in ihrem Expertise-Bereich anwenden und so zur Klärung von neu auftretenden Fragen beitragen kann. Diesen Aspekt greift Goldman in seiner Definition des Expertenbegriffs auf, der wir uns im Folgenden anschließen wollen. Nach Goldman bezeichnen wir eine Person dann als Experten auf einem bestimmten Gebiet, wenn Folgendes gilt: „[...] we can say that an expert (in the strong sense)[332] in domain D is someone who possesses an extensive fund of knowledge (true belief) and a set of skills or methods for apt and successful deployment of this knowledge to new questions in the domain."[333]

Übertragen auf die Berichterstattung der TAGESSCHAU stellt sich damit die Frage, wen genau der Rezipient als Experten in diesem Kontext ansieht und welches Wissensgebiet als Expertisebereich er diesem zuschreibt. Für die Beantwortung müssen wir uns noch einmal die verschiedenen Produktionsebenen der TAGESSCHAU vor Augen führen: Zunächst einmal stellen die Nachrichtensprecher – entweder als Person im Studio oder als Kommentatoren im Off von Filmbeiträgen – das letzte Glied in der Zeugniskette einer Nachrichtenmeldung dar. Da die Sprecher nicht selbst an der Erstellung der Meldungen mitwirken, sondern diese lediglich im Rahmen der Sendung kommunizieren, kommen sie nicht für die Zuschreibung des Expertenstatus infrage. Darüber hinaus wirkt eine ganze Reihe von Redakteuren bei *ARD-aktuell* an der Erstellung einer Meldung mit. Und schließlich gibt es ebenfalls

---

[332] Goldman unterscheidet zwischen einem *Experten im starken* und einem *im schwachen Sinne*. Diese Differenzierung bezieht sich auf verschieden umfangreiches Wissen im Expertisebereich. Zum einen gibt es Wissen bezüglich der primären Fragen in einem solchen Bereich, die den eigentlichen Forschungsgegenstand umfassen. Zum anderen gibt es Wissen bezüglich sekundärer Fragen, die bestehende Belege und Argumente für den Forschungsgegenstand betreffen sowie die Bewertungen dieser Belege durch andere Forscher in dem Bereich. Ein Experte im starken Sinne verfügt über ein umfangreiches Wissen in beiden Bereichen, während ein Experte im schwachen Sinne lediglich Wissen bezüglich der sekundären Fragen besitzt. Vgl. Goldman, A. I. (2001), S. 92.

[333] Vgl. ebd. Ergänzt werden muss bei dieser Definition, dass nicht allein die Menge der gewussten Propositionen ausschlaggebend ist, sondern auch, dass es sich bei diesen um relevante wahre Überzeugungen handeln muss. Durch diese Spezifizierung soll der Fall ausgeschlossen werden, dass einer Person der Expertenstatus zugeschrieben wird, die zwar über eine große Menge an Wissen auf einem bestimmten Gebiet verfügt, dieses Wissen aber nur durch die additive Aneinanderreihung von z. B. simplen Beobachtungsaussagen entsteht. Wir würden beispielsweise niemanden als Experten auf dem Gebiet der Ornithologie bezeichnen, nur weil er über wahre Propositionen der folgenden Art in großem Umfang verfügt: *Der beobachtete Vogel x_1 ist ein Rabe. Der beobachtete Vogel x_2 ist ein Rabe. ... Der beobachtete Vogel x_n ist ein Rabe.*

eine Menge von Korrespondenten und Reportern, die für die Fernsehnachrichten vom Ort des Geschehens berichten und die Meldungen auch außer
Haus recherchieren. Diese letzte Personengruppe scheint am ehesten mögliche Kandidaten für die Zuschreibung eines Expertenstatus zu liefern, da
die Zusammenarbeit der TAGESSCHAU-Redaktion mit diesen Berichterstat-
tern auf der Basis der Annahme erfolgt, die Korrespondenten und Reporter
verfügten durch ihre berufliche Spezialisierung auf ein bestimmtes Themengebiet und, im Falle der Korrespondenten, durch ihre Kenntnis der soziokulturellen Begebenheiten der Länder, in denen sie arbeiten und aus denen
sie berichten, über eine entsprechende Expertise auf diesen Gebieten. Vor
dem Hintergrund dieser Überlegungen soll es im Folgenden um die Fragestellung gehen, ob ein Rezipient darin gerechtfertigt sein könnte, Mitglieder
dieser journalistischen Statusgruppe – als Mitarbeiter der TAGESSCHAU– für
Experten zu halten.

Nun handelt es sich bei den eben angestellten Überlegungen aber um solche, die aus der Perspektive der Nachrichtenproduzenten vorgenommen wurden. D. h. der Rezipient weiß normalerweise nicht, inwiefern ein bestimmter Korrespondent oder ein bestimmter Reporter über eine berufliche Erfahrung einer Art verfügt, dass ihm eine Expertise auf dem Gebiet, über das
er berichtet, zugeschrieben werden kann. Es wurde auch festgehalten, dass
der Rezipient den Wahrheitsgehalt der mitgeteilten Berichte in den meisten
Fällen nicht selbst überprüfen kann. Er kann also nicht durch einen bloßen
Vergleich zwischen den Nachrichtenmeldungen und den Ereignissen in der
Welt, auf welche sich diese Berichte beziehen, feststellen, ob ein Korrespondent oder Reporter tatsächlich in dem Sinne über den in der Definition geforderten Wissensschatz verfügt, dass seine Berichte sich in der überwiegenden
Anzahl der Fälle als wahr herausstellen. Welche anderen Möglichkeiten stehen einem Rezipienten dann zur Verfügung, um festzustellen, ob es sich bei
der fraglichen Person tatsächlich um einen Experten auf dem fraglichen Gebiet handelt?

An diesem Punkt können wir erneut auf Goldmans Untersuchungen zurückgreifen: Er hat nicht nur einen Definitionsvorschlag zum Expertenbegriff
vorgelegt, sondern sich ebenso mit der Frage befasst, welche Anhaltspunkte einem Laien gegeben sein können, einen Experten auf einem bestimmten
Gebiet zu identifizieren, ohne selbst zu einem Experten in dem fraglichen
Bereich werden zu müssen. Konkret untersucht er unter dem Schlagwort
„Novice/2-Expert-Problem", ob Laien gerechtfertigte Urteile treffen können
über die relative Glaubwürdigkeit von Experten, die unterschiedliche Meinungen zu einem Thema vertreten, ohne dabei selbst Experte für das in Frage

stehende Thema werden zu müssen.[334] Die besondere Schwierigkeit in diesem Fall besteht darin, dass der Laie nicht auf eigenes Wissen zu dem Thema zurückgreifen kann, über welches er unterschiedliche und widersprüchliche Aussagen von Experten erhält, um diese zu überprüfen.[335] Es zeigt sich damit eine wichtige Übereinstimmung zwischen den Ausgangsüberlegungen Goldmans und dem von uns betrachteten Fall der Glaubwürdigkeitsbeurteilung von telemedialen Berichten durch den Rezipienten.

Goldman führt insgesamt fünf Möglichkeiten zur Lösung des Problems der Beurteilung unterschiedlicher, sich widersprechender Expertenmeinungen durch einen Laien an. Es handelt sich um fünf Quellen für Belege, die einem Laien prinzipiell zur Verfügung stehen, um die Glaubwürdigkeit eines Experten bewerten zu können. Dies sind im Einzelnen:

(A) Arguments presented by the contending experts to support their own views and critique their rivals' views.

(B) Agreement from additional putative experts on one side or other of the subject in question.

(C) Appraisals by "meta-experts" of the experts' expertise (including appraisals reflected in formal credentials earned by the experts).

(D) Evidence of the experts' interests and biases vis-à-vis the question at issue.

(E) Evidence of the experts' past "track-records".[336]

Was ist nun mit den genannten Belegquellen im Einzelnen gemeint? Und welche dieser Quellen könnte von Nutzen für unseren Rezipienten sein? Möglichkeit (A) bezieht sich darauf, dass ein Laie die Diskussion zwischen zwei Experten verfolgen könnte, um zu beurteilen, welchem von beiden er vertrauen soll. Goldman hebt dabei auf den Punkt ab, dass man zwischen einer *direkten* und einer *indirekten argumentativen Rechtfertigung* unterscheiden könne[337], welche diese Quelle ermögliche. Eine direkte Rechtfertigung bestünde dann, wenn der Hörer zur Annahme der Wahrheit einer durch den Experten präsentierten argumentativen Konklusion berechtigt wäre, weil er darin gerechtfertigt ist, die Prämissen und die Unterstützungsbeziehung zwischen diesen und der Konklusion für wahr zu halten. Eine solche direkte argumentative Rechtfertigung ist aber mit der bereits angeführten Schwierigkeit verbunden, dass der Laie über kein eigenes Wissen auf dem fraglichen

---

[334] Vgl. Goldman, A. I. (2001), S. 89.
[335] Vgl. ebd., S. 90.
[336] Ebd., S. 93.
[337] Vgl. ebd., S. 94/95.

Gebiet der Expertenaussage verfügt. In diesem Sinne kann nicht davon ausgegangen werden, dass er die Prämissen oder die Gültigkeit der Schlussbeziehungen im Argument des Experten wird beurteilen können. Allerdings ist für den Laien die Betrachtung von Kontroversen zwischen zwei möglichen Experten auch nicht völlig nutzlos, denn es besteht noch die Möglichkeit einer indirekten argumentativen Rechtfertigung. Die dialektische Überlegenheit eines Sprechers S1 mag für den Laien ein plausibler Anhaltspunkt dafür sein, dass S1 auch über das größere Wissen auf dem Gebiet der Kontroverse verfügt. Mit *dialektischer Überlegenheit* ist dabei gemeint, dass beispielsweise S_1 in der Debatte die von S_2 vorgebrachten Belege für S_2's Meinung widerlegen kann, der umgekehrte Fall aber nicht oder zumindest nicht im selben Umfang gilt, S_1's Belege also nicht durch S_2 widerlegt werden.[338] Weitere Hinweise können in der Schnelligkeit und Gewandtheit gesehen werden, mit der S_1 seine Argumente in der Diskussion vorbringt.

Ohne hier weiter in die Details gehen zu wollen, können wir bereits aus dem Gesagten ersehen, dass sich diese Quelle offenbar nicht sinnvoll auf unsere Fragestellung anwenden lässt. Der Rezipient der TAGESSCHAU-Berichte verfolgt ja keine Debatte zwischen Experten. Die Überlegungen könnten höchstens im Falle einer Interviewsituation z. B. zwischen Nachrichtensprecher und Korrespondent Anwendung finden. Dies ist allerdings kein übliches Format für die 20.00-Uhr-Ausgabe der TAGESSCHAU[339], die im Rahmen dieser Arbeit betrachtet wird. Darüber hinaus kann auch, wie schon angemerkt wurde, die Art der Präsentation eines Berichts nicht als Anhaltspunkt für die Glaubwürdigkeit des Sprechers gewertet werden, da sie üblicherweise zur Inszenierung der TAGESSCHAU-Sendung gehört.[340]

Wenden wir uns also der nächsten Quelle zu: (B) besagt zunächst einmal, dass ein Laie demjenigen vermeintlichen Experten trauen sollte, der eine größere Anhängerschaft bezüglich seiner Meinung vorweisen kann. Je größer der Konsens unter weiteren vermeintlichen Experten ist, dass S_1 und nicht S_2 Recht hat, desto größer ist auch die Wahrscheinlichkeit, dass S1 der gesuchte Experte ist. Schon in dieser Formulierung wird ersichtlich, dass eine rein enumerative Betrachtung jedoch höchst problematisch ist. Goldman weist denn auch zu Recht darauf hin, dass für die Gültigkeit dieser Annah-

---

[338] Vgl. ebd., S. 95.

[339] Vgl. Schäfer, S. (2007), S. 122.

[340] Auf diesen Kritikpunkt weist Goldman auch im Zusammenhang mit seinem Expertenproblem hin: „Of course, quickness and smoothness are problematic indicators of informational mastery. Skilled debaters and well-coached witnesses can appear better-informed because of their stylistic polish, which is not a true indicator of superior expertise." Goldman, A. I. (2001), S. 95/96.

me auch entscheidend sei, dass die vermeintlichen weiteren Experten, die eine Unterstützung für S_1 liefern sollen, zumindest teilweise in ihrer Urteilsfindung voneinander unabhängig sein müssen.[341] Wir finden mit dieser Forderung eine Erwägung wieder, die bereits im vorangegangenen Kapitel zur Kohärenz eine Rolle gespielt hat. Kurz zusammengefasst bestand das wesentliche Problem darin, dass bei einem Vergleich zwischen den Berichten unterschiedlicher Medien zu einem Thema die geforderte Unabhängigkeit nicht vorausgesetzt werden kann, da sie sich häufig derselben Quellen bedienen bzw. sich in der Berichterstattung auch wechselseitig aufeinander berufen. Dies trifft ebenfalls auf die erörterte Quelle (B) zu, weshalb sie keine ausreichende Basis für die geforderte Beurteilung darstellt.

Dies führt uns damit zum nächsten Punkt (C): Gibt es Meta-Experten[342], die der Rezipient zur Bewertung der Glaubwürdigkeit der TAGESSCHAU-Berichterstattung zurate ziehen könnte oder andere Beglaubigungen, die in diesem Kontext eine Rolle spielen könnten? Eine Möglichkeit bestände sicherlich darin, Medienwissenschaftler, die sich mit Fernsehnachrichten und insbesondere mit dem Format der TAGESSCHAU beschäftigen, als Meta-Experten zu betrachten. Allerdings hat die Auseinandersetzung mit den verschiedenen vertretenen Positionen der Medientheorie gezeigt, dass es unwahrscheinlich ist, eine einheitliche Antwort auf die Frage nach der Glaubwürdigkeit über diesen Weg zu erhalten.[343]

Wenn es in diesem Sinne aber keine konkrete Hilfestellung durch Meta-Experten für unseren Rezipienten mit seiner Fragestellung nach der Glaubwürdigkeit der TAGESSCHAU-Berichte gibt, wie steht es dann mit den angesprochenen Beglaubigungen? Die Beantwortung dieser Frage ist nicht ganz einfach, da nicht ganz klar ist, was in dem von uns betrachteten Falle als Beglaubigungen gezählt werden könnte. Zum einen könnte man hier an Studien denken, welche die Leistungen der TAGESSCHAU-Berichterstattung evaluieren. In diesem Falle stellt sich aber erneut die Frage nach der Unabhängigkeit

---

[341]   Vgl. ebd., S. 101.

[342]   Auch für diesen Punkt gilt wiederum die Forderung nach zumindest teilweiser Unabhängigkeit – nun zwischen dem Meta-Experten und dem zu bewertenden vermeintlichen Experten S_1.

[343]   Es soll damit nicht gesagt werden, dass es ein nutzloses Unterfangen für den Rezipienten wäre, sich mit den Meinungen der Medienwissenschaftler auseinander zu setzen. Gemeint ist nur, dass sie ihm in einer konkreten Entscheidungssituation keine Hilfestellung bieten werden. Um im Goldmanschen Modell zu bleiben: Es ist unwahrscheinlich, dass sich ein Laie auf der Basis dieser Theorien ein konkretes Urteil über die Glaubwürdigkeit der TAGESSCHAU-Berichterstattung wird bilden können, ohne selbst zu einem Experten auf diesem Gebiet zu werden.

derjenigen, die diese Studien durchführen. Viele Untersuchungen werden letztlich von den Nachrichtenproduzenten selbst in Auftrag gegeben, wodurch zumindest ein monetäres Abhängigkeitsverhältnis für die Evaluatoren entsteht. Zum anderen könnte man in diesem Kontext Studien von unabhängigen Medienwissenschaftlern anführen. Allerdings bestünde dann wiederum das Problem, dass der Rezipient mit einer Vielzahl von Quellen konfrontiert wäre, die durchaus nicht immer in ihren Ergebnissen übereinstimmen. Vor diesem Hintergrund scheint der Verweis auf vermeintliche Meta-Experten und ihre Beglaubigungen für die Klärung unserer Fragestellung zumindest kein hinreichendes Entscheidungskriterium für unseren Rezipienten zu liefern.

Wenden wir uns daher dem nächsten Punkt (D) in Goldmans Aufstellung zu. Er betrifft Einflussfaktoren auf die Arbeit und Aussagen von Experten. Gemeint sind damit Interessen und Vorurteile oder Neigungen des vermeintliche Experten, die sich auf dessen Behauptungen störend auswirken können.[344] Übertragen auf unseren Fall der Glaubwürdigkeitsbeurteilung der TAGESSCHAU-Berichterstattung wurde dieser Punkt bereits im Zusammenhang mit der Frage nach den Intentionen der einzelnen an der Erstellung einer Meldung beteiligten Personen behandelt. Es wurde festgehalten, dass eine ganze Reihe von Intentionen eine Rolle spielen kann, bei denen insbesondere ökonomische Erwägungen auf den verschiedenen Ebenen von besonderer Relevanz sind. Auch wenn man, abgeleitet aus der Betrachtung der Produktionsbedingungen der TAGESSCHAU, sicherlich bestimmte Interessen und Neigungen der Nachrichtenproduzenten ausmachen kann, die sowohl Einfluss auf die Erstellung der einzelnen Meldungen als auch auf die gesamte Sendung haben, ist diese Konstatierung – vor dem Hintergrund des Spannungsverhältnisses zwischen ökonomischen Erwägungen und institutioneller Glaubwürdigkeit – doch eher ein ambivalentes Kriterium für die Beurteilung der Glaubwürdigkeit der TAGESSCHAU-Berichterstattung. Darüber hinaus weist auch Goldman darauf hin, dass der Punkt (D) wahrscheinlich kein entscheidendes Kriterium für die Beurteilung vermeintlicher Experten darstellt. Der Grund besteht darin, dass in den meisten Fällen davon ausgegangen werden müsse, dass nicht die Glaubwürdigkeit nur des vermeintlichen Experten E_1 durch Interessen und Neigungen kompromittiert sei, sondern auch der mit E_1 im Wettstreit liegende vermeintliche Experte E_2.[345] Außerdem, so hält Goldman fest, bestehe auch die Möglichkeit, dass nicht nur einzelne Experten in ihren Urteilen durch solche Faktoren beeinflusst wer-

---

[344] Vgl. Goldman, A. I. (2001), S. 104.
[345] Vgl. ebd., S. 105.

den, sondern ganze Disziplinen davon betroffen sein können.[346] In diesem
Falle ist es dann für einen Laien besonders schwierig, diese Einflussfaktoren
als solche zu erkennen und in seine Beurteilung mit aufzunehmen.

Es bleibt damit der letzte Punkt (E) auf Goldmans Liste. Diese Quelle hält
Goldman für die beste als Lieferant für Belege zum Expertenstatus für die
Beurteilung durch einen Laien. Genutzt wird die vergangene kognitive Er-
folgsgeschichte des vermeintlichen Experten, um sein Wissen in einem bestimmten Bereich zu bewerten. „This is the use of putative experts' past track
records of cognitive success to assess the likelihoods of their having correct
answers to the current question."[347] Allerdings stellt sich bei dieser Quelle
die Frage, wie ein Laie die Erfolgsrate eines vermeintlichen Experten bezüglich seiner vergangenen Aussagen bewerten kann. Schließlich ließe sich
diese nur dadurch feststellen, dass eine Übereinstimmung der Aussagen mit
den Tatsachen, auf die sie sich beziehen, konstatiert werden kann. Doch dies
ist genau die Vorgehensweise, die dem Laien mit seinem unzureichenden
Wissen nicht möglich ist. Goldman ist sich dieses Problems bewusst. Als Lö-
sungsmöglichkeit schlägt er vor, die Aussagen der vermeintlichen Experten
differenzierter zu betrachten. So unterscheidet er zwischen *esoterischen* und
exoterischen Aussagen: „Esoteric statements belong to the relevant sphere of
expertise, and their truth-values are inaccessible to N [the novice, NM] – in
terms of personal knowledge, at any rate. Exoteric statements are outside
the domain of expertise; their truth-values may be accessible to N – either at
the time of their assertion or later."[348] Während also die esoterischen Aussagen als Teil des vermeintlichen Expertenwissens – bezogen auf bestimmte
Theorien und ausgedrückt in der jeweiligen Fachsprache – nicht unmittelbar
bezüglich ihres Wahrheitsgehalts durch den Laien beurteilt werden können,
besteht diese Möglichkeit aber für die exoterischen Aussagen.

Zur Lösung des obigen Problems ist es nun entscheidend, dass den Aussagen eines vermeintlichen Experten ihr esoterischer oder exoterischer Status nicht unabhängig vom epistemischen Standpunkt des Betrachters zugeschrieben wird. Das bedeutet, dass ein Wechsel des Status der Aussagen je
nach Standpunkt möglich ist. „A given (timeless) statement is esoteric or
exoteric only *relative* to an epistemic standpoint or position. It might be
esoteric relative to one epistemic position but exoteric to a different position."[349] In diesem Sinne kann eine zunächst esoterische Aussage eines ver-

---

[346]   Vgl. ebd.
[347]   Ebd., S. 106.
[348]   Ebd., S. 94.
[349]   Ebd., S. 106.

meintlichen Experten für einen Laien mit der Zeit einen exoterischen Status annehmen und damit für die direkte Beurteilung des Wahrheitsgehalts durch den Laien zugänglich werden. Sind diese Überlegungen übertragbar auf unsere Fragestellung nach der Glaubwürdigkeitsbeurteilung der TAGES-SCHAU-Berichterstattung?

Ob die Antwort auf diese Frage positiv oder negativ ausfällt, hängt in entscheidender Weise vom Thema des telemedialen Berichtes ab. Eine negative Antwort ergibt sich insbesondere bei Live-Berichterstattungen von Gegebenheiten, die dem Zuschauer räumlich oder epistemisch nicht zugänglich sind. Der Rezipient kann nicht beurteilen, ob in dem Moment, in dem er die Sendung verfolgt, tatsächlich das berichtete Ereignis stattfindet und ob es sich genauso verhält, wie der Korrespondent es ihm mitteilt. Um eine solche Aussage evaluieren zu können, müsste sich der Rezipient am selben Ort wie der Berichterstatter befinden und dort eine Übereinstimmung des mitgeteilten Gehalts mit den Tatsachen feststellen. Ein solcher Fall ist aber sicher eher die Ausnahme. Darüber hinaus ist es nahezu ausgeschlossen, dass ein durchschnittlicher TAGESSCHAU-Zuschauer sich z. B. in persönliche Gefahr begibt, indem er in ein Bürgerkriegs- oder Katastrophengebiet reist, um zumindest nachträglich zu überprüfen, ob der Korrespondent wahrheitsgemäß von den Ereignissen in diesen Gebieten berichtet hat. Auch wird ein noch so gewissenhafter Rezipient dann an die Grenzen seiner epistemischen Verantwortlichkeit stoßen, wenn er versuchen würde, Ereignisse zu überprüfen, die nicht allgemein öffentlich zugänglich sind – z. B. Pressekonferenzen etc. Er wird bei solchen Veranstaltungen schlicht keinen Zutritt erhalten, weil er weder zu den involvierten Parteien gehört noch über den besonderen Status eines Journalisten verfügt. In keinem dieser Fälle werden damit die Aussagen der Korrespondenten in einem zu dem von Goldman diskutierten Fall analogen Sinne ihren esoterischen Status in einen exoterischen wandeln, da es für den Rezipienten nicht möglich ist, seinen epistemischen Standpunkt relativ zu diesen Aussagen zu verändern. Allerdings heißt dies nicht, dass ein solcher Vorgang grundsätzlich unmöglich ist. Es gibt auch Themen der TAGESSCHAU-Berichterstattung, deren Wahrheitsgehalt tatsächlich durch eine rückblickende Betrachtung festgestellt werden kann. Hierbei handelt es sich insbesondere um Berichte zu solchen Aspekten, von denen der Rezipient selbst betroffen ist. Beispiele für diesen Fall wären telemediale Berichte über Änderungen im Gesundheitswesen (z. B. die Erhöhung der Krankenkassenbeiträge) oder die Ankündigung der Erhöhung der Mehrwertsteuer im Lebensumfeld des Rezipienten usw. Solche Berichte ändern tatsächlich ihren zunächst esoterischen Status im Goldmanschen Sinne und können nach dem

Eintreten der im Bericht angekündigten Ereignisse vom Rezipienten auf ihren Wahrheitsgehalt hin evaluiert werden.

Die Ausführungen zeigen, dass viele der von Goldman genannten Kriterien zur Identifizierung eines Experten bereits in den Untersuchungen der vorherigen Kapitel angesprochen wurden und von den dort herausgearbeiteten Problemen betroffen sind. Darüber hinaus sind die fünf Belegquellen zum Teil nur in begrenztem Umfang auf die vorliegende Fragestellung anwendbar – dies betrifft insbesondere die Punkte (C) und (E). Keine der fünf Belegquellen kann daher allein für sich genommen zur Beantwortung unserer Fragestellung herangezogen werden. An dieser Stelle muss daher gefragt werden, ob es noch in einem anderen Sinne möglich ist, dass ein Rezipient die Berichterstattung der TAGESSCHAU als Aussage eines Experten auffasst, auch wenn die von Goldman genannten Belegquellen nicht hinreichend greifen. In diesem Zusammenhang bietet sich der Versuch an, die von Elizabeth Fricker vorgeschlagene Definition des Expertenbegriffs für unsere Untersuchung fruchtbar zu machen.

Frickers Ansatz in Betracht zu ziehen, erscheint sinnvoll, da ihre Definition des Expertenbegriffs eher den Grund einzufangen scheint, warum ein Rezipient die Berichterstatter der TAGESSCHAU wahrscheinlich als Experten bezüglich des berichteten Geschehens ansieht. Ihre Definition lautet folgendermaßen: „*S is an expert about P relative to H at t just if at t*, S is epistemically well enough placed with respect to P so that were she to have, or make a judgement to form a conscious belief regarding whether P, her belief would almost certainly be knowledge; and she is better epistemically placed than H to determine whether P.“[350] Zwar spielt auch in dieser Definition der Wissensaspekt – ähnlich wie bei Goldman – eine wichtige Rolle für den Expertenbegriff, allerdings wird dieser Punkt bei Fricker durch einen entscheidenden Zusatz ergänzt: Das Wissen, das dem Experten in dieser Definition zugeschrieben wird, ist die Folge einer *besseren epistemischen Situiertheit* – im Vergleich zu einem Laien – gegenüber der fraglichen Proposition. Was heißt es aber, dass der Experte sich gegenüber einem anderen epistemischen Subjekt in einer epistemisch besseren Position bezüglich der fraglichen Proposition befinde? Fricker bietet zwei Antwortmöglichkeiten für diese Frage an.

Zum einen (a) kann es sich um eine rein raum-zeitlich bessere Situiertheit des Experten relativ zum Geschehen handeln, auf welches die fragliche Proposition der Äußerung rekurriert. Dieser Fall betrifft insbesondere Wahr-

---

[350]   Fricker, E. (2006), S. 233.

nehmungsaussagen. D. h. es ist gut denkbar, dass Person A ein bestimmtes Ereignis P selbst als Augenzeuge beobachtet, während Person B von dem Geschehen nur durch das Zeugnis von A etwas erfährt. In diesem Falle wäre dann A der Expertenstatuts bezüglich P zuzuschreiben. A verfügt, im Gegensatz zu B, in dieser Situation über ein wahrscheinlich umfangreicheres, aber v. a. direktes Wissen bezüglich P. Ein solcher Expertenstatus wäre laut Fricker allerdings ein bloß kontingenter Zustand.[351] Schließlich sind in diesem Fall keine besonderen Fähigkeiten oder besonderes (Hintergrund-)Wissen involviert, dass A von B unterscheidet. A war nur zufälligerweise zu einem bestimmten Zeitpunkt an einem bestimmten Ort, um P zu beobachten. Es ist gut denkbar, dass sich das Verhältnis zwischen A und B bei einer anderen Gegebenheit umkehrt und nun B auf Grund seiner Anwesenheit bei einem anderen Geschehen Q (und A's Abwesenheit) zu einem Experten bezüglich Q wird.

Im Zusammenhang mit unseren Überlegungen zur Bewertung von Nachrichtenbildern als Belegen für die Zuverlässigkeit des Prozesses der Überzeugungsbildung auf der Basis von TAGESSCHAU-Berichten scheint die Zuschreibung eines solchen kontingenten Expertenstatus für die Berichterstatter vor Ort annehmbar zu sein. In solchen Fällen könnte der Rezipient den Korrespondenten als besser epistemisch situiert bezüglich des berichteten Geschehens ansehen, weil durch die übermittelten Nachrichtenbilder zum Bericht zumindest nahegelegt wird, dass der Berichterstatter selbst Augenzeuge des berichteten Geschehens war. Allerdings wäre die Zuschreibung eines solchen Expertenstatus nur für einige Berichterstatter der TAGESSCHAU möglich. Die Analyse der Produktionsbedingungen und der Überlegungen zu den Nachrichtenbildern als Belegen hat gezeigt, dass nicht alle gesendeten Filmberichte ein Ergebnis eigener, unmittelbarer Augenzeugenschaft der Nachrichtenproduzenten sind.

Ferner scheint eine bloß physisch bessere Situiertheit gegenüber einem Ereignis, von alltäglichen Beobachtungssituationen einmal abgesehen, noch nicht ausreichend dafür, dass der Beobachter auch in der Lage ist, sich eine wahre Meinung von dem beobachteten Geschehen zu bilden. Würde ich als normaler deutscher Durchschnittsbürger es auf mich nehmen, in den Irak zu reisen, um den dortigen Krieg selbst zu beobachten, läge es dennoch außerhalb meiner Möglichkeiten, korrekt zu beurteilen, wer gegen wen und warum welchen Konflikt austrägt. Für eine solche Überzeugungsbildung fehlte mir im Normalfall schlicht das notwendige Hintergrundwissen. Dieser Aspekt

---

[351] Vgl. ebd., S. 234.

wird in Frickers zweiter Bestimmung, was eine bessere epistemische Situiertheit bedeuten könnte, aufgegriffen. So kann diese Formulierung zum anderen (b) das Verfügen über bessere epistemische Fähigkeiten bedeuten. „*S
has an expertise relative to H on some subject matter W at a time t* just if S
has a superior ability at t to determine the truth of propositions in W which
is based in superior perceptual and/or cognitive skills and knowledge, and is
hence (in a relaxed sense) intrinsic, or has a crucial intrinsic component."[352]
Im Gegensatz zum ersten Fall handelt es sich hier um relativ stabile Eigenschaften, die den Experten gegenüber dem Laien auszeichnen. Sie werden
meist durch eine entsprechende Ausbildung erworben. Diese Stabilitätsan-
nahme bezüglich der relevanten Eigenschaften des Experten führt Fricker
auch dazu, eine stärkere Wertschätzung gegenüber den Urteilen eines solchen Experten für angemessen zu halten.[353] Als Folge dieser Grundhaltung
wird der Rezipient seine eigene Meinung durch die Aussage des Experten
revidieren, wenn es zwischen diesen zu einem Widerspruch kommen sollte.

Legen wir den in dieser Weise explizierten Begriff des Experten zu Grunde, könnte damit das Räsonnement des Rezipienten bezüglich der Beurteilung der Glaubwürdigkeit der TAGESSCHAU-Berichterstattung folgende
Form annehmen:

(R-6)   1. Die Berichterstattung der TAGESSCHAU ist als
glaubwürdig einzustufen, wenn der mitgeteilte Gehalt
mit den Tatsachen übereinstimmt.
2. Wenn der mitgeteilte Gehalt mit den Tatsachen
übereinstimmt, ist die Berichterstattung wahr.
3. Eine unmittelbare Überprüfung der Übereinstimmung zwischen Gehalt und Tatsachen ist nicht möglich.
4. Wenn der Zeugnisgeber der TAGESSCHAU ein Experte auf dem Gebiet ist, über das er berichtet, dann
verfügt der Rezipient über einen guten Grund, das
Zeugnis des Experten für wahr zu halten.

---

[352] Ebd., S. 235.
[353] Vgl. ebd., S. 236.

5. Dem Zeugnisgeber in der fraglichen Situation kann dann der Expertenstatus zugeschrieben werden, wenn er in einer epistemisch besseren Position zur Beurteilung des Geschehens ist, auf das sich sein Zeugnis bezieht. (Der Zeugnisgeber verfügt in diesem Kontext über bessere epistemische Fähigkeiten als der Rezipient.)

6. Der Zeugnisgeber der TAGESSCHAU ist in diesem Sinne ein Experte auf dem Gebiet, über das er berichtet.

7. Der Zeugnisgeber handelt bezüglich seiner Äußerung in aufrichtiger Weise.[354]

8. Also ist die Berichterstattung der TAGESSCHAU wahrscheinlich wahrheitsgemäß.

9. Also ist die Berichterstattung der TAGESSCHAU wahrscheinlich glaubwürdig.

In dieser Überlegungskette sind nun die Punkte (5) und (6) angreifbar. Weiter oben wurde bereits darauf hingewiesen, dass der Rezipient nicht davon ausgehen kann, dass die Berichte der TAGESSCHAU immer ein Ergebnis der direkten Inaugenscheinnahme des berichteten Geschehens durch die Zeugnisgeber sind.[355] Außerdem kommt es insbesondere auf das Hintergrundwissen der Korrespondenten an, wenn sie doch Augenzeugen des Geschehens waren und dieses in ihren Meldungen korrekt beurteilen und wiedergeben sollen. Dieser letzte Punkt kann zumindest für einige Fälle bezweifelt werden.[356] Es wurde beispielsweise im Rahmen der Analyse der Produktionsbedingungen darauf hingewiesen, dass für den gesamten Bereich *Südamerika* nur zwei Korrespondenten für die TAGESSCHAU tätig sind.[357] Unter diesen Bedingungen ist es leicht einsehbar, dass die entsprechenden Journalisten nicht über das notwendige Hintergrundwissen für all die verschiedenen möglichen Themen aus den unterschiedlichen Ländern verfügen können.

---

[354] Diese Bedingung muss ergänzt werden, da es möglich ist, dass auch ein Experte bezüglich der fraglichen Proposition lügt. Sein Expertenstatus garantiert noch nicht die Wahrheit seiner Aussagen. Auf diesen Punkt macht auch Fricker aufmerksam. Vgl. ebd., S. 231/232.

[355] Vgl. die Ausführungen in den Kap. 5.2.2.4 und 5.2.2.6 dieser Arbeit.

[356] Vgl. Ramonet, I. (1999), S. 42.

[357] Vgl. die Ausführungen in Kap. 5.2.2.4 dieser Arbeit.

Dass dieser Problematik nicht mit der Forderung begegnet werden kann, dass sich die Korrespondenten für ihre jeweilige Berichterstattung besser informieren müssen, zeigt Bettina Gaus anhand eines Praxisbeispiels. Als Korrespondentin der „tageszeitung" schildert sie die Arbeitsbedingungen einiger Journalisten, die 1993 zusammen mit einem Bundeswehrkontingent im somalischen Belet Huen eintrafen. Diese Reporter waren von ihren Heimatredaktionen mit der Berichterstattung bezüglich des Bundeswehreinsatzes in dieser Krisenregion beauftragt worden. „Die meisten derjenigen, die Somalia damals besuchten, waren gute Journalisten. Sie beschäftigten sich seit Jahren mit Sicherheitspolitik, und sie verstanden viel von Themen, die mit der Bundeswehr zusammenhingen. Das ließ es einleuchtend und vernünftig erscheinen, dass gerade sie zur Begleitung der deutschen Truppen nach Afrika geschickt worden waren. Von den Verhältnissen dort nur wenig zu wissen [,] empfanden sie durchaus als Mangel, und sie versuchten, in der kurzen zur Verfügung stehenden Zeit so viel wie möglich zu lernen."[358] Diese Journalisten waren also überwiegend auf ein bestimmtes Themengebiet – die Sicherheitspolitik – spezialisiert und auch wegen dieser Spezialisierung als Korrespondenten vor Ort von ihren Heimatredaktionen ausgewählt worden. Allerdings umfasste ihre Berichterstattung letztlich mehr als nur dieses Thema. Gaus schildert beispielsweise den Besuch eines somalischen Krankenhauses durch diese Journalisten, womit dem deutschen Publikum gezeigt werden sollte, dass der humanitäre Einsatz der deutschen Truppen in Belet Huen gerechtfertigt sei. Die Inaugenscheinnahme einer solchen Institution gehörte nicht unmittelbar zum normalen Arbeitsbereich der genannten Journalisten, was es verständlich werden lässt, dass sie mit den Verhältnissen vor Ort nicht vertraut waren. So erschien ihnen die Lage in der besichtigten Klinik katastrophal. „Es fehlte an nahezu allen medizinischen Geräten bis hin zum Röntgenapparat, ohne die unserem Verständnis zufolge eine Klinik überhaupt nicht auskommen kann."[359] Diesem Eindruck entsprechend fielen auch die Berichte der Reporter aus. Allerdings lag diesen Beobachtungen eine bestimmte Sichtweise der ausländischen Journalisten zu Grunde, die Gaus kritisiert. Denn auch, wenn diese Klinik für deutsche Verhältnisse schlecht ausgestattet war, war sie dies nicht für somalische Verhältnisse – im Gegenteil. „Man sieht nur, was man weiß. [...] Es traf zwar zu, dass keine ausländischen Mediziner dort arbeiteten. Dafür aber gleich mehrere somalische Ärzte, was in dieser Region als so gute Versorgung galt, dass sogar

---

[358] Gaus, B. (2004), S. 26.

[359] Ebd.

Patienten aus dem nahe gelegenen Äthiopien zur Behandlung kamen."[360]
Eine korrekte Beurteilung der Situation wäre den Journalisten nur möglich
gewesen, wenn sie das entsprechende Hintergrundwissen über die Region,
aus der sie berichteten, gehabt hätten. Gaus macht darauf aufmerksam, dass
den Journalisten nicht der Vorwurf gemacht werden könnte, sie hätten nicht
versucht, sich zu informieren.[361] Das Problem bestand zum einen eher darin, dass die Journalisten nicht genug Zeit hatten, sich mit den Gegebenheiten
vor Ort in ausreichendem Maße vertraut zu machen, da sie zur Berichterstattung zu einem konkreten Ereignis – dem Einsatz des deutschen Bundes-
wehrkontingents in Somalia – von ihren Heimatredaktionen erst in das Land
geschickt worden waren. Und zum anderen ergab sich das Problem vor dem
Hintergrund der thematischen Spezialisierung der meisten dieser Journalisten. Sie verstanden zwar viel von Sicherheitspolitik, aber eben wenig von
den soziokulturellen Hintergründen Somalias. Es handelte sich also eher um
eine Schwierigkeit, die sich aus der journalistischen Arbeitspraxis ergab, als
um eine mangelnde Motivation der jeweiligen Korrespondenten, korrekt zu
berichten und sich das dafür notwendige Wissen anzueignen.

Vor dem Hintergrund der Überlegungen erscheint es daher unangebracht,
den von Fricker vorgeschlagenen, auf das Charakteristikum einer besseren
epistemischen Situiertheit abzielenden Expertenbegriff generell auf Korrespondenten vor Ort anzuwenden. Auch wenn es im Einzelfall zutreffen mag,
dass die Berichterstatter vor Ort über das relevante Hintergrundwissen verfügen, um wahrheitsgemäß von den Ereignissen berichten zu können, ist eine
Verallgemeinerung auf Grund der herrschenden Arbeitspraxis im journalistischen Bereich nicht möglich. Von daher liefert ein nach den obigen Bedingungen explizierter Expertenbegriff allein kein ausreichendes Kriterium für
die Beurteilung der generellen Glaubwürdigkeit der TAGESSCHAU-Berichte
durch den Rezipienten.

5.3.7 Zusammenfassung

In dem vorangegangenen Abschnitt wurde untersucht, welche Antwort ein
Rezipient auf die Frage geben könnte, warum er die Berichterstattung der
TAGESSCHAU für glaubwürdig hält. Es wurde unterschieden zwischen subjektiven und objektiven Aspekten, die für die Beantwortung dieser Frage ausschlaggebend sein können. Während zu den subjektiven Faktoren insbesondere das Vertrauen in die Berichterstattung der Fernsehnachrichten gerechnet

---

[360] Ebd., S. 33.
[361] Vgl. ebd., S. 26.

werden kann, welches der Rezipient durch die Sozialisation als Fernsehzuschauer erworben hat, sowie der Eindruck, es handele sich um Experten-
berichte auf Grund des Inszenierungscharakters der TAGESSCHAU, konnten
darüber hinaus auch eine Reihe von objektiven Kriterien ausgemacht werden, welche den Rezipienten in seinem Urteil bezüglich der Glaubwürdigkeit
unterstützen können. Hierzu zählen die folgenden Punkte: (1) die normativen Rahmenbedingungen der Fernsehnachrichtenproduktion der öffentlich-
rechtlichen Sender, (2) der Aspekt der institutionellen Glaubwürdigkeit, (3)
die Annahme, die telemediale Berichterstattung bilde den Ausgangspunkt eines zuverlässigen Prozesses der Überzeugungsbildung, wobei (4) die Nachrichtenbilder als Anhaltspunkt für einen Beleg dieser Zuverlässigkeit betrachtet wurden, (5) die Kohärenz der Berichterstattung der TAGESSCHAU
im Hinblick auf ihre eigenen Meldungen und im Vergleich zur Berichterstattung anderer Medien sowie (6) die Anführung von Kriterien, welche die
Einstufung von telemedialen Berichten als Expertenaussagen unterstützen.

Allerdings hat sich in der Auseinandersetzung mit dieser ganzen Reihe von
Argumentationsmöglichkeiten für die Glaubwürdigkeit der TAGESSCHAU-
Berichte auch gezeigt, dass keines dieser Kriterien, für sich allein genommen, einen zweifelsfreien Anhaltspunkt für die Beurteilung des Rezipienten
bildet. Insbesondere die Kriterien (3) bis (6) erwiesen sich in der Analyse als
problematisch. Zieht man die Produktionsbedingungen der TAGESSCHAU in
Betracht, stellt sich heraus, dass die Zuverlässigkeit jedes dieser Kriterien
auf die eine oder andere Weise von diesen beeinträchtigt ist. Beispielsweise
sind der Verweis auf telemediale Berichte als Ausgangspunkt eines zuverlässigen Überzeugungsbildungsprozesses, die Stützung dieser Annahme durch
den Rekurs auf Nachrichtenbilder als Belege oder auch die Einstufung von
TAGESSCHAU-Berichten als Analogon zu Expertenaussagen durch den Inszenierungscharakter der Sendung in Frage gestellt.

Lediglich das Kriterium der Kohärenz von Nachrichtenberichten liefert –
in seiner negativen Form – eine nützliche Entscheidungshilfe für die Bewertung des Rezipienten. Rekurriert wird damit auf die Untersuchungsergebnisse von Olsson, der festhält, dass zwar Kohärenz im Sinne übereinstimmender Zeugenaussagen, für sich allein genommen, noch keinen Hinweis auf
den Wahrheitsgehalt der Mitteilungen zulässt, eine auftretende Inkohärenz
zwischen den verschiedenen Aussagen aber einen guten Anhaltspunkt dafür
biete, dass mit den Aussagen etwas nicht stimme, und damit einen Anlass
für weitere Nachforschungen darstelle. Dieser Ansatz ist auch für die Beurteilung der Glaubwürdigkeit von TAGESSCHAU-Berichten nutzbar, wenn
man deren Meldungen mit jenen anderer Medien vergleicht. Allerdings gilt

auch für dieses Kriterium, dass es allein nicht ausreichend ist, um die Frage nach der generellen Glaubwürdigkeit der TAGESSCHAU-Berichterstatter als Zeugnisgeber zu beurteilen.

Am erfolgversprechendsten für die Orientierung des Rezipienten auf seiner Suche nach einer zuverlässigen und glaubwürdigen medialen Informationsquelle erschienen in der Analyse noch die Kriterien (1) und (2), also der Verweis auf das rechtliche Rahmenwerk, in welches die Berichterstattung der TAGESSCHAU-Produzenten eingebettet ist, und auf die institutionelle Glaubwürdigkeit. Beide Aspekte zielen darauf ab, dass eine kontinuierlich falsche Berichterstattung entweder durch die Gefahr von Sanktionen oder eines erheblichen Imageverlustes sowohl für die TAGESSCHAU als auch für das Programm der ARD allgemein als höchst unwahrscheinlich betrachtet werden kann.

Bevor es nun jedoch um die abschließende Einstufung telemedialer Berichte als Zeugnisse im Hinblick auf Sprecher und Hörer gleichermaßen gehen kann, soll im Folgenden ein Vorschlag für ein Kriterium zur Beurteilung der Glaubwürdigkeit von Fernsehnachrichten vorgestellt werden, welches es ermöglicht, die Problemquellen der bisher erörterten Kandidaten in diesem Kontext angemessen zu berücksichtigen.

5.4 Medienkompetenz als notwendige Fähigkeit

Die Analyse der Argumentationsmöglichkeiten eines Rezipienten bezüglich der Beurteilung der Glaubwürdigkeit von TAGESSCHAU-Berichten hat gezeigt, dass eine in erkenntnistheoretischer Hinsicht adäquate Bewältigung dieser Aufgabe die Kenntnis zumindest der grundlegenden Produktionsbedingungen, Gestaltungskriterien und Kommunikationsbedingungen der Sendung voraussetzt. Vor diesem Hintergrund erscheint es sinnvoll, in vergleichbarer Weise wie Fricker auf die Beherrschung einer Commonsense-Theorie der Sprache zur Beurteilung des paradigmatischen Falls testimonialer Akte verweist, die Forderung nach *Medienkompetenz* für einen angemessenen kritischen Umgang mit TAGESSCHAU-Berichten als Informationsquelle aufzustellen.

Was bedeutet Medienkompetenz aber in diesem Zusammenhang? Der Begriff der Medienkompetenz ist v. a. im letzten Jahrzehnt des 20. Jahrhunderts zu einem geläufigen Schlagwort im politischen, gesellschaftlichen und ökonomischen Diskurs geworden.[362] Ein wichtiger Grund für die Propagierung

---

[362] Vgl. Hurrelmann, B. (2002), S. 301.

dieser Kompetenz als Zielvariable in der Auseinandersetzung mit dem weiteren Schlagwort des *lebenslangen Lernens* besteht in der rapiden Verbreitung der so genannten neuen Medien, zu denen insbesondere das Internet zu rechnen ist.

Medienkompetenz meint aber nicht bloß die Beherrschung neuer Medien im privaten und beruflichen Umfeld. Der Begriff, der in der Medienpädagogik bereits in den siebziger Jahren des 20. Jahrhunderts geprägt und später stetig verfeinert wurde[363], umfasst prinzipiell alle Fähigkeiten, die für eine kritische Nutzung und Beherrschung jeglicher Medienform benötigt werden. Norbert Groeben weist auf eine wesentliche Problematik bezüglich der Explikation des Begriffs der Medienkompetenz hin, die sich aus dieser Überlegung unmittelbar ergibt: „Die Hauptschwierigkeit bei der Explikation der deskriptiven Dimension dürfte darin bestehen, die für die empirische Operationalisierung notwendige Präzision mit der für die Berücksichtigung des auch zukünftig zu erwartenden medialen Wandels notwendigen Flexibilität zu verbinden."[364] Der Begriff sollte in der Bestimmung seines Anwendungsbereichs grundsätzlich offen sein. D. h. seine Explikation muss so erfolgen, dass auch die Integration weiterer Mediennutzungsformen möglich ist, die sich in der zukünftigen technologischen Entwicklung noch ergeben mögen. Diese Lösungsstrategie schlägt auch Groeben vor, indem er für die Begriffsbestimmung eine möglichst präzise Festlegung der Intension hinsichtlich dessen, was mit dem Begriff Medienkompetenz theoretisch gemeint ist, und eine offene Extension bezüglich dessen, was unter diesen theoretischen Begriff fallen soll, fordert.[365] Jedoch ist mit dieser theoretischen Vorgabe, wie der Begriff genau definiert werden sollte, noch nichts zu seinem Inhalt gesagt.

Betrachten wir dazu in einer ersten Annäherung an den Begriff die Abgrenzung zu dem entwicklungsgeschichtlichen Muster, nach dem er geprägt wurde: Medienkompetenz kann als die Beherrschung von Regeln, entsprechend der von Noam Chomsky postulierten Sprachkompetenz[366], angesehen

---

[363]   Vgl. Groeben, N. (2002a), S. 11.

[364]   Ebd., S. 17.

[365]   Vgl. Groeben, N. (2002b), S. 162.

[366]   Auch wenn der Ursprung des Kompetenzbegriffs in der Diskussion zur Medienkompetenz im Chomskyschen Konzept gesehen wird, weisen verschiedene Autoren doch auch auf Schwierigkeiten hin, die eine zu enge Anbindung des Begriffs der Medienkompetenz an jenen der Sprachkompetenz nach Chomsky mit sich bringen. Dies hängt damit zusammen, dass der Chomskysche Begriff über Eigenschaften verfügt, die für jenen der Medienkompetenz nicht gelten. Hierzu zählt insbesondere die Annahme Chomskys, dass die Sprachkompetenz eine *angeborene* Fähigkeit zum Regelverstehen und -

werden. Günter Bentele macht allerdings auf einen entscheidenden Unterschied zu dem Chomskyschen Konzept aufmerksam, wenn er Medienkompetenz folgendermaßen definiert: „Im Gegensatz zu natürlichen Sprachen, wo beim Erwachsenen kaum ein Unterschied zwischen der *Produktions*- und der *Rezeptions*kompetenz (aktive und passive Kompetenz) festgestellt werden kann, müssen diese beiden Bereiche bezüglich der Massenmedien stärker unterschieden werden. Die Medienkompetenz$_p$ (p = Produktion) beispielsweise eines Journalisten kann allgemein als die Beherrschung des Regelapparates, der zur Herstellung von Medienprodukten (Texten im weitesten Sinne) notwendig ist, umschrieben werden. Dazu zählen vor allem die Beherrschung der handwerklichen Regeln, sowie insgesamt das, was häufig als "Vermittlungskompetenz" beschrieben wird. Die Medienkompetenz$_r$ (r = Rezeption) ist dementsprechend die Fähigkeit des Rezipienten, semiotische Systeme der Medien regelgemäß wahrzunehmen und zu interpretieren. Medienkompetenz$_p$ und Medienkompetenz$_r$ überlappen sich, Medienkompetenz$_p$ kann als Teil der Medienkompetenz$_r$ aufgefaßt werden."[367] Deutlich wird hier, dass es nicht nur um eine rezipierende Fähigkeit auf Seiten des Adressaten von Medieninhalten geht, sondern ebenso auch eine aktive Kompetenz bezüglich der Erstellung und Gestaltung eigener Medieninhalte gemeint ist.

Bentele verweist darüber hinaus darauf, dass der Erwerb dieser beiden Arten von Medienkompetenz asymmetrisch verlaufe: Während die Vermittlung der Kompetenz auf Produzentenseite schon seit längerem institutionalisiert im Rahmen von Berufsausbildungen erfolge, vollziehe sie sich auf Seiten der Rezipienten nach wie vor eher zufällig und wenig systematisch.[368] Die medienpädagogische Auseinandersetzung mit diesem Konzept zielt nun gerade auf eine Optimierung der Vermittlung der geforderten Kompetenzen auf Seiten des Rezipienten ab. Dass bei diesem Vorhaben mehr gemeint ist, als die Vermittlung eines spezifischen Hintergrundwissens bezüglich konkreter Medien, wird deutlich, wenn man sich bewusst macht, was alles mit dem Begriff der Medienkompetenz in der medienpädagogischen Debatte gemeint sein kann. Folgende Punkte zählen klassischerweise dazu:

---

verwenden darstelle. Medienkompetenz wird dagegen als eine im Laufe des Lebens zu erwerbende Fähigkeit in unterschiedlichen Bereichen der Medienverwendung und des Medienverstehens betrachtet. Zur Kritik an dem verwendeten Kompetenzbegriff in der Debatte zur Medienkompetenz vgl. auch Sutter, T. / Charlton, M. (2002).

[367] Bentele, G. (1985), S. 98.
[368] Vgl. ebd., S. 99.

a) *Medien verstehen*: Der Rezipient soll in der Lage sein, die Informations-
   und Unterhaltungsangebote unterschiedlichster Medien zu begreifen –
   vom klassischen Text bis zum multimedialen Internetangebot;
b) *Medien beherrschen*: Gefordert wird die Fähigkeit, mit den unterschiedlichen technischen Geräten, über welche die Informationsvermittlung läuft
   (z. B. Computer, Fernseher, Radioapparat etc.) korrekt umgehen zu können;
c) *Medien verwenden*: Angesprochen wird hiermit die Forderung an den
   Rezipienten, die Medien zur Lösung von Problemen im beruflichen oder
   privaten Umfeld als auch zur Freizeitgestaltung nutzen zu können;
d) *Medien gestalten*: Auch Rezipienten können Medieninhalte selbst herstellen, z. B. im Hinblick auf die Erstellung einer eigenen Website oder
   – etwas trivialer – im Zusammenstellen und Aufnehmen einer Musikkas-
   sette oder -CD;
e) *Medien bewerten*: Und schließlich gehört zur Medienkompetenz auch
   die Fähigkeit, sich kritisch gegenüber Medieninhalten verhalten zu können, indem man die Werte einzelner medialer Beiträge gegeneinander
   abwägt. Notwendig ist hierfür ein entsprechendes Wissen bezüglich politischer Ausrichtungen, rechtlicher Rahmenbedingungen, Produktionsbedingungen etc., denen die Erstellung eines konkreten Medieninhalts
   unterliegt.[369] In diesen Bereich fällt auch die im Rahmen dieser Untersuchung geforderte Medienkompetenz, d. h. die Forderung danach,
   dass ein Rezipient sich der Produktionsbedingung, Gestaltungskriterien
   und Kommunikationsbedingungen der TAGESSCHAU als Nachrichtensendung bewusst sein muss, um deren Berichterstattung als Erkenntnisquelle adäquat nutzen zu können.

Dieser letzte Punkt findet sich auch in zwein der insgesamt sieben Dimensionen des Begriffs der Medienkompetenz wieder, die Groeben diskutiert.[370] Zum einen verweist er auf die mit dem Begriff zusammenhängende
Forderung nach „Medienwissen / Medialitätsbewusstsein" und zum anderen
auf jene nach einer „medienbezogenen Kritikfähigkeit". Unter dem ersten
Aspekt verknüpft Groeben zwei miteinander korrelierte Ansprüche: Einerseits (zum Punkt des *Medialitätsbewusstseins*) geht es darum, dass Rezipien-

---

[369]   Vgl. Sutter, T. / Charlton, M. (2002), S. 129.
[370]   Vgl. Groeben, N. (2002b), Kap. 2. Im Einzelnen handelt es sich dabei um folgende
        Aspekte: a) Medienwissen / Medialitätsbewusstsein, b) medienspezifische Rezeptions-
        muster, c) medienbezogene Genussfähigkeit, d) medienbezogene Kritikfähigkeit, e) Se-
        lektion / Kombination von Mediennutzung, f) (produktive) Partizipationsmuster und g)
        Anschlusskommunikationen.

ten sich bewusst sein sollen, „dass sie sich nicht in ihrer alltäglichen Lebensrealität, sondern eben in einer medialen Konstruktion bewegen."[371] Gemeint ist damit im Wesentlichen, dass der Rezipient unterscheiden können muss zwischen Medialität und Realität sowie zwischen Fiktion und Realität. Diese weitergehende Differenzierung erscheint notwendig, da Medienprodukte in unterschiedlichem Maße einen Bezug zur Realität herstellen können, was auch mit der üblichen Unterscheidung zwischen Informations- und Unterhaltungsangeboten wiedergegeben wird.

Vor dem Hintergrund der Betrachtung der Berichterstattung der TAGESSCHAU ist ein solches Bewusstsein auf Seiten des Rezipienten z. B. relevant in Hinblick auf die Konsequenzen für konkrete telemediale Berichte, die sich aus den Wechselwirkungen mit anderen gesellschaftlichen Bereichen, wie beispielsweise der Politik, ergeben. „Terminierte Bundestagsdebatten, Pressekonferenzen oder Staatsbesuche geben daher nicht nur Politikern und Verwaltungspersonal sondern u. a. auch den Journalisten die Möglichkeit, die entsprechenden Vorbereitungen zu treffen, und damit das Ereignis in der angestrebten Form, nämlich der von der Politik zugeschriebenen Wichtigkeit entsprechend, präsentiert zu sehen."[372] Ein entsprechendes Medialitätsbewusstsein auf Seiten des Rezipienten ermöglicht es diesem zu erkennen, dass es sich bei der Wiedergabe bestimmter gesellschaftlicher Ereignisse der genannten Art nicht um eine medial vermittelte Darstellung einer ungestellten Realität handelt, sondern um die Wiedergabe von bewusst für die Medienberichterstattung inszenierten Ereignissen.

Zum Aspekt des *Medienwissens* hält Groeben zunächst kritisch fest, dass es eine offene Frage sei, wie viel in diesem Bereich von einem durchschnittlichen Rezipienten in angemessener Weise verlangt werden dürfe.[373] Der Grund für diese Schwierigkeit besteht in zwei miteinander korrelierten Punkten: Zum einen besteht bereits ein umfangreiches Forschungswissen aus den unterschiedlichen wissenschaftlichen Disziplinen, die sich mit Medien im weitesten Sinne befassen. Auch sind die unterschiedlichen hier vertretenen Standpunkte nicht in allen Fällen deckungsgleich. Zum anderen unterliegt die Medienlandschaft selbst einer nach wie vor rasanten Entwicklung. Die neuen Technologien machen aber auch eine kontinuierliche Auseinandersetzung mit den Anforderungen zu ihrer Beherrschung und einem kritischen Umgang mit ihnen unerlässlich. Ein vollständiges Wissen in diesem Bereich

---

[371] Ebd., S. 166.
[372] Schäfer, S. (2007), S. 67, Fußnote 40.
[373] Vgl. Groeben, N. (2002b), S. 167.

von den Rezipienten im alltäglichen Umgang mit Medien zu fordern, wäre
vor dem Hintergrund dieser Konstatierung daher unplausibel.

Nichtsdestotrotz zielt die Vermittlung von Medienkompetenz aber zumindest auf die Vermittlung von Grundfähigkeiten ab, die sich nach Groeben
auf folgende Bereiche erstrecken: a) „Wissen über wirtschaftliche, rechtliche und politische Rahmenbedingungen einzelner Medien"; b) „Wissen über
spezifische Arbeits- und Operationsweisen von bestimmten Medien und Me-
diengattungen", welches beim Rezipienten auch zu sinnvollen „Erwartungen bzw. Ansprüche[n] bezüglich Aktualität, Glaubwürdigkeit, Realitätsad-
äquanz etc. der Medieninhalte" beitrage; c) Wissen bezüglich der mit bestimmten Medieninhalten verknüpften Intentionen der Produzenten, „z. B.
in Bezug auf politische Persuasion bei Kommentaren, Reportersendungen
etc."[374]; und schließlich d) sollen die Rezipienten auch über „Wissen um
Medienwirkungen" verfügen.[375] In dieser Zusammenstellung von relevanten
Wissensgebieten finden wir die Faktoren wieder, von denen im Zusammenhang mit der Analyse von TAGESSCHAU-Berichten als testimonialen Akten
gezeigt werden konnte, dass sie einen wesentlichen Einfluss auf die Beurteilung der Glaubwürdigkeit dieser Berichtsformen besitzen: die Produktionsbedingungen (in der obigen Auflistung insbesondere die Punkte (a) und (b)),
die Gestaltungskriterien (die Punkte (b) und (d)) und die Kommunikationsbedingungen (die Punkte (b) und (c)). Wissen in diesen Bereichen ermöglicht
den Rezipienten ein notwendiges Problembewusstsein für die genannten drei
Einflussgrößen, wenn sie sich dafür entscheiden, die Berichterstattung der
TAGESSCHAU als Zeugnis zu verwenden.

Neben den Kompetenzbereichen des Medialitätsbewusstseins und des Medienwissens zählt zum Kern aller bisherigen Konzepte der Medienkompetenz v. a. die Fähigkeit einer *medienbezogenen Kritikfähigkeit*, die auch Groeben in seiner Zusammenstellung der geforderten Fähigkeiten an den Rezipienten mit aufführt. Er beschreibt den Grundgedanken dieser Fähigkeit
folgendermaßen: „Es geht darum, sich von medialen Angeboten nicht über-
wältigen zu lassen, sondern eine eigenständige, möglichst rational begrün-
dete Position aufrechtzuerhalten."[376] Dieser Punkt ist dabei mit jenem des
Medienwissens in dem Sinne eng verzahnt, dass dieses Wissen die Voraussetzung der geforderten kritischen Haltung des Rezipienten darstellt. „Die
damit angestrebte distanziert-kritische Analysefähigkeit ist sozusagen die

---

[374]   Ebd.
[375]   Ebd., S. 168.
[376]   Ebd., S. 172.

praktische Anwendung des jeweiligen medienspezifischen Strukturwissens [...].“[377]

Dieser Zusammenhang ist in der Analyse der Argumentationsstrategien für die Glaubwürdigkeitsbeurteilung der TAGESSCHAU-Berichte anschaulich geworden: Nur wenn der Rezipient über die relevanten Kenntnisse bezüglich der Produktionsbedingungen, der Gestaltungskriterien und der Kommunikationsbedingungen dieser Fernsehnachrichtensendung verfügt, kann er auch die Schwierigkeiten erfassen, die sich beispielsweise für eine Argumentation ergeben, in deren Zuge Nachrichtenbilder als Belege für eine wahrheitsgemäße Berichterstattung angeführt werden. Nur wenn der Rezipient um die Problematik der Relevanz von Bildern für die Aufnahme von Themen in die laufende Berichterstattung weiß, kann er z. B. auch in angemessener Weise auf die Verwendung von Symbol- oder Archivbildern zur Illustration von Beiträgen reagieren. Groeben verweist dementsprechend darauf, dass sich die Kritikfähigkeit des Rezipienten sowohl auf die Beurteilung der *inhaltlichen* als auch der *formalen Aspekte* der Medieninhalte erstrecken sollte. So könnte sich ein telemedialer Bericht inhaltlich bezüglich der konkreten Meldung dann als falsch herausstellen, wenn der mitgeteilte Gehalt nicht mit den Tatsachen übereinstimmt. Genauso gut kann aber auch die formale Seite eines Berichts zu Fehlurteilen durch den Rezipienten führen. Letztlich bildet die medienbezogene Kritikfähigkeit die Basis für die Entscheidung des Rezipienten, ob die Medieninhalte für die eigene Überzeugungsbildung genutzt werden sollen oder nicht.[378] Diese kritische Haltung ist damit ausschlaggebend für eine adäquate Nutzung telemedialer Berichte als Zeugnisse im epistemologischen Sinne.

Mit der Forderung nach einem adäquaten Medienwissen und einem kritischen Umgang mit den Medieninhalten wird auch ein Punkt aufgegriffen, den Ramonet in seiner kritischen Auseinandersetzung mit der gegenwärtigen Medienlandschaft benennt. „Wie verschleiert man heute Information? – Durch zusätzliche Information: Die Information wird verdeckt oder verstümmelt, weil es zu viel davon zu konsumieren gibt, und man merkt auch gar nicht, wenn eine fehlt. Denn einer der großen Unterschiede zwischen der Welt, in der wir seit einigen Jahrzehnten leben, und derjenigen, die ihr unmittelbar voranging, ist die Tatsache, dass die Information nicht mehr – wie während Jahrhunderten – eine Rarität darstellt.“[379] Das Überangebot an verfügbaren Informationen macht es erforderlich, dass der Rezipient die Fä-

---

[377] Ebd., S. 173.
[378] Vgl. ebd., S. 173/174.
[379] Ramonet, I. (1999), S. 61.

higkeit besitzt, sich in diesem umfangreichen Angebot zu orientieren und eine kritische Auswahl zu treffen. „Sich informieren bedeutet, die verschiedenen Medien abwechselnd zu konsultieren, eine wenig zuverlässige Quelle auszuscheiden usw. Auch die Bürger haben also eine Verpflichtung: Sie müssen aktiv nach Information suchen. Man kann sich z. B. nicht ausschließlich über die Fernsehnachrichten informieren, die mit ihrer fiktionalen Struktur vor allem auf Zerstreuung und Unterhaltung abzielen."[380] Dieser Punkt ist unmittelbar mit der Nutzung von Medienberichten als Zeugnissen im erkenntnistheoretischen Sinne korreliert. Will der Rezipient sich gezielt durch die Medien über ein bestimmtes Thema informieren und nicht bloß wahllos die präsentierten Meldungen konsumieren, muss er selbst auch eine entsprechende epistemische Leistung – im Hinblick auf die Informationssuche und die kritische Bewertung unterschiedlicher Medienberichte – erbringen.

Das Konzept der Medienkompetenz in dem oben umrissenen Sinne bietet sich damit als dasjenige Hintergrundwissen an, das den Rezipienten zu einer adäquaten Nutzung telemedialer Berichte als Zeugnisse befähigt. Bereits in den einführenden Anmerkungen zum Begriff der Medienkompetenz ist jedoch deutlich geworden, dass sich die in diesem Begriff gebündelten Kompetenzen nicht abschließend definieren lassen, da sie eine Folge der stetigen technologischen Entwicklungen der Medienlandschaft darstellen. Medienkompetenz ist dementsprechend keine Fähigkeit, die ein epistemisches Subjekt in einer bestimmten Lebensphase in vollem Umfang erwerben könnte und die keiner Aktualisierung im Verlauf des Lebens erforderte. Im Gegenteil, Medienkompetenz umfasst Wissen, das im Sinne eines *lebenslangen Lernens* stetig ausgebaut werden muss, wenn dem epistemischen Subjekt eine angemessene Beherrschung der darin enthaltenen Fähigkeiten zugeschrieben werden soll. Jemand, der sich in der Kindheit mit den ersten Entwicklungen auf dem Gebiet der Homecomputer (z. B. mit dem *C-64* oder den *Amiga*-Computern) auseinandergesetzt hat, wird im Erwachsenenalter nicht darum herumkommen, sich mit den Weiterentwicklungen in diesem Bereich (beispielsweise mit den verschiedenen *Office*-Programmen, der Nutzung von E-Mail-Programmen, dem Surfen im Internet usw.) zu befassen, wenn er weiterhin als jemand gelten will, der die neuen Medien kompetent beherrscht.

---

[380]   Ebd., S. 72.

5.5 TAGESSCHAU-Berichte in der Perspektive von S- und H-Zeugnissen

Die erkenntnistheoretische Betrachtung der telemedialen Berichterstattung macht deutlich, dass auch im Falle telemedialer Berichte die *duale Natur* des Zeugnisses anderer eine wesentliche Rolle spielt. So zeigt die vorangegangene Analyse, dass die Faktoren der Produktionsbedingungen, der Gestaltungskriterien und der Kommunikationsbedingungen der TAGESSCHAU sowohl Einfluss auf den Zeugnisakt der Medienproduzenten haben als auch auf die Nutzung der telemedialen Berichte durch den Rezipienten. Abschließend gilt es nun zusammenzufassen, inwiefern diese Form von Berichten sowohl auf Produzenten- als auch auf Rezipientenseite vom paradigmatischen Fall testimonialer Akte abweicht.

5.5.1 TAGESSCHAU-Berichte als S-Zeugnisse

Wenden wir uns zunächst der Sprecherperspektive, im Fall der Berichterstattung der TAGESSCHAU also jener der Nachrichtenproduzenten, zu. Für den paradigmatischen Fall des Zeugnisses anderer wurde folgende Definition für S-Zeugnisse in diesem Sinne vorgeschlagen:

S legt ein Zeugnis für die Tatsache, dass *p*, durch den Vollzug eines kommunikativen Akts, dass *p*, ab, wenn gilt, dass

1. S die Absicht verfolgt, Einfluss auf das Überzeugungssystem von H zu nehmen;

2. S mit seiner Äußerung, dass *p*, H einen (potentiellen) Beleg für *p* liefert;

3. S in aufrichtiger Weise handelt;

4. S sich selbst für kompetent hält, eine wahre Aussage bezüglich *p* treffen zu können;

5. S aus seiner Sicht das Gricesche Kooperationsprinzip und dessen vier Konversationsmaximen in angemessener Weise befolgt, also insbesondere bemüht ist, seine Mitteilung verständlich zu formulieren.

Diese fünf Bedingungen sollen nun im Hinblick auf ihre Gültigkeit im Falle der Erstellung und Verbreitung von Fernsehnachrichtenmeldungen hin untersucht werden.

Wie steht es mit der ersten Bedingung? Haben die TAGESSCHAU-Produzenten die Intention, mit ihren Meldungen ein Zeugnis in diesem Sinne abzulegen? Zieht man die rechtlichen Rahmenbedingungen der öffentlich-rechtlichen Sender und den darin formulierten Informationsauftrag in Betracht, muss diese Frage eindeutig bejaht werden. Schließlich wird schon in der Präambel des Rundfunkstaatsvertrags festgehalten, dass die öffentlich-rechtlichen Sender (und damit auch die ARD mit ihrem Informationsangebot der TAGESSCHAU) „der freien individuellen und öffentlichen Meinungsbildung sowie der Meinungsvielfalt verpflichtet" sind.[381] Weiter ausgeführt wird dieser Punkt im § 11 desselben Vertrags, in dem es heißt, dass die öffentlich-rechtlichen Sender „durch die Herstellung und Verbreitung von Hörfunk- und Fernsehprogrammen als Medium und Faktor des Prozesses freier individueller und öffentlicher Meinungsbildung zu wirken" haben.[382]

Als *Medium* stellen die Rundfunkangebote einen neutralen Kommunikationskanal dar, der lediglich die verschiedenen Akteure in ihrem Diskurs miteinander verbindet. Dies erfolgt beispielsweise durch die Berichterstattung über politische Themen, in deren Zuge politische Akteure die Fernsehnachrichten etc. nutzen, um ihre Meinungen für die breite Bevölkerung zugänglich zu machen. Den Medien kommt in diesem Kontext nur ein instrumenteller Charakter zu. Sie bieten die Infrastruktur, mit deren Hilfe verschiedene Akteure in der Gesellschaft in einen gemeinschaftlichen Diskurs eintreten können.

Neben dieser neutralen Funktion wird aber noch eine weitere Aufgabenstellung an die Medienproduzenten herangetragen: Die Informationsangebote der öffentlich-rechtlichen Sender sollen als *Faktor* der individuellen und öffentlichen Meinungsbildung dienen. In diesem Sinne sind die Medien nicht bloß ein technisches Übertragungsmittel im kommunikativen Prozess zwischen verschiedenen gesellschaftlichen Akteuren, sondern sind durch die kritische Aufbereitung der mitgeteilten Gehalte selbst Akteur. Die Berichterstattung der TAGESSCHAU soll zumindest auch zum Teil die Basis für die Überzeugungsbildung ihrer Rezipienten zu den behandelten Themen bilden. Insofern kann davon ausgegangen werden, dass die Intention der Einflussnahme auf das Überzeugungssystem der Rezipienten – unsere Bedingung (1) – auf Seiten der Medienproduzenten besteht.

Nun könnte man einwenden, dass es sich bei den im Rundfunkstaatsvertrag formulierten Richtlinien lediglich um äußere Sollensbestimmungen handelt und dass sich – bekannter Weise – aus dem Sollen kein Sein ablei-

---

[381]   Staatsvertrag über den Rundfunk im vereinten Deutschland (2006), S. 4.
[382]   Ebd., S. 11.

ten lässt. Dieser Einwand kann aber entkräftet werden, wenn man sich den Stellungnahmen der Medienproduzenten selbst zuwendet. In den Leitlinien für 2009/2010 heißt es beispielsweise: „Die ARD verpflichtet sich dazu, in der ganzen Bandbreite der journalistischen Formen über alle wichtigen politischen, wirtschaftlichen und gesellschaftlich relevanten Themen zu berichten und sich dabei an die Grundsätze der Objektivität und politischen Unabhängigkeit, Nachhaltigkeit, Ausgewogenheit und Meinungsvielfalt zu halten. Damit leistet die ARD einen unverzichtbaren gesellschaftlichen Beitrag zur demokratischen Willensbildung. Die ARD ist dabei bestrebt, die Zuschauerinnen und Zuschauer auch hinsichtlich aktuell diskutierter Themen, wie zum Beispiel Klimawandel oder Jugendgewalt, differenziert und faktenorientiert zu informieren."[383] Die Produzenten der TAGESSCHAU sehen somit in der Information der Bürgerinnen und Bürger eine wichtige Aufgabe für sich selbst, die sie mit der Bereitstellung entsprechender Meldungen und Sendungen zu erfüllen bestrebt sind. Vor diesem Hintergrund kann festgehalten werden, dass die Bedingung (1) des S-Zeugnisses auch auf die Produzenten der TAGESSCHAU zutrifft.

Doch trotz dieser zunächst positiven Konstatierung sind mit der Frage nach der Erfüllung der ersten Bedingung im Falle von Medienproduzenten zumindest zwei Schwierigkeiten sowie eine weitere Besonderheit verbunden, die beim paradigmatischen Fall des Zeugnisses anderer so nicht auftreten. Beginnen wir mit der genannten Besonderheit:

Zum Konzept der TAGESSCHAU als Informationssendung der ARD zählt auch die klare Trennung von Nachricht und Kommentar. Das bedeutet, dass dem Zuschauer nicht die persönlichen Meinungen der Nachrichtensprecher, Reporter oder Korrespondenten vermittelt werden sollen, sondern – wie in den Leitlinien bereits eingeklungen ist – eine objektive Präsentation der Meldungen angestrebt wird. Darüber hinaus ist aus den Formulierungen der Leitlinien und auch des Informationsauftrags im Rundfunkstaatsvertrag abzulesen, dass die vermittelten Informationen lediglich zur Meinungsbildung der Bürger beitragen sollen, ihnen aber nicht fertige Meinungen zur bloßen Adaption präsentiert werden. Dass dies nicht nur eine externe Anforderung an die Gestaltung der TAGESSCHAU-Beiträge darstellt, sondern von den Produzenten der Sendung auch als Teil ihrer eigenen Arbeitsauffassung gesehen wird, dokumentiert folgende Formulierung aus dem Online-Informationsangebot der TAGESSCHAU: „Die Tagesschau hat sich auf die Vermittlung von Fakten zu beschränken. Es ist dann Sache des Zuschauers, sich ein eige-

---

[383] „ARD Leitlinien 09/10" und „Bericht 07/08", S. 72.

nes Urteil zu bilden. Zugleich ist aber klar, daß allein schon in der Auswahl der Themen und der Fakten eine – subjektive – Gewichtung liegt. Umso wichtiger ist, daß die ausgewählten Sachverhalte möglichst vollständig und neutral dargestellt werden."[384] Hier zeigt sich ein gewisser Unterschied zum paradigmatischen Fall des S-Zeugnisses, da in diesem Fall auch Zeugnisse bezüglich persönlicher Meinungen abgelegt werden können. So kann Peter gleichermaßen aus dem jeweiligen Zeugnis seines Freundes Paul lernen, dass der Münsteraner Dom originalgetreu wiederaufgebaut wurde als auch, dass Paul den Münsteraner Dom für ein imposantes Bauwerk hält, wenn dies der Gehalt von Pauls Zeugnis war. Die Berichterstattung der TAGESSCHAU scheint dagegen, zumindest dem Grundsatz nach, eher darauf ausgerichtet zu sein, dem Rezipienten allein das *Rohmaterial* für die eigene Meinungsbildung zu liefern – auch wenn insbesondere die Trennung zwischen Nachricht und Kommentar nicht immer so klar umgesetzt werden kann, wie sie im Prinzip angestrebt wird.

Ferner besteht ein Problem darin, dass zunächst offen bleibt, wem genau eigentlich die in Bedingung (1) formulierte Intention im Falle telemedialer Berichte zugesprochen wird. Die Analyse der Produktionsbedingungen der TAGESSCHAU hat gezeigt, dass die Erstellung einer einzelnen Meldung in den meisten Fällen arbeitsteilig erfolgt und zudem häufig das Resultat der Nutzung fremder Quellen (insbesondere des von Nachrichten- und Bildagenturen zur Verfügung gestellten Materials) ist. Die gemeinschaftliche Produktion einer Meldung findet sich so jedoch nicht beim paradigmatischen Fall des S-Zeugnisses. Bei letzterem handelt es sich entweder um eine Äußerung, die ein einzelner Sprecher auf der Basis seiner eigenen Überlegungen getätigt hat, oder um das Ergebnis einer Zeugniskette, deren letztes Glied der Sprecher ist. Doch auch wenn eine solche Vermittlungsgeschichte für den Gehalt eines testimonialen Akts festgestellt werden und der ursprüngliche Gehalt durch die Überlegungen der verschiedenen Akteure in der Zeugniskette schrittweise verändert worden sein kann, ändert dies doch nichts daran, dass es sich letztlich um die Mitteilung einer Person handelt, die über die konkrete Intention des Zeugnisablegens verfügt. Das arbeitsteilige Verfahren der TAGESSCHAU bedeutet dagegen, dass eine ganze Reihe verschiedener Personen an der Erstellung einer einzelnen Meldung beteiligt sind. Und es ist keinesfalls sicher, dass alle diese Personen im Produktionsprozess die-

---

[384]   Vgl. http://intern.tagesschau.de/, eingesehen am: 24. Januar 2009.

selbe Intention verfolgen bzw. in ihrer jeweiligen Arbeit von ausschließlich einer Absicht geleitet werden.[385]

Zieht man diese Überlegungen in Betracht, kann die Zuschreibung der in Bedingung (1) benannten Intention nur in einem weiten Sinne im Falle der TAGESSCHAU-Berichterstattung erfolgen. Zur Lösung dieser Schwierigkeit mag eine Analogie hilfreich sein: Man denke an das Verhalten von Mitarbeitern in einem Unternehmen, die im weitesten Sinne auf die allgemeinen Zielsetzungen (die *Unternehmensphilosophie*) des Betriebes verpflichtet sind, ohne dass diese aber in ihrem konkreten Handeln immer unmittelbar präsent sind. In eben dieser Weise wird sich auch die in Bedingung (1) formulierte Intention bei den Personen, die an der Erstellung einer Meldung für die TAGESSCHAU beteiligt sind, wiederfinden.

Eine weitere Schwierigkeit im Hinblick auf die Zuschreibung der in Bedingung (1) formulierten Intention des Zeugnisgebers besteht im Falle der telemedialen Berichterstattung in der durch die Kommunikationsbedingungen der Fernsehnachrichten gegebenen Unkenntnis der Nachrichtenproduzenten bezüglich des Vorwissens ihrer Adressaten. Während in vielen Fällen des paradigmatischen S-Zeugnisses der Sprecher durch eine Bekanntschaft mit dem Hörer weiß, ob er seinem Zuhörer mit seiner Äußerung etwas Neues mitteilt, ihn dadurch in einer bestehenden Überzeugung bestärkt, ihn zur Revidierung oder zur Aufgabe einer Überzeugung bringt, ist dies im Falle telemedialer Berichte nicht gegeben. In diesem Kontext wird häufiger noch als beim paradigmatischen Fall die bloße Vermutung bezüglich der Relevanz der Mitteilung die Handlung des Zeugnisgebers anleiten.[386] Konkrete Anhalts-

---

[385] Eine vergleichbare Situation, in der mit einer kommunikativen Handlung die Erfüllung einer bestimmten beruflichen Intention verbunden ist, findet sich z. B., wenn wir ein klassisches Verkaufsgespräch betrachten. Auch in diesem Falle liegt die primäre Intention des Sprechers – des Verkäufers – nicht darin, den Hörer über einen bloßen Sachverhalt in angemessener Weise zu informieren, also einen testimonialen Akt zu vollziehen. Vielmehr verfolgt der Sprecher das Ziel, dass der Hörer durch seine Mitteilungen zum Kauf einer bestimmten Ware animiert wird. Um diesen Zweck zu erreichen, muss er dem Hörer zwar auch bestimmte Informationen vermitteln, ausschlaggebend ist jedoch, dass der Sprecher in diesem Fall den Hörer zu einer bestimmten Handlung motivieren will. Kein Verkäufer wäre damit zufrieden, wenn sein Kunde sich nach dem Verkaufsgespräch, sich für die ausführlichen Informationen bedankend, von ihm verabschieden würde. Searle bezeichnet diese Komponente eines Sprechaktes als „perlokutionären Akt". Es handelt sich hierbei um die „Wirkungen, die solche Akte auf die Handlungen, Gedanken, Anschauungen usw. der Zuhörer haben." Searle, J. R. (1983), S. 42. Im Falle testimonialer Akte ist die Wirkung, die ein Sprecher mit seiner Äußerung beabsichtigt in der Bedingung (1) des S-Zeugnisses festgehalten.

[386] Schäfers Interviewpartner aus der Redaktion *ARD-aktuell* betonen im Gespräch, dass für die Auswahl eines Themas für die Sendung auch entscheidend sei, dass die Redak-

punkte über den Wissensstand ihrer Rezipienten liegen den Nachrichtenproduzenten nur in dem Sinne vor, dass sie wissen, worüber sie selbst schon berichtet haben und über welche Informationen ein Rezipient, der die Sendung kontinuierlich verfolgt hat, also bereits verfügen könnte. Diese Überlegungen verdeutlichen damit, dass die erste Bedingung des S-Zeugnisses zwar ebenfalls im Falle telemedialer Berichte gilt, ihre Erfüllung aber von Faktoren abhängig ist, die im paradigmatischen Fall des Zeugnisses anderer nicht vorliegen.

In engem Zusammenhang mit den Ausführungen zur ersten Bedingung stehen die Analyseergebnisse zur Erfüllung der Bedingung (2) im Kontext der TAGESSCHAU-Berichterstattung. Im selben Sinne, in dem den Nachrichtenproduzenten die Intention zugeschrieben werden kann, mit ihren Meldungen Einfluss auf das Überzeugungssystem ihrer Rezipienten nehmen zu wollen, kann ihnen auch die Absicht zugeschrieben werden, mit ihren Berichten einen potentiellen Beleg für die berichteten Tatsache zu liefern. Besonders deutlich wird dies durch das konstatierte Primat der Nachrichtenbilder. Es wurde ausgeführt, dass Rezipienten die Fernsehnachrichten insbesondere deshalb für glaubwürdig halten, weil sie durch die vermittelten Nachrichtenbilder den Eindruck eines unmittelbaren Bezugs des Berichts zu den entsprechenden Tatsachen in der Welt erhalten. Es wurde auch darauf hingewiesen, dass die Nachrichtenproduzenten diese Sichtweise teilen. Vor diesem Hintergrund wird deutlich, dass von Seiten der Produzenten der (zunehmende) Einsatz von Bildmaterial als das Angebot eines den verbal mitgeteilten Gehalt bestärkenden Belegs gedacht ist. Grundsätzlich kann dies weiter differenziert werden in zwei Funktionen, die Nachrichtenbilder in diesem Kontext erfüllen sollen. Der erste Punkt korreliert mit der Ansicht von Richard Moran im Hinblick darauf, was es heißt, etwas als Beleg zu präsentieren. Moran schreibt: „When we present something as evidence for someone, we are inviting that person to 'see for himself', to find it convincing as we do."[387] Die Unterlegung von telemedialen Berichten mit entsprechendem Bildmaterial kann in diesem Sinne aufgefasst werden als eine Einladung an den Rezipienten, selbst zu sehen, was der Berichterstatter ihm mitteilen will. Darüber hinaus werden Bildberichte häufig so konzipiert, dass der berichtende Korrespondent oder Reporter selbst vor der Kamera erscheint. Dies ist die zweite Funktion von Nachrichtenbildern: Sie zeigen dem Rezipienten, dass der Be-

---

teure davon ausgehen, dass dieses Thema für ihr Publikum relevant sei. Vgl. Schäfer, S. (2007), S. 182/183.

[387]   Moran, R. (2006), S. 293.

richterstatter sich selbst als Augenzeuge am Ort des Geschehens befindet, was seiner Mitteilung zusätzliche Glaubwürdigkeit verschaffen soll.

Es kann damit festgehalten werden, dass die in der Bedingung (2) formulierte Intention, dem Rezipienten mit der Mitteilung einen potentiellen Beleg für die berichtete Tatsache zu liefern, auf Seiten der TAGESSCHAU-Produzenten gegeben ist. Allerdings wurde in der Analyse auch auf verschiedene Schwierigkeiten im Zusammenhang mit dem Angebot von Nachrichtenbildern als zusätzlichem Beleg für die Glaubwürdigkeit von telemedialen Berichten hingewiesen. Ein Problem besteht beispielsweise darin, dass die verwendeten Bilder durchaus nicht immer als natürliche Zeichen aufgefasst werden können, da sie der bewussten Auswahl und Gestaltung der Nachrichtenproduzenten unterliegen. D. h. der Rezipient kann durch sie trotz des vermeintlichen Eindrucks eben nicht immer selbst sehen, wie es sich tatsächlich in der Welt verhält.

Wie verhält es sich nun mit der Bedingung (3), in welcher ein aufrichtiges Handeln des Zeugnisgebers gefordert wird? Zwei Aspekte der vorangegangenen Analyse bieten starke Anhaltspunkte dafür, dass ein aufrichtiges Verhalten in der Tat in der Absicht der Nachrichtenproduzenten liegt. Bei diesen Faktoren handelt sich zum einen um die *rechtlichen Rahmenbedingungen*, an welche die Erstellung von Fernsehnachrichten der öffentlich-rechtlichen Sender gebunden ist und deren Nichteinhaltung sanktioniert werden kann, und zum anderen um die *institutionelle Glaubwürdigkeit*, die durch eine kontinuierlich falsche Berichterstattung aufs Spiel gesetzt werden würde.[388] Unter Berücksichtigung dieser Faktoren kann davon ausgegangen werden, dass es im Interesse der Nachrichtenproduzenten liegt, dass ihre Berichte mit den Tatsachen, auf die sie sich beziehen, übereinstimmen (hier muss allerdings wiederum eine Irrtumsoption eingeräumt werden). In den Leitlinien der ARD heißt es dazu: „Die ARD verpflichtet sich dazu, in der ganzen Bandbreite der journalistischen Formen über alle wichtigen politischen, wirtschaftlichen und gesellschaftlich relevanten Themen zu berichten und sich dabei an die Grundsätze der Objektivität und politischen Unabhängigkeit, Nachhaltigkeit, Ausgewogenheit und Meinungsvielfalt zu halten."[389] Interessant ist an dieser Formulierung, dass eine Verpflichtung auf die Wahrheit der mitgeteilten Inhalte nicht erfolgt. Stattdessen wird auf die Aspekte der Objektivität und der (politischen) *Unabhängigkeit* abgehoben. Diese Art der Formulierung legt es nahe, den Aspekt der Aufrichtigkeit im Falle telemedialer Berichte differenzierter zu betrachten. Es muss unterschieden werden

---

[388] Vgl. die Ausführungen in Kap. 5.3.1 und 5.3.2 dieser Arbeit.
[389] „ARD Leitlinien 09/10" und „Bericht 07/08", S. 72.

zwischen der Intention der Zeugnisgeber, ihre Rezipienten über die vorliegende Sachlage korrekt zu informieren, und dem Umstand, dass in einem Bericht verschiedene Informationsarten zusammengefasst sind, für deren Wahrheitsgehalt die Nachrichtenproduzenten nicht garantieren können. Zu diesen zählen z. B. Interviewbeiträge und Verlautbarungen von Politikern und anderen gesellschaftlichen Akteuren. Diese differenzierte Sichtweise macht verständlich, weshalb die Zielsetzung der Nachrichtenproduzenten auf einer *objektiven* und nicht auf einer *wahrheitsgetreuen* Berichterstattung liegt. Die Berichterstatter können nicht für die Wahrheit der Mitteilungen Dritter, die evtl. in ihrer Meldung zu Worte kommen, in epistemischer Hinsicht verantwortlich zeichnen. Diese Überlegungen sollen daher in die Bedingung (3) mitaufgenommen werden, so dass sich folgende modifizierte Formulierung ergibt:

> (3*) S in dem Sinne in aufrichtiger Weise handelt, dass S für eine objektive und (politisch) unabhängige Berichterstattung verantwortlich zeichnet.

Eine solche Reformulierung entbindet die TAGESSCHAU-Berichterstatter aber nicht von ihrer Pflicht, durch eine angemessene Recherche sicherzustellen, dass sie die von ihnen mitgeteilten Gehalte selbst für wahr halten, bzw. wenn dies nicht der Fall ist, die Meldung entsprechend kritisch zu gestalten. Die Ergebnisse der vorangegangenen Untersuchung unterstützen diesen Punkt. Die Schwierigkeit besteht in großem Maße nicht darin, dass das aufrichtige Verhalten der Berichterstatter durch Zensur und Propaganda beeinflusst sein könnte, sondern in den Feinheiten des Produktionsprozesses, die zu einer Vernachlässigung der Recherchepflicht führen können.

Wie verhält es sich mit der Bedingung (4), der Selbstzuschreibung der notwendigen Kompetenz für eine aufrichtige Berichterstattung? Ohne Zweifel gehen die Nachrichtenproduzenten davon aus, dass sie über diese notwendige Kompetenz verfügen. Diese Kompetenzzuschreibung basiert im Wesentlichen auf der Annahme, sich für eine entsprechende Berichterstattung in die in epistemischer Hinsicht geforderte Position zum Gegenstand der Meldung bringen zu können, d. h. selbst die relevanten Informationen für eine solche Meldung erlangen zu können. Dieser Punkt zielt damit insbesondere auf das umfangreiche Korrespondentennetz sowie die vielfältigen Kooperationspartner der TAGESSCHAU ab. „Die „Tagesschau" behauptete mit ihrer gewohnt aktuellen und seriösen Berichterstattung, ihrer auf einem großen Netz von Korrespondentinnen und Korrespondenten aufbauenden inhaltlichen Kompetenz und der sprachlichen Korrektheit ihre herausragende Stellung unter den Informationsangeboten."[390] Eine solche Kompetenzzuschreibung ist jedoch mit Vorsicht zu genießen. Zum einen konnte gezeigt werden, dass die personellen Ressourcen der TAGESSCHAU begrenzt sind, dass also nicht an jedem Platz der Welt auf eigene Korrespondenten mit entsprechendem Hintergrundwissen zurückgegriffen werden kann. Zum anderen bedeutet die Zusammenarbeit mit Kooperationspartnern wie Nachrichten- und Bildagenturen keine Entbindung von der eigenen Recherchepflicht. Dass in diesem Sinne auch ein gewisses Verbesserungspotential besteht, wird von den Nachrichtenproduzenten selbst eingeräumt, wenn es im Bericht der ARD heißt: „Die journalistische Kultur der kritischen Analyse, Bewertung und Einordnung ist im Berichtszeitraum weiter gestärkt worden."[391] Von daher scheint die Forderung geboten, von einer allgemeinen Kompetenzzuschreibung abzusehen und im konkreten Einzelfall zu evaluieren, ob die notwendigen Fähig- und Fertigkeiten tatsächlich vorliegen.

Eine besondere Herausforderung für die Nachrichtenproduzenten stellt die Erfüllung der Bedingung (5) dar, da diese in einem gewissen Spannungsverhältnis zum Umgang mit der Bedingung (2) steht. Dieser Punkt zielt auf die Verbindung zwischen Nachrichtenbild und -text ab. Im Zuge der Analyse der Gestaltungskriterien der TAGESSCHAU wurde darauf hingewiesen, dass verschiedene Untersuchungen zu dem kritischen Ergebnis gekommen sind, dass die Behaltens- und Verstehensrate der Rezipienten von Fernsehnachrichten durch den vermehrten Einsatz von Bildmaterial beeinträchtigt werden kann. Dieses Problem entsteht, wenn die über die Textebene und jene über die Bildebene transportierten Informationen nicht eng miteinander korreliert sind. Das Auseinanderfallen der verschiedenen Informationsebenen ist nun aber keine seltene Erscheinung in der Welt der Fernsehnachrichten. In diesen Fällen erscheint das Vorgehen der Nachrichtenproduzenten mit ihrer starken Gewichtung von Nachrichtenbildern der Erfüllung der Bedingung (5) – also einer verständlichen Formulierung der Meldung – eher im Weg zu stehen. Vor diesem Hintergrund erscheint es notwendig, die fünfte Bedingung des paradigmatischen Falls des S-Zeugnisses entsprechend zu präzisieren:

(5*) S aus seiner Sicht das Gricesche Kooperationsprinzip und dessen vier Konversationsmaximen in angemessener Weise befolgt, also insbesondere bemüht ist, seine Mitteilung verständlich zu formulieren und

---

[390] Ebd., S. 17.
[391] Ebd., S. 19.

der Einsatz von Bildmaterial auf eine Weise erfolgt, der die Verstehens- und Behaltensleistung des Rezipienten unterstützt.[392]

Nachrichtenbilder sind aber nicht der einzige problematische Faktor, wenn es um die Forderung nach einer verständlichen Formulierung bzw. Präsentation telemedialer Berichte geht. In Betracht zu ziehen ist ferner der serielle Charakter der Nachrichtensendung. Nimmt man als Bezugsgröße für einen testimonialen Akt eine einzelne Meldung in einer konkreten Sendung, tritt im Hinblick auf die Verständlichkeit der Mitteilung ein Problem für den Rezipienten auf. In diesem Sinne kritisiert auch van Rossum die Gestaltung der einzelnen Beiträge und die Rückwirkung dieser stilistischen Komponente auf den Informationsgehalt der Berichte: „Der Informationsgehalt dieser Nachrichten beschränkt sich auf die ersten beiden Sätze. Den Dschungel der Zusammenhänge kennt die *Tagesschau* nicht."[393] In der Analyse wurde darauf aufmerksam gemacht, dass die im Zitat angemahnten *Zusammenhänge* für den Zuschauer in den meisten Fällen nur deutlich werden, wenn er die Berichterstattung der TAGESSCHAU kontinuierlich verfolgt, da die einzelnen Berichte üblicherweise aufeinander aufbauen. Vor diesem Hintergrund stellt sich damit die Frage nach dem Umfang eines Zeugnisaktes in den Fernsehnachrichten. Offensichtlich ist es im Normalfall nicht möglich, eine einzelne Meldung der Sendung als vollständigen testimonialen Akt zu behandeln, den ein Rezipient ohne jedes Hintergrundwissen auch verstehen könnte. Diese Annahme wird durch die Ausführungen in den „ARD Leitlinien 09/10" und „Bericht 07/08" gestützt. In den Leitlinien wird erläutert, auf welche Weise die ARD dem Informationsauftrag des Rundfunkstaatsvertrags nachzukommen bestrebt ist. Deutlich wird hier, dass die Programmverantwortlichen der ARD ihr Informationsangebot als ein Komplettpaket, bestehend aus mehreren Teilen, betrachten.[394] So zählt nicht allein die TAGESSCHAU mit ihren verschiedenen Tagesausgaben dazu, sondern ebenso *Morgen-* und *Mittagsmagazin*, die *Tagesthemen* und das *Nachtmagazin*. Er-

---

[392]   Was im Umkehrschluss auch bedeutet, dass auf den Einsatz von Bildmaterial (v. a. auf Filmsequenzen) verzichtet werden sollte, wenn dieser Anspruch nicht erfüllt werden kann. Dies ist, zugegebenermaßen, eine sehr starke Forderung an die Produzenten von Fernsehnachrichten, da sich die Entwicklungstendenzen ja gerade in die andere Richtung bewegen – also hin zu einer stetigen Zunahme der gesendeten Nachrichtenbilder. In erkenntnistheoretischer Hinsicht erweist sich diese Tendenz jedoch, wie die Untersuchung gezeigt hat, als kontraproduktiv, wenn Nachrichtenproduzenten ihre Angebote tatsächlich im Sinne von Zeugnissen verstanden wissen wollen.

[393]   van Rossum, W. (2007), S. 98.

[394]   Vgl. „ARD Leitlinien 09/10" und „Bericht 07/08", S. 73/74.

gänzt wird dieses Angebot durch verschiedene *Brennpunkte*[395] zu aktuellen Themen sowie durch Teletext- und Online-Angebote und durch die Berichterstattung angeschlossener Sender wie „Phoenix".

Es kann daher davon ausgegangen werden, dass auch die Nachrichtenproduzenten nicht die Ansicht vertreten würden, dass ein Zuschauer durch die Rezeption einer einzelnen Meldung der TAGESSCHAU vollständig über das in dem Bericht behandelte Thema informiert wird. Für eine adäquate Informationsvermittlung scheint zumindest die implizite Anforderung an den Rezipienten zu bestehen, dass nicht bloß eine einzelne Meldung, sondern die gesamte Berichterstattung zu einem Themenkomplex, die sich über einen längeren Zeitraum erstrecken kann, verfolgt wird. Aus Produzentensicht ist eine solche Betrachtungsweise natürlich nachvollziehbar. Auf Grund der begrenzten Sendezeit der TAGESSCHAU wäre es eine utopische Forderung, dass jeder einzelne Bericht so aufgebaut sein sollte, dass dessen Gehalt einem beliebigen Rezipienten ohne jedes Hintergrundwissen unmittelbar verständlich sein kann. Für die erkenntnistheoretische Analyse telemedialer Berichte bedeutet dies, dass eine klare Abweichung vom paradigmatischen Fall des Zeugnisses anderer vorliegt. Dies liegt auch an den unterschiedlichen Bedingungen der beiden vorliegenden Kommunikationssituationen. Versteht ein Hörer das Zeugnis eines Sprechers, dass p, nicht unmittelbar, verfügt er über die Möglichkeit, in derselben Gesprächssituation direkt nachzufragen und dadurch weitere Informationen zu erhalten. Dies ist im Falle telemedialer Berichte für den Rezipienten nicht möglich. Vor diesem Hintergrund erweist sich das Vorgehen der Programmverantwortlichen, dem Rezipienten ein umfangreiches Angebot relevanter Informationen auf verschiedenen Ebenen zu offerieren, als einzig möglicher Ausweg zur adäquaten Erfüllung des Informationsauftrags, der ja auch voraussetzt, dass der Rezipient die ihm übermittelten Informationen verstehen können muss. Nachrichtenproduzenten erfüllen ihre epistemische Pflicht in angemessener Weise, wenn sie im Rahmen ihrer Sendung dann auf weiterführende Informationen in *Brennpunkten* oder anderen Sendungen oder im zugehörigen Online-Bereich der TAGESSCHAU hinweisen, was faktisch auch passiert. Ein telemedialer Bericht ist in diesem Sinne nur als Bestandteil eines größeren Informationsnetzwerkes zu verstehen. Den mitgeteilten Gehalt einer Meldung korrekt zu erfassen, setzt auf Rezipientenseite ein entsprechendes Hintergrundwissen voraus, dass er sich durch ein kontinuierliches Verfolgen der Sendung über einen längeren Zeitraum hinweg und durch die Konsultierung weiterer

---

[395] Hierbei handelt es sich um eine ergänzende Sendung zu besonders wichtigen Ereignissen, die im Bedarfsfall im Anschluss an die TAGESSCHAU ausgestrahlt wird.

Informationsangebote (desselben oder anderer Sender) aneignen muss. Die Anforderungen an das Verstehen des Rezipienten sind von daher im Falle telemedialer Berichte wesentlich umfangreicher als beim paradigmatischen Fall des Zeugnisses anderer.

Wenden wir uns vor diesem Hintergrund nun der Rezipientenseite zu. Unter welchen Bedingungen kann ein Zuschauer die telemediale Berichterstattung als einen Fall des H-Zeugnisses behandeln?

5.5.2 TAGESSCHAU-Berichte als H-Zeugnisse

Vorab sei auf einen wichtigen Punkt hingewiesen: Auch wenn optimalerweise das Vorliegen eines S-Zeugnisses und eines H-Zeugnisses zu einem bestimmten bezeugten Sachverhalt zusammenfallen sollten, muss dies nicht unbedingt der Fall sein. Das duale Konzept von Sprecher- und Hörerzeugnis ermöglicht es, dem Umstand Rechnung zu tragen, dass es letztlich eine *Frage der Entscheidung* des Hörers ist, ob er eine konkrete Mitteilung als Zeugnis behandeln will oder nicht. Dies ist insbesondere im Falle telemedialer Berichte relevant. Denn ausschlaggebend sind nicht die Intentionen der Nachrichtenproduzenten für die Einstufung von telemedialen Berichten als H-Zeugnisse, sondern relevant sind v. a. die Intentionen des Fernsehzuschauers bei der Nutzung der TAGESSCHAU-Berichte. Sollen telemediale Berichte als eine Form von H-Zeugnissen angesehen werden, muss der Rezipient die Fernsehnachrichten auch in diesem Sinne als Erkenntnisquelle nutzen und sich nicht bloß durch das Senderangebot unterhalten lassen wollen. Die Ausführungen haben gezeigt, dass dies aber nicht immer der Fall ist, dass sogar eine Tendenz dazu besteht, auf Grund der angebotenen Nachrichtenbilder die Sendung eher als Unterhaltungs- denn als Informationsmedium zu verwenden. Diesem Umstand wird hier Rechnung getragen, indem davon ausgegangen wird, dass die Berichterstattung der TAGESSCHAU nicht grundsätzlich als H-Zeugnis eingestuft werden kann.

Dies einmal vorausgesetzt und angenommen, der Rezipient will die telemediale Berichterstattung in der Tat wie ein epistemisches Zeugnis verwenden, welche Bedingungen müssen dann auf seiner Seite für eine adäquate Nutzung erfüllt sein? Im Hinblick auf den paradigmatischen Fall testimonialer Akte wurden in diesem Zusammenhang folgende Bedingungen festgehalten:

H verwendet eine sprachliche Handlung der Form, dass p, von S als Zeugnis, dass p, gdw.

1. S's Äußerung für H einen Beleg darstellt, dass *p* der Fall ist;
2. H S für kompetent hält, eine wahre Aussage bezüglich *p* treffen zu können;
3. H S für aufrichtig bezüglich der Äußerung, dass *p*, hält.

Angepasst werden muss zunächst die Einleitungsbestimmung für den Fall der Nutzung telemedialer Berichte als epistemische Zeugnisse. Der Grund hierfür besteht darin, dass die Berichterstattung der TAGESSCHAU nicht in rein sprachlicher Form erfolgt, wie es für den paradigmatischen Fall festgehalten wurde. Es wurde darauf hingewiesen, dass ein besonderes Merkmal der Fernsehnachrichten demgegenüber in der Verbindung von Nachrichtentext und -bild besteht. Diese Feststellung wird in der folgenden Modifizierung der Einleitungsbestimmung entsprechend berücksichtigt:

H verwendet einen telemedialen Bericht der Form, dass *p*, von S als Zeugnis, dass *p*, gdw.

Die erste Bedingung des H-Zeugnisses kann sicherlich auch im Falle telemedialer Berichte als relevant eingestuft werden. Nur wenn der Rezipient den Eindruck hat, dass die Berichterstatter ihm mit ihren Mitteilungen auch einen (potentiellen) Beleg für die bezeugte Tatsache liefern, wird er ihre Berichte als testimoniale Akte interpretieren. Allerdings muss in diesem Zusammenhang auf eine Tendenz im Zuschauerverhalten hingewiesen werden, welche in den Medienwissenschaften im Zuge der Analyse der Rezeption von Fernsehnachrichtensendungen festgestellt wurde. Dieser Punkt betrifft den Zweck der Nachrichtenrezeption. Einleitend wurde schon darauf aufmerksam gemacht, dass viele Zuschauer die Nachrichtensendungen nicht als Informations- sondern als Unterhaltungsangebot nutzen. Darüber hinaus kann noch eine weitere Neigung festgestellt werden, die Hickethier unter dem Begriff des „Kontrollsehens" – also der Rezipierung der Sendung zu dem Zweck, sie auf für den Rezipienten relevante Meldungen hin zu überprüfen – thematisiert.[396] Auf diesen Punkt macht auch Brosius im Zusammenhang mit seiner Analyse der Auswirkungen des Zusammenspiels von Text- und Bildinformation in den Fernsehnachrichten aufmerksam. Er konstatiert, dass in der bisherigen Forschung und auch auf Seiten der Nachrichtenproduzenten ein verkürztes Verständnis der Funktion von Fernsehnachrichten vorläge. Dementsprechend stände vielfach die Annahme im Vordergrund,

---

[396] Vgl. Hickethier, K. (1998), S. 195.

dass die Zuschauer die jeweiligen Sendungen verfolgten, weil sie sich informieren, also etwas über die Geschehnisse in der Welt lernen wollten. Dieser
Auffassung läge das Konzept des mündigen Bürgers zu Grunde, welcher die
telemedialen Berichte benutze, um sich über politische und gesellschaftliche
Themen zu informieren und damit eine Basis einer eigenen Meinungsbildung zu gewinnen.[397] Eine solche Annahme beinhalte, dass davon ausgegangen werde, dass der Rezipient der Nachrichtensendung seine volle Aufmerksamkeit widme, um die relevanten Informationen zu erfahren und zu
verstehen. Allerdings, so Brosius, könne dies nicht pauschal für alle Rezipienten angenommen werden: „Zumindest für einen Großteil der Nachrichten und einen Großteil der Rezipienten scheint dieser Modus der Nachrich-
tenverarbeitung nicht zuzutreffen, wie unsere empirischen Befunde zeigen.
Vielmehr sehen Rezipienten Nachrichten eher beiläufig, mit wenig Interesse und ohne das Ziel, Informationen im Detail zu lernen. Man möchte sich
in der Regel vergewissern, daß nichts Besonderes passiert ist, daß die Welt,
abgesehen von den bekannten Auseinandersetzungen in der Politik, „in Ordnung" ist."[398]
Diese Überlegungen zeigen, dass Rezipienten auch innerhalb einer einzelnen Sendung auswählen können, ob sie einen der gesendeten Berichte
tatsächlich als Zeugnis verwenden wollen oder nicht und wenn ja, welche
der verschiedenen Meldungen, sie als Informationsangebot nutzen wollen,
um ihre Aufmerksamkeit darauf zu richten. Ferner wird deutlich, dass der
Zeugnischarakter einer vollständigen Sendung für einen Rezipienten auch in
der bloß negativen Funktion bestehen kann, durch die Berichte festzustellen,
dass nichts Entscheidendes in der Welt passiert ist, was die besondere Aufmerksamkeit des Zuschauers verdient hätte. Einem solchen Verhalten eines
Rezipienten liegt offenbar die Annahme zu Grunde, dass die TAGESSCHAU
ihn über die wichtigsten Ereignisse in der Welt informiert. Tauchen entsprechende Berichte in der Sendung nicht auf, schließt der Rezipient auf der
Basis dieser Hintergrundannahme darauf, dass auch kein entsprechendes Ereignis in der Welt stattgefunden hat. Was bedeutet das nun für unsere erste
Bedingung der H-Zeugnisse?
Die Beantwortung dieser Frage hat differenziert nach den beiden oben geschilderten Fällen zu erfolgen: Nutzt ein Rezipient eine konkrete Meldung
der TAGESSCHAU als Informationsangebot im Sinne eines Zeugnisses, wird
er die entsprechende Meldung nur dann als ein solches akzeptieren, wenn
für ihn der Bericht tatsächlich einen Beleg für den bezeugten Sachverhalt

---

[397]   Vgl. Brosius, H.-B. (1998), S. 223.
[398]   Ebd., S. 223/224.

darstellt. In diesem Sinne kann für die TAGESSCHAU-Berichterstattung die Erfüllung der Bedingung (1) auf Rezipientenseite gefordert werden. Nutzt der Rezipient dagegen die gesamte Sendung nur im Hinblick darauf, sich zu vergewissern, dass nichts Relevantes in der Welt vorgefallen ist, kommen verschiedene Faktoren im Rahmen des Überzeugungsbildungsprozesses zum Tragen. Der Rezipient nutzt (a) die Berichterstattung der gesamten TAGES-SCHAU-Sendung, um sich zu vergewissern, dass nichts für ihn Relevantes in der Welt geschehen ist. Außerdem greift er (b) auf seine Hintergrundüberzeugung zurück, dass, wenn sich etwas Relevantes ereignet hätte, er durch die TAGESSCHAU auch darüber informiert worden wäre. Und schließlich (c) nutzt der Rezipient die Vernunft als weitere Erkenntnisquelle, um von dieser Hintergrundüberzeugung und den Zeugnissen der TAGESSCHAU darauf zu schließen, dass sich in der Tat nichts für ihn Relevantes in der Welt zugetragen hat. Es wird deutlich, dass der Wissensgewinn, der durch das Kontrollsehen des Zuschauers erzielt wird, nicht ausschließlich auf der Basis testimonialer Akte erfolgt. Dementsprechend kann die Gültigkeit der Bedingung (1) des paradigmatischen Falls des H-Zeugnisses auch im Kontext der TAGES-SCHAU-Berichterstattung festgestellt werden. Aufgenommen werden muss nur wiederum, dass das Zeugnis der TAGESSCHAU-Berichterstatter nicht nur in sprachlicher Form erfolgt:

(1*) S's Bericht für H einen Beleg darstellt, dass *p* der Fall ist;

Wenden wir uns nun den Bedingungen (2) und (3) im Umfeld der telemedialen Berichterstattung zu. Beide Bedingungen zielen darauf ab, dass der Zeugnisempfänger berechtigt ist, seiner Informationsquelle die notwendige Glaubwürdigkeit zuzuschreiben, um die mitgeteilten Inhalte als (wahrscheinlich[399]) wahre Überzeugung zu akzeptieren und auf dieser Basis Wissen zu erlangen. Vor diesem Hintergrund steht es außer Frage, dass auch der Rezipient von Fernsehnachrichten auf das aufrichtige und kompetente Verhalten der Berichterstatter angewiesen ist, wenn er deren Zeugnisse berechtigterweise zur Überzeugungsbildung nutzen will. Allerdings kann er sich im Gegensatz zum paradigmatischen Fall des Zeugnisses anderer nicht darauf verlassen, dass er durch die Beobachtung des Verhaltens des Zeugen Anhaltspunkte für bzw. gegen dessen Glaubwürdigkeit erhält. Es gehört zum Inszenierungscharakter der Fernsehnachrichten, dass die vor der Kamera agierenden Personen (Nachrichtensprecher, Korrespondenten und Reporter) glaubwürdig erscheinen. Darüber hinaus wurde auf den Umstand

---

[399] Auch in diesem Falle darf eine Irrtumsoption nicht ausgeschlossen werden.

aufmerksam gemacht, dass die Erstellung der einzelnen Meldungen im Wesentlichen im Rahmen eines arbeitsteiligen Prozesses erfolgt. Das bedeutet u. a., dass derjenige, der dem Rezipienten schließlich die konkrete Mitteilung innerhalb der Sendung präsentiert, nicht wie im paradigmatischen Fall identisch ist mit dem tatsächlichen Zeugnisgeber.

Eine bloße Sensitivität für Anzeichen, die gegen die Glaubwürdigkeit des Zeugen sprechen und damit die Präsumtion der Wahrheit der Mitteilung annullieren würden, ist daher im Falle der TAGESSCHAU-Berichte kein gangbarer Weg für den Rezipienten. Die Analyse möglicher Argumente für die Glaubwürdigkeitszuschreibung[400] hat verdeutlicht, dass eine adäquate Beurteilung telemedialer Berichte die Kenntnis der wesentlichen Produktionsbedingungen, Gestaltungskriterien und Kommunikationsbedingungen der TAGESSCHAU voraussetzt, da diese die Rahmenbedingungen für eine angemessen Zuschreibung von Kompetenz und Aufrichtigkeit liefern. Als Konsequenz dieser Überlegungen wurde vorgeschlagen, als Bedingung für eine adäquate Nutzung telemedialer Berichte durch den Rezipienten die Forderung nach einem Verfügen über *Medienkompetenz* aufzustellen.

Es erscheint sinnvoll, dieses Hintergrundwissen als gute positive Gründe aufzufassen, über die ein Rezipient verfügen muss, wenn er zur Akzeptanz der ihm mitgeteilten Nachrichtengehalte in einem epistemologischen Sinne berechtigt sein soll. Diese Überlegungen werden in der folgenden Modifizierung der Bedingungen (2) und (3) eingefangen:

> (2*) H auf Grund seiner Medienkompetenz über gute Gründe verfügt, die für die Glaubwürdigkeit des telemedialen Berichts sprechen – im Sinne eines in aufrichtiger und kompetenter Weise vollzogenen Zeugnisakts.

Die Forderung nach Medienkompetenz soll dazu dienen, einen Rezipienten, der telemediale Berichte als Zeugnisse verwenden möchte, in die Lage zu versetzen, kritisch mit dem vielfältigen Medienangebot umgehen zu können. Beispielsweise wird er durch die Kenntnis der Ausrichtung bestimmter Medienanbieter auf bestimmte Zielsetzungen für ihre Informationsangebote – z. B. eher unterhaltende Meldungen aus dem Bereich „Vermischtes" zu senden statt politischer Themen etc. – über Anhaltspunkte für eine kritische Auswahl seiner persönlichen Informationsquellen verfügen.

Allerdings wurde darauf hingewiesen, dass der Erwerb von Medienkompetenz ein langfristiges Qualifizierungsprojekt darstellt, das durch die ste-

---

[400] Vgl. die Ausführungen in Kap. 5.3 dieser Arbeit.

tig anhaltende Weiterentwicklung der Medientechnologien und -angebote auch nicht in einer bestimmten Entwicklungsstufe des epistemischen Subjekts als abgeschlossen betrachtet werden kann. Vor diesem Hintergrund sollte ein rational handelnder Rezipient sich in seiner Auseinandersetzung mit den vielfältigen Medienangeboten von Personen mit einem größeren Erfahrungsschatz auf diesem Gebiet anleiten lassen. Dies gilt in besonderem Maße natürlich für Kinder, die noch nicht über das notwendige Hintergrundwissen verfügen. Medienrezeption wird damit in einer doppelten Hinsicht zu einem interaktiven Prozess, einerseits in der Auseinandersetzung des Rezipienten mit dem konkreten Medienangebot und andererseits in der gemeinschaftlichen Auseinandersetzung mit anderen erfahreneren Rezipienten im Hinblick auf die Glaubwürdigkeit einzelner Medien und ihrer Berichte. Dies beinhaltet u. a., dass der Rezipient den selbstreflexiven Diskurs innerhalb der Medien beachten sollte. Es wurde darauf hingewiesen, dass die Diskussion der Zuverlässigkeit eigener und fremder Medienprodukte selbst einen Gegenstand der Medienberichterstattung darstellen kann. Diese Auseinandersetzung sollte sich der Rezipient für seine eigene Evaluationstätigkeit zu nutze machen – natürlich unter der kritischen Prämisse, dass sich in diesem Diskurs Medienproduzenten mit dem Angebot ihrer *Konkurrenz* auseinander setzen.

Medienkompetenz allein mag jedoch im konkreten Fall nicht für die Beurteilung einer bestimmten Einzelmeldung ausreichend sein. Ein Grund hierfür besteht zumindest in der eingeräumten Irrtumsoption für den Zeugnisgeber. Auch wenn sich eine Informationsquelle als in der Regel zuverlässig erwiesen hat, entbindet das den Rezipienten noch nicht von einer gewissen Wachsamkeit gegenüber Anzeichen, die gegen die Glaubwürdigkeit eines bestimmten Berichts sprechen. Vor diesem Hintergrund soll im Falle telemedialer Berichte als eine Instanz des H-Zeugnisses folgende weitere Bedingung gelten:

> (3*) H in dem Sinne wachsam ist, dass er darauf achtet, dass ihm keine Anzeichen vorliegen, die gegen die Glaubwürdigkeit des mitgeteilten Gehalts sprechen.

Zu diesen Anzeichen zählt im engen Netzwerk medialer Angebote im Normalfall insbesondere die Kohärenz der Meldungen zu anderen Berichten der TAGESSCHAU bzw. zu Meldungen anderer Medien.[401] In der obigen Analyse wurde festgehalten, dass das Kriterium der Kohärenz zumindest in negati-

---

[401] Vgl. die Ausführungen in Kap. 5.3.5 dieser Arbeit.

ver Hinsicht als Faktor in die Evaluationstätigkeit des Rezipienten einfließen kann. Das bedeutet, dass dieser sich im Falle nicht übereinstimmender Meldungen zu einem bestimmten Thema zunächst einer Urteilsbildung enthalten und sich auf die Suche nach weiteren Informationen begeben sollte, um eine der einander widersprechenden Seiten mit zusätzlichen Belegen stützen zu können.

Im folgenden Kapitel wird nun zusammengefasst, was diese einzelnen Forderungen für die Rechtfertigungsstruktur testimonialer Überzeugungen im Umfeld telemedialer Berichte bedeutet, d. h. welche der vorgeschlagenen Positionen zum epistemischen Status des Zeugnisses anderer hier in der Anwendung am sinnvollsten erscheint.

5.5.3 Eine kontextualistische Rechtfertigung der Gehalte der TAGESSCHAU-Berichte

Im Hinblick auf die *Rechtfertigung testimonialer Überzeugungen*, die aus telemedialen Berichten gewonnen wurden, spricht einiges für die These, dass für unterschiedliche Kontexte verschieden hohe Ansprüche an ein epistemisch verantwortliches Handeln des betreffenden Subjekts zu stellen sind. Im Umfeld der TAGESSCHAU-Berichte lässt sich v. a. eine Differenzierung zwischen den Anforderungen auf Produzenten- und jenen auf Rezipientenseite ausmachen. In diesem Sinne wird für ein kontextualistisches Rechtfertigungskonzept plädiert.

Die Analyse der Produktionsbedingungen der TAGESSCHAU hat gezeigt, dass auch auf journalistischer Seite die Nutzung fremder Quellen eine wichtige Rolle spielt. Nachrichtenredakteure erstellen ihre Meldungen nicht vornehmlich auf der Basis eigener Beobachtungen, sondern sind in ein komplexes Netzwerk aus Zulieferern von Text- und Bildmaterial eingebunden. In diesem Sinne muss auch für die Nachrichtenproduzenten gefragt werden, unter welchen Bedingungen sie dazu berechtigt sind, das Zeugnis anderer (also das Material der Agenturen und anderer Zulieferer) als wahre Berichte zu akzeptieren.

Für eine adäquate Antwort muss berücksichtigt werden, dass ein wesentlicher Faktor guter journalistischer Arbeit in der *Recherche* besteht, d. h. der Überprüfung der Inhalte einer Meldung auf ihren Wahrheitsgehalt hin. Es handelt sich dabei nicht um eine extern durch die erkenntnistheoretische Betrachtung an diesen Bereich herangetragene Forderung, sondern um ein klassisches Aufgabenfeld des journalistischen Berufsbildes selbst. Die Auseinandersetzung mit den Produktionsbedingungen – insbesondere mit dem zeitlichen Faktor der Erstellung der Meldungen sowie mit dem der Konkurrenzsituation zu anderen Medien geschuldeten Aktualitätsdruck derselben

– hat anschaulich gemacht, dass die Forderung nach durch Recherche abgesicherten Berichten in einem Spannungsverhältnis zu den Erfordernissen der Arbeitspraxis steht. Es wurde thematisiert, dass dieses Spannungsverhältnis als ein durchaus problematischer Faktor gesehen werden muss, da in der Praxis das Diktat der Aktualität oftmals ernster genommen wird als die meist zeitaufwendige Recherche der konkreten Fakten. Bei einer solchen Vorgehensweise kann es aber leichter zu Fehleinschätzungen der Journalisten beispielsweise bezüglich der Kontexte einer Meldungen kommen, wie die Ausführungen von Gaus zu den Korrespondentenberichten aus Somalia verdeutlicht haben. Eine erkenntnistheoretische Analyse sollte diesem Umstand natürlich Rechnung tragen.

Vor diesem Hintergrund wird für die Seite der Nachrichtenproduzenten für einen Rechtfertigungsansatz plädiert, der diese höheren Anforderungen an das epistemische Subjekt berücksichtigt. Die Journalisten sind aufgefordert, sich um *gute positive Gründe* für die Glaubwürdigkeit ihrer Quellen zu bemühen. Diese Gründe beruhen im Wesentlichen auf der Erfahrung der Nachrichtenproduzenten. Eine Quelle gilt dann als zuverlässig, wenn der Journalist durch eigene Recherche eine hohe Übereinstimmungsrate zwischen den Gehalten der Zeugnisse dieser Quellen und den bezeugten Tatsachen feststellen konnte. Eine solche kritische Haltung ist dem journalistischen Berufsbild als Anforderungen schließlich selbst eingeschrieben. Ein eher *reduktionistisch* ausgerichtetes Rechtfertigungsprojekt testimonialer Überzeugungen stellt in diesem Kontext damit keine zu hohen Anforderungen an das epistemische Subjekt, da die Vermittlung der Fähigkeiten und des Wissens, die für ein solches Vorhaben erforderlich sind, einen integrativen Bestandteil der journalistischen Ausbildung darstellt.

Unser Hauptaugenmerk lag jedoch auf den Rezipienten der Nachrichten. Daher ist es von besonderem Interesse zu klären, welche Struktur die Rechtfertigung von testimonialen Überzeugungen, die durch die Rezeption von telemedialen Berichten gewonnen wurden, aufweist. Die Auseinandersetzung mit möglichen Argumenten für die Glaubwürdigkeitsbeurteilung der TAGESSCHAU-Berichterstattung hat gezeigt, dass in diesem Kontext die klassischen Glaubwürdigkeitskriterien der Aufrichtigkeit und Kompetenz eine wichtige Rolle spielen. Telemediale Berichte können vom Rezipienten nur dann als Zeugnisse im epistemologischen Sinne verwendet werden, wenn sie von ihm für wahr gehalten werden können. Dies setzt aber voraus, dass derjenige, der ein solches Zeugnis ablegt zum einen aufrichtig handelt und zum anderen über die notwendige Kompetenz verfügt, eine wahre Meldung bezüglich des berichteten Ereignisses zu erstellen. Die Analyse hat darüber hinaus aber ebenso ergeben, dass, auch wenn den Glaubwürdigkeitskriterien in diesem Umfeld die erwähnte Relevanz zukommt, die Feststellung ihrer Erfüllung von anderer Art sein muss, als es im klassischen Fall der Face-to-Face-Kommunikation des Zeugnisses anderer erfolgt.

Der Grund hierfür besteht im Einfluss der Produktionsbedingungen, der Gestaltungskriterien und der Kommunikationsbedingungen auf den Gehalt und die Präsentationsform der Meldungen. Insbesondere wurde darauf hingewiesen, dass in epistemologischer Hinsicht dem Rezipienten nicht die Option gegeben ist, die Erfüllung der Glaubwürdigkeitsbedingungen anhand einer kritischen Betrachtung der äußerlich wahrnehmbaren Eigenschaften des Sprechers und des Äußerungskontextes festzustellen. Vor dem Hintergrund dieser Überlegungen wurde daher im Hinblick auf eine adäquate Nutzung von telemedialen Berichten als Erkenntnisquelle gefordert, dass der Rezipient mit den entscheidenden Einflussfaktoren auf Gehalt und Art der TAGESSCHAU-Berichterstattung vertraut sein soll. Diesem Punkt wurde mit der Forderung nach dem Erwerb von Medienkompetenz auf Seiten des Rezipienten Ausdruck verliehen. Im Konzept der Medienkompetenz, wie es in der Medienpädagogik entwickelt wurde, sind all jene Fähigkeiten und Wissenselemente gebündelt, welche auch im Zusammenhang mit einem auf den Erwerb von Wissen abzielenden Gebrauch telemedialer Berichte durch den Rezipienten notwendig erscheinen. Hierzu zählt v. a. die Kenntnis der drei benannten Einflussfaktoren auf die Berichterstattung von Fernsehnachrichten.

Allerdings wurde im Zuge der Erläuterung des Konzepts der Medienkompetenz ebenfalls darauf aufmerksam gemacht, dass es sich hierbei einerseits um ein ganzes Bündel verschiedener Fähigkeiten und Wissensbausteine und andererseits um kein in sich abgeschlossenes Konzept handelt. Von daher erscheint für die Seite des Rezipienten telemedialer Berichte und für die ihm in diesem Kontext zukommende Rechtfertigungslast ein entsprechend angepasstes Konzept des *lokalen Reduktionismus* nach Fricker sinnvoll. Dieses Rechtfertigungskonzept bietet den Vorteil, dass es dem beschriebenen Entwicklungsprozess des Rezipienten bezüglich seines in diesem Kontext relevanten Wissens Rechnung trägt. Da die Heranführung eines epistemischen Subjekts an den Gebrauch vielfältiger Medien in den westlichen Kulturen der Gegenwart bereits im Kindesalter erfolgt, kann mit dem Vertreten eines lokalen Reduktionismus darauf Rücksicht genommen werden, dass solche Nutzer noch über ein geringes oder evtl. auch kein relevantes Hintergrundwissen im epistemisch korrekten Umgang mit Medien verfügen. In einer solchen Phase wäre dann ein präsumtives Recht zur vorläufigen Akzeptanz von Medieninhalten gegeben. Eingeschränkt wird dieses Recht durch eine interpersonale Auseinandersetzung bezüglich der konsumierten Medieninhalte z. B. mit Lehrern und Eltern, die darauf achten sollten, welche Medienangebote ein Kind in Anspruch nimmt und zu welchen Schlussfolgerungen es auf der Basis ihrer Rezeption kommt. Mit zunehmendem Alter wird das epistemische Subjekt über einen wachsenden Schatz empirischen Wissens verfügen, das durch den vermittelnden Eingriff von Eltern, Lehrern und anderen Vertrauenspersonen in kritischer Weise systematisiert wird. Das bedeutet, dass für eine Rechtfertigung testimonialer Überzeugungen aus Medienberichten in wachsendem Maße auf dieses Hintergrundwissen zurückgegriffen werden kann. Dieser Prozess des Erwerbs von Fähigkeiten und Wissen für einen kompetenten Umgang mit Medien ist jedoch – im Gegensatz zu Frickers lokalem Reduktionismus – nicht in einem bestimmten Entwicklungsstadium als abgeschlossen zu betrachten, sondern bestimmt das ganze Leben des epistemischen Subjekts.

Für beide Konzepte – für jenes bezüglich der Nachrichtenproduzenten und für jenes der Rezipienten – muss hinzugefügt werden, dass die vorgeschlagene kontextualistische Rechtfertigung testimonialer Überzeugungen in diesem Bereich sich in einem wichtigen Punkt von klassischen reduktionistischen Vorhaben unterscheidet: Es wird zugelassen, dass sich das epistemische Subjekt im Rechtfertigungsprozess auf Wissen bezieht, das es aus anderen Zeugnissen erhalten hat. Relevant ist nur, dass es sich um andere Zeugnisgeber handelt als jene, deren konkrete testimonialen Akte im Fokus der Untersuchung stehen.

Der Verweis auf die wichtige Rolle eines entsprechenden Hintergrundwissens bezüglich der Medien zur Rechtfertigung testimonialer Überzeugungen im Kontext der Nutzung telemedialer Berichte stellt ferner keinen Grund dafür da, den Status des Zeugnisses anderer im Vergleich zu den anderen Erkenntnisquellen herabzusetzen. Im Zuge der vorliegenden Untersuchung konnte vielmehr gezeigt werden, dass ein solches Vorgehen ein Ausdruck für die wechselseitige Durchdringung der verschiedenen epistemischen Quellen ist.[402]

Darüber hinaus steht ein kontextualistisches Rechtfertigungskonzept auch in keinem Spannungsverhältnis zu dem im ersten Teil der Untersuchung vertretenem Votum für eine anti-reduktionistische Rechtfertigung testimonialer Überzeugungen. Im paradigmatischen Fall des Zeugnisses anderer erscheint weiterhin der Verweis auf ein präsumtives Recht des Hörers angemessen. Es

---

[402]   Vgl. die Ausführungen in Kap. 4 dieser Arbeit.

wurde lediglich im Falle der H-Zeugnisse darauf aufmerksam gemacht, dass es unterschiedliche Kontexte geben kann, die je verschieden hohe Anforderungen an ein epistemisch verantwortliches Handeln des Zeugnisempfängers stellen. Im Kontext der Nutzung telemedialer Berichte als Erkenntnisquelle sind diese Anforderungen dementsprechend höher als im paradigmatischen Fall.

Durch ein kontextualistisches Modell kann auch ein möglicher Rechtfertigungsregress umgangen werden, der zunächst durch die Zulassung weiterer Zeugnisse als Rechtfertigungsbasis testimonialer Überzeugungen im Kontext der Nutzung telemedialer Berichte sowie der Erstellung von Fernsehnachrichten aufzutreten scheint. Nehmen wir an, ein Rezipient beurteilt die Berichterstattung der TAGESSCHAU als zuverlässig, weil er aus dem Zeugnis einer Vertrauensperson einen entsprechenden stützenden Beleg erhält. Wird er nun gefragt, auf welcher Basis er dieses Zeugnis akzeptiert, kann er sein präsumtives Recht anführen, sich auf das Wort dieser Person zu verlassen. Liegen ihm ferner keine Anzeichen vor, die gegen diese Präsumtion sprechen, ist der Rezipient in seiner Handlungsweise gerechtfertigt.

Ein wesentliches Ziel der Untersuchung bestand darin aufzuzeigen, dass sich die Erkenntnistheorie mit den technischen und sozialen Entwicklungen zur Generierung und Verbreitung von Informationen kritisch befassen muss, wenn sie ihrem Selbstbild weiterhin gerecht werden will, diejenige wissenschaftliche Disziplin zu sein, welche sich mit den Bedingungen, Quellen und Grenzen des menschlichen Wissens befasst. Die vorliegende Abhandlung kann dabei sicherlich nicht mehr leisten, als einen ersten Ansatz für eine fruchtbare Auseinandersetzung mit dieser Thematik im philosophischen Kontext vorzustellen. Allerdings kann festgehalten werden, dass die erzielten Ergebnisse in gewissem Umfang auch verallgemeinerbar sind. Auch wenn im Fokus der Betrachtung die TAGESSCHAU als Informationssendung der öffentlich-rechtlichen Sender stand, kann angenommen werden, dass viele der in diesem Zusammenhang erörterten Punkte im Hinblick auf Fernsehnachrichten im Allgemeinen anwendbar sind. Zwar verweisen beispielsweise Lutz Goertz und Klaus Schönbach in ihrer Untersuchung verschiedener deutscher Fernsehnachrichten auf einige signifikante Unterschiede zwischen den einzelnen Sendungen (z. B. hinsichtlich der Beitragslänge und der damit verbundenen Dynamik der Sendung, der Verwendung animierter Grafiken und der Bedeutung des Sprechers bzw. Moderators, die sich insbesondere in der Länge seiner Beiträge und der verwendeten Kameraeinstellungen zu dessen Inszenierung zeigen).[403] Sie halten darüber hinaus aber auch fest, dass im Vergleich der verschiedenen Sendungen eine ganze Reihe von Ähnlichkeiten festgestellt werden könne: „Die gestalterischen Mittel deutschsprachiger Fernsehnachrichten sind weitgehend gleich. Die Gleichförmigkeit reichte 1992 von der Dramaturgie der Nachrichtensendungen bis hin zum Bildaufbau der Sprechermeldungen. Auch bei der „Informationsdichte" und der Sprache verzeichneten wir kaum auffällige Unterschiede. Hinzu kamen fast einheitlich blau-graue Studio-Interieurs, eine fast austauschbare Dramaturgie, eine Dominanz von Sprechermeldungen, ähnliches Auftreten von Sprechern mit einer typischen „Nachrichtensprache"."[404] Vor diesem Hintergrund liefert die vorliegende Analyse einen ersten wichtigen Beitrag für eine erkenntnistheoretische Betrachtung medialer Quellen auch im weiteren Sinne.

---

[403] Vgl. Goetz, L. / Schönbach, K. (1998), S. 114.
[404] Ebd., S. 113.

Literaturverzeichnis

»ABC der ARD« ⟨URL: `http://web.ard.de/abc_relink/relink.php?p_id=29&p_typ=eg`⟩ – Zugriff am 27. August 2008.

»ARD intern, ARD-aktuell« ⟨URL: `http://www.ard.de/intern/organisation/gemeinschaftseinrichtungen/ard-aktuell/-/id=54472/6bjb8/`⟩ – Zugriff am 18. September 2008.

»ARD intern, Chronik der ARD« ⟨URL: `http://www.ard.de/intern/chronik/-/id=8302/lk7ll3/index.html`⟩ – Zugriff am 27. August 2008.

»ARD intern, Mitglieder der ARD« ⟨URL: `http://www.ard.de/intern/mitglieder/-/id=8146/cjedh0/index.html`⟩ – Zugriff am 15. August 2008.

»ARD intern, Rechtsgrundlagen« ⟨URL: `http://www.ard.de/intern/organisation/rechtsgrundlagen/-/id=54434/13b80qd/index.html`⟩ – Zugriff am 28. August 2008.

»„ARD Leitlinien 09/10" und „Bericht 07/08"« ⟨URL: `http://www.daserste.de/service/Leitlinien/`⟩ – Zugriff am 11. November 2008.

»Die Tagesschau-Sendung vom 12. September 2008, 04.55 Uhr« ⟨URL: `http://www.tagesschau.de`⟩ – Zugriff am 24. Februar 2009.

»European Broadcasting Union« ⟨URL: `http://www.ebu.ch/en/ebu_members/actives/index.php`⟩ – Zugriff am 24. Februar 2009.

»Media Perspektiven« ⟨URL: `http://www.media-perspektiven.de/mp_ueber_uns.html`⟩ – Zugriff am 01. März 2009.

»Presserat, Beschwerde« ⟨URL: `http://www.presserat.de/Beschwerde.beschwerde.0.html`⟩ – Zugriff am 05. August 2008.

»Presserat, Pressekodex« ⟨URL: http://www.presserat.de/ Pressekodex.8.0.html⟩ – Zugriff am 05. August 2008.

Staatsvertrag über den Rundfunk im vereinten Deutschland. Artikel 1 Staatsvertrag für Rundfunk und Telemedien (Rundfunkstaatsvertrag), Band vom 31.08.1991, zuletzt geändert durch den Neunten Rundfunkänderungs-staatsvertrag vom 31.07. bis 10.10.2006., ⟨URL: http://hh.juris.de/hh/RdFunkVtr1991G_HA_Art1.htm⟩.

»Tagesschau intern« ⟨URL: http://intern.tagesschau.de/⟩ – Zugriff am 24. Januar 2009.

»Tagesschau intern, die Korrespondenten« ⟨URL: http://intern.tagesschau.de/html/index.php?c=cGFnZT1Lb3JyZXNwb25kZW50ZW4=&h=0f51⟩ – Zugriff am 20. September 2008.

»„Wir wissen nicht einmal, was al-Qaida ist", sagt Christopher Daase«, Die tageszeitung (taz) 29./30.01.2005, S. 12.

ACHINSTEIN, P.: »Concepts of Evidence«, *Mind* 87, Nr. 345 1978, 22–45.

– und HANNAWAY, O. (Hrsg.): *Observation, experiment, and hypothesis in modern physical science*, Studies from the Johns Hopkins Center for the history and philosophy of science Cambridge, Mass. [u.a.]: MIT Press, 1985.

ADLER, J.: *Epistemological Problems of Testimony*, in: ZALTA: *The Stanford Encyclopedia of Philosophy*, 2008.

ALSTON, W. P.: »An Internalist Externalism«, *Synthese* 74, Nr. 3 März 1988, 265–283.

– *Epistemic justification: essays in the theory of knowledge*, Cornell paperbacks Ithaca, N.Y. [u.a.]: Cornell Univ. Press, 1989.

– *Beyond "justification". Dimensions of epistemic evaluation* Ithaca, NY [u.a.]: Cornell Univ. Press, 2005.

AUDI, R.: *Epistemology: a contemporary introduction to the theory of knowledge*, Routledge contemporary introductions to philosophy, 2. Auflage New York, NY [u.a.]: Routledge, 2003.

– »The a-priori authority of testimony (Knowledge, justification)«, *Nous* 14 2004, 18–34.

– *Testimony, Credulity, and Veracity*, in: LACKEY und SOSA: *The epistemology of testimony*, 25–49, 2006.

AUSTIN, J. L.: *How to do things with words*, The William James Lectures 1955 Cambridge, Massachusetts: Harvard Univ. Press, 1962.

BALNAVES, M., J. DONALD und S. HEMELRYK DONALD: *Der Fischer-Atlas Medien* Frankfurt am Main: Fischer-Taschenbuch-Verl., 2001.

BAROODY, J. R.: *Media access and the military: the case of the Gulf War* Lanham, Md. [u.a.]: Univ. Press of America, 1998.

BARTELBORTH, Th.: *Begründungsstrategien: ein Weg durch die analytische Erkenntnistheorie* Berlin: Akad.-Verl., 1996.

– »Wofür sprechen die Daten?«, *Journal for general philosophy of science* 35, Nr. 1 2004, 13–40.

BEHAM, M.: *Kriegstrommeln: Medien, Krieg und Politik*, hrsg. v. GLOTZ, P., 2. Auflage München: Dt. Taschenbuch-Verl., 1996.

BENTELE, G.: *Die Analyse von Mediensprachen am Beispiel der Fernsehnachrichten*, in: BENTELE und HESS-LÜTTICH: *Zeichengebrauch in Massenmedien: zum Verhältnis von sprachlicher und nichtsprachlicher Information in Hörfunk, Film und Fernsehen*, 95–127, 1985.

– und HESS-LÜTTICH, E. W. B. (Hrsg.): *Zeichengebrauch in Massenmedien: zum Verhältnis von sprachlicher und nichtsprachlicher Information in Hörfunk, Film und Fernsehen*, Medien in Forschung + Unterricht Tübingen: Niemeyer, 1985.

BLÖDORN, S., M. GERHARDS und W. KLINGLER: »Informationsnutzung und Medienauswahl 2006«, *Media Perspektiven* 12 2006, 630–638.

BÖHM, J. M.: *Kritische Rationalität und Verstehen: Beiträge zu einer naturalistischen Hermeneutik*, Schriftenreihe zur Philosophie Karl R. Poppers und des kritischen Rationalismus 17 Amsterdam [u.a.]: Ropodi, 2006.

BROSIUS, H.-B.: *Verstehbarkeit von Fernsehnachrichten*, in: KUNCZIK und WEBER: *Fernsehen: Aspekte eines Mediums*, 37–51, 1990.

BROSIUS, H.-B.: *Visualisierung von Fernsehnachrichten. Text-Bild-Beziehungen und ihre Bedeutung für die Informationsleistung*, in: KAMPS und MECKEL: *Fernsehnachrichten: Prozesse, Strukturen, Funktionen*, 213–224, 1998.

BURKHART, J.: *The Media in the Persian Gulf War: From Carnival to Crusade*, in: LESLIE: *The Gulf War as popular entertainment: an analysis of the military-industrial media complex*, 17–31, 1997.

BURNEY, I. A.: »Testing testimony: toxicology and the law of evidence in early nineteenth-century England«, *Studies In History and Philosophy of Science* 33A, Nr. 2 Juni 2002, 289–314.

CARRIER, M.: *Wissenschaftstheorie zur Einführung* Hamburg: Junius, 2006.

CASSIRER, E.: *Die Philosophie der Aufklärung*, Grundriß der philosophischen Wissenschaften Tübingen: Mohr, 1932.

VAN CLEVE, J.: *Reid on the Credit of Human Testimony*, in: LACKEY und SOSA: *The epistemology of testimony*, 50–74, 2006.

COADY, C. A. J.: *Testimony: a philosophical study* Oxford [u.a.]: Clarendon Press, 1992.

– *Testimony, Observation, and 'Autonomous Knowledge'*, in: MATILAL und CHAKRABARTI: *Knowing from words: Western and Indian philosophical analysis of understanding and testimony*, 225–250, 1994.

– »Testimony and intellectual autonomy«, *Studies In History and Philosophy of Science* 33A, Nr. 2 Juni 2002, 355–372.

DANIEL, U. (Hrsg.): *Augenzeugen: Kriegsberichterstattung vom 18. zum 21. Jahrhundert* Göttingen: Vandenhoeck & Ruprecht, 2006.

DAVIS, W. A.: *Meaning, expression, and thought*, Cambridge studies in philosophy Cambridge [u.a.]: Cambridge Univ. Press, 2003.

DE RENZI, S.: »Witnesses of the body: medico-legal cases in seventeenth-century Rome«, *Studies In History and Philosophy of Science* 33A, Nr. 2 Juni 2002, 219–242.

DEHM, U., D. STROLL und S. BEESKE: »Die Erlebnisqualität von Fernsehsendungen. Eine Anwendung der TV-Erlebnisfaktoren«, *Media Perspektiven* 2 2005, 50–60.

DEUTSCHER PRESSERAT (Hrsg.): *Publizistische Grundsätze: (Pressekodex); Richtlinien für die publizistische Arbeit nach den Empfehlungen des Deutschen Presserats; Beschwerdeordnung*, Fassung vom 13. September 2006, Ausg.: November 2006 Auflage Bonn, 2006.

DROSDOWSKI, G. und A. KLOSA (Hrsg.): *Duden Etymologie: Herkunftswörterbuch der deutschen Sprache*, 2. Auflage Mannheim [u.a.]: Dudenverl., 1989.

FAULKNER, P.: »On telling and trusting«, *Mind* 116, Nr. 464 Oktober 2007, 875–902.

FAULSTICH, W.: *Einführung in die Medienwissenschaft: Probleme, Methoden, Domänen*, UTB für Wissenschaft München: Fink, 2002.

FEDER, A.: *Lehrbuch der geschichtlichen Methode*, 3. Auflage Regensburg: Kösel & Pustet, 1924.

FLECK, L.: *Entstehung und Entwicklung einer wissenschaftlichen Tatsache: Einführung in die Lehre vom Denkstil und Denkkollektiv*, hrsg. v. SCHÄFER, L. und Th. SCHNELLE Frankfurt am Main: Suhrkamp, 1980.

– *Das Problem einer Theorie des Erkennens (1936)*, in: FLECK: *Erfahrung und Tatsache: gesammelte Aufsätze*, 84–127, 1983.

– *Erfahrung und Tatsache: gesammelte Aufsätze*, hrsg. v. SCHÄFER, L. und Th. SCHNELLE Frankfurt am Main: Suhrkamp, 1983.

FRICKER, E.: *Against Gullibility*, in: MATILAL und CHAKRABARTI: *Knowing from words: Western and Indian philosophical analysis of understanding and testimony*, 125–161, 1994.

– »Telling and Trusting: Reductionism and Anti-Reductionism in the Epistemology of Testimony C. A. J. Coady: Testimony: A Philosophical Study«, *Mind* 104, Nr. 414 1995, 393–412.

– »Trusting others in the sciences: a priori or empirical warrant?«, *Studies In History and Philosophy of Science* 33A, Nr. 2 Juni 2002, 373–383.

FRICKER, E.: *Testimony: Knowing through being told*, in: NI-INILUOTO et al.: *Handbook of epistemology*, 109–130, 2004.

– *Testimony and Epistemic Autonomy*, in: LACKEY und SOSA: *The epistemology of testimony*, 225–250, 2006.

FRITZ, I. und W. KLINGLER: »Medienzeitbudgets und Tagesablaufverhalten. Ergebnisse auf Basis der ARD/ZDF-Studie Massenkommunikation 2005«, *Media Perspektiven* 4 2006, 222–234.

FUNIOK, R., U. F. SCHMÄLZLE und Ch. H. WERTH (Hrsg.): *Medienethik – die Frage der Verantwortung* Bonn: Bundeszentrale für Politische Bildung, 1999.

GAUS, B.: *Frontberichte: die Macht der Medien in Zeiten des Krieges* Frankfurt am Main [u.a.]: Campus-Verl., 2004.

GOERTZ, L. und K. SCHÖNBACH: *Zwischen Attraktivität und Verständlichkeit. Balanceakt der Informationsvermittlung*, in: KAMPS und MECKEL: *Fernsehnachrichten: Prozesse, Strukturen, Funktionen*, 111–126, 1998.

GOLDBERG, S. C.: *Reductionism and the Distinctiveness of Testimonial Knowledge*, in: LACKEY und SOSA: *The epistemology of testimony*, 127–144, 2006.

GOLDMAN, A. I.: *Knowledge in a social world* Oxford [u.a.]: Clarendon Press, 1999.

– »Experts: Which ones should you trust? (Epistemic considerations)«, *Philosophy and Phenomenological Research* 63, Nr. 1 Juli 2001, 85–110.

– *Social Epistemology*, in: ZALTA: *The Stanford Encyclopedia of Philosophy*, 2008a.

– *Reliabilism*,in: ZALTA: *The Stanford Encyclopedia of Philosophy*, 2008b.

GRAHAM, P. J.: »What is testimony?«, *Philosophical Quarterly* 47, Nr. 187 April 1997, 227–232.

– »Testimonial justification: Inferential or non-inferential?«, *Philosophical Quarterly* 56, Nr. 222 Januar 2006a, 84–95.

– *Liberal Fundamentalism and Its Rivals*, in: LACKEY und SOSA: *The epistemology of testimony*, 93–115, 2006b.

GRICE, H. P.: *Studies in the way of words* Cambridge, Mass. [u.a.]: Harvard Univ. Pr., 1989.

GROEBEN, N.: *Anforderungen an die theoretische Konzeptualisierung von Medienkompetenz*, in: GROEBEN und HURRELMANN: *Medienkompetenz: Voraussetzungen, Dimensionen, Funktionen*, 11–22, 2002a.

– *Dimensionen der Medienkompetenz: Deskriptive und normative Aspekte*, in: GROEBEN und HURRELMANN: *Medienkompetenz: Voraussetzungen, Dimensionen, Funktionen*, 160–197, 2002b.

– und HURRELMANN, B. (Hrsg.): *Medienkompetenz: Voraussetzungen, Dimensionen, Funktionen*, Lesesozialisation und Medien Weinheim [u.a.]: Juventa-Verl., 2002.

GRUNDMANN, Th. (Hrsg.): *Erkenntnistheorie: Positionen zwischen Tradition und Gegenwart* Paderborn: Mentis, 2001.

HALFF, G.: *Wa(h)re Bilder? Zur Glaubwürdigkeit von Fernsehnachrichten*, in: KAMPS und MECKEL: *Fernsehnachrichten: Prozesse, Strukturen, Funktionen*, 127–134, 1998.

HAMANN, Ch.: *Fluchtpunkt Birkenau. Stanislaw Muchas Foto vom Torhaus Auschwitz-Birkenau (1945)*, in: PAUL: *Visual history: ein Studienbuch*, 283–302, 2006.

HAMPE, M. und M. LOTTER (Hrsg.): *Die Erfahrungen, die wir machen, widersprechen den Erfahrungen, die wir haben. Über Formen der Erfahrung in den Wissenschaften* Berlin: Duncker und Humblot, 2000.

HICKETHIER, K.: *Narrative Navigation durchs Weltgeschehen. Erzählstrukturen in Fernsehnachrichten*, in: KAMPS und MECKEL: *Fernsehnachrichten: Prozesse, Strukturen, Funktionen*, 185–202, 1998.

– *Film- und Fernsehanalyse*, 3. Auflage Stuttgart [u.a.]: Metzler, 2001.

– und BLEICHER, J. K.: *Die Inszenierung der Information im Fernsehen*, in: WILLEMS und JURGA: *Inszenierungsgesellschaft: ein einführendes Handbuch*, 369–383, 1998.

HOFFMANN, K.: *Der Mythos der perfekten Propaganda. Zur Kriegsberichterstattung der »Deutschen Wochenschau« im Zweiten Weltkrieg*, in: DANIEL: *Augenzeugen: Kriegsberichterstattung vom 18. zum 21. Jahrhundert*, 169–192, 2006.

HUME, D.: *Eine Untersuchung über den menschlichen Verstand*, hrsg. v. KULENKAMPFF, J., Philosophische Bibliothek 35, 12. Auflage Hamburg: Meiner, 1993.

HURRELMANN, B.: *Medienkompetenz: Geschichtliche Entwicklung, dimensionale Struktur, gesellschaftliche Einbettung*, in: GROEBEN und HURRELMANN: *Medienkompetenz: Voraussetzungen, Dimensionen, Funktionen*, 301–314, 2002.

HUTH, L.: *Zur handlungstheoretischen Begründung der verbalen und visuellen Präsentation in Fernsehnachrichten*, in: BENTELE und HESS-LÜTTICH: *Zeichengebrauch in Massenmedien: zum Verhältnis von sprachlicher und nichtsprachlicher Information in Hörfunk, Film und Fernsehen*, 128–136, 1985.

ILLIES, F. et al.: »Guck doch mal hier!«, *Zeit Magazin Leben* 24 2008, 28–45.

INSOLE, Ch. J.: »Seeing off the local threat to irreducible knowledge by testimony«, *Philosophical Quarterly* 50, Nr. 198 Januar 2000, 44–56.

JAEDICKE, H.: *Tatort Tagesschau: eine Institution wird 50* München: Allitera Verl., 2002.

KAMPS, K. und M. MECKEL (Hrsg.): *Fernsehnachrichten: Prozesse, Strukturen, Funktionen* Opladen [u.a.]: Westdt. Verl., 1998.

KEMPF, W. (Hrsg.): *Manipulierte Wirklichkeiten: medienpsychologische Untersuchungen der bundesdeutschen Presseberichterstattung im Golfkrieg*, Friedenspsychologie 1 Münster [u.a.]: Lit, 1994.

KITCHER, Ph.: *The advancement of science: science without legend, objectivity without illusions* New York [u.a.]: Oxford Univ. Press, 1993.

KOMPA, N., Ch. NIMTZ und Ch. SUHM (Hrsg.): *The a priori and its role in philosophy* Paderborn: Mentis, 2009.

KRÜGER, U. M.: *Zwischen Konkurrenz und Konvergenz. Fernsehnachrichten öffentlich-rechtlicher und privater Rundfunkanbieter*, in: KAMPS und MECKEL: *Fernsehnachrichten: Prozesse, Strukturen, Funktionen*, 65–84, 1998.

– »InfoMonitor 2006: Fernsehnachrichten bei ARD, ZDF, RTL und SAT.1«, *Media Perspektiven* 2 2007, 58–82.

– »InfoMonitor 2007. Unterschiedliche Nachrichtenkonzepte bei ARD, ZDF, RTL und SAT.1 ; Ergebnisse der kontinuierlichen Analyse der Fernsehnachrichten«, *Media-Perspektiven* 2008, Nr. 2 2008, 58–83.

KUHN, Th. S.: *Die Struktur wissenschaftlicher Revolutionen*, 2. Auflage Frankfurt am Main: Suhrkamp, 1976.

– *The essential tension: selected studies in scientific tradition and change* Chicago, Ill. [u.a.]: Univ. of Chicago Press, 1977.

KUNCZIK, M. und U. WEBER (Hrsg.): *Fernsehen: Aspekte eines Mediums* Köln [u.a.]: Böhlau, 1990.

KUSCH, M.: »Testimony in communitarian epistemology«, *Studies In History and Philosophy of Science* 33A, Nr. 2 Juni 2002, 335–354.

– *Knowledge by agreement: the programme of communitarian epistemology* New York [u.a.]: Oxford Univ. Press, 2004.

– und LIPTON, P.: »Testimony: a primer«, *Studies In History and Philosophy of Science* 33A, Nr. 2 Juni 2002, 209–217.

LACKEY, J.: »The nature of testimony«, *Pacific Philosophical Quarterly* 87, Nr. 2 Juni 2006a, 177–197.

– *It Takes Two to Tango: Beyond Reductionism and Non-Reductionism in the Epistemology of Testimony*, in: LACKEY und SOSA: *The epistemology of testimony*, 160–189, 2006b.

– *Introduction*, in: LACKEY und SOSA: *The epistemology of testimony*, 1–21, 2006c.

– und SOSA, E. (Hrsg.): *The epistemology of testimony* Oxford: Clarendon Press, 2006.

LAHNO, B.: *Der Begriff des Vertrauens* Paderborn: Mentis, 2002.

LEBERT, S. und S. WILLEKE: »Unser Gott, die Quote«, *Die Zeit* 9 2009, 13–17.

LEHRER, K.: *Testimony and Trustworthiness*, in: LACKEY und SOSA: *The epistemology of testimony*, 145–159, 2006.

LESLIE, P. (Hrsg.): *The Gulf War as popular entertainment: an analysis of the military-industrial media complex*, Symposium series 42 Lewiston, NY [u.a.]: E. Mellen Press, 1997.

LIPTON, P.: »The epistemology of testimony«, *Studies In History and Philosophy of Science* 29A, Nr. 1 März 1998, 1–31.

LOCKE, J.: *Versuch über den menschlichen Verstand*, Band Buch III und IV, [4., durchges. Aufl.] ; unveränd. Nachdr. mit erg. Bibliogr. Auflage Hamburg: Meiner, 1988.

– *Versuch über den menschlichen Verstand*, Band Buch I und II, 5. Auflage Hamburg: Meiner, 2000.

MACHILL, M., S. KÖHLER und M. WALDHAUSER: »Narrative Fernsehnachrichten: Ein Experiment zur Innovation journalistischer Darstellungsformen«, *Publizistik* 51, Nr. 4 2006, 479–497.

MACKIE, J. L.: »The Possibility of Innate Knowledge«, *Proceedings of the Aristotelian Society* LXX 1969/1970, 245–257.

– *Das Wunder des Theismus: Argumente für und gegen die Existenz Gottes* Stuttgart: Reclam, 1985.

VON MALTZAHN, H.: *Das Zeugnis anderer als Quelle des Wissens: ein Beitrag zur sozialen Erkenntnistheorie* Berlin: Logos, 2006.

MATILAL, B. K. und A. CHAKRABARTI (Hrsg.): *Knowing from words: Western and Indian philosophical analysis of understanding and testimony*, Synthese library 230 Dordrecht [u.a.]: Kluwer Academic, 1994.

MAURER, T.: *Fernsehnachrichten und Nachrichtenqualität: eine Längsschnittstudie zur Nachrichtenentwicklung in Deutschland*, Angewandte Medienforschung München: R. Fischer, 2005.

MCLUHAN, M.: *Die magischen Kanäle*, hrsg. v. AMANN, M., Fundus-Bücher, 2. Auflage Dresden [u.a.]: Verlag der Kunst, 1995.

MECKEL, M.: *Nachrichten aus Cyburbia. Virtualisierung und Hybridisierung des Fernsehens*, in: KAMPS und MECKEL: *Fernsehnachrichten: Prozesse, Strukturen, Funktionen*, 203–212, 1998a.

– *Internationales als Restgröße? Strukturen der Auslandsberichterstattung im Fernsehen*, in: KAMPS und MECKEL: *Fernsehnachrichten: Prozesse, Strukturen, Funktionen*, 257–274, 1998b.

– und KAMPS, K.: *Fernsehnachrichten. Entwicklungen in Forschung und Praxis*, in: KAMPS und MECKEL: *Fernsehnachrichten: Prozesse, Strukturen, Funktionen*, 11–29, 1998.

MEGGLE, G.: *Grundbegriffe der Kommunikation*, de Gruyter Studienbuch Berlin [u.a.]: de Gruyter, 1981.

MORAN, R.: *Getting Told and Being Believed*, in: LACKEY und SOSA: *The epistemology of testimony*, 272–306, 2006.

MÖSSNER, N.: »Rezension zu Martin Kusch „Knowledge by Agreement – The Programme of Communitarian Epistemology"«, *Zeitschrift für philosophische Forschung* 4 2006, 619–623.

– »Die Bedeutung des Hintergrundwissens für die Rechtfertigung testimonialer Erkenntnis«, *Facta Philosophica* 9, Nr. 1-2 2007a, 133–159.

– »Rezension zu Erik J. Olsson „Against Coherence. Truth, Probability, and Justification"«, *Zeitschrift für philosophische Forschung* 3 2007b, 381–385.

– »Testimoniale Akte neu definiert - ein zentrales Problem des Zeugnisses anderer«, *Grazer philosophische Studien* 80, Nr. 1 2010, 151–179.

– SCHMORANZER, S. und Ch. WEIDEMANN (Hrsg.): *Richard Swinburne. Christian Philosophy in a Modern World* ontos Verlag, 2008.

MÖSSNER, N. und M. SEIDEL: *Is the Principle of Testimony Simply Epistemically Fundamental of Simply Not? – Swinburne on Knowledge by Testimony*, in: MÖSSNER et al.: *Richard Swinburne. Christian Philosophy in a Modern World*, 61–74, 2008.

MÜNKER, S., A. ROESLER und M. SANDBOTHE (Hrsg.): *Medienphilosophie: Beiträge zur Klärung eines Begriffs*, Fischer 15757, Orig.-Ausg Auflage Frankfurt am Main: Fischer-Taschenbuch-Verl., 2003.

NIDA-RÜMELIN, J. (Hrsg.): *Rationalität, Realismus, Revision: Vorträge des 3. internationalen Kongresses der Gesellschaft für Analytische Philosophie vom 15. bis zum 18. September 1997 in München*, Perspektiven der analytischen Philosophie Bd. 23 Berlin [u.a.]: de Gruyter, 2000.

NIINILUOTO, I., M. SINTONEN und J. WOLENSKI (Hrsg.): *Handbook of epistemology* Dordrecht [u.a.]: Kluwer Acad. Publ., 2004.

OLSSON, E. J.: *Against coherence: truth, probability, and justification* Oxford [u.a.]: Oxford University Press, 2005.

PANHUYSEN, U.: *Die Untersuchung des Zeugen auf seine Glaubwürdigkeit: ein Beitrag zur Stellung des Zeugen und Sachverständigen im Strafprozess*, Neue Kölner rechtswissenschaftliche Abhandlungen 28 Berlin: de Gruyter, 1964.

PAUL, G.: *Kriegsbilder. Inszenierungen, Bilder und Perspektiven der »Operation Irakische Freiheit«* Wallstein, 2005a.

– »Die Geschichte hinter dem Foto. Authentizität, Ikonisierung und Überschreibung eines Bildes aus dem Vietnamkrieg«, *Zeithistorische Forschungen* 2 2005b, ⟨URL: http://www.zeithistorische-forschungen.de/ 16126041-Paul-2-2005⟩, 224–245.

– *Visual history: ein Studienbuch* Göttingen: Vandenhoeck & Ruprecht, 2006.

POPPER, K. R.: *Conjectures and refutations: the growth of scientific knowledge*, Routledge classics London [u.a.]: Routledge, 2002.

– *On the Sources of Knowledge and of Ignorance*, in: POPPER: *Conjectures and refutations: the growth of scientific knowledge*, 3–39, 2002.

PRÜMM, K.: *Die Definitionsmacht der TV-Bilder. Zur Rolle des Fernsehens in den neuen Kriegen nach 1989*, in: DANIEL: *Augenzeugen: Kriegsberichterstattung vom 18. zum 21. Jahrhundert*, 217–229, 2006.

PÖTTKER, H.: *Öffentlichkeit als gesellschaftlicher Auftrag. Zum Verhältnis von Berufsethos und universaler Moral im Journalismus*, in: FUNIOK et al.: *Medienethik – die Frage der Verantwortung*, 215–232, 1999.

RAMONET, I.: *Die Kommunikationsfalle: Macht und Mythen der Medien*, 1. Auflage Zürich: Rotpunktverl., 1999.

REICHENBACH, H.: *Relativitätstheorie und Erkenntnis apriori* Berlin: Springer, 1920.

REID, Th.: *An inquiry into the human mind on the principles of common sense*, hrsg. v. BROOKES, D. R., The Edinburgh edition of Thomas Reid, Critical ed Auflage University Park, Pa: Pennsylvania State Univ. Press, 2000.

RITTER, J., K. GRÜNDER und G. GABRIEL (Hrsg.): *Historisches Wörterbuch der Philosophie*, Völlig neubearb. Ausg. des "Wörterbuchs der philosophischen Begriffe"von Rudolf Eisler Auflage Basel: Schwabe, 2004.

RÖHL, H.: *Die Macht der Nachricht: hinter den Kulissen der Tagesschau* Berlin [u.a.]: Ullstein, 1992.

ROLF, E.: *Sprachliche Informationshandlungen*, Göppinger Arbeiten zur Germanistik 385 Göppingen: Kümmerle, 1983.

ROSSUM, W. van: *Die Tagesshow: wie man in 15 Minuten die Welt unbegreiflich macht* Köln: Kiepenheuer & Witsch, 2007.

RUHRMANN, G. und J. WOELKE: *Rezeption von Fernsehnachrichten im Wandel. Desiderate und Perspektiven der Forschung*, in: KAMPS und MECKEL: *Fernsehnachrichten: Prozesse, Strukturen, Funktionen*, 103–110, 1998.

SALMON, W. C.: *Logik*, hrsg. v. BUHL, J. Stuttgart: Reclam, 1983.

SCHÄFER, S.: *Die Welt in 15 Minuten: zum journalistischen Herstellungsprozess der Tagesschau*, Analyse und Forschung Konstanz: UVK Verl.-Ges., 2007.

SCHMITT, F. F.: *Testimonial Justification and Transindiviual Reasons*, in: LACKEY und SOSA: *The epistemology of testimony*, 193–224, 2006.

SCHMITZ, U.: *Kein Licht ins Dunkel – der Text zum Bild der 'Tagesschau'*, in: BENTELE und HESS-LÜTTICH: *Zeichengebrauch in Massenmedien: zum Verhältnis von sprachlicher und nichtsprachlicher Information in Hörfunk, Film und Fernsehen*, 137–154, 1985.

SCHOLZ, O. R.: *Bild, Darstellung, Zeichen: philosophische Theorien bildhafter Darstellung*, Kolleg Philosophie Freiburg [u.a.]: Alber, 1991.

– »When Is A Picture«, *Synthese* 95, Nr. 1 April 1993, 95–106.

SCHOLZ, O. R.: *Verstehen und Rationalität: Untersuchungen zu den Grundlagen von Hermeneutik und Sprachphilosophie*, Philosophische Abhandlungen Bd. 76 Frankfurt am Main: Klostermann, 1999.

– *... die Erfahrungen anderer ... adoptiren ...' – Zum erkenntnistheoretischen Status des Zeugnisses anderer*, in: HAMPE und LOTTER: *Die Erfahrungen, die wir machen, widersprechen den Erfahrungen, die wir haben. Über Formen der Erfahrung in den Wissenschaften*, 41–63, 2000a.

– *Präsumtionen, Rationalität und Verstehen*, in: NIDA-RÜMELIN: *Rationalität, Realismus, Revision: Vorträge des 3. internationalen Kongresses der Gesellschaft für Analytische Philosophie vom 15. bis zum 18. September 1997 in München*, 155–163, 2000b.

– *Das Zeugnis anderer – Prolegomena zu einer sozialen Erkenntnistheorie*, in: GRUNDMANN: *Erkenntnistheorie: Positionen zwischen Tradition und Gegenwart*, 354–375, 2001.

– *Zeuge; Zeugnis*, in: RITTER et al.: *Historisches Wörterbuch der Philosophie*, Bd. W - Z, 1318–1323, 2004.

– *The Methodology of Presumption Rules – Between the A priori and the A Posteriori*, in: KOMPA et al.: *The a priori and its role in philosophy*, 173–184, 2009.

SEARLE, J. R.: *Ausdruck und Bedeutung: Untersuchungen zur Sprechakttheorie*, hrsg. v. KEMMERLING, A. Frankfurt am Main: Suhrkamp, 1982.

– *Sprechakte: ein sprachphilosophischer Essay*, hrsg. v. WIGGERSHAUS, R. Frankfurt am Main: Suhrkamp, 1983.

SHAPERE, D.: *Observation and the Scientific Enterprise*, in: ACHINSTEIN und HANNAWAY: *Observation, experiment, and hypothesis in modern physical science*, 21–45, 1985.

SHAPIN, S.: *A social history of truth: civility and science in seventeenth-century England*, Science and its conceptual foundations Chicago [u.a.]: Univ. of Chicago Press, 1994.

SHOGENJI, T.: »A defense of reductionism about testimonial justification of beliefs«, *Nous* 40, Nr. 2 Juni 2006, 331–346.

SONTAG, S.: *Das Leiden anderer betrachten*, hrsg. v. KAISER, R., 1. Auflage München [u.a.]: Hanser, 2003.

STEUP, M.: »Internalist reliabilism«, *Philosophical Issues - Supplement to Nous* 14 2004, 403–425.

STIRNBERG, U.: *Globale Giganten. Die Rolle der Agenturen am Beispiel von Reuters TV und APTV*, in: KAMPS und MECKEL: *Fernsehnachrichten: Prozesse, Strukturen, Funktionen*, 147–166, 1998.

STRAWSON, P. F.: *Knowing From Words*, in: MATILAL und CHAKRA-BARTI: *Knowing from words: Western and Indian philosophical analysis of understanding and testimony*, 23–27, 1994.

SUHM, Ch.: »Apriorische Wissenschaftsmethodologie. Die transzendentale Begründung des Schlusses auf die beste Erklärung«, *Deutsche Zeitschrift für Philosophie* 54, Nr. 3 2006, 417–430.

SUTTER, T. und M. CHARLTON: *Medienkompetenz – einige Anmerkungen zum Kompetenzbegriff*, in: GROEBEN und HURRELMANN: *Medienkompetenz: Voraussetzungen, Dimensionen, Funktionen*, 129–147, 2002.

SWINBURNE, R.: *Epistemic justification* Oxford: Clarendon Press, 2001.

THAGARD, P.: »Testimony, credibility, and explanatory coherence«, *Erkenntnis* 63, Nr. 3 2005, 295–316.

VIRILIO, P.: *Krieg und Fernsehen*, Fischer 13778, Ungekürzte Ausg. Auflage Frankfurt am Main: Fischer-Taschenbuch-Verl., 1997.

WATZLAWICK, P., J. H. BEAVIN und D. D. JACKSON: *Menschliche Kommunikation: Formen, Störungen, Paradoxien*, 4. Auflage Bern [u.a.]: Huber, 1974.

WEISCHENBERG, S. und A. SCHOLL: *Die Wahr-Sager. Wirklichkeiten des Nachrichtenjournalismus im Fernsehen*, in: KAMPS und MECKEL: *Fernsehnachrichten: Prozesse, Strukturen, Funktionen*, 137–146, 1998.

WELBOURNE, M.: »Review of: Testimony: a Philosophical Study. By C. A. J. Coady«, *Philosophical Quarterly* 44 1994, 120–122.

– »Is Hume really a reductivist?«, *Studies In History and Philosophy of Science* 33A, Nr. 2 Juni 2002, 407–423.

WILLEMS, H. und M. JURGA (Hrsg.): *Inszenierungsgesellschaft: ein einführendes Handbuch* Opladen [u.a.]: Westdt. Verl., 1998.

WOLF, C. M.: *Bildsprache und Medienbilder: die visuelle Darstellungslogik von Nachrichtenmagazinen* Wiesbaden: VS, Verl. für Sozialwiss., 2006.

WUNDEN, W. (Hrsg.): *Wahrheit als Medienqualität*, Medien: Forschung und Wissenschaft 9 Münster: LIT-Verl., 2005.

ZALTA, E. N. (Hrsg.): *The Stanford Encyclopedia of Philosophy* The Metaphysics Research Lab Center for the Study of Language and Information Stanford University, Stanford, CA 94305-4115, 2008, ⟨URL: `http://plato.stanford.edu/`⟩.

ZUBAYR, C. und H. GERHARD: »Tendenzen im Zuschauerverhalten«, *Media Perspektiven* 3 2008, 106–119.

Index